营改增实务点解析

YING GAI ZENG SHI WU DIAN JIE XI

陈志坚　邓芳杰　杨静波　李林◎著

中国财经出版传媒集团
中国财政经济出版社

图书在版编目（CIP）数据

营改增实务点解析 / 陈志坚等著 .—北京：中国财政经济出版社，2016. 12
ISBN 978 - 7 - 5095 - 7077 - 7

Ⅰ. ①营…　Ⅱ. ①陈…　Ⅲ. ①增值税 - 税收管理 - 研究 - 中国
Ⅳ. ①F812. 424

中国版本图书馆 CIP 数据核字（2016）第 275634 号

责任编辑：李　磊　　　　责任校对：徐艳丽
封面设计：智点创意　　　版式设计：智点创意

中国财政经济出版社 出版

URL：http：//ckfz. cfeph. cn
E - mail：ckfz @ cfeph. cn

社址：北京市海淀区阜成路甲 28 号　邮政编码：100142
营销中心电话：010 - 88190406
天猫网店：中国财政经济出版社旗舰店
网址：https：//zgczjjcbs. tmall. com
北京财经印刷厂印刷
710×1000 毫米　16 开　28. 75 印张　461 000 字
2016 年 12 月第 1 版　2016 年 12 月北京第 3 次印刷
定价：65. 00 元
ISBN 978 - 7 - 5095 - 7077 - 7/F · 5669
（图书出现印装问题，本社负责调换）
质量投诉电话：010 - 88190744
打击盗版举报热线：010 - 88190492、QQ：634579818

前言 ABSTRACT

为进一步深化税制改革，解决增值税和营业税并存导致的重复征税问题，自2012年1月1日起，上海开始实施交通运输业和部分现代服务业的增值税扩围改革试点。至2014年6月1日，营业税改征增值税（以下简称营改增）试点覆盖到全国“3+7”个行业，即交通运输业、邮政业、电信业3个大类行业和研发技术、信息技术、文化创意、物流辅助、有形动产租赁、鉴证咨询、广播影视7个现代服务业。自2016年5月1日起，全面推开营改增试点，将建筑业、房地产业、金融业、生活服务业一次性纳入试点范围，将新增不动产所含增值税全部纳入抵扣范围。至此，现行营业税将全部改征增值税。

2016年5月1日起，全面推开营改增，其主要文件《财政部、国家税务总局关于全面推开营改增试点的通知》（财税〔2016〕36号）（以下简称财税〔2016〕36号文件）光字数近4万字，同时还有增值税基本文件《中华人民共和国增值税暂行条例》（国务院令第538号，以下简称增值税暂行条例）和《中华人民共和国增值税暂行条例实施细则》（财政部、国家税务总局令2008年第50号、以下简称增值税暂行条例实施细则）两个文件，后续公布很多营改增配套文件，文件量和相关规定比较多，从而增加理解的难度。

此次营改增是将建筑业、房地产业、金融业、生活服务业等全部营业税纳税人纳入增值税征收范围，对于建筑业、房地产业、金融业、生活服务业等行业的财税人员，在营改增前很少接触增值税，特别是对增值税一些实务操作更是了解甚少，从而增加了应对营改增的难度。

本书由陈志坚（小陈税务）、邓芳杰（中国人民公安大学）、杨静波（合景泰富地产控股有限公司）和李林（中国建筑一局（集团）有限公司）共同完成。基础篇由陈志坚完成。专题篇的具体分工如下：简易计税方法、销售额及销项税额、差额征税、发票及抵扣凭证管理、增值税纳税申报由邓芳杰完成；征收范围、税率及征收率、增值税纳税人分类、增值税计税方法、视同销售、纳税义务及扣缴义务发生时间、地点和期限由杨静波完成；进项税额抵扣、不动产分期抵扣、增值税税收减免、城市维护建设税、教育费附加和文化事业建设费、零税率应税服务退免税由李林完成。最后，由陈志坚对全书进行了总撰。本书从金融行业、房地产行业、建筑行业及生活服务业行业的经营实务出发，联系营改增政策及在前期营改增运行过程中存在实务问题，从基础税收实务上进行编写。

本书编写过程中，由于时间仓促，加之作者水平有限，书中难免存在缺点、错误及争议，请各位读者批评指正。

目录 CONTENTS

第一篇　基础篇

第二篇　专题篇

第一篇
基 础 篇

一、增值税基本特点

（一）我国实行消费型增值税制度

消费型增值税，是指在计算增值额时，销售收入中既要扣除劳动对象消耗部分，还要扣除本期购进的全部固定资产（包括动产和不动产）的金额。

【例 1】 扣除本期购进的全部固定资产产生的进项税额，也就是进项税额抵扣的是“本期购进”的全部固定资产产生的进项税额，并不是按照企业所得税规定的“固定资产应当通过折旧、摊销等方式分期扣除，不得在发生当期直接扣除”。

（二）增值税就增值额课征，税不重征

增值税，就是对经营者在生产经营活动中实现的增值额征收的一种间接税。

增值额，可以看作是购销差价，即纳税人生产经营活动所实现的不含税销售额与该纳税人外购不含税成本之间的差额。

增值税在生产和销售过程的各个环节分段征收，在中间的每一环节，仅就增值部分征税，最终实现对最终消费环节全额征税，可有效避免重复征税问题。

【例 2】 建筑企业为房地产企业提供建筑服务 100 万元，提供建筑服务时已经缴纳了相应的流转税税金，房地产企业再销售不动产 130 万元，销售时也缴纳了相应的税金，那么房地产企业发生的建筑服务支出 100 万元相应的税金可以抵减，购买者只需要对增值的 30 万元计算缴纳相应的税金。

（三）增值税实行购进扣税法

详见本书《专题进项税额抵扣》中“二、实务理解及案例”的“（一）进项税额抵扣定义实务理解”内容。

二、增值税基本概念实务理解

学习营改增政策和实务操作，一定要区分增值税与其他税种的一些概念，特别是与原营业税和企业所得税的区别。

（一）增值税发票包含增值税专用发票和增值税普通发票

【例 3】 提供建筑服务，纳税人自行开具或者税务机关代开增值税发票时，应在发票的备注栏注明建筑服务发生地县（市、区）名称及项目名称。

上述规定中有“增值税发票”字眼，就是说不管开具增值税专用发票和增

值税普通发票，都要在发票的备注栏注明建筑服务发生地县（市、区）名称及项目名称。

（二）纳税人包括增值税一般纳税人（以下简称一般纳税人）和增值税小规模纳税人（以下简称小规模纳税人）

【例4】《国家税务总局关于物业管理服务中收取的自来水水费增值税问题的公告》（国家税务总局公告2016年第54号）规定，提供物业管理服务的纳税人，向服务接收方收取的自来水水费，以扣除其对外支付的自来水水费后的余额为销售额，按照简易计税办法依3%的征收率计算缴纳增值税。

上述规定中有“提供物业管理服务的纳税人”字眼，就是说一般纳税人和小规模纳税人都适用上述政策。

（三）小规模纳税人不等同小型微利企业

1. 小规模纳税人和小型微利企业的规定

增值税小规模纳税人，除特殊规定以外，应税行为的年应征增值税销售额超过财政部和国家税务总局规定标准的纳税人为一般纳税人，未超过规定标准的纳税人为小规模纳税人。

小型微利企业，是指符合企业所得税法及其实施条例规定的小型微利企业。小型微利企业的特点主要体现在“小型”和“微利”上。除了要求从事国家非限制和禁止的行业以外，企业所得税法及其实施条例规定还包括三个标准：一是资产总额，工业企业资产总额不超过3 000万元，其他企业的资产总额不超过1 000万元；二是从业人数，工业企业从业人数不超过100人，其他企业从业人数不超过80人；三是税收指标，年度应纳税所得额不超过30万元。

2. 从小规模纳税人和小型微利企业定义可以看出，小规模纳税人和小型微利企业是不同税种对纳税人的分类，其分类的标准不一样，也就会存在交叉，即小型微利企业可能不是增值税小规模纳税人，是一般纳税人，也可能增值税小规模纳税人不一定是小型微利企业。

3. 享受3万元小微企业免征增值税政策中的“小微企业”必须为增值税小规模纳税人。

（四）个人、个体工商户、其他个人不一样

【例5】财税〔2016〕36号附件1《营业税改征增值税试点实施办法》（以下简称：财税〔2016〕36号附件1）第十四条规定：“下列情形视同销售服务、

无形资产或者不动产：（一）单位或者个体工商户向其他单位或者个人无偿提供服务，但用于公益事业或者以社会公众为对象的除外。”

上述规定也就是说，借款属于贷款服务，单位或者个体工商户不包括自然个人，所以自然个人（含自然人股东）无偿借款给单位不需要按照视同销售缴纳增值税。

【例 6】 财税〔2016〕36 号附件 3《营业税改征增值税试点过渡政策的规定》（以下简称：财税〔2016〕36 号附件 3）第一条第（十五）款规定，个人销售自建自用住房免征增值税。个人包括个体工商户和其他个人，凡个人销售的自建自用住房，均可以免征增值税，其中个人包括个体工商户和其他个人，凡个人销售的自建自用住房，均可以免征增值税。

（五）增值税的抵扣进项税额和企业所得税税前扣除

详见本书《专题进项税额抵扣》中的“（十二）进项税额抵扣与企业所得税税前扣除关系”。

（六）增值税的销售额和营业税的营业额

由于增值税是价外税，销售额为纳税人销售货物或者应税劳务向购买方收取的全部价款和价外费用，但是不包括收取的销项税额。

由于营业税是价内税，纳税人的营业额为纳税人提供应税劳务、转让无形资产或者销售不动产收取的全部价款和价外费用，包括了“收取”的营业税。

（七）概念混淆和误区存在

由于对增值税的原理理解不深和实务操作接触较少，往往会形成一些惯性思维，如企业采用简易计税方法计算缴纳增值税，是指按照销售额和增值税征收率计算的增值税额，不得抵扣进项税额，就认为选择用简易计税方法不能对外开具增值税专用发票，根据增值税暂行条例及实施细则和财税〔2016〕36 号等文件规定，能否开具增值税专用发票采用是排除法，没有规定不能开具增值税专用发票都可以开具增值税专用发票，也就是说除了规定的几种简易计税方法项目不能开具增值税专用发票外，其他的简易计税都可以开具增值税专用发票，如一般纳税人选择简易征收的不动产租赁服务除向其他个人以外出租不动产外，可以自行开具增值税专用发票。

也就是说，企业采用简易计税本身不能抵扣进项税额，但是其他一般纳税人取得简易征收的增值税专用发票，可以按照相关规定抵扣进项税额。

三、与原增值税政策的关系

（一）实务中对应税法适用原则

税法适用原则中关于法律优位原则，其基本含义为法律的效力高于行政立法的效力，还可进一步推论税收行政法规的效力优于税收行政规章效力；效力低的税法与效力高的税法发生冲突时，效力低的税法即是无效的。

【例7】增值税暂行条例实施细则第二十五条规定，纳税人自用的应征消费税的摩托车、汽车、游艇，其进项税额不得从销项税额中抵扣。

财税〔2016〕36号附件2《营业税改征增值税试点有关事项的规定》（以下简称财税〔2016〕36号附件2）第二条第一款第二项规定，原一般纳税人自用的应征消费税的摩托车、汽车、游艇，其进项税额准予从销项税额中抵扣。

从相关税法级次来说，增值税暂行条例属于国务院制定，财税〔2016〕36号文件属于部门规章，也就说增值税暂行条例高于财税〔2016〕36号文件，两者发生冲突时应该按照增值税暂行条例处理。

但是在营改增试点期间，实务中虽增值税暂行条例法律级次高于财税〔2016〕36号文件，两者发生冲突，如无特殊规定，优先考虑财税〔2016〕36号文件的规定。

实务中，优先考虑财税〔2016〕36号文件的规定，即自用的应征消费税的摩托车、汽车、游艇，其进项税额准予从销项税额中抵扣。

（二）全面营改增后带来的政策变化

【例8】非增值税应税项目就是指纳税人发生的不征增值税但需缴纳营业税的应税行为，营业税全部改征增值税后，原来的“非增值税应税项目”不复存在。

财税〔2016〕36号附件1第二十七条规定，用于简易计税方法计税项目、免征增值税项目、集体福利或者个人消费的购进货物、加工修理修配劳务、服务、无形资产和不动产产生的进项税额不得从销项税额中抵扣。其中涉及的固定资产、无形资产、不动产，仅指专用于上述项目的固定资产、无形资产（不包括其他权益性无形资产）、不动产。

上述规定，对比增值税暂行条例及实施细则和原营改增文件财税〔2013〕

106 号文件，都删除了“非增值税应税项目”。

【例 9】 增值税暂行条例实施细则第四条第（四）款规定：将自产或者委托加工的货物用于非增值税应税项目。

全面营改增前，企业生产的钢材，用于厂房不动产建设，需要视同销售；全面营改增后，不动产也纳入增值税征收范围，企业生产的钢材，用于厂房不动产建设，就不属于用于“非增值税应税项目”，不需要视同销售，同时生产的钢材的成本费用也可按规定抵扣进项税额。

【例 10】 企业发生金融机构借款利息支出，需要取得增值税发票，才能在企业所得税税前扣除，具体原因如下：

（1）对于金融机构来说，金融机构的利息收入属于增值税的应税范围，一般纳税人适用的税率为 6%，小规模纳税人适用征收率为 3%；

（2）企业所得税税前扣除凭证要求：发生应税项目的支出应当取得发票作为有效扣除凭证。应税项目是指企业购买货物、接受劳务或服务时，销售方或提供劳务、服务方应缴纳增值税或营业税（全面营改增前缴纳营业税）的项目和免税项目，包括视同销售的项目。单位和个人必须在发生经营业务确认营业收入时开具发票；企业在购买商品、接受服务以及从事其他经营活动发生应税项目支出时，应当向收款方取得发票，按规定进行税前扣除。

（3）没有任何财政部和国家税务总局层次及更高层次文件规定，银行利息单可以作为企业所得税税前和土地增值税清算的扣除凭证。

【例 11】 财税〔2016〕36 号文件规定，油气田企业发生应税行为，适用《试点实施办法》规定的增值税税率，不再适用《财政部 国家税务总局关于印发〈油气田企业增值税管理办法〉的通知》（财税〔2009〕8 号）规定的增值税税率。

（三）全面营改增后进项税额抵扣变化

【例 12】 适用一般计税方法的试点纳税人，2016 年 5 月 1 日后取得并在会计制度上按固定资产核算的不动产或者 2016 年 5 月 1 日后取得的不动产在建工程，其进项税额应自取得之日起分 2 年从销项税额中抵扣，第 1 年抵扣比例为 60%，第 2 年抵扣比例为 40%。

具体操作参考《国家税务总局关于发布〈不动产进项税额分期抵扣暂行办法〉的公告》（国家税务总局公告 2016 年第 15 号）。

同时购进此次试点其他新增税目（如物业服务、银行账户管理费等），除列明不得抵扣外，取得的进项税额可以按规定抵扣。

（四）引入固定资产、无形资产、不动产进项税额转入等新概念

明确用途改变固定资产、无形资产、不动产的进项税额抵扣政策，在进项税额计算转出的基础上，增加了进项税额计算转入允许继续抵扣的规定，具体操作详见《专题 进项税额抵扣》中的“（九）固定资产、无形资产、不动产进项税额转入”。

四、政策关键字眼需关注

营改增的文件和文字数量较多，但是在理解学习政策的时候需要把握一些关键字眼，因为其影响到政策的实务理解操作。

【例 13】财税〔2016〕36 号文件规定，纳税人接受贷款服务向贷款方支付的与该笔贷款直接相关的投融资顾问费、手续费、咨询费等费用，其进项税额不得从销项税额中抵扣。

也就是说，“该笔贷款直接相关的投融资顾问费、手续费、咨询费等费用”支付给贷款方其产生的进项税额不能抵扣，支付给第三方还是可以抵扣，如一般纳税人因向金融机构贷款而发生的向第三方支付的专门审计费用支出，取得增值税专用发票，可以按规定抵扣进项税额。

【例 14】财税〔2016〕36 号文件规定，统借统还业务中，企业集团或企业集团中的核心企业以及集团所属财务公司按不高于支付给金融机构的借款利率水平或者支付的债券票面利率水平，向企业集团或者集团内下属单位收取的利息。

上述规定也就是说，企业如果有多项贷款，“不高于支付给金融机构的借款利率水平”不是按照多项贷款利率的平均利率，要做到每笔贷款单独核算，向下属单位收取本息的利率要求需要对应每笔贷款的利率。

【例 15】财税〔2016〕36 号文件规定，购进的旅客运输服务、贷款服务、餐饮服务、居民日常服务和娱乐服务，其进项税额不得从销项税额中抵扣。

上述规定也就是说，购进旅客运输服务不能抵扣进项税额，比如发生的飞机票和火车票支出等，但是一般纳税人发生的订飞机票和火车票发生的手续费支出，取得抵扣凭证也可以按规定抵扣进项税额。

【例 16】财税〔2016〕86 号规定，一般纳税人支付的道路、桥、闸通行费，暂凭取得的通行费发票（不含财政票据）上注明的收费金额按照相关公式计算可抵扣的进项税额。

上述规定也就是说，取得通行费普通发票，可按注明的收费金额按照相关公式计算可抵扣的进项税额，但是取得通行费财政票据不得计算抵扣的进项税额。

【例 17】国家税务总局公告 2016 年第 15 号公告规定，不动产的进项税额，60% 的部分于取得扣税凭证的当期从销项税额中抵扣；40% 的部分为待抵扣进项税额，于取得扣税凭证的当月起第 13 个月从销项税额中抵扣。

上述规定要求，（1）当月起第 13 个月，关键词是"当月起"别算错了月份，如 2017 年 1 月扣税凭证，按规定抵扣"60% 的部分"的进项税额，当月起第 13 个月就是 2018 年 1 月，即 2018 年 1 月可以抵扣"40% 的部分"的进项税额；（2）文件仅仅规定"当月起第 13 个月"，没有说"当月起第 13 个月后"，按照政策规定当月起第 14 个月及以后月份就不能抵扣。

【例 18】国家税务总局公告 2016 年第 15 号公告规定，纳税人 2016 年 5 月 1 日后购进货物和设计服务、建筑服务，用于新建不动产，或者用于改建、扩建、修缮、装饰不动产并增加不动产原值超过 50% 的，其进项税额依照本办法有关规定分 2 年从销项税额中抵扣。

上述规定也就是说，"新建不动产，或者用于改建、扩建、修缮、装饰不动产并增加不动产原值超过 50% 的"中的"货物和设计服务、建筑服务"需要分期抵扣，其他如审计费、咨询费等其他费用不需要"分 2 年销项税额中抵扣"。

【例 19】《国家税务总局关于发布〈房地产开发企业销售自行开发的房地产项目增值税征收管理暂行办法〉的公告》（国家税务总局公告 2016 年第 18 号）规定，一般纳税人销售自行开发的房地产项目，兼有一般计税方法计税、简易计税方法计税、免征增值税的房地产项目而无法划分不得抵扣的进项税额的，应以《建筑工程施工许可证》注明的"建设规模"为依据进行划分。

不得抵扣的进项税额 = 当期无法划分的全部进项税额 ×（简易计税、免税房地产项目建设规模 ÷ 房地产项目总建设规模）

上述规定也就是说，房地产项目总建设规模包含了当期所有的"总建设规模”，包括采用一般计税方法未开工，但是不包含已经缴纳营业税。

【例20】《国家税务总局关于全面推开营业税改征增值税试点有关税收征收管理事项的公告》（国家税务总局公告2016年第23号）规定，小规模纳税人应分别核算销售货物，提供加工、修理修配劳务的销售额和销售服务、无形资产的销售额。小规模纳税人销售货物，提供加工、修理修配劳务月销售额不超过3万元（按季纳税9万元），销售服务、无形资产月销售额不超过3万元（按季纳税9万元）的，自2016年5月1日起至2017年12月31日止，可分别享受小微企业暂免征收增值税优惠政策。

上述规定也就是说，小规模纳税人销售不动产不论是否超过9万元都需要交增值税，如果销售货物及服务均未超过9万元，均可享受免税。

五、营改增对其他税种的影响

（一）营改增对企业所得税的影响

1. 增值税是价外税，不需要计入相关损益科目

增值税是价外税，与营业税不同，营业税是价内税，包含在产品及服务的价格中，而增值税不含在产品及服务的价格中，所以增值税都不应计入收入和成本，而是单独在“应缴税费——应缴增值税”和“未交增值税”等明细科目核算，包括小规模纳税人，小规模纳税人虽然不能抵扣增值税，但核算其收入时也要将增值税剔除，在“应缴税费——应缴增值税”科目核算。

其次，增值税不是计提概念，它是随着采购或销售行为同时发生的，与其他附加税不同。

【例21】通过相关分录可以更清楚地认识上述问题：

借：现金或银行或应收等科目

　　贷：营业收入等科目

　　　　应缴税费——应缴增值税（销项税额）

借：期间费用、固定资产、存货等其他科目

　　应缴税费——应缴增值税（进项税额）

　　贷：现金或银行或应付等科目

需要说明的是，“应缴税费——应缴增值税”科目属于负债类科目，不参与企业的损益计算。

2. 增值税属于价外税，会计收入核算口径及企业所得税核算收入为不含增值税收入。

【例 22】金融企业取得应税拆借资金取得的年收入 1 000 万元，营改增前，其会计收入核算口径及企业所得税核算收入为 1 000 万元，营改增后，应税拆借资金取得的收入适用税率为 6%，其会计收入核算口径及企业所得税核算收入为 943.40 万元［1 000/（1 +6%）］。

3. 抵扣了的增值税不允许在所得税前扣除

增值税是以商品在流转过程中的增值额作为计税依据的一种商品税，它的主要特征就是税不重征，能避免重复征税，而且增值税能够通过一定的方式，转嫁给购买方，是一种价外税，实际上并非由企业所负担，根据企业所得税税前扣除中的实际发生和负担原则，这部分支出的所谓增值税税金，是不允许税前列支扣除的，通俗地说，由于增值税是价外税，购进货物、劳务、服务、无形资产或不动产，已经抵扣的增值税进项税额，这部分进项税额因不参与成本和损益的计算（包括应缴税费科目中核算缴纳增值税也不参与损益的计算），所以不允许在所得税前扣除。

（1）购进货物、劳务及服务已经抵扣的增值税进项税额。这部分进项税额因不参与成本和损益的计算，所以不允许在所得税前扣除。

【例 23】一般纳税人业务人员出差发生住宿费含税 2 120 元，按照规定抵扣进项税额 120 元，在企业所得税税前扣除的住宿费为 2 000 元，即：

借：销售费用——差旅费	2 000	
应缴税费——应缴增值税（进项税额）	120	
贷：银行存款		2 120

（2）购置固定资产、不动产、无形资产时抵扣的增值税。这部分进项税额不应计入固定资产、不动产、无形资产的成本，则固定资产、不动产、无形资产计税基础为不含税的，其对应在所得税前扣除的折旧和摊销也有所变化。

【例 24】一般纳税人 2017 年 1 月购买办公楼不动产含税 2 220 万元（适用税率 11%），按照规定分期可抵扣进项税额 220 万元，不考虑购买过程支付其他税费等情况，在企业所得税税前扣除该项办公楼的计税基础 2 000 万元，即：

借：固定资产——办公楼	20 000 000

应缴税费——应缴增值税——应缴增值税（进项税额）

1 320 000

应缴税费——待抵扣进项税额 880 000

贷：银行存款/应付账款 22 200 000

（3）出口业务中，按税法规定计算的不得免征和抵扣的进项税额。这部分进项税额应转入对应的销售成本，随同销售成本的结转得以在所得税前扣除。

（4）企业发生的非正常损失（如管理不善及被政府部门没收），其对应的增值税进项税额不得用于抵扣，应作进项税额转出。同时根据《财政部 国家税务总局关于企业资产损失税前扣除政策的通知》（财税〔2009〕57号）第十条规定，企业因存货盘亏、毁损、报废、被盗等原因不得从增值税销项税额中抵扣的进项税额，可以与存货损失一起在计算应纳税所得额时扣除。根据损失类型及具体情况，需要向税务机关申报，并经税务机关认证批准后作为税前列支事项，转出的进项税额才可随财产损失在所得税前扣除。

（5）如购进货物、劳务及应税行为未抵扣的增值税，也不属于《企业所得税法实施条例》第三十一条规定的"允许抵扣的增值税"，可以按照规定在所得税前扣除。根本原因也是因为增值税属于价外税，这部分税额未进项抵扣，核算上计入资产、成本和费用账面值，就参与成本和损益的计算，可以按规定在所得税前扣除。其中未抵扣的增值税实务中分两种情况：

一种情况是按规定不能抵扣进项税额，无争议的可在企业所得税税前扣除。

【例25】一般纳税人发生会议费支出，其中含2 120元餐饮费支出（其中税率6%），根据财税（2016）36号文件规定，购进的旅客运输服务、贷款服务、餐饮服务、居民日常服务和娱乐服务的进项税额不得从销项税额中抵扣，不管是否取得增值税专用发票，其中120元的进项税额都不能抵扣，计入会议费支出中，按规定在企业所得税税前扣除。

另一种情况是按规定能抵扣的进项税额，实务中由于没有取得增值税专用发票等合规抵扣凭证、超期没有认证等企业自身原因，没有抵扣进项税额，由于《企业所得税法实施条例》第三十一条只是规定"允许抵扣的增值税"不能在企业所得税税前扣除，不管何种原因没有抵扣的增值税，核算上计入资产、成本和费用账面值，就参与成本和损益的计算，可以按规定在所得税前扣除。

【例 26】一般纳税人发生办公用品支出 5 850 元（其中税额 850 元），取得增值税普通发票，也就无法抵扣进项税额，该项办公用品支出账面值为 5 850 元，可以按规定在企业所得税税前扣除。

【例 27】一般纳税人发生购买固定资产 117 000 元（其中税额 17 000 元），取得增值税专用发票，企业自身原因超过 180 天未认证，也就无法抵扣进项税额，该项固定资产账面值为 117 000 元，随固定资产的折旧可以按规定抵扣进项税额。

【例 28】一般纳税人发生房租费支出 5 550 元（其中税额 550 元），取得增值税专用发票，按规定认证，但是未在认证通过的次月申报期内，向主管税务机关申报抵扣进项税额，也就没有抵扣进项税额，该项房租费支出账面值为 5 850 元，可以按规定在企业所得税税前扣除。

（二）营改增后土地增值税相关问题处理

1. 增值税属于价外税，土地增值税纳税人转让房地产取得的收入为不含增值税收入

《国家税务总局关于营改增后土地增值税若干征管规定的公告》（国家税务总局公告 2016 年第 70 号）文件规定，营改增后，纳税人转让房地产的土地增值税应税收入不含增值税。适用增值税一般计税方法的纳税人，其转让房地产的土地增值税应税收入不含增值税销项税额；适用简易计税方法的纳税人，其转让房地产的土地增值税应税收入不含增值税应纳税额。

2. 土地增值税纳税人转让房地产取得的收入为不含增值税收入

《财政部 国家税务总局关于营改增后契税、房产税、土地增值税、个人所得税计税依据问题的通知》（财税〔2016〕43 号）文件明确，土地增值税纳税人转让房地产取得的收入为不含增值税收入。

纳税人转让房地产的收入包括转让房地产的全部价款及有关的经济收益。土地增值税纳税人转让房地产取得的收入为不含增值税收入，是说土地增值税纳税人转让房地产取得的收入也是“不含税销售额”口径，其中土地增值税纳税人不仅仅是房地产开发企业，包括转让国有土地使用权、地上的建筑物及其附着物并取得收入的单位和个人。

（1）土地增值税预征收入的确认。按照《土地增值税暂行条例实施细则》（财法字〔1995〕6 号）第十六条规定，“纳税人在项目全部竣工结算前转让房

地产取得的收入，由于涉及成本确定或其他原因，而无法据以计算土地增值税的，可以预征土地增值税，待该项目全部竣工、办理结算后再进行清算，多退少补。”

根据上述文件规定，土地增值税预征的纳税义务发生的时间点和增值税纳税发生时间点不一致，在预征阶段还无法准确确认扣减的土地价款额。

国家税务总局公告 2016 年第 70 号公告规定，为方便纳税人，简化土地增值税预征税款计算，房地产开发企业采取预收款方式销售自行开发的房地产项目的，可按照以下方法计算土地增值税预征计征依据：

土地增值税预征的计征依据 = 预收款 - 应预缴增值税税款

（2）营改增后土地增值税清算收入确认的问题。国家税务总局公告 2016 年第 70 号公告规定，土地增值税应税收入 = 营改增前转让房地产取得的收入 + 营改增后转让房地产取得的不含增值税收入。

（3）营改增后适用简易计税方法计税确认清算收入。纳税人适用简易计税方法的纳税人，其转让房地产的土地增值税应税收入不含增值税应纳税额，即土地增值税清算收入均按“含税销售收入/(1 +5%)”确认。

【例 29】 一般纳税人销售其 2016 年 4 月 30 日前自建的不动产，取得转让收入 1 050 万元，该纳税人选择简易计税方法，则计算土地增值税时的转让房地产取得的收入为 1 050/(1 +5%) =1 000 万元。

【例 30】 一般纳税人房产开发企业计划开发住宅楼 5 栋，属于 2016 年 4 月 30 日前老项目，2017 年年底竣工交付使用，预计收入总额 50 000 万元，2017 年一季度取得预售收入 10 500 万元，当地核定的土地增值税预征率为 2%，则应预缴的土地增值税为 10 500/(1 +5%) ×2% =200 万元，清算时确认的收入额为 10 500/(1 +5%) =10 000 万元。

（4）营改增后纳税人选用增值税一般计税方法确认土地增值税清算收入。适用增值税一般计税方法的纳税人，其转让房地产的土地增值税应税收入不含增值税销项税额。

方案一：因土地价款扣减销售额而减少的销项税金调减不含增值税收入，不调减纳税人在土地增值税清算时确认的土地成本。

财税〔2016〕36 号文规定“房地产开发企业中的一般纳税人销售其开发的房地产项目（选择简易计税方法的房地产老项目除外），以取得的全部价款和价外费用，扣除受让土地时向政府部门支付的土地价款后的余额为销售额。”也就是说土地增值税清算收入中提及的“不含增值税收入”中的增值税范畴，不仅仅包括是收入中的销项税金，还有土地价款扣减销售额而减少的销项税金，即纳税人按规定允许以本项目土地价款扣减销售额而减少的销项税金，应调增土地增值税清算收入。

土地增值税清算收入中含增值税税额 =（含税销售收入 - 本项目可扣除土地价款）/（1 + 11%）× 11%

土地增值税清算不含增值税收入 = 含税销售收入 - 土地增值税清算收入中含的增值税税额

= 含税销售收入 -（含税销售收入 - 本项目可扣除土地价款）/（1 + 11%）× 11%

= 含税销售收入 /（1 + 11%）+ 本项目可扣除土地价款 × 11% /（1 + 11%）

=（含税销售收入 + 本项目可扣除土地价款 × 11%）/（1 + 11%）

其中：含税销售收入是指纳税人销售房地产时取得的全部价款及有关的经济利益。

本项目可扣除土地价款是指按照财税〔2016〕36 号文规定，纳税人受让土地时向政府部门支付的土地价款，如果一次受让土地使用权，分期开发、清算的，则土地价款需要按照合法合理的方法进行分摊确认。

由于“因土地价款扣减销售额而减少的销项税金”调增土地增值税清算收入，则纳税人销售自行开发的房地产项目，且选用增值税一般计税方法计税的，按规定允许以本项目土地价款扣减销售额而减少的销项税金，不调减纳税人在土地增值税清算时确认的土地成本。

【例 31】 房地产开发企业为一般纳税人按照增值税一般计税方法计税。甲企业预售一套房产，取得含税销售收入 1 110 万元，假设允许扣除向政府部门支付的土地价款为 480 万元。

①该企业预售房产时土地增值税预征收入为 1 110 /（1 + 11%）= 1 000（万元）。

②土地增值税清算到期申报时：

对应的增值税销项税额（土地增值税清算收入中含的增值税税额）=（含税销售收入 - 本项目可扣除土地价款）/（1 + 11%）× 11%

=（1 110 - 480）/（1 + 11%）× 11% = 62.43（万元）

则该企业土地增值税清算收入为土地增值税清算不含增值税收入 = 含税销

售收入－土地增值税清算收入中含增值税税额

=1 110－62.43=1 047.57（万元）

同样可以直接公式计算：土地增值税清算不含增值税收入=（含税销售收入+本项目可扣除土地价款×11%）/（1+11%）

=（1 110+480×11%）/（1+11%）=1 047.57（万元）

③土地增值税清算时确认的土地成本时，其中允许扣除向政府部门支付的土地价款为480万元。

方案二：因土地价款扣减销售额而减少的销项税金调减土地成本，即土地价款扣减销售额而减少的销项税金直接调减纳税人在土地增值税清算时确认的土地成本，不调增计算不含增值税清算收入。

《财政部关于印发〈营业税改征增值税试点有关企业会计处理规定〉的通知》（财会〔2012〕13号）文件中关于“一般纳税人差额征税的会计处理”的规定，企业接受应税服务时，按规定允许扣减销售额而减少的销项税额，借记“应缴税费——应缴增值税（营改增抵减的销项税额）”科目，按实际支付或应付的金额与上述增值税额的差额，借记“主营业务成本”等科目，按实际支付或应付的金额，贷记“银行存款”、“应付账款”等科目，根据上述文件规定，土地价款扣减销售额而减少的销项税金直接调减纳税人在土地增值税清算时确认的土地成本。

需要提醒的是，《土地增值税暂行条例实施细则》规定，对从事房地产开发的纳税人，可按取得土地使用权所支付的金额与房地产开发成本之和加计20%扣除，方案一和方案二的选择进而影响从事房地产开发的纳税人计算缴纳土地增值税额，同等条件下，方案一缴纳土地增值税额较少。实务中，在未明确政策的前提下，建议从事房地产开发的一般纳税人与当地税务机关沟通。

【例32】房地产开发企业为一般纳税人按照增值税一般计税方法计税。甲企业预售一套房产，取得含税销售收入1 110万元，假设允许扣除向政府部门支付的土地价款为480万元。

①该企业预售房产时土地增值税预征收入为1 110/（1+11%）=1 000（万元）。

②土地增值税清算到期申报时：

土地增值税清算不含增值税收入=1 110/（1+11%）=1 000（万元）。

③土地增值税清算时确认的土地成本时，其中允许扣除向政府部门支付的土地价款为432.43万元。

允许扣除向政府部门支付的土地价款 $=480-480/(1+11\%)\times11\%=432.43$ 万元。

3. 关于营改增后视同销售房地产的土地增值税应税收入确认问题

国家税务总局公告2016年第70号公告规定，纳税人将开发产品用于职工福利、奖励、对外投资、分配给股东或投资人、抵偿债务、换取其他单位和个人的非货币性资产等，发生所有权转移时应视同销售房地产，其收入应按照《国家税务总局关于房地产开发企业土地增值税清算管理有关问题的通知》（国税发〔2006〕187号）第三条规定执行。纳税人安置回迁户，其拆迁安置用房应税收入和扣除项目的确认，应按照《国家税务总局关于土地增值税清算有关问题的通知》（国税函〔2010〕220号）第六条规定执行。

4. 销售不动产免征增值税的，确定计税依据时，转让房地产取得的收入不扣减增值税额

5. 在计征土地增值税时，税务机关核定的计税价格或收入不含增值税

6. 土地增值税的扣除成本与进项税额抵扣关系

（1）增值税进项税额，允许在销项税额中计算抵扣的，不计入扣除项目，不允许在销项税额中计算抵扣的，可以计入扣除项目。

（2）采用一般计税方法的项目，由于计算缴纳增值税时，可以进项税额抵扣，扣除成本应该是抵扣进项税额后的成本，即进项税额不计入扣除项目。

采用简易计税方法的项目，由于不允许抵扣进项税额，即按照含税成本在计算土地增值税扣除，即进项税额计入扣除项目。

【例33】房地产企业一般纳税人，采用一般计税方法的项目，取得建筑工程费增值税专用发票金额800万元，税额88万元，其按照相关规定认证且已经抵扣进项税额88万元，则该项成本支出应该是按照不含税成本800万元在计算土地增值税扣除。

【例34】房地产企业一般纳税人，采用简易计税方法的项目，取得建筑工程费增值税专用发票金额800万元，税额88万元，其按照相关规定不能抵扣进项税额，则该项成本支出应该是按照含税成本888万元在计算土地增值税扣除。

（3）房地产开发企业采用一般计税方法的项目，取得土地增值税扣除项目

中按照相关规定可以抵扣进项税额，但实际中由于取得增值税普通发票或超过抵扣凭证认证时限等企业自身原因，如未抵扣进项税额的扣除成本，应该是按照含税成本在计算土地增值税扣除，也就是说可以抵扣且未抵扣进项的税额可以在土地增值税税前计算扣除，与企业所得税税前扣除的口径一致。

【例 35】 房地产企业一般纳税人，采用一般计税方法的项目，其中有一项项目设计费含税价 84.8 万元（其中税额 4.8 万元），由于取得增值税普通发票或其他原因该项费用没有按相关规定认证抵扣进项税，则该项成本支出应该是按照含税成本 84.8 万元在计算土地增值税扣除。

需要提醒的是，土地增值税以转让房地产的增值额为税基，采用四级超率累进税率（其中最低为 30%，最高为 60%）。对于纳税人建造普通标准住宅出售，根据《土地增值税暂行条例》第八条第一款规定，增值额未超过扣除项目金额 20% 的免征土地增值税，由于取得土地增值税扣除项目中按照相关规定可以抵扣进项税额，但是如不抵扣进项税额，按规定可计入土地增值税扣除项目，进而减少"转让房地产的增值额"，影响到土地增值税是否免征，即抵扣了进项税额可能就增值额全额计算缴纳土地增值税，不抵扣进项税额可能不缴纳土地增值税，所以实务中，企业需要进行测算比较抵扣进项税额后少缴的增值税与不抵扣进项税额少缴的土地增值税和企业所得税之和的大小。

7. 与转让房地产有关的税金

《土地增值税暂行条例实施细则》第七条第五款规定：与转让房地产有关的税金，是指在转让房地产时缴纳的营业税、城市维护建设税、印花税。因转让房地产交纳的教育费附加，也可视同税金予以扣除。

营改增前，营业税、城市维护建设税、印花税及因转让房地产交纳的教育费附加可视同税金予以扣除；营改增后，不再缴纳营业税，缴纳增值税，由于增值税属于价外税，销项税额/应纳税额在计算收入时已经剔除，同时进项税额在计算扣除成本时也剔除，所以与转让房地产有关的税金不含转让房地产时缴纳的增值税。

对于营改增前后土地增值税清算时与转让房地产有关的税金确认，国家税务总局公告 2016 年第 70 号公告规定，地产开发企业在营改增后进行房地产开发项目土地增值税清算时，按以下方法确定与转让房地产有关的税金相关金额：与转让房地产有关的税金 = 营改增前实际缴纳的营业税、城建税、教育费附加

+营改增后允许扣除的城建税、教育费附加

需要提醒的是，转让房地产时缴纳城市维护建设税和教育费附加，还是可视同税金予以扣除。

另根据《财政部 国家税务总局关于土地增值税一些具体问题规定的通知》（财税字〔1995〕48号）第九条的规定，关于计算增值额时扣除已缴纳印花税的问题。细则中规定允许扣除的印花税，是指在转让房地产时缴纳的印花税。房地产开发企业按照《施工、房地产开发企业财务制度》的有关规定，其缴纳的印花税列入管理费用，已相应予以扣除。其他的土地增值税纳税义务人在计算土地增值税时允许扣除在转让时缴纳的印花税。

8. 旧房转让的土地增值税扣除项目

《财政部 国家税务总局关于土地增值税若干问题的通知》（财税〔2006〕21号）第二条关于“旧房转让的土地增值税扣除项目可按发票所载金额并从购买年度起至转让年度止每年加计5%计算”的规定，营改增后，“发票所载金额”需要根据具体的发票类型及是否抵扣确认，根据国家税务总局公告2016年第70号公告规定，具体为：

（1）提供的购房凭据为营改增前取得的营业税发票的，按照发票所载金额（不扣减营业税）并从购买年度起至转让年度止每年加计5%计算。

（2）提供的购房凭据为营改增后取得的增值税普通发票的，按照发票所载价税合计金额从购买年度起至转让年度止每年加计5%计算。

（3）提供的购房发票为营改增后取得的增值税专用发票的，按照发票所载不含增值税金额加上不允许抵扣的增值税进项税额之和，并从购买年度起至转让年度止每年加计5%计算。

9. 土地增值税的扣除成本凭证类型及扣除金额的确认

（1）国家税务总局公告2016年第70号公告规定，营改增后，土地增值税纳税人接受建筑安装服务取得的增值税发票，应按照《国家税务总局关于全面推开营业税改征增值税试点有关税收征收管理事项的公告》（国家税务总局公告2016年第23号）规定，在发票的备注栏注明建筑服务发生地县（市、区）名称及项目名称，否则不得计入土地增值税扣除项目金额。

（2）取得营业税发票的，需要关注国家税务总局公告2016年第23号规定营业税发票的适用时限。

同时关注取得道路、桥、闸通行费营业税发票并按规定计算可抵扣的进项税额，应按发票所载金额剔除计算已抵扣进项税额的余额确认，其他的营业税发票应按发票所载金额确认。

（3）取得增值税专用发票、海关进口增值税专用缴款书、农产品收购发票及道路、桥、闸通行费增值税普通发票等增值税抵扣凭证的，按规定抵扣的进项税额，应按凭证所载的不含增值税金额或抵扣进项税额后的金额确认，不论何种原因（包括取得增值税专用发票超过认证抵扣期限）未抵扣的进项税额，应按凭证所载的全额金额确认。

（4）取得不属于抵扣凭证的增值税普通发票，应按发票所载的含增值税金额确认。

（三）其他实务变化

财税〔2016〕43 号文件规定，计征契税的成交价格不含增值税；房产出租的，计征房产税的租金收入不含增值税；个人转让房屋的个人所得税应税收入不含增值税，其取得房屋时所支付价款中包含的增值税计入财产原值，计算转让所得时可扣除的税费不包括本次转让缴纳的增值税；个人出租房屋的个人所得税应税收入不含增值税，计算房屋出租所得可扣除的税费不包括本次出租缴纳的增值税。个人转租房屋的，其向房屋出租方支付的租金及增值税额，在计算转租所得时予以扣除。

1. 计征契税的成交价格，不管购买不动产或土地使用权时是否抵扣，都是不含增值税。

【例 36】购买房子的含税成交价格是 100 万元，不考虑其他情况，契税税率为 1%，购房涉及增值税税率为 11%，营改增前，购房单位或个人应纳契税 = 成交价格 100 万元 × 契税税率 = 100 × 1% = 1（万元），营改增后，增值税是属于价外税，则：购房单位或个人应纳契税 = 成交价格 100 万元/(1 + 增值税税率 11%/征收率 5%) × 契税税率 = 100 万元 ÷ (1 + 11%) × 1% = 0.90（万元）。

2. 房产出租的，计征房产税的租金收入不含增值税。

【例 37】一般纳税人出租写字楼，年租金收入 111 万元（含税），其中租金收入采用一般计税方法缴纳增值税，适用房产税的税率 12%，则房产税应纳税额 = 111 ÷ (1 + 11%) × 12% = 12（万元），将含税租金换为不含税租金收入。

另如该公司上述房屋租金收入满足采用简易计税方法的条件，并选择按照简易计税缴纳增值税，其增值税适用征收率为5%，则房产税应纳税额 = 111 ÷ (1 + 5%) × 12% = 12.69（万元）。

3. 个人转让房屋的个人所得税应税收入不含增值税，其取得房屋时所支付价款中包含的增值税计入财产原值，计算转让所得时可扣除的税费不包括本次转让缴纳的增值税。

【例38】某个人出售一套住房，总价含税525万元（出售方属于不足2年住房），其中其他合理费用20万元（不含本次转让的增值税）。

第一种情况：房产购买时含税价款400万元（不考虑其他合理费用因素），按照（本次房屋交易价格 - 房屋原值 - 转让房屋过程中缴纳的税金 - 合理费用）×20%计算缴纳个税。

个人转让房屋的个人所得税应税收入 = 525 ÷ (1 + 5%) = 500（万元）

房屋原值 = 400万元，特别提醒计算时的房屋原值不需要换成不含税价，因为个人取得房屋时不能抵扣进项税额，所以房屋原值包含所支付价款中的增值税。

其他合理费用20万元，因为在计算转让房屋的个人所得税应税收入已经不含增值税，所以其他合理费用（含税金）就不包含本次转让缴纳的增值税。

则应缴个人所得税（500 - 400 - 20）×20% = 16（万元）

第二种情况：如未能核实房屋原值的，按照本次房屋交易价格 × 征收率，计算缴纳个税，不考虑其他因素，假设核定征收率为1%。

房屋交易价格 = 525 ÷ (1 + 5%) = 500（万元）

则应缴个人所得税 500 × 1% = 5（万元）

4. 个人出租房屋的个人所得税应税收入不含增值税，计算房屋出租所得可扣除的税费不包括本次出租缴纳的增值税。个人转租房屋的，其向房屋出租方支付的租金及增值税额，在计算转租所得时予以扣除。

【例39】根据国家税务总局公告2016年第23号文件规定，其他个人采取预收款形式出租不动产，取得的预收租金收入，可在预收款对应的租赁期内平均分摊，分摊后的月租金收入不超过3万元的，可享受小微企业免征增值税优惠政策，其中上述政策中的“3万元”标准换成含税价格就是3.15万元，也就是说分摊后的月含税租金收入不超过3.15万元的，可享受小微企业免征增值税优惠政策。

5. 免征增值税的，确定计税依据时，成交价格、租金收入、转让房地产取得的收入不扣减增值税额。

6. 在计征契税、房产税及个人所得税等税种时，税务机关核定的计税价格或收入不含增值税。

第二篇

专 题 篇

专题：征收范围

增值税征税范围：

1. 非营改增征税范围：销售或进口货物（有形动产）；加工、修理修配劳务。

2. 营改增征税范围：销售服务、无形资产或者不动产（统称应税行为）。

一、政策规定

（一）销售或者进口货物

根据增值税暂行条例及实施细则规定，销售货物是指有偿转让货物的所有权，其中“货物”，是指有形动产，包括电力、热力、气体在内；“有偿”，是指从购买方取得货币、货物或者其他经济利益。

（二）提供加工、修理修配劳务

根据增值税暂行条例及实施细则规定，提供加工、修理修配劳务（以下称应税劳务），是指有偿提供加工、修理修配劳务，其中“加工”，是指受托加工货物，即委托方提供原料及主要材料，受托方按照委托方的要求，制造货物并收取加工费的业务；其中“修理修配”，是指受托对损伤和丧失功能的货物进行修复，使其恢复原状和功能的业务。

单位或者个体工商户聘用的员工为本单位或者雇主提供加工、修理修配劳务，不包括在内。

（三）销售服务

销售服务，是指提供交通运输服务、邮政服务、电信服务、建筑服务、金融服务、现代服务、生活服务。

1. 交通运输服务

交通运输服务，是指利用运输工具将货物或者旅客送达目的地，使其空间位置得到转移的业务活动。包括陆路运输服务、水路运输服务、航空运输服务和管道运输服务。

（1）陆路运输服务。陆路运输服务，是指通过陆路（地上或者地下）运送货物或者旅客的运输业务活动，包括铁路运输服务和其他陆路运输服务。

①铁路运输服务，是指通过铁路运送货物或者旅客的运输业务活动。

②其他陆路运输服务，是指铁路运输以外的陆路运输业务活动。包括公路运输、缆车运输、索道运输、地铁运输、城市轻轨运输等。

出租车公司向使用本公司自有出租车的出租车司机收取的管理费用，按照陆路运输服务缴纳增值税。

（2）水路运输服务。水路运输服务，是指通过江、河、湖、川等天然、人工水道或者海洋航道运送货物或者旅客的运输业务活动。

水路运输的程租、期租业务，属于水路运输服务。

程租业务，是指运输企业为租船人完成某一特定航次的运输任务并收取租赁费的业务。

期租业务，是指运输企业将配备有操作人员的船舶承租给他人使用一定期限，承租期内听候承租方调遣，不论是否经营，均按天向承租方收取租赁费，发生的固定费用均由船东负担的业务。

（3）航空运输服务。航空运输服务，是指通过空中航线运送货物或者旅客的运输业务活动。

航空运输的湿租业务，属于航空运输服务。

湿租业务，是指航空运输企业将配备有机组人员的飞机承租给他人使用一定期限，承租期内听候承租方调遣，不论是否经营，均按一定标准向承租方收取租赁费，发生的固定费用均由承租方承担的业务。

航天运输服务，按照航空运输服务缴纳增值税。

航天运输服务，是指利用火箭等载体将卫星、空间探测器等空间飞行器发射到空间轨道的业务活动。

（4）管道运输服务。管道运输服务，是指通过管道设施输送气体、液体、固体物质的运输业务活动。

无运输工具承运业务，按照交通运输服务缴纳增值税。

无运输工具承运业务，是指经营者以承运人身份与托运人签订运输服务合同，收取运费并承担承运人责任，然后委托实际承运人完成运输服务的经营活动。

2. 邮政服务

邮政服务，是指中国邮政集团公司及其所属邮政企业提供邮件寄递、邮政汇兑和机要通信等邮政基本服务的业务活动。包括邮政普遍服务、邮政特殊服务和其他邮政服务。

（1）邮政普遍服务。邮政普遍服务，是指函件、包裹等邮件寄递，以及邮票发行、报刊发行和邮政汇兑等业务活动。

函件，是指信函、印刷品、邮资封片卡、无名址函件和邮政小包等。

包裹，是指按照封装上的名址递送给特定个人或者单位的独立封装的物品，其重量不超过五十千克，任何一边的尺寸不超过一百五十厘米，长、宽、高合计不超过三百厘米。

（2）邮政特殊服务。邮政特殊服务，是指义务兵平常信函、机要通信、盲人读物和革命烈士遗物的寄递等业务活动。

（3）其他邮政服务。其他邮政服务，是指邮册等邮品销售、邮政代理等业务活动。

3. 电信服务

电信服务，是指利用有线、无线的电磁系统或者光电系统等各种通信网络资源，提供语音通话服务，传送、发射、接收或者应用图像、短信等电子数据和信息的业务活动。包括基础电信服务和增值电信服务。

（1）基础电信服务。基础电信服务，是指利用固网、移动网、卫星、互联网，提供语音通话服务的业务活动，以及出租或者出售带宽、波长等网络元素的业务活动。

（2）增值电信服务。增值电信服务，是指利用固网、移动网、卫星、互联网、有线电视网络，提供短信和彩信服务、电子数据和信息的传输及应用服务、互联网接入服务等业务活动。

卫星电视信号落地转接服务，按照增值电信服务缴纳增值税。

4. 建筑服务

建筑服务，是指各类建筑物、构筑物及其附属设施的建造、修缮、装饰，线路、管道、设备、设施等的安装以及其他工程作业的业务活动。包括工程服务、安装服务、修缮服务、装饰服务和其他建筑服务。

（1）工程服务。工程服务，是指新建、改建各种建筑物、构筑物的工程作业，包括与建筑物相连的各种设备或者支柱、操作平台的安装或者装设工程作业，以及各种窑炉和金属结构工程作业。

（2）安装服务。安装服务，是指生产设备、动力设备、起重设备、运输设备、传动设备、医疗实验设备以及其他各种设备、设施的装配、安置工程作业，包括与被安装设备相连的工作台、梯子、栏杆的装设工程作业，以及被安装设备的绝缘、防腐、保温、油漆等工程作业。

固定电话、有线电视、宽带、水、电、燃气、暖气等经营者向用户收取的安装费、初装费、开户费、扩容费以及类似收费，按照安装服务缴纳增值税。

（3）修缮服务。修缮服务，是指对建筑物、构筑物进行修补、加固、养护、改善，使之恢复原来的使用价值或者延长其使用期限的工程作业。

（4）装饰服务。装饰服务，是指对建筑物、构筑物进行修饰装修，使之美观或者具有特定用途的工程作业。

（5）其他建筑服务。其他建筑服务，是指上列工程作业之外的各种工程作业服务，如钻井（打井）、拆除建筑物或者构筑物、平整土地、园林绿化、疏浚（不包括航道疏浚）、建筑物平移、搭脚手架、爆破、矿山穿孔、表面附着物（包括岩层、土层、沙层等）剥离和清理等工程作业。

5. 金融服务

金融服务，是指经营金融保险的业务活动。包括贷款服务、直接收费金融服务、保险服务和金融商品转让。

（1）贷款服务。贷款，是指将资金贷与他人使用而取得利息收入的业务活动。

各种占用、拆借资金取得的收入，包括金融商品持有期间（含到期）利息（保本收益、报酬、资金占用费、补偿金等）收入、信用卡透支利息收入、买入返售金融商品利息收入、融资融券收取的利息收入，以及融资性售后回租、押汇、罚息、票据贴现、转贷等业务取得的利息及利息性质的收入，按照贷款服务缴纳增值税。

融资性售后回租，是指承租方以融资为目的，将资产出售给从事融资性售后回租业务的企业后，从事融资性售后回租业务的企业将该资产出租给承租方的业务活动。

以货币资金投资收取的固定利润或者保底利润，按照贷款服务缴纳增值税。

（2）直接收费金融服务。直接收费金融服务，是指为货币资金融通及其他金融业务提供相关服务并且收取费用的业务活动。包括提供货币兑换、账户管理、电子银行、信用卡、信用证、财务担保、资产管理、信托管理、基金管理、金融交易场所（平台）管理、资金结算、资金清算、金融支付等服务。

（3）保险服务。保险服务，是指投保人根据合同约定，向保险人支付保险费，保险人对于合同约定的可能发生的事故因其发生所造成的财产损失承担赔偿保险金责任，或者当被保险人死亡、伤残、疾病或者达到合同约定的年龄、期限等条件时承担给付保险金责任的商业保险行为。包括人身保险服务和财产保险服务。

人身保险服务，是指以人的寿命和身体为保险标的的保险业务活动。

财产保险服务，是指以财产及其有关利益为保险标的的保险业务活动。

（4）金融商品转让。金融商品转让，是指转让外汇、有价证券、非货物期货和其他金融商品所有权的业务活动。

其他金融商品转让包括基金、信托、理财产品等各类资产管理产品和各种金融衍生品的转让。

6. 现代服务

现代服务，是指围绕制造业、文化产业、现代物流产业等提供技术性、知识性服务的业务活动。包括研发和技术服务、信息技术服务、文化创意服务、物流辅助服务、租赁服务、鉴证咨询服务、广播影视服务、商务辅助服务和其他现代服务。

（1）研发和技术服务。研发和技术服务，包括研发服务、合同能源管理服务、工程勘察勘探服务、专业技术服务。

①研发服务，也称技术开发服务，是指就新技术、新产品、新工艺或者新材料及其系统进行研究与试验开发的业务活动。

②合同能源管理服务，是指节能服务公司与用能单位以契约形式约定节能目标，节能服务公司提供必要的服务，用能单位以节能效果支付节能服务公司投入及其合理报酬的业务活动。

③工程勘察勘探服务，是指在采矿、工程施工前后，对地形、地质构造、地下资源蕴藏情况进行实地调查的业务活动。

④专业技术服务，是指气象服务、地震服务、海洋服务、测绘服务、城市规划、环境与生态监测服务等专项技术服务。

（2）信息技术服务。信息技术服务，是指利用计算机、通信网络等技术对信息进行生产、收集、处理、加工、存储、运输、检索和利用，并提供信息服务的业务活动。包括软件服务、电路设计及测试服务、信息系统服务、业务流程管理服务和信息系统增值服务。

①软件服务，是指提供软件开发服务、软件维护服务、软件测试服务的业务活动。

②电路设计及测试服务，是指提供集成电路和电子电路产品设计、测试及相关技术支持服务的业务活动。

③信息系统服务，是指提供信息系统集成、网络管理、网站内容维护、桌面管理与维护、信息系统应用、基础信息技术管理平台整合、信息技术基础设施管理、数据中心、托管中心、信息安全服务、在线杀毒、虚拟主机等业务活动。包括网站对非自有的网络游戏提供的网络运营服务。

④业务流程管理服务，是指依托信息技术提供的人力资源管理、财务经济管理、审计管理、税务管理、物流信息管理、经营信息管理和呼叫中心等服务的活动。

⑤信息系统增值服务，是指利用信息系统资源为用户附加提供的信息技术服务。包括数据处理、分析和整合、数据库管理、数据备份、数据存储、容灾服务、电子商务平台等。

（3）文化创意服务。文化创意服务，包括设计服务、知识产权服务、广告服务和会议展览服务。

①设计服务，是指把计划、规划、设想通过文字、语言、图画、声音、视觉等形式传递出来的业务活动。包括工业设计、内部管理设计、业务运作设计、供应链设计、造型设计、服装设计、环境设计、平面设计、包装设计、动漫设计、网游设计、展示设计、网站设计、机械设计、工程设计、广告设计、创意策划、文印晒图等。

②知识产权服务，是指处理知识产权事务的业务活动。包括对专利、商标、著作权、软件、集成电路布图设计的登记、鉴定、评估、认证、检索服务。

③广告服务，是指利用图书、报纸、杂志、广播、电视、电影、幻灯、路

牌、招贴、橱窗、霓虹灯、灯箱、互联网等各种形式为客户的商品、经营服务项目、文体节目或者通告、声明等委托事项进行宣传和提供相关服务的业务活动。包括广告代理和广告的发布、播映、宣传、展示等。

④会议展览服务，是指为商品流通、促销、展示、经贸洽谈、民间交流、企业沟通、国际往来等举办或者组织安排的各类展览和会议的业务活动。

（4）物流辅助服务。物流辅助服务，包括航空服务、港口码头服务、货运客运场站服务、打捞救助服务、装卸搬运服务、仓储服务和收派服务。

①航空服务，包括航空地面服务和通用航空服务。航空地面服务，是指航空公司、飞机场、民航管理局、航站等向在境内航行或者在境内机场停留的境内外飞机或者其他飞行器提供的导航等劳务性地面服务的业务活动。包括旅客安全检查服务、停机坪管理服务、机场候机厅管理服务、飞机清洗消毒服务、空中飞行管理服务、飞机起降服务、飞行通讯服务、地面信号服务、飞机安全服务、飞机跑道管理服务、空中交通管理服务等。

通用航空服务，是指为专业工作提供飞行服务的业务活动，包括航空摄影、航空培训、航空测量、航空勘探、航空护林、航空吊挂播洒、航空降雨、航空气象探测、航空海洋监测、航空科学实验等。

②港口码头服务，是指港务船舶调度服务、船舶通讯服务、航道管理服务、航道疏浚服务、灯塔管理服务、航标管理服务、船舶引航服务、理货服务、系解缆服务、停泊和移泊服务、海上船舶溢油清除服务、水上交通管理服务、船只专业清洗消毒检测服务和防止船只漏油服务等为船只提供服务的业务活动。

港口设施经营人收取的港口设施保安费按照港口码头服务缴纳增值税。

③货运客运场站服务，是指货运客运场站提供货物配载服务、运输组织服务、中转换乘服务、车辆调度服务、票务服务、货物打包整理、铁路线路使用服务、加挂铁路客车服务、铁路行包专列发送服务、铁路到达和中转服务、铁路车辆编解服务、车辆挂运服务、铁路接触网服务、铁路机车牵引服务等业务活动。

④打捞救助服务，是指提供船舶人员救助、船舶财产救助、水上救助和沉船沉物打捞服务的业务活动。

⑤装卸搬运服务，是指使用装卸搬运工具或者人力、畜力将货物在运输工具之间、装卸现场之间或者运输工具与装卸现场之间进行装卸和搬运的业务

活动。

⑥仓储服务，是指利用仓库、货场或者其他场所代客贮放、保管货物的业务活动。

⑦收派服务，是指接受寄件人委托，在承诺的时限内完成函件和包裹的收件、分拣、派送服务的业务活动。

收件服务，是指从寄件人收取函件和包裹，并运送到服务提供方同城的集散中心的业务活动。

分拣服务，是指服务提供方在其集散中心对函件和包裹进行归类、分发的业务活动。

派送服务，是指服务提供方从其集散中心将函件和包裹送达同城的收件人的业务活动。

（5）租赁服务。租赁服务，包括融资租赁服务和经营租赁服务。

①融资租赁服务，是指具有融资性质和所有权转移特点的租赁活动。即出租人根据承租人所要求的规格、型号、性能等条件购入有形动产或者不动产租赁给承租人，合同期内租赁物所有权属于出租人，承租人只拥有使用权，合同期满付清租金后，承租人有权按照残值购入租赁物，以拥有其所有权。不论出租人是否将租赁物销售给承租人，均属于融资租赁。

按照标的物的不同，融资租赁服务可分为有形动产融资租赁服务和不动产融资租赁服务。

融资性售后回租不按照本税目缴纳增值税。

②经营租赁服务，是指在约定时间内将有形动产或者不动产转让他人使用且租赁物所有权不变更的业务活动。

按照标的物的不同，经营租赁服务可分为有形动产经营租赁服务和不动产经营租赁服务。

将建筑物、构筑物等不动产或者飞机、车辆等有形动产的广告位出租给其他单位或者个人用于发布广告，按照经营租赁服务缴纳增值税。

车辆停放服务、道路通行服务（包括过路费、过桥费、过闸费等）等按照不动产经营租赁服务缴纳增值税。

水路运输的光租业务、航空运输的干租业务，属于经营租赁。

光租业务，是指运输企业将船舶在约定的时间内出租给他人使用，不配备操作人员，不承担运输过程中发生的各项费用，只收取固定租赁费的业务活动。

干租业务，是指航空运输企业将飞机在约定的时间内出租给他人使用，不配备机组人员，不承担运输过程中发生的各项费用，只收取固定租赁费的业务活动。

（6）鉴证咨询服务。鉴证咨询服务，包括认证服务、鉴证服务和咨询服务。

①认证服务，是指具有专业资质的单位利用检测、检验、计量等技术，证明产品、服务、管理体系符合相关技术规范、相关技术规范的强制性要求或者标准的业务活动。

②鉴证服务，是指具有专业资质的单位受托对相关事项进行鉴证，发表具有证明力的意见的业务活动。包括会计鉴证、税务鉴证、法律鉴证、职业技能鉴定、工程造价鉴证、工程监理、资产评估、环境评估、房地产土地评估、建筑图纸审核、医疗事故鉴定等。

③咨询服务，是指提供信息、建议、策划、顾问等服务的活动。包括金融、软件、技术、财务、税收、法律、内部管理、业务运作、流程管理、健康等方面的咨询。

翻译服务和市场调查服务按照咨询服务缴纳增值税。

（7）广播影视服务。广播影视服务，包括广播影视节目（作品）的制作服务、发行服务和播映（含放映，下同）服务。

①广播影视节目（作品）制作服务，是指进行专题（特别节目）、专栏、综艺、体育、动画片、广播剧、电视剧、电影等广播影视节目和作品制作的服务。具体包括与广播影视节目和作品相关的策划、采编、拍摄、录音、音视频文字图片素材制作、场景布置、后期的剪辑、翻译（编译）、字幕制作、片头、片尾、片花制作、特效制作、影片修复、编目和确权等业务活动。

②广播影视节目（作品）发行服务，是指以分账、买断、委托等方式，向影院、电台、电视台、网站等单位和个人发行广播影视节目（作品）以及转让体育赛事等活动的报道及播映权的业务活动。

③广播影视节目（作品）播映服务，是指在影院、剧院、录像厅及其他场所播映广播影视节目（作品），以及通过电台、电视台、卫星通信、互联网、有线电视等无线或者有线装置播映广播影视节目（作品）的业务活动。

（8）商务辅助服务。商务辅助服务，包括企业管理服务、经纪代理服务、人力资源服务、安全保护服务。

①企业管理服务，是指提供总部管理、投资与资产管理、市场管理、物业管理、日常综合管理等服务的业务活动。

②经纪代理服务，是指各类经纪、中介、代理服务。包括金融代理、知识产权代理、货物运输代理、代理报关、法律代理、房地产中介、职业中介、婚姻中介、代理记账、拍卖等。

货物运输代理服务，是指接受货物收货人、发货人、船舶所有人、船舶承租人或者船舶经营人的委托，以委托人的名义为委托人办理货物运输、装卸、仓储和船舶进出港口、引航、靠泊等相关手续的业务活动。

代理报关服务，是指接受进出口货物的收、发货人委托，代为办理报关手续的业务活动。

③人力资源服务，是指提供公共就业、劳务派遣、人才委托招聘、劳动力外包等服务的业务活动。

④安全保护服务，是指提供保护人身安全和财产安全，维护社会治安等的业务活动。包括场所住宅保安、特种保安、安全系统监控以及其他安保服务。

（9）其他现代服务。其他现代服务，是指除研发和技术服务、信息技术服务、文化创意服务、物流辅助服务、租赁服务、鉴证咨询服务、广播影视服务和商务辅助服务以外的现代服务。

7. 生活服务

生活服务，是指为满足城乡居民日常生活需求提供的各类服务活动。包括文化体育服务、教育医疗服务、旅游娱乐服务、餐饮住宿服务、居民日常服务和其他生活服务。

（1）文化体育服务。文化体育服务，包括文化服务和体育服务。

①文化服务，是指为满足社会公众文化生活需求提供的各种服务。包括：文艺创作、文艺表演、文化比赛，图书馆的图书和资料借阅，档案馆的档案管理，文物及非物质遗产保护，组织举办宗教活动、科技活动、文化活动，提供游览场所。

②体育服务，是指组织举办体育比赛、体育表演、体育活动，以及提供体育训练、体育指导、体育管理的业务活动。

（2）教育医疗服务。教育医疗服务，包括教育服务和医疗服务。

①教育服务，是指提供学历教育服务、非学历教育服务、教育辅助服务的业务活动。

学历教育服务，是指根据教育行政管理部门确定或者认可的招生和教学计划组织教学，并颁发相应学历证书的业务活动。包括初等教育、初级中等教育、高级中等教育、高等教育等。

非学历教育服务，包括学前教育、各类培训、演讲、讲座、报告会等。

教育辅助服务，包括教育测评、考试、招生等服务。

②医疗服务，是指提供医学检查、诊断、治疗、康复、预防、保健、接生、计划生育、防疫服务等方面的服务，以及与这些服务有关的提供药品、医用材料器具、救护车、病房住宿和伙食的业务。

（3）旅游娱乐服务。旅游娱乐服务，包括旅游服务和娱乐服务。

①旅游服务，是指根据旅游者的要求，组织安排交通、游览、住宿、餐饮、购物、文娱、商务等服务的业务活动。

②娱乐服务，是指为娱乐活动同时提供场所和服务的业务。

具体包括：歌厅、舞厅、夜总会、酒吧、台球、高尔夫球、保龄球、游艺（包括射击、狩猎、跑马、游戏机、蹦极、卡丁车、热气球、动力伞、射箭、飞镖）。

（4）餐饮住宿服务。餐饮住宿服务，包括餐饮服务和住宿服务。

①餐饮服务，是指通过同时提供饮食和饮食场所的方式为消费者提供饮食消费服务的业务活动。

②住宿服务，是指提供住宿场所及配套服务等的活动。包括宾馆、旅馆、旅社、度假村和其他经营性住宿场所提供的住宿服务。

（5）居民日常服务。居民日常服务，是指主要为满足居民个人及其家庭日常生活需求提供的服务，包括市容市政管理、家政、婚庆、养老、殡葬、照料和护理、救助救济、美容美发、按摩、桑拿、氧吧、足疗、沐浴、洗染、摄影扩印等服务。

（6）其他生活服务。其他生活服务，是指除文化体育服务、教育医疗服务、旅游娱乐服务、餐饮住宿服务和居民日常服务之外的生活服务。

（四）销售无形资产

销售无形资产，是指转让无形资产所有权或者使用权的业务活动。无形资产，是指不具实物形态，但能带来经济利益的资产，包括技术、商标、著作权、商誉、自然资源使用权和其他权益性无形资产。

技术，包括专利技术和非专利技术。

自然资源使用权，包括土地使用权、海域使用权、探矿权、采矿权、取水权和其他自然资源使用权。

其他权益性无形资产，包括基础设施资产经营权、公共事业特许权、配额、经营权（包括特许经营权、连锁经营权、其他经营权）、经销权、分销权、代理权、会员权、席位权、网络游戏虚拟道具、域名、名称权、肖像权、冠名权、转会费等。

（五）销售不动产

销售不动产，是指转让不动产所有权的业务活动。不动产，是指不能移动或者移动后会引起性质、形状改变的财产，包括建筑物、构筑物等。

建筑物，包括住宅、商业营业用房、办公楼等可供居住、工作或者进行其他活动的建造物。

构筑物，包括道路、桥梁、隧道、水坝等建造物。

转让建筑物有限产权或者永久使用权的，转让在建的建筑物或者构筑物所有权的，以及在转让建筑物或者构筑物时一并转让其所占土地的使用权的，按照销售不动产缴纳增值税。

（六）非经营活动

销售服务、无形资产或者不动产，是指有偿提供服务、有偿转让无形资产或者不动产，但属于下列非经营活动的情形除外：

1. 行政单位收取的同时满足以下条件的政府性基金或者行政事业性收费：

（1）由国务院或者财政部批准设立的政府性基金，由国务院或者省级人民政府及其财政、价格主管部门批准设立的行政事业性收费；

（2）收取时开具省级以上（含省级）财政部门监（印）制的财政票据；

（3）所收款项全额上缴财政。

2. 单位或者个体工商户聘用的员工为本单位或者雇主提供取得工资的服务。

3. 单位或者个体工商户为聘用的员工提供服务。

4. 财政部和国家税务总局规定的其他情形。

【例40】《关于进一步明确全面推开营改增试点有关再保险、不动产租赁和非学历教育等政策的通知》（财税〔2016〕68号）文件规定，各党派、共青团、工会、妇联、中科协、青联、台联、侨联收取党费、团费、会费，以及政府间国际组织收取会费，属于非经营活动，不征收增值税。

（七）境内销售服务、无形资产或者不动产界定

1. 在境内销售服务、无形资产或者不动产，是指：

（1）服务（租赁不动产除外）或者无形资产（自然资源使用权除外）的销售方或者购买方在境内；

（2）所销售或者租赁的不动产在境内；

（3）所销售自然资源使用权的自然资源在境内；

（4）财政部和国家税务总局规定的其他情形。

2. 下列情形不属于在境内销售服务或者无形资产：

（1）境外单位或者个人向境内单位或者个人销售完全在境外发生的服务；

（2）境外单位或者个人向境内单位或者个人销售完全在境外使用的无形资产；

（3）境外单位或者个人向境内单位或者个人出租完全在境外使用的有形动产；

（4）财政部和国家税务总局规定的其他情形。

3.《国家税务总局关于营改增试点若干征管问题的公告》（国家税务总局公告2016年第53号）规定，境外单位或者个人发生的下列行为不属于在境内销售服务或者无形资产：

（1）为出境的函件、包裹在境外提供的邮政服务、收派服务；

（2）向境内单位或者个人提供的工程施工地点在境外的建筑服务、工程监理服务；

（3）向境内单位或者个人提供的工程、矿产资源在境外的工程勘察勘探服务；

（4）向境内单位或者个人提供的会议展览地点在境外的会议展览服务。

二、实务理解及案例

（一）增值税征收范围理解

确定一项经济行为是否需要缴纳增值税，根据增值税条例及实施细则和财税〔2016〕36号文件附件1，除另有规定外，一般应同时具备以下四个条件：（1）应税行为是发生在中华人民共和国境内；（2）应税行为是属于销售货物劳务和财税〔2016〕36号文件附件1中附件《销售服务、无形资产、不动产注释》范围内的业务活动；（3）应税行为是为他人提供的；（4）应税行为是有偿的。

1. 应税行为是发生在中华人民共和国境内

该条件涉及征税权问题，只有属于境内应税行为的，我国政府才对其有征税权，否则不能征税。具体哪些行为属于境内应税行为，财税〔2016〕36号文件附件1第十二条和第十三条进行了明确。

【例41】市政府道路施工影响到企业正常经营和作业，支付给企业一部分资金补贴，上述补贴中没有发生应税行为，所以不属于增值税征税范围，企业收到该补贴不用缴纳增值税。

2. 应税行为是属于销售货物、提供劳务和《销售服务、无形资产、不动产注释》范围内的业务活动

全面营改增后应税行为包括销售货物、提供劳务、销售应税服务、销售无形资产和销售不动产。其中，应税服务包括交通运输服务、邮政服务、电信服务、建筑服务、金融服务、现代服务、生活服务。

【例42】非证券化股权转让不征增值税，因为非证券化股权不属于《注释》范围内的业务活动，但是证券化的股权转让按“金融商品转让”征收增值税。

3. 应税行为是为他人提供的

“应税行为必须是为他人提供的”，是指应税服务的提供对象必须是其他单位或者个人，不是自己，即自我服务不征税。这里所说的“自我服务”，包括以下两种情形：（1）单位或者个体工商户聘用的员工为本单位或者雇主提供取得工资的服务。（2）单位或者个体工商户为聘用的员工提供服务。

【例43】单位或个人自己新建（自建）建筑物后销售，其所发生的自建行为就不需要缴纳增值税。

【例 44】 房地产企业将自行开发的房地产项目转为自持物业，“转为”就不需要缴纳增值税。

【例 45】 因银行结汇产生的汇率差收入，不属于增值税征税范围，不需要缴纳增值税。

4. 应税行为是有偿的

财税〔2016〕36 号文件附件 1 第十条和第十一条规定：销售服务、无形资产或者不动产，是指有偿提供服务、有偿转让无形资产或者不动产。有偿，是指取得货币、货物或者其他经济利益，也就是说有偿是构成增值税应税行为一个必要条件。

5. 例外情形

上述四个增值税征税条件是判定一项经济行为是否需要在营改增试点实施后缴纳增值税的基本标准，目前还有两类例外情形：第一种是满足上述四个增值税征税条件但不需要缴纳增值税的情形；第二种是不同时满足上述四个增值税征税条件但需要缴纳增值税的情形。

（1）满足上述四个增值税征税条件但不需要缴纳增值税的情形，主要包括：

①行政单位收取的同时满足规定条件的政府性基金或者行政事业性收费；

②存款利息；

③在资产重组过程中，通过合并、分立、出售、置换等方式，将全部或者部分实物资产以及与其相关联的债权、负债和劳动力一并转让给其他单位和个人，其中涉及的不动产、土地使用权转让行为。

（2）不同时满足上述四个增值税征税条件但需要缴纳增值税的情形，主要包括某些无偿的应税行为，需要按照视同销售处理。

（二）营改增税目确认的影响及提醒

1. 征收范围税目确认影响企业使用的税率/征收率

【例 46】 一般纳税人酒店出租会议室，有可能按照“会议展览服务”缴纳增值税，适用税率为 6%，还有可能按照“不动产出租”缴纳增值税，适用税率为 11% 或征收率 5%。

【例 47】《国家税务总局关于在境外提供建筑服务等有关问题的公告》（国家税务总局公告 2016 年第 69 号）文件规定，纳税人以长（短）租形式出租酒店式公寓并提供配套服务的，按照住宿服务缴纳增值税。也就是说，纳税人以长（短）租形式出租酒店式公寓并提供配套服务的不是按照有形不动产租赁服务缴纳增值税，而是按照住宿服务缴纳增值税，纳税人提供有形不动产租赁服务和住宿服务适用的税率或征收率也不一样，其中提供有形不动产租赁服务适用的税率和征收率分别为11%和5%，提供住宿服务适用的税率和征收率分别为6%和3%。

2. 征收范围税目确认影响计税方法的选择

【例48】 财税〔2016〕68号文件规定，纳税人提供安全保护服务，比照劳务派遣服务政策执行，纳税人提供劳务派遣服务可以选择差额纳税，以取得的全部价款和价外费用，扣除代用工单位支付给劳务派遣员工的工资、福利和为其办理社会保险及住房公积金后的余额为销售额，按照简易计税方法依5%的征收率计算缴纳增值税。

3. 征收范围税目确认影响购买方是否可进项税额抵扣

【例49】 财税〔2016〕36号文件规定，一般纳税人购进的贷款服务产生的进项税额不得从销项税额中抵扣，企业发生的银行账户管理费用、账户函证费用属于直接收费金融服务，不属于贷款服务，也就是说一般纳税人发生的银行账户管理费用、账户函证费用产生的进项税额，取得增值税专用发票抵扣凭证，可以按照相关规定抵扣进项税额。

4. 征收范围税目确认影响是否享受税收优惠政策

【例50】 企业租用天然气公司铺设好的天然气管道，天然气公司（一般纳税人）可能按照交通运输业中“管道运输服务”缴纳增值税，也可能按照经营租赁服务“不动产经营租赁服务”缴纳增值税。其中一般纳税人提供管道运输服务，对其增值税实际税负超过3%的部分实行增值税即征即退政策。

5. 征收范围税目确认影响享受销售额的确认

【例51】 货物运输代理和代理报关不属于物流辅助服务，应按照经纪代理服务征税，纳税人提供经纪代理服务，以取得的全部价款和价外费用，扣除向委托方收取并代为支付的政府性基金或者行政事业性收费后的余额为销售额。向委托方收取的政府性基金或者行政事业性收费，不得开具增值税专用发票。

6. 征收范围税目确认影响开具发票要求

【例52】 提供建筑服务，纳税人自行开具或者税务机关代开增值税发票时，应在发票的备注栏注明建筑服务发生地县（市、区）名称及项目名称，工程勘察勘探服务和工程监理等服务属于现代服务，不属于建筑服务，开具发票时没有上述的要求，不需要在备注栏注明建筑服务发生地县（市、区）名称及项目名称。

7. 注意营改增前后税目的区别和是否征收的变化

【例 53】 公司为员工代扣代缴个人所得税，收到地税部门返还的手续费，营改增前是否缴纳营业税，各地执行口径不一样，营改增后，需要按照提供经纪代理服务计算缴纳增值税，一般纳税人适用税率 6%，小规模纳税人适用征收率 3%。

【例 54】 企业转让理财产品，营改增前是否缴纳营业税，各地执行口径不一样，营改增后，根据财税〔2016〕36 号文件规定，其他金融商品转让包括基金、信托、理财产品等各类资产管理产品和各种金融衍生品的转让，营改增后，需要按照提供金融商品转让计算缴纳增值税。

同时根据财税〔2016〕36 号文件规定，贷款，是指将资金贷与他人使用而取得利息收入的业务活动。各种占用、拆借资金取得的收入，包括金融商品持有期间（含到期）利息（保本收益、报酬、资金占用费、补偿金等）收入、信用卡透支利息收入、买入返售金融商品利息收入、融资融券收取的利息收入，以及融资性售后回租、押汇、罚息、票据贴现、转贷等业务取得的利息及利息性质的收入，按照贷款服务缴纳增值税。也就是金融商品持有期间（含到期）利息（保本收益、报酬、资金占用费、补偿金等）收入，需要按照提供贷款服务计算缴纳增值税。

8. 税目确认关键点

（1）把握业务实质和把握《销售服务、无形资产或者不动产注释》的关键点进行税目判断。

（2）提供其他的辅助证明，比如：合同协议和服务确认单等。

【例 55】 酒店企业提供会议相关服务就存在是按照出租会议室“不动产经营租赁”税目还是“提供会议服务”税目缴纳增值税的实务问题。

（1）会议展览服务，是指为商品流通、促销、展示、经贸洽谈、民间交流、企业沟通、国际往来等举办或者组织安排的各类展览和会议的业务活动。

（2）不动产经营租赁，是指在约定时间内将不动产转让他人使用且租赁物所有权不变更的业务活动。

实务中，如果酒店出租场地时未提供相关的配套服务，则属于不动产租赁服务，开具不动产租赁服务发票；如果提供相关配套服务，比如整理、打扫、饮水、纸和笔、音响等，则属于会议服务若同时提供其他服务，如餐饮服务和住宿服务等，应分开开具发票，不得一并开具会议服务发票。

为了证明税目的选择是正确降低企业涉税风险，同时为了加强企业内部控制，建议酒店企业应该提供“不动产经营租赁”和“会议服务”不同的合同模板和相关单据，但是需要提醒的是，合同不能全部确定税目，如即使酒店与客户签“不动产经营租赁”的合同，但是实质上还提供会议服务（如整理、打扫、饮水、音响等），也是按照“会议展览服务”征税。

【例 56】 有关于企业提供“广告服务”的适用的税目。

《销售服务、无形资产或者不动产注释》规定：

（1）广告服务，是指利用图书、报纸、杂志、广播、电视、电影、幻灯、路牌、招贴、橱窗、霓虹灯、灯箱、互联网等各种形式为客户的商品、经营服务项目、文体节目或者通告、声明等委托事项进行宣传和提供相关服务的业务活动。

（2）按照标的物的不同，经营租赁服务可分为有形动产经营租赁服务和不动产经营租赁服务。

将建筑物、构筑物等不动产或者飞机、车辆等有形动产的广告位出租给其他单位或者个人用于发布广告，按照经营租赁服务缴纳增值税。

根据上述文件规定，客运车辆在车内播放广告或通过车身、顶灯等设施展示广告的经营收入，应按“文化创意服务——广告服务”缴纳增值税。

将建筑物、构筑物等不动产广告位出租给其他单位或者个人用于发布广告，不属于“文化创意服务——广告服务”，应按照“不动产经营租赁服务”缴纳增值税，不需要缴纳文化事业建设费。

将飞机、车辆等有形动产的广告位出租给其他单位或者个人用于发布广告，不属于“文化创意服务——广告服务”，应按照“动产经营租赁服务”缴纳增值税，不需要缴纳文化事业建设费。

9. 开票选错税目与对应税率的处理方法

【例 57】 小规模纳税人提供房屋租赁，属于不动产租赁服务，适用征收率为5%，由于营改增前政策是小规模纳税人适用征收率都为3%，所以该小规模纳税人开具房屋租赁发票时，选用适用征收率3%。

（1）开具发票当月发现，应按“作废”重开发票处理，即收回原开具的发票按作废处理，如开具时发现有误的，可即时作废。

（2）不符合作废条件，如属于上期开具的发票，按照“开具发票”重开发票处理，属于开票有误开具红字发票处理，同时调整账务处理。

（3）需要提醒的是，实务中千万别“由于发票金额不大，相关人员怕麻烦，重新开具一张适用征收率5%的发票，多的税由开票方来缴”的处理方式。

注意：上述案例中如企业提供租赁服务开具两张发票，属于虚开发票行为，有可能涉及相关法律刑事责任。

根据《发票管理办法》第二十二条规定开具发票应当按照规定的时限、顺序、栏目，全部联次一次性如实开具，并加盖发票专用章。任何单位和个人不得有下列虚开发票行为：

（1）为他人、为自己开具与实际经营业务情况不符的发票；

（2）让他人为自己开具与实际经营业务情况不符的发票；

（3）介绍他人开具与实际经营业务情况不符的发票。

（三）销售服务、无形资产、不动产注释实务点

1. 交通运输服务

（1）无运输工具承运业务，按照交通运输服务缴纳增值税。

（2）无运输工具承运业务，是指经营者以承运人身份与托运人签订运输服务合同，收取运费并承担承运人责任，然后委托实际承运人完成运输服务的经营活动。

（3）区别于货物运输代理，把无运输工具承运人提供的承运业务，从货物代理中区分出来，按照交通运输服务的税率和征收率缴纳增值税。

（4）出租车公司无论是向使用本公司自有出租车的出租车司机收取的管理费用，还是向挂靠在本公司的出租车司机收取的管理费用，均按照交通运输服务缴纳增值税。出租车公司是一般纳税人的，可以按照公共交通运输服务选择适用简易计税方法计税。

（5）纳税人提供程租和期租业务，属于提供水路运输服务并应按规定计算缴纳增值税。其中，程租业务，是指运输企业为租船人完成某一特定航次的运输任务并收取租赁费的业务；期租业务，是指运输企业将配备有操作人员的船舶承租给他人使用一定期限，承租期内听候承租方调遣，不论是否经营，均按天向承租方收取租赁费，发生的固定费用均由船东负担的业务。

（6）纳税人的湿租业务，属于提供航空运输服务并应按规定计算缴纳增值税。湿租业务，是指航空运输企业将配备有机组人员的飞机承租给他人使用一定期限，承租期内听候承租方调遣，不论是否经营，均按一定标准向承租方收取租赁费，发生的固定费用均由承租方承担的业务。

（7）景区内索道运输、旅游观光车属于景区统一运营管理的，按照混合销售，以文化体育服务（提供浏览场所）征收增值税。不属于景区统一运营管理的，按照交通运输业征收增值税，索道运输、旅游观光车按固定路线、固定时间运营并在固定站点停靠运送旅客的，纳税人可选择简易计税。

2. 建筑服务

建筑服务，是指各类建筑物、构筑物及其附属设施的建造、修缮、装饰，线路、管道、设备、设施等的安装以及其他工程作业的业务活动。包括工程服务、安装服务、修缮服务、装饰服务和其他建筑服务。

（1）固定电话、有线电视、宽带、水、电、燃气、暖气等经营者向用户收取的安装费、初装费、开户费、扩容费以及类似收费，按照安装服务缴纳增值税。

（2）疏浚（不包括航道疏浚）属于其他建筑服务，航道疏浚属于港口码头服务。

（3）园林绿化、建筑物平移属于其他建筑服务。

（4）搭脚手架、爆破、矿山穿孔、表面附着物（包括岩层、土层、沙层等）剥离和清理等工程作业属于其他建筑服务。

（5）工程勘察勘探服务、建筑图纸审核、工程造价鉴证、工程监理等服务属于现代服务，不属于建筑服务。

（6）修缮服务和修理修配的区别。财税〔2016〕36 号文件附件 1 中《销售服务、无形资产、不动产注释》规定，建筑服务，包括工程服务、安装服务、修缮服务、装饰服务和其他建筑服务，其中修缮服务，是指对建筑物、构筑物进行修补、加固、养护、改善、使之恢复原来的使用价值或者延长其使用期限的工程作业。

增值税暂行条例实施细则第二条规定，修理修配，是指受托对损伤和丧失功能的货物进行修复，使其恢复原状和功能的业务。

实务中，如果修缮的对象是建筑物、构筑物等不动产的，应当按照建筑服务缴纳增值税，适用的税率11%（征收率3%）；如果修理的对象是货物的，则应修理修配缴纳增值税，适用的税率17%（征收率3%）。

【例58】电梯虽是构成不动产实体的设备，纳税人提供电梯保养服务对象是货物的，则应修理修配缴纳增值税，适用的税率17%（征收率3%）。

3. 金融服务

金融服务，是指经营金融保险的业务活动。包括贷款服务、直接收费金融服务、保险服务和金融商品转让。

（1）将原营业税税目“金融”子税目拆分为贷款服务、直接收费金融服务和金融商品转让三项。

将原营业税税目中“金融经纪业”剔除出金融服务税目中。划入商务辅助服务税目项下经纪代理服务中。

（2）信用卡透支利息收入、买入返售金融商品利息收入、融资融券收取的利息收入融资性售后回租。

（3）一定要关注“贷款服务”的税目范围，可能涉及开增值税专用发票和进项税额抵扣实务问题。

“贷款服务”税目注释：贷款，是指将资金贷与他人使用而取得利息收入的业务活动。

各种占用、拆借资金取得的收入，包括金融商品持有期间（含到期）利息（保本收益、报酬、资金占用费、补偿金等）收入、信用卡透支利息收入、买入返售金融商品利息收入、融资融券收取的利息收入，以及融资性售后回租、押汇、罚息、票据贴现、转贷等业务取得的利息及利息性质的收入，及以货币资金投资收取的固定利润或者保底利润按照贷款服务缴纳增值税。

【例59】企业取得票据贴现手续费，由于票据贴现属于贷款服务，支付给贷款方的票据贴现手续费属于“纳税人接受贷款服务向贷款方支付的与该笔贷款直接相关的投融资顾问费、手续费、咨询费等费用，其进项税额不得从销项税额中抵扣。”，也就是说企业发生支付给贷款方的票据贴现手续费，其进项税额不得从销项税额中抵扣，也就没有必要取得增值税专用发票。

【例60】财税〔2016〕36号文件政策规定，统借方按不高于支付给金融机构的借款利率水平或者支付的债券票面利率水平，向企业集团或者集团内下属单位收取的利息，免征增值税。若统借方向资金使用单位收取的利息，高于支付给金融机构借款利率水平或者支付的债券票面利率水平，应将其视为转贷业务，全额缴纳增值税。

（4）融资性售后回租按照贷款服务缴纳增值税，其中融资性售后回租是指承租方以融资为目的，将资产出售给从事融资性售后回租业务的企业后，从事融资性售后回租业务的企业将该资产出租给承租方的业务活动。

试点纳税人根据2016年4月30日前签订的有形动产融资性售后回租合同，在合同到期前提供的有形动产融资性售后回租服务，可继续按照有形动产融资租赁服务缴纳增值税。

（5）以货币资金投资收取的固定利润或者保底利润，按照贷款服务缴纳增值税。

【例61】纳税人（以下称投资方）与地方政府合作，投资政府土地改造项目（包括企业搬迁、危房拆除、土地平整等土地整理工作）。其中，土地拆迁、安置及补偿工作由地方政府指定其他纳税人进行，投资方负责按计划支付土地整理所需资金；同时，投资方作为建设方与规划设计单位、施工单位签订合同，协助地方政府完成土地规划设计、场地平整、地块周边绿化等工作，并直接向规划设计单位和施工单位支付设计费和工程款。当该地块符合国家土地出让条件时，地方政府将该地块进行挂牌出让。

①若合同约定，土地出让时成交价低于投资方投入的所有资金，亏损由投资方自行承担；若成交价超过投资方投入的所有资金，则所获收益归投资方。在上述过程中，投资方的行为属于投资行为，不属于增值税征税范围，其取得的投资收益不征收增值税；

②若合同约定，无论土地出让时成交价多少，投资方按照投入的所有资金固定利润或者保底利润，则需要按照贷款服务缴纳增值税。

（6）转让外汇、有价证券、非货物期货、基金、信托、理财产品等各类资产管理产品和各种金融衍生品的转让按照金融商品转让缴纳增值税。

由于营业税对其他金融商品的范围没有明确界定，征管中常引发争议，这次给予明确属于增值税征收范围。

【例 62】转让理财产品取得的收益按照“金融商品转让”征收增值税。

（7）企业买卖股票应按金融服务中的金融商品转让缴纳增值税。以卖出价扣除买入价后的余额为销售额。

非上市企业未公开发行股票，其股权不属于有价证券，转让非上市公司股权不属于增值税征税范围；转让上市公司股权应按照金融商品转让税目征收增值税。

（8）直接收费金融服务，是指为货币资金融通及其他金融业务提供相关服务并且收取费用的业务活动。包括提供货币兑换、账户管理、电子银行、信用卡、信用证、财务担保、资产管理、信托管理、基金管理、金融交易场所（平台）管理、资金结算、资金清算、金融支付等服务。

4. 现代服务

（1）技术咨询服务、软件咨询服务、知识产权咨询、金融咨询，健康咨询和市场调查按照鉴证咨询服务缴纳增值税。

（2）技术转让服务、商标和著作权转让服务按照销售无形资产缴纳增值税。

（3）气象服务、地震服务、海洋服务、测绘服务、城市规划、环境与生态监测服务等专项技术服务按照研发和技术服务缴纳增值税。

（4）信息系统增值服务按照信息技术服务缴纳增值税，其中信息系统增值服务，利用信息系统资源为用户附加提供的信息技术服务。包括数据处理、分析和整合、数据库管理、数据备份、数据存储、容灾服务、电子商务平台等。

（5）容灾服务、电子商务平台按照信息技术服务缴纳增值税。

（6）网站内容维护、在线杀毒和虚拟主机业务按照信息技术服务缴纳增值税。

（7）内部管理设计、业务运作设计、供应链设计按照文化创意服务中的设计服务缴纳增值税。

（8）知识产权代理、货物运输代理服务、代理报关服务、代理记账按照商务辅助服务的经纪代理服务缴纳增值税。

其中经纪代理服务，是指各类经纪、中介、代理服务。包括金融代理、知识产权代理、货物运输代理、代理报关、法律代理、房地产中介、职业中介、婚姻中介、代理记账、拍卖等。

(9) 租赁服务包括融资租赁服务和经营租赁服务，按照标的物的不同可分为有形动产租赁和不动产租赁。

(10) 财税〔2016〕47 号文件规定，纳税人以经营租赁方式将土地出租给他人使用，按照不动产经营租赁服务缴纳增值税。

(11) 提供体育场所、货运客运场站服务、车辆停放服务、道路通行服务（包括过路费、过桥费、过闸费等）等按照不动产经营租赁服务缴纳增值税。

(12) 将建筑物、构筑物等不动产或者飞机、车辆等有形动产的广告位出租给其他单位或者个人用于发布广告，按照经营租赁服务缴纳增值税。

(13) 职业技能鉴定、工程造价鉴证、工程监理按照鉴证咨询服务中的鉴证服务缴纳增值税。

(14) 货物运输代理服务删除了“以自己的名义，在不直接提供货物运输服务的情况下”和船舶代理内容。其中货物运输代理服务，是指接受货物收货人、发货人、船舶所有人、船舶承租人或者船舶经营人的委托，以委托人的名义，为委托人办理货物运输、装卸、仓储和船舶进出港口、引航、靠泊等相关手续的业务活动。

(15) 生活服务业全部纳入增值税范围，从营业税“文化体育业”“娱乐业”“服务业”税目合并而来，其中生活服务，是指为满足城乡居民日常生活需求提供的各类服务活动。包括文化体育服务、教育医疗服务、旅游娱乐服务、餐饮住宿服务、居民日常服务和其他生活服务。

【例 63】 对单位和个人在旅游景区经营旅游游船、观光电梯、观光电车、景区环保客运车所取得的收入按提供“旅游服务”征收增值税。单位和个人在旅游景区兼有不同税目应税行为并采取“一票制”收费方式的，应当分别核算不同税目的增值税；未分别核算或核算不清的，从高适用税率。

(16) 娱乐服务，是指为娱乐活动同时提供场所和服务的业务，强调“同时”。

5. 销售无形资产

(1) 自然资源使用权按照销售无形资产缴纳增值税，其中自然资源使用权，包括土地使用权、海域使用权、探矿权、采矿权、取水权和其他自然资源使用权。

（2）球员、演艺人员转会取得的转会费权按照销售无形资产中的其他权益性无形资产缴纳增值税，其中其他权益性无形资产，包括基础设施资产经营权、公共事业特许权、配额、经营权（包括特许经营权、连锁经营权、其他经营权）、经销权、分销权、代理权、会员权、席位权、网络游戏虚拟道具、域名、名称权、肖像权、冠名权、转会费等。

（3）基础设施资产经营权、公共事业特许权按照销售无形资产中的其他权益性无形资产缴纳增值税。

（4）转让专利或者非专利技术列入技术转让服务按照销售无形资产缴纳增值税。

6. 销售不动产

（1）销售构筑物所有权的业务活动按照销售不动产缴纳增值税，其中构筑物包括道路、桥梁、隧道、水坝等建造物。

（2）转让建筑物有限产权或者永久使用权的，转让在建的建筑物或者构筑物所有权的，以及在转让建筑物或者构筑物时一并转让其所占土地的使用权的，按照销售不动产缴纳增值税。

（3）销售的附着于土地或者不动产上的固定资产中，凡属于增值税应税货物的，按照销售货物计算缴纳增值税。

（四）不征收增值税范围实务点

1. 明文规定不征收增值税项目

（1）基本建设单位和从事建筑安装业务的企业附设工厂、车间在建筑现场制造的预制构件，凡直接用于本单位或本企业建筑工程的。（摘自国税发〔1993〕154 号文件）

（2）供应或开采未经加工的天然水。（摘自国税发〔1993〕154 号文件）

（3）对国家管理部门行使其管理职能，发放的执照、牌照和有关证书等取得的工本费收入。（摘自国税函发〔1995〕288 号文件）

（4）增值税纳税人收取的会员费收入不征收增值税。（摘自财税〔2005〕165 号文件）

（5）代购货物行为，凡同时具备以下条件的，不征收增值税；不同时具备以下条件的，无论会计制度规定如何核算，均征收增值税：

①受托方不垫付资金；

②销货方将发票开具给委托方，并由受托方将该项发票转交给委托方；

③受托方按销售方实际收取的销售额和增值税额（如系代理进口货物则为海关代征的增值税额）与委托方结算贷款，并另外收取手续费。（摘自财税字〔1994〕026号文件）

（6）纳税人资产重组有关增值税问题。纳税人在资产重组中，通过合并、分立、出售、置换等方式，将全部或部分实物资产以及与其相关的债权、债务和劳动力一并转让给其他单位和个人，不属于增值税的征税范围，转让的货物不征收增值税。（摘自国家税务总局公告2013年第66号公告）

2016年5月1日起，在资产重组过程中，涉及的不动产、土地使用权转让行为按照财税〔2016〕36号及有关规定执行。（摘自财税〔2016〕36号文件）

（7）纳税人取得中央财政补贴有关增值税问题。

①按照现行增值税政策，纳税人取得的中央财政补贴，不属于增值税应税收入，不征收增值税。（国家税务总局公告2013年第3号公告）

②燃油电厂从政府财政专户取得的发电补贴不属于增值税规定的价外费用，不计入应税销售额。（摘自国税函〔2006〕1235号）

（8）试点纳税人根据国家指令无偿提供的铁路运输服务、航空运输服务，属于公益活动为目的的服务，不征收增值税。（摘自财税〔2016〕36号文件）

（9）存款利息。存款利息属于不征收增值税项目。存款利息是指按照《中华人民共和国商业银行法》的规定，经国务院银行业监督管理机构审查批准，具有吸收公众存款业务的金融机构支付的存款利息。（摘自财税〔2016〕36号文件）

（10）被保险人获得的保险赔付。（摘自财税〔2016〕36号文件）

（11）房地产主管部门或者其指定机构、公积金管理中心、开发企业以及物业管理单位代收的住宅专项维修资金。（摘自财税〔2016〕36号文件）

（12）行政单位收取的同时满足以下条件的政府性基金或者行政事业性收费。

①由国务院或者财政部批准设立的政府性基金，由国务院或者省级人民政府及其财政、价格主管部门批准设立的行政事业性收费；

②收取时开具省级以上（含省级）财政部门监（印）制的财政票据；

③所收款项全额上缴财政。

（13）单位或者个体工商户聘用的员工为本单位或者雇主提供取得工资的服务。

（14）单位或者个体工商户为聘用的员工提供服务。

2. 不征收增值税与开票关系

属于不征收增值税，不开增值税发票（含增值税普通发票），如营改增前用财政票据，营改增后继续沿用财政票据。

需要提醒的是，如属于增值税免税项目的，应开具增值税发票，但是不能开具增值税专用发票。

【例 64】 医院与医保中心以及财政局一直以财政收据来计算相关收入，根据财税〔2016〕36 号附件 1 中第十条第一款的规定：属于批准设立的行政事业性收费，且收取时开具省级以上（含）省级财政部门监（印）制财政票据的业务，不征收增值税，也就是说营改增后可以继续使用。

【例 65】 营改增后，存款利息属于不征收增值税的项目，不能开具增值税发票。

3. 拆迁补偿款不属于增值税征收范围，不征收增值税

4. 一般纳税人发生不征收增值税项目，其对应的进项税额不作转出处理

5. 以不动产、无形资产投资入股要征收增值税

营改增的实施办法中明确规定了销售不动产和无形资产的概念，即有偿转让。有偿的概念包括取得货币、货物和其他经济利益。与增值税条例规定的有偿是一个概念。这个基本规定实际上就解决了以不动产和无形资产投资入股是否征税的问题。投资入股一定有所有权转移，同时取得股权就是取得了经济利益。

增值税条例其实对有偿转移货物所有权的“有偿”作出了原则性的表述，包括取得货币、货物和其他经济利益。其实“有偿”的概念已经涵盖了货物投资入股征税的问题，取得股权就是取得了经济利益，所以这次营改增的政策也就没有必要单独明确不动产和无形资产投资入股的问题。

（五）境内销售服务、无形资产或者不动产界定实务案例

1. 境内单位或者个人销售服务（租赁不动产除外）或者无形资产（自然资源使用权除外），无论是否发生在境内、境外，都属于“服务或者无形资产销售方在境内”的情形，即属人原则。

【例 66】 境内的单位提供的国际运输服务（包括：出境、入境和境外）属于境内提供应税行为；对于境内单位或者个人提供的境外应税行为是否给予税收优惠，需要财政部、国家税务总局制定相关规定。

2. 对于“不属于在境内销售服务或者无形资产（除销售自然资源使用权和不动产）”判断需要把握以下三点：一是应税行为的销售方为境外单位或者个人；二是境内单位或者个人在境外购买；三是完全在境外发生是指从开始、中间、结束整个环节发生均在境外。

3. 境外单位或者个人向境内单位或者个人销售服务（不含租赁不动产）

（1）境外单位或者个人向境内单位或者个人销售的未完全在境外发生的服务（不含租赁不动产），属于在境内销售服务。

对于境外单位或者个人来说，其销售的服务（不含租赁不动产）在以下两种情况下属于在境内销售服务，应照章缴纳增值税：

第一种情况：境外单位或者个人向境内单位或者个人销售的完全在境内发生的服务，属于在境内销售服务，其中“完全在境内发生的服务”是指服务发生地和接受单位都在境内。

【例 67】 境外某一工程公司到境内给境内某单位提供工程勘察勘探服务。但如境外该工程公司完全在境外给境内某单位提供工程勘察勘探服务，不属于境内销售服务，不征收增值税。

第二种情况：境外单位或者个人向境内单位或者个人销售的未完全在境外发生的服务，属于在境内销售服务，其中“未完全在境外发生的服务”一般是指仅接收单位在境内，同时服务发生不仅在境内，还有在境外。

【例 68】 境外一咨询公司与境内某一公司签订咨询合同，就这家境内公司开拓境内、境外市场进行实地调研并提出合理化管理建议，境外咨询公司提供的咨询服务同时在境内和境外发生，属于在境内销售服务。

但如境外该咨询公司与境内某一公司签订咨询合同，就这家境内公司开拓境外市场进行实地调研并提出合理化管理建议，境外咨询公司提供的咨询服务只在境外发生，不属于在境内销售服务，不征收增值税。

（2）境外单位或者个人向境内单位或者个人销售完全在境外发生的服务，不属于在境内销售服务。

【例 69】 境外单位向境内单位提供完全发生在境外的会展服务，再如境内个人出境旅游时的餐饮、住宿服务，不属于在境内销售服务，不征收增值税。

（3）境外单位或者个人向境内单位或者个人销售完全在境外使用的无形资产。

此规定需要把握，所销售自然资源使用权的自然资源在境外也属于“境外”应税行为。

【例70】境外单位向境内单位销售完全在境外使用的专利和非专利技术，不属于在境内销售服务，不征收增值税。

（4）境外单位或者个人向境内单位或者个人出租完全在境外使用的有形动产。

此规定需要把握出租标的物有形动产必须在境外。

【例71】境外单位向境内单位或者个人出租完全在境外使用的小汽车。

4. 所销售或者租赁的不动产

（1）该规定与原营业税纳税地点相关规定保持一致，以不动产所在地进行判断，如果所销售或者租赁所在地在境内，不管提供应税行为方或者接受应税行为者在境内还是境外，均属于我国征税管辖权，按规定征收增值税。

（2）所销售和租赁的不动产在境外，不管提供应税行为方或者接受应税行为者在境内还是境外，都不属于在境内销售服务或者无形资产。

【例72】意大利一公司将其拥有的我国境内一处办公楼出租给德国一公司，虽然提供应税行为方和接受应税行为者都是在境外，但是所租赁的不动产在境内，也就是属于“在境内销售服务、无形资产或者不动产”，应照章缴纳增值税。

但是，如果意大利一公司将其拥有的意大利境内一处办公楼出租给境内一公司，虽然接受应税行为者是在境内，但是所租赁的不动产在境外，不属于在境内租赁不动产，不属于增值税征收范围。

另如境内公司将其拥有的英国境内一处办公楼出租给境外一公司，虽然提供应税行为方是在境内，但是所租赁的不动产在境外，不属于在境内租赁不动产，不属于增值税征收范围。

再如境内公司将其拥有的英国境内一处办公楼出租给境内一公司，虽然提供应税行为方和接受应税行为者都是在境内，但是所租赁的不动产在境外，不属于在境内租赁不动产，不属于增值税征收范围。

对应境内销售不动产，例如，荷兰一公司将其在深圳拥有的一处办公楼销售给另一家荷兰公司，虽提供应税行为方和接受应税行为者都是在境外，但是所销售租赁的不动产在境内，也就是属于“在境内销售服务、无形资产或者不动产”，应照章缴纳增值税。

5. 销售自然资源使用权

（1）该规定与原营业税纳税地点相关规定保持一致，以自然资源使用权的自然资源所在地进行判断，如果所在地在境内，不管提供应税行为方或者接受应税行为者在境内还是境外，均属于我国征税管辖权，按规定征收增值税。

（2）所销售的自然资源使用权的自然资源在境外，不管提供应税行为方或者接受应税行为者在境内还是境外，都不属于在境内销售服务或者无形资产。

（六）违约金、滞纳金及赔偿金等是否征税实务问题

实务中对违约金、滞纳金及赔偿金等是否需要缴纳增值税，按照是否需要缴纳增值税同时具备四个条件进行判断。

【例 73】提供服务方支付赔偿款，我公司将部分原料委托其他企业加工，加工企业在加工过程中由于加工不当，产生很多不合格产品，给我公司造成损失，经两个公司协商后，加工企业答应赔偿我公司所造成损失，我公司从应付其加工费中扣除，但对方公司要求我公司开具发票，请问我公司是否开具增值税发票，依据是什么？

国家税务总局纳税服务司于 2010 年 1 月 19 日答复：根据《发票管理办法》规定：“第二十条销售商品、提供服务以及从事其他经营的单位和个人，对外发生经营业务收取款项，收款方应当向付款方开具发票；特殊情况下，由付款方向收款方开具发票”。另根据增值税暂行条例实施细则规定：“第十二条条例第六条第一款所称价外费用，包括价外向购买方收取的手续费、补贴、基金、集资费、返还利润、奖励费、违约金、滞纳金、延期付款利息、赔偿金、代收款项、代垫款项、包装费、包装物租金、储备费、优质费、运输装卸费以及其他各种性质的价外收费……”。

根据上述规定，加工企业加工的产品存在质量问题，贵公司通过协商收到的补偿金，不是因提供应税劳务向购买方收取的价外费用，不属于开具发票的范围，因此不可开具发票。

【例 74】我公司与另一家公司签订的钢材购买合同因 2008 年市场价格大幅

下滑而单方面违约，根据合同应赔偿对方 1 亿元，经过双方多次协商最后达成一致赔给对方 6 000 万元。现在这笔赔偿金税务局要求有发票才可以税前列支，但这笔赔偿金根本不可能开出发票，它既不符合开具增值税发票的要求也不符合开具营业税发票的要求，现在对方只给我们开具了收据，我们可以提供协议还有银行的付款记录请问这样这笔赔偿金能否税前列支？

国家税务总局纳税服务司于 2009 年 12 月 16 日答复：根据现行增值税规定，纳税人在未销售货物或者提供加工、修理修配劳务的情况下收取的违约金，不属于增值税的征税范围，不征收增值税。同时，现行营业税政策规定，纳税人在未提供营业税应税劳务的情况下收取的违约金，不属于营业税的征税范围，不征收营业税。依据发票管理办法的规定，在没有发生购销商品、提供或者接受服务以及从事其他经营活动的情况下，因对方未履行合同而致的违约收取的违约金，不是经营活动，不属于开具发票的范围。贵公司可依违约金收款收据、相关合同协议及银行的付款凭据在税前列支。

【例 75】 客户支付赔偿款（增值税纳税义务已发生），我公司以生产销售气体为主，销售给客户时，同时收取气瓶租金及其他运杂费，均计入价外费用，为客户开具了增值税专用发票。客户在使用过程中，气瓶损坏后要向我公司支付气瓶赔款。问：我公司收到的气瓶赔款是否要交流转税？

国家税务总局纳税服务司于 2010 年 12 月 7 日答复：根据增值税暂行条例实施细则第十二条规定："条例第六条第一款所称价外费用，包括价外向购买方收取的手续费、补贴、基金、集资费、返还利润、奖励费、违约金、滞纳金、延期付款利息、赔偿金、代收款项、代垫款项、包装费、包装物租金、储备费、优质费、运输装卸费以及其他各种性质的价外收费。"因此你公司收取的气瓶赔偿款应当纳入增值税的价外费用申报缴纳增值税。

实务总结，赔偿款或违约金是否需要开具发票分以下两种情况：

1. 销售方、提供应税劳务或应税行为方向购买方、接受应税劳务或服务方支付赔偿款或违约金，因购买方、接受应税劳务或服务方未向销售方、提供应税劳务或服务方，进行销售、提供应税劳务或服务，不属于增值税暂行条例和财税〔2016〕36 号规定的征收范围，不缴纳增值税，不可开具发票。如【例 68】。

【例 76】 不动产租赁企业合同未到期提前收回租赁的不动产，付给承租方违约金，该行为不属于增值税应税行为，不征收增值税，不得开具增值税发票。

2. 购买方、接受应税劳务或服务方向销售方、提供应税劳务或服务方支付赔偿款或违约金，分以下两种情况：

（1）支付赔偿款或违约金时，相关的纳税义务未发生，赔偿款或违约金不属于增值税相关规定的价外费用，不需要并入销售额，不属于增值税相关条例规定的征收范围，不缴纳增值税，不可开具发票，如【例 69】，在没有发生购销商品、提供或者接受服务以及从事其他经营活动的情况下，因对方未履行合同而致的违约收取的违约金，不是经营活动，不属于开具发票的范围。

（2）支付赔偿款或违约金时，相关的纳税义务已经发生了，赔偿款或违约金属于增值税相关规定的价外费用，需要并入销售额，缴纳增值税，并开具发票，如【例 70】。

【例 77】 法院判决企业支付赔偿金，但无法取得发票，如果该赔偿金的支出是与企业生产经营有关且属于企业因合同行为而发生的，可以税前扣除，企业可凭法院的判决文书与收款方开具的收据作为扣除凭据。

专题：税率及征收率

根据确定增值税税率的基本原则，我国增值税设置了一档基本税率和一档低税率，此外还有对出口货物实施的零税率，自2012年营改增以来，又增加了两档低税率。

一、政策规定

（一）税率

1. 基本税率

（1）纳税人销售或者进口货物，除列举的外，税率均为17%。

（2）提供加工、修理修配劳务和应税服务，除适用低税率范围外，税率为17%。

（3）提供有形动产租赁服务，税率为17%。

2. 低税率

（1）纳税人销售或者进口列举货物适用税率为13%。

（2）提供交通运输服务、邮政服务、基础电信服务、建筑服务、不动产租赁服务（含土地出租）、转让土地使用权、销售不动产的增值税税率，税率为11%。

（3）提供增值电信服务、金融服务、现代服务（租赁服务除外）、生活服务、转让土地使用权以外的其他无形资产，税率为6%。

3. 零税率

（1）出口货物、劳务，税率为零。

（2）境内单位和个人跨境提供应税服务，符合规定条件的，税率为零。

（3）境内单位和个人跨境转让无形资产，符合规定条件的，税率为零。

二、实务理解及案例

（一）税率和征收率区别

税率与征收率是两个概念，税率是在税收法律中明确定义的，是税法的构成要素。征收率计税办法是针对部分纳税人的实际情况所采取的简化计税方法，既保证国家财政收入，又简化征税手续，是针对特定纳税主体的特定课税对象设定的。

【例 78】 根据《财政部　国家税务总局关于简并增值税征收率政策的通知》（财税〔2014〕57 号）文件规定，将原适用 6% 和 4% 的增值税征收率统一调整为 3%，不包含一般纳税人提供应税行为适用一般计税方法的适用税率 6%，如一般纳税人提供餐饮服务适用税率 6%。

1. 增值税税率适用于一般纳税人按照一般计税方法计税的情况。即：一般纳税人销售服务、无形资产或者不动产，除按规定可以选择简易计税方法外，应按照一般计税方法和适用税率计算增值税应纳税额。

2. 征收率适用于两种情况：

（1）小规模纳税人除了享受增值税免税政策，都按照简易办法征收增值税，即按照其销售额与规定的征收率计算缴纳增值税，不准许抵扣进项税。

（2）一般纳税人生产销售的特定货物、提供特定的应税行为和应税劳务，按照简易办法征收增值税，即按照其销售额与规定的征收率计算缴纳增值税，不准许抵扣进项税。

简单地讲，一般纳税人缴纳增值税时，根据政策规定选择适用的税率和征收率，小规模纳税人缴纳增值税时，只能选择适用的征收率。

（二）征收率

增值税征收率为 3%，财政部和国家税务总局另有规定的除外。

按照简易计税方法计税的销售不动产、不动产经营租赁服务（除试点前开工的高速公路的车辆通行费）、土地出租、销售土地使用权、劳务派遣及人力资源外包服务及中外合作开采的原油、天然气，征收率为 5%。征收率为 5% 的特殊情形有：

1. 销售不动产

（1）一般纳税人销售其 2016 年 4 月 30 日前取得的不动产，可以选择适用简易计税方法，按照5%的征收率计算应纳税额。

（2）小规模纳税人销售其取得的不动产（不含个体工商户销售购买的住房和其他个人销售不动产），按照5%的征收率计算应纳税额。

（3）房地产开发企业中的一般纳税人，销售自行开发的房地产老项目，可以选择适用简易计税方法按照5%的征收率计税。

（4）房地产开发企业中的小规模纳税人，销售自行开发的房地产项目，按照5%的征收率计税。

（5）一般纳税人转让2016年4月30日前取得的土地使用权，可以选择适用简易计税方法，以取得的全部价款和价外费用减去取得该土地使用权的原价后的余额为销售额，按照5%的征收率计算缴纳增值税。

（6）小规模纳税人转让2016年4月30日前取得的土地使用权，可以选择适用简易计税方法，以取得的全部价款和价外费用减去取得该土地使用权的原价后的余额为销售额，按照5%的征收率计算缴纳增值税。

（7）其他个人销售其取得（不含自建）的不动产（不含其购买的住房），按照5%的征收率计算应纳税额。

2. 不动产经营租赁服务

（1）一般纳税人出租其2016年4月30日前取得的不动产，可以选择适用简易计税方法，按照5%的征收率计算应纳税额。

（2）房地产开发企业中的一般纳税人，出租自行开发的房地产老项目，可以选择适用简易计税方法，按照5%的征收率计算应纳税额。

（3）一般纳税人以经营租赁方式出租其2016年4月30日前取得的土地，可以选择适用简易计税方法，按照5%的征收率计算应纳税额。

（4）一般纳税人2016年4月30日前签订的不动产融资租赁合同，或以2016年4月30日前取得的不动产提供的融资租赁服务，可以选择适用简易计税方法，按照5%的征收率计算缴纳增值税。

（5）小规模纳税人出租其取得的不动产（不含个人出租住房），应按照5%的征收率计算应纳税额。

（6）小规模纳税人以经营租赁方式出租其2016年4月30日前取得的土地，按照5%的征收率计算应纳税额。

（7）房地产开发企业中的小规模纳税人，出租自行开发的房地产项目，按照5%的征收率计算应纳税额。

(8) 其他个人出租其取得的不动产（不含住房），应按照5%的征收率计算应纳税额。

(9) 个人出租住房，应按照5%的征收率减按1.5%计算应纳税额。

3. 劳务派遣及人力资源外包服务

(1) 一般纳税人提供劳务派遣服务及安全保护服务，选择差额纳税，以取得的全部价款和价外费用，扣除代用工单位支付给劳务派遣员工的工资、福利和为其办理社会保险及住房公积金后的余额为销售额，按照简易计税方法依5%的征收率计算缴纳增值税。

(2) 小规模纳税人提供劳务派遣服务及安全保护服务，选择差额纳税，以取得的全部价款和价外费用，扣除代用工单位支付给劳务派遣员工的工资、福利和为其办理社会保险及住房公积金后的余额为销售额，按照简易计税方法依5%的征收率计算缴纳增值税。

(3) 一般纳税人提供人力资源外包服务，可以选择适用简易计税方法，按照经纪代理服务缴纳增值税，其销售额不包括受客户单位委托代为向客户单位员工发放的工资和代理缴纳的社会保险、住房公积金。向委托方收取并代为发放的工资和代理缴纳的社会保险、住房公积金，不得开具增值税专用发票，可以开具普通发票，适用5%的征收率计算缴纳增值税。

4. 中外合作油（气）田按合同开采的原油、天然气应按实物征收增值税，征收率为5%，在计征增值税时，不抵扣进项税额。原油、天然气出口时不予退税。

（三）税率和征收率几个实务误区

1. 同一纳税人对应同一事项适用的税率/征收率与开具增值税发票种类无关

纳税人销售货物或者提供加工、修理修配劳务、提供应税服务以及进口货物，适用的税率或征收率与纳税人提供的具体业务和纳税人性质有关，跟开具的发票种类无关，也就是说纳税人开展增值税纳税范围的业务，除特殊情况外，开具增值税普通发票与专用发票缴纳税额是一样的。只是对于接受增值税发票单位或个人来说，普通发票与专用发票区别在用途，专用发票是购买方支付增值税额并可按照增值税有关规定据以抵扣增值税进项税额的凭证。

其中上述特殊情况是指，小规模纳税人享受小微企业免征增值税优惠政策，开具增值税普通发票属于免征增值税，申请代开增值税专用发票不能免征增值税。

也就是说，开具增值税专用发票要“加价”是不合规的，是不合理的。

2. 纳税人适用税率/征收率与纳税人性质无关，仅与纳税人类别和其销售货物、销售应税服务、销售不动产和无形资产有关。

【例 79】 某物业公司一般纳税人出租其 2016 年 4 月 30 日前取得的不动产，可以选择适用简易计税方法，按照 5% 的征收率计算应纳税额，但是其提供物业服务还是按照一般计税方法，按照 6% 的税率计算应纳税额。

【例 80】 交通运输一般纳税人，如果偶尔销售一些材料，适用的税率是 17%，而非交通运输服务的税率 11%。

3. 增值税“零税率”与“免税”税务处理一样

“零税率”与“免税”在纳税人适用简易计税方法前提下实务操作没有区别，因为按照“提供适用零税率的应税服务……适用简易计税方法的，实行免征增值税办法”的规定，两者在实务操作中没有区别。

“零税率”与“免税”在纳税人适用一般计税方法前提下区别明显：对于“免税”，应纳增值税为零，同时不能抵扣进项税额；适用“零税率”，不管按照增值税免抵退税还是免退税办法，都可以抵扣进项税额，并且给予部分税额退还。一句话总结：“零税率”，进项可以抵扣，部分税款可以退还；“免税”，进项不能抵扣，相比之下，适用零税率比免征增值税更“实惠”。

其实质区别在于，增值税有多档税率，零税率也是增值税的一档税率，另外只要符合文件规定，就可适用零税率，无须税务机关审批或备案，但免征增值税却是税收优惠，要遵循税收优惠管理的相关要求，或先经税务机关审批，或报送税务机关备案。

4. 小规模纳税人的增值税征收率只有 3%

按照简易计税方法计税的销售不动产、不动产经营租赁服务（除试点前开工的高速公路的车辆通行费）、土地出租、销售土地使用权、劳务派遣及人力资源外包服务及中外合作开采的原油、天然气，征收率为 5%。

（四）兼营销售行为规定

1. 兼营规定

纳税人销售货物、加工修理修配劳务、服务、无形资产或者不动产适用不同税率或者征收率的，应当分别核算适用不同税率或者征收率的销售额，未分别核算销售额的，按照以下方法适用税率或者征收率：

（1）兼有不同税率的销售货物、加工修理修配劳务、服务、无形资产或者不动产，从高适用税率。

（2）兼有不同征收率的销售货物、加工修理修配劳务、服务、无形资产或者不动产，从高适用征收率。

（3）兼有不同税率和征收率的销售货物、加工修理修配劳务、服务、无形资产或者不动产，从高适用税率。具体规定请参考财税〔2016〕36 号文件附件 1 第三十九条和附件 2 第一条第（一）项。

【例 81】 某试点一般纳税人既销售不动产，又提供经纪代理服务，如果该纳税人能够分别核算上述两项应税行为的销售额，销售不动产适用 11% 的增值税税率或 5% 的增值税征收率，提供经纪代理服务适用 6% 的增值税税率；如果该纳税人没有分别核算上述两项应税行为的销售额，则销售不动产和提供经纪代理服务均从高适用 11% 的增值税税率。

【例 82】 物业管理公司一般纳税人，同时有物业管理和不动产租赁业务（包含房屋租赁、将小区的墙面和电梯作为广告位出租用于广告发布、车辆停放服务等），根据规定，纳税人兼营销售货物、劳务、服务、无形资产或者不动产，适用不同税率或者征收率的，应当分别核算适用不同税率或者征收率的销售额；未分别核算的，从高适用税率。则：

（1）如果该纳税人能够分别核算上述应税行为的销售额，提供物业管理服务适用 6% 的增值税税率，提供不动产租赁服务适用 11% 的增值税税率或 5% 的增值税征收率，也是按照不同的服务内容开具增值税发票（含增值税专用发票），如果接受服务对象是同一对象，上述提供物业管理服务和提供不动产租赁服务虽适用不同税率/征收，但是可以在同一张增值税发票（含增值税专用发票）上开具。

（2）如果该纳税人没有分别核算上述应税行为的销售额，则提供物业管理服务和提供不动产租赁服务均从高适用 11% 的增值税税率。

（五）混合销售行为规定

1. 混合销售及涉税处理的定义

一项销售行为如果既涉及服务又涉及货物，为混合销售。从事货物的生产、批发或者零售的单位和个体工商户的混合销售行为，按照销售货物缴纳增值税；其他单位和个体工商户的混合销售行为，按照销售服务缴纳增值税。

上述从事货物的生产、批发或者零售的单位和个体工商户，包括以从事货物的生产、批发或者零售为主，并兼营销售服务的单位和个体工商户在内。

【例83】餐饮业一般纳税人在提供餐饮服务的同时，提供现场消费的烟酒饮料取得的收入，属于混合销售，餐饮业一般纳税人属于“非从事货物的生产、批发或者零售的单位”，则全额按照提供餐饮服务适用税率6%缴纳增值税。

需要提醒的是，按照增值税条例及实施细则，销售货物和提供加工、修理修配劳务是两个概念，混合销售中的定义是规定“一项销售行为如果既涉及服务又涉及货物”，也就是说，一项销售行为如果既涉及服务又涉及修理修配劳务，不属于混合销售，应该按照兼营处理，即“纳税人兼营销售货物、劳务、服务、无形资产或者不动产，适用不同税率或者征收率的，应当分别核算适用不同税率或者征收率的销售额；未分别核算的，从高适用税率。”

2. 混合销售定义实务理解中，要同时满足两个条件：

一是“一项销售行为”，强调的是一项销售行为，即涉及服务又涉及货物是在一项销售行为中，如销售设备同时提供安装就是一项销售额行为，属于混合销售行为，另如企业即销售设备，又提供房屋租赁，不属于一项销售额行为，也就不属于混合销售行为，属于兼营行为。

“一项销售行为”包含着三层意思：

（1）销售行为中“涉及服务又涉及货物”必须是存在销售行为，如果“涉及服务又涉及货物”其中一项不存在销售行为也不属于混合行为。如：建筑企业提供建筑服务过程中需要建筑材料，施工过程中的建筑材料不属于单独销售行为，只是提供销售服务的成本，也就不属于混合销售行为。

（2）销售货物和提供服务是同一个纳税人，同时购买方也是同一个纳税人。

【例84】某公司生产销售防盗门，同时兼营门的安装业务。2017年5月销售防盗门给B公司取得不含税收入20 000元；2017年5月为C公司安装其自购的防盗门，取得不含税劳务收入6 000元，上述属于两项销售行为，应该按照兼营进行涉税处理，该公司生产销售与安装业务要分开核算。

【例 85】购买空调时，销售空调的企业同时提供安装服务，则销售空调的企业开具的增值税发票中，“货物或应税劳务、服务名称”栏中有“空调”和“安装服务”，“税率”栏全部是 17%，这就是典型的按照混合销售行为处理实务案例。

【例 86】购买电梯时，电梯同时需要安装，购买电梯的企业取得两张不同企业开来的增值税发票，一张发票是电梯销售公司开具增值税发票，“货物或应税劳务、服务名称”栏中“电梯”，“税率”栏是 17%；一张发票是电梯安装公司开具增值税发票，“货物或应税劳务、服务名称”栏中“安装服务”，“税率”栏是 3%。

上述案例中，由于提供销售货物和销售服务行为不是同一家公司，不属于混合销售，同时也提供了混合销售涉税安排的思路。

上述案例中，需要说明的是，由于电梯是购买电梯方从电梯销售公司购买，所以电梯安装公司提供的建筑安装服务属于“甲供工程”，即使电梯安装公司属于一般纳税人，也可以选择简易计税，开具的增值税发票“税率”栏是 3%。

（3）涉及的服务和涉及的货物是有一定的逻辑关系。

【例 87】财税培训机构提供财税培训时，往往培训费中包含了培训教材费，则属于“一项销售行为如果既涉及服务又涉及货物”，按照混合销售行为处理，财税培训机构全部按照销售培训服务缴纳增值税，如培训的同时销售其他图书，则“其他图书”和培训服务就不属于“一项销售行为”，应该按照兼营进行涉税处理，提供培训服务和销售其他图书要分开核算缴纳增值税。

【例 88】某物业公司同时给租户销售水电和提供物业服务，销售水电和提供物业服务没有逻辑关系，属于两项独立的事项，所以“同时给租户销售水电和提供物业服务”不属于“一项销售行为”，也就不属于混合销售，应该按照兼营进行涉税处理，物业销售水电和提供物业服务要分开核算缴纳增值税。

（4）销售行为“既涉及提供服务又涉及销售货物”，其“货物”是指增值税税法中规定的有形动产，包括电力、热力和气体；服务是指属于改征范围的交通运输服务、建筑服务、金融保险服务、邮政服务、电信服务、现代服务、生活服务等。

【例 89】建筑企业提供建筑服务同时向业主销售提供建筑服务需要的建筑材料，即涉及销售建筑服务又涉及销售材料等货物，属于混合销售行为，另如酒店提供住宿服务又提供场地不动产租赁服务，属于提供两种服务，属于兼营行为。

【例 90】一般纳税人进行维护和修理设备时，可能会存在同时提供修理修配劳务和检测服务，就不属于混合销售，应当按照兼营服务，其中修理修配劳务适用的税率 17%，检测服务适用税率 6%，实务中应当分别核算适用不同税率或者征收率的销售额；未分别核算的，从高适用税率 17%。

3. 混合销售是按照销售货物还是按照销售服务缴纳增值税，不是以销售行为中的货物和服务的比例等因素确认，而是根据提供销项行为的企业的性质决定。即从事货物的生产、批发或者零售的单位和个体工商户的混合销售行为，按照销售货物缴纳增值税；其他单位和个体工商户的混合销售行为，按照销售服务缴纳增值税。

【例 91】建筑施工企业提供门窗安装服务，总价 1 000 元（含税，下同），其中门窗等材料费 800 元，安装费用 200 元，虽销售货物（及门窗等材料费）占总额的 80%，但是提供销售行为的企业是建筑施工企业，所以上述混合销售行为应该按照销售服务缴纳增值税，即按照提供建筑服务行为缴纳增值税。

4. 混合销售行为无论是否分开核算销售额都要按照混合销售行为处理

按照现行政策规定，混合销售是指既涉及服务又涉及货物的一项销售行为。从事货物的生产、批发或者零售的单位和个体工商户的混合销售行为，应按照销售货物缴纳增值税；其他单位和个体工商户的混合销售行为，按照销售服务缴纳增值税，对一项混合销售行为，无论是否分开核算销售额，均按上述规定执行。摘自《2016 年 7 月 8 日上午 9：30 国家税务总局在税务总局网站开展一期以“20 条服务新举措全面助力营改增”为主题的在线访谈文字实录》

（六）兼营和混合销售区别和联系

1. 兼营和混合销售涉税处理不一样

（1）兼营行为需分别核算适用不同税率或者征收率的销售额，未分别核算销售额，则从高适用税率或者征收率。

（2）混合销售则按照单位和个体工商户的“主业”确认适用税率或者征收率，从事货物的生产、批发或者零售的单位和个体工商户的混合销售行为，按照销售货物缴纳增值税；其他单位和个体工商户的混合销售行为，按照销售服务缴纳增值税。

2. 三个实务案例诠释兼营和混合销售行为

【例 92】 提供财税培训机构一般纳税人提供培训，培训的时候印刷培训材料，其中涉及印刷的“培训材料”不是单独销售行为，只是属于提供培训服务中的成本之一，也就不是混合销售行为。

如单独销售培训教材，提供财税培训并单独销售培训材料属于“一项销售行为”，同时“既涉及培训服务又涉及培训材料销售”，则属于混合销售行为，培训机构提供混合销售行为属于“其他单位和个体工商户的混合销售行为”，则应该按照提供培训服务缴纳增值税。

如培训机构在培训同时单独销售与培训无关的图书等其他印刷品，则提供财税培训并单独销售图书等其他印刷品不属于“一项销售行为”，则属于兼营销售行为，销售图书适用 13% 的增值税税率（不考虑其他情况），提供培训服务适用 6% 的增值税税率或 3% 的增值税征收率；如果该纳税人没有分别核算上述两项应税行为的销售额，则销售图书和提供培训服务均从高适用 13% 的增值税税率。

【例 93】 商场一般纳税人销售空调并负责安装，取得不含税空调销售收入 3 000 元，安装劳务收入 234 元。

销售空调并负责安装属于“一项销售行为”，同时“既涉及安装劳务服务又涉及空调销售”，该项行为属于增值税混合销售行为，商场属于“从事货物的生产、批发或者零售的单位”，则按照销售货物缴纳增值税，也就是说该安装劳务收入按照销售货物缴纳增值税，应确认增值税销项税额 =［3 000 + 234 ÷（1 + 17%）］× 17% = 544（元）。

【例 94】 电梯生产公司一般纳税人销售电梯并负责安装，取得不含税空调销售收入 600 000 元，安装劳务收入 58 500 元。

销售电梯并负责安装属于“一项销售行为”，同时“既涉及安装劳务服务又涉及电梯销售”，该项行为属于增值税混合销售行为，电梯生产公司属于“从事货物的生产、批发或者零售的单位”，则按照销售货物缴纳增值税，也就是说该安装劳务收入销售货物缴纳增值税，应确认增值税销项税额 =［600 000 + 58 500 ÷（1 + 17%）］× 17% = 110 500.00（元）。

在实务中，很多电梯生产公司单独成立一家电梯安装公司，电梯生产公司负责销售电梯，电梯安装公司负责安装电梯，由于属于两个纳税人提供电梯销售和电梯安装，则既不属于混合销售行为，也不属于兼营销售行为，电梯生产公司和电梯安装公司应该各自提供的销售行为适用的税率/征收率缴纳增值税，则：电梯生产公司按照销售货物缴纳增值税，适用的税率为17%，安装公司按照提供安装服务缴纳增值税，适用的税率为11%或者征收率3%。

（七）预征率

1. 发生预征的原因

因为原营业税的纳税地点和现行增值税纳税地点不一样。原营业税规定，建筑业的纳税地点为建筑劳务发生地，租赁和销售不动产的纳税地点为不动产所在地；而增值税遵循的是机构所在地缴税原则。对于建筑业规定是在劳务发生地缴纳营业税，营业收入直接乘以税率就计算出税额了，当然可以剔除分包款，对于销售不动产，也是在不动产所在地，缴纳营业税对于租赁不动产也在不动产所在地缴税，不像增值税规定在机构所在地缴纳（这里指的是固定业户）。

因为增值税税制跟营业税不一样，企业只有在机构所在地才能完整地核算进项与销项。企业可能在多个地方都提供建筑服务，在多个地方都有不动产销售，只有在机构所在地才能汇总计算所有的销项和进项。所以在确定增值税纳税地点时，固定业户是在机构所在地缴税，但是在机构所在地缴税原则和原来营业税相比会出现税源的转移，为实现营改增过程中税制平稳过渡，税制设计上规定了预征的环节。工程地和机构所在地，不动产所在地和机构所在地不同的，要在工程、不动产所在地先预缴一部分税，这就是预征。

关于计税方法。一般计税方法大部分都是针对新项目，除非有些纳税人愿意对老项目适用一般计税方法。为防止出现倒挂，一般计税方法下的预征率一般低于征收率。纳税人在建筑劳务发生地或不动产所在地预征了之后，要到机构所在地申报纳税，提交《增值税预缴税款表》，计算增值税的应纳税额。对于简易计税方法来说，无论是小规模纳税人还是一般纳税人，建筑服务、销售不动产、不动产租赁，基本上在预征时已缴足了该项目的税款，仍需向机构所在地主管税务机关申报，是因为机构所在地主管税务机关要了解整个纳税期纳税人发生了哪些业务；此外，如果纳税人的项目比较多，好几个地区都有，主管税务机关需要掌握纳税人销项、进项相抵之后应纳税额是多少。

2. 预缴税款的关键点

（1）预缴时间。一般情况下发生了纳税义务，同时需要在项目所在地或不动产所在地预缴税款；但是需要关注特殊情况：对于房地产开发项目，考虑到房地产企业的进销项取得的时间一般间隔较长，为保证纳税人税款均衡入库，避免房地产企业在整个房地产开发项目开发销售期间，前期取得售房款较多、支付工程款较少而导致前期缴税多，后期取得售房款较少、支付工程款较多而导致后期进项留抵的情况发生，政策规定，对房地产开发企业销售房地产项目采取预收款方式的，在收到预收款时先预缴税款。

（2）预缴额计算。

预缴额 = 销售额 × 预征率，其中销售额是不含税销售额，对于可以扣减销售额的应税服务扣减后的销售额，具体为：

适用一般计税方法计税的，应预缴税款 =（全部价款和价外费用 − 可扣减销售额）÷（1 + 适用税率）× 预征率

适用简易计税方法计税的，应预缴税款 =（全部价款和价外费用 − 可扣减销售额）÷（1 + 适用征收率）× 预征率

【例 95】 纳税人跨县（市、区）提供建筑服务，按照以下公式计算应预缴税款：

①适用一般计税方法计税的，应预缴税款 =（全部价款和价外费用 − 支付的分包款）÷（1 + 11%）× 2%

②适用简易计税方法计税的，应预缴税款 =（全部价款和价外费用 − 支付的分包款）÷（1 + 3%）× 3%

纳税人取得的全部价款和价外费用扣除支付的分包款后的余额为负数的，可结转下次预缴税款时继续扣除。

【例 96】 一般纳税人采取预收款方式销售自行开发的房地产项目，应在收到预收款时按照 3% 的预征率预缴增值税，具体计算公式：

①适用一般计税方法计税的，应预缴税款 = 预收款 ÷（1 + 11%）× 3%

②适用简易计税方法计税的，应预缴税款 = 预收款 ÷（1 + 5%）× 3%

（3）预缴申报。在项目所在地或不动产所在地预缴税款后向机构所在地主管税务机关进行纳税申报，如无特殊规定，预缴税款时间按照财税〔2016〕36 号文件规定的纳税义务发生时间和纳税期限执行。

其中特殊规定，对房地产开发企业销售房地产项目采取预收款方式的，在

收到预收款时先预缴税款。

在项目所在地或不动产所在地预缴的税款，可以在当期增值税应纳税额中抵减，抵减不完的，结转下期继续抵减。纳税人以预缴税款抵减应纳税额，应以完税凭证作为合法有效凭证。

（4）预缴控制。

①实务中，由于不需要在项目所在地或不动产所在地开具增值税发票，觉得操作上较为麻烦，很多企业存在“不预缴”的想法。

首先，从法律规定的角度来说，应在项目所在地或不动产所在地预缴，而自应当预缴之月起超过6个月没有预缴税款的，由机构所在地主管国税机关按照《中华人民共和国税收征收管理法》及相关规定进行处理；

其次，从实务中考虑，在项目所在地或不动产所在地预缴的税款，可以在当期增值税应纳税额中抵减，抵减不完的，结转下期继续抵减，不存在预缴不能抵减的问题。

②在项目所在地或不动产所在地预缴的税款，可以在当期增值税应纳税额中抵减，抵减不完的，结转下期继续抵减；另预缴税款纳税期限与企业正常纳税期限相同，所有建议预缴税款尽量在企业正常纳税申报之前。

③一般纳税人跨省（自治区、直辖市或者计划单列市）提供建筑服务或者销售、出租取得的与机构所在地不在同一省（自治区、直辖市或者计划单列市）的不动产，在机构所在地申报纳税时，计算的应纳税额小于已预缴税额，且差额较大的，由国家税务总局通知建筑服务发生地或者不动产所在地省级税务机关，在一定时期内暂停预缴增值税。

3. 具体预征项目

（1）房地产开发企业中的一般纳税人，出租自行开发的房地产老项目，可以选择适用简易计税方法，按照5%的征收率计算应纳税额。纳税人出租自行开发的房地产老项目与其机构所在地不在同一县（市）的，应按照上述计税方法在不动产所在地预缴税款后，向机构所在地主管税务机关进行纳税申报。（摘自财税〔2016〕68号文件）

（2）房地产开发企业中的一般纳税人，出租其2016年5月1日后自行开发的与机构所在地不在同一县（市）的房地产项目，应按照3%预征率在不动产所在地预缴税款后，向机构所在地主管税务机关进行纳税申报。（摘自财税〔2016〕

68 号文件）

（3）房地产开发企业中的小规模纳税人，出租自行开发的房地产项目，按照 5% 的征收率计算应纳税额。纳税人出租自行开发的房地产项目与其机构所在地不在同一县（市）的，应按照上述计税方法在不动产所在地预缴税款后，向机构所在地主管税务机关进行纳税申报。（摘自财税〔2016〕68 号文件）

（4）一般纳税人转让其 2016 年 4 月 30 日前取得（不含自建）的不动产，可以选择适用简易计税方法计税，以取得的全部价款和价外费用扣除不动产购置原价或者取得不动产时的作价后的余额为销售额，按照 5% 的征收率计算应纳税额。纳税人应按照上述计税方法向不动产所在地主管地税机关预缴税款，向机构所在地主管国税机关申报纳税。（摘自国家税务总局公告 2016 年第 14 号公告）

（5）一般纳税人转让其 2016 年 4 月 30 日前自建的不动产，可以选择适用简易计税方法计税，以取得的全部价款和价外费用为销售额，按照 5% 的征收率计算应纳税额。纳税人应按照上述计税方法向不动产所在地主管地税机关预缴税款，向机构所在地主管国税机关申报纳税。（摘自国家税务总局公告 2016 年第 14 号公告）

（6）一般纳税人转让其 2016 年 4 月 30 日前取得（不含自建）的不动产，选择适用一般计税方法计税的，以取得的全部价款和价外费用为销售额计算应纳税额。纳税人应以取得的全部价款和价外费用扣除不动产购置原价或者取得不动产时的作价后的余额，按照 5% 的预征率向不动产所在地主管地税机关预缴税款，向机构所在地主管国税机关申报纳税。（摘自国家税务总局公告 2016 年第 14 号公告）

（7）一般纳税人转让其 2016 年 4 月 30 日前自建的不动产，选择适用一般计税方法计税的，以取得的全部价款和价外费用为销售额计算应纳税额。纳税人应以取得的全部价款和价外费用，按照 5% 的预征率向不动产所在地主管地税机关预缴税款，向机构所在地主管国税机关申报纳税。（摘自国家税务总局公告 2016 年第 14 号公告）

（8）一般纳税人转让其 2016 年 5 月 1 日后取得（不含自建）的不动产，适用一般计税方法，以取得的全部价款和价外费用为销售额计算应纳税额。纳税人应以取得的全部价款和价外费用扣除不动产购置原价或者取得不动产时的作价后的余额，按照5%的预征率向不动产所在地主管地税机关预缴税款，向机构所在地主管国税机关申报纳税。（摘自国家税务总局公告2016年第14号公告）

（9）一般纳税人转让其2016年5月1日后自建的不动产，适用一般计税方法，以取得的全部价款和价外费用为销售额计算应纳税额。纳税人应以取得的全部价款和价外费用，按照5%的预征率向不动产所在地主管地税机关预缴税款，向机构所在地主管国税机关申报纳税。（摘自国家税务总局公告2016年第14号公告）

（10）一般纳税人出租其2016年4月30日前取得的不动产，可以选择适用简易计税方法，按照5%的征收率计算应纳税额。

不动产所在地与机构所在地不在同一县（市、区）的，纳税人应按照上述计税方法向不动产所在地主管国税机关预缴税款，向机构所在地主管国税机关申报纳税。

不动产所在地与机构所在地在同一县（市、区）的，纳税人向机构所在地主管国税机关申报纳税。（摘自国家税务总局公告2016年第16号公告）

（11）一般纳税人出租其2016年5月1日后取得的不动产，适用一般计税方法计税。

不动产所在地与机构所在地不在同一县（市、区）的，纳税人应按照3%的预征率向不动产所在地主管国税机关预缴税款，向机构所在地主管国税机关申报纳税。

不动产所在地与机构所在地在同一县（市、区）的，纳税人应向机构所在地主管国税机关申报纳税。

一般纳税人出租其2016年4月30日前取得的不动产适用一般计税方法计税的，按照上述规定执行。（摘自国家税务总局公告2016年第16号公告）

（12）单位和个体工商户出租不动产（不含个体工商户出租住房），按照5%的征收率计算应纳税额。个体工商户出租住房，按照5%的征收率减按1.5%计算应纳税额。

不动产所在地与机构所在地不在同一县（市、区）的，纳税人应按照上述计税方法向不动产所在地主管国税机关预缴税款，向机构所在地主管国税机关申报纳税。

不动产所在地与机构所在地在同一县（市、区）的，纳税人应向机构所在地主管国税机关申报纳税。（摘自国家税务总局公告 2016 年第 16 号公告）

（13）其他个人出租不动产（不含住房），按照 5% 的征收率计算应纳税额，向不动产所在地主管地税机关申报纳税。其他个人出租住房，按照 5% 的征收率减按 1.5% 计算应纳税额，向不动产所在地主管地税机关申报纳税。（摘自国家税务总局公告 2016 年第 16 号公告）

（14）一般纳税人跨县（市、区）提供建筑服务，适用一般计税方法计税的，以取得的全部价款和价外费用扣除支付的分包款后的余额，按照 2% 的预征率计算应预缴税款。（摘自国家税务总局公告 2016 年第 17 号公告）

（15）一般纳税人跨县（市、区）提供建筑服务，选择适用简易计税方法计税的，以取得的全部价款和价外费用扣除支付的分包款后的余额，按照 3% 的征收率计算应预缴税款。（摘自国家税务总局公告 2016 年第 17 号公告）

（16）小规模纳税人跨县（市、区）提供建筑服务，以取得的全部价款和价外费用扣除支付的分包款后的余额，按照 3% 的征收率计算应预缴税款。（摘自国家税务总局公告 2016 年第 17 号公告）

（17）一般纳税人采取预收款方式销售自行开发的房地产项目，应在收到预收款时按照 3% 的预征率预缴增值税。（摘自国家税务总局公告 2016 年第 18 号公告）

（18）房地产开发企业中的小规模纳税人（以下简称小规模纳税人）采取预收款方式销售自行开发的房地产项目，应在收到预收款时按照 3% 的预征率预缴增值税。（摘自国家税务总局公告 2016 年第 18 号公告）

（八）增值税税率、征收率与预征率一览表（见表 1）

表 1　　增值税税率、征收率与预征率一览表

税率及征收率		适用项目	说明及文件依据
17%	税率	1. 销售或者进口货物（另有列举的货物除外）； 2. 应税劳务； 3. 有形动产租赁服务（含有形动产融资租赁服务和有形动产经营租赁服务、水路运输的光租业务、航空运输的干租业务属于有形动产经营租赁服务）	增值税条例、细则及财税〔2016〕36 号

续表

税率及征收率		适用项目		说明及文件依据
13%	税率	1. 粮食、食用植物油、鲜奶； 2. 自来水、暖气、冷气、热水、煤气、石油液化气、天然气、沼气、居民用煤炭产品； 3. 图书、报纸、杂志； 4. 饲料、化肥、农药、农机、农膜； 5. 国务院规定的其他货物； 6. 农产品（具体范围请参考财税字〔1995〕052 号）； 7. 音像制品； 8. 电子出版物； 9. 二甲醚； 10. 牡丹籽油、杏仁油、葡萄籽油、橄榄油、核桃油、花椒油； 11. 农用挖掘机、养鸡设备系列、养猪设备系列产品； 12. 承印境外图书； 13. 干姜、姜黄		增值税条例及细则
11%	税率	交通运输业（含铁路运输）服务	陆路运输服务、水路运输服务（含程租、期租业务）、航空运输服务（含湿租业务）、管道运输服务、无运输工具承运业务	财税〔2016〕36 号
		邮政业服务	邮政普遍服务、邮政特殊服务和其他邮政服务	
		基础电信服务	基础电信服务	
		建筑服务	工程服务、安装服务（含安装费、初装费、开户费、扩容费以及类似收费）、修缮服务、装饰服务和其他建筑服务（含平整土地、园林绿化等）	
		销售不动产	不动产，是指不能移动或者移动后会引起性质、形状改变的财产，包括建筑物、构筑物等	
		不动产租赁	不动产融资租赁服务、不动产经营租赁［含车辆停放服务、道路通行服务（包括过路费、过桥费、过闸费等）］	
		转让土地使用权		
6%	税率	增值电信服务	增值电信服务	财税〔2016〕36 号
		金融服务	贷款服务（含融资性售后回租）、直接收费金融服务、保险服务和金融商品转让	
		研发和技术服务	研发服务、合同能源管理服务、工程勘察勘探服务、专业技术服务	

续表

税率及征收率		适用项目		说明及文件依据
6%	税率	信息技术服务	软件服务、电路设计及测试服务、信息系统服务（含网站内容维护、在线杀毒、虚拟主机）、业务流程管理服务和信息系统增值服务	财税〔2016〕36号文件
		文化创意服务	设计服务、知识产权服务、广告服务和会议展览服务	
		物流辅助服务	航空服务、港口码头服务、货运客运场站服务（不包括车辆停放服务）、打捞救助服务、装卸搬运服务、仓储服务和收派服务	
		鉴证咨询服务	包括认证服务、鉴证服务（含职业技能鉴定、工程监理）和咨询服务（含市场调查服务）	
		广播影视服务	广播影视节目（作品）的制作服务、发行服务和播映（含放映，下同）服务	
		商务辅助服务	企业管理服务、经纪代理服务、人力资源服务、安全保护服务	
		生活服务	文化体育服务、教育医疗服务、旅游娱乐服务、餐饮住宿服务、居民日常服务和其他生活服务	
		销售无形资产	技术、商标、著作权、商誉、自然资源使用权和其他权益性无形资产	
0	税率	出口货物		增值税条例
		国际运输服务、航天运输服务		财税〔2016〕36号文件
		向境外单位提供的完全在境外消费的下列服务：1. 研发服务；2. 合同能源管理服务；3. 设计服务；4. 广播影视节目（作品）的制作和发行服务；5. 软件服务；6. 电路设计及测试服务；7. 信息系统服务；8. 业务流程管理服务；9. 离岸服务外包业务；10. 转让技术		
5%	征收率	中外合作油（气）田开采（含中外双方签定石油合同开采陆上）的原油、天然气		国税发〔1994〕114号
		销售不动产	一般纳税人销售其2016年4月30日前取得（不含自建）的不动产，可以选择适用简易计税方法，以取得的全部价款和价外费用减去该项不动产购置原价或者取得不动产时的作价后的余额为销售额，按照5%的征收率计算应纳税额	财税〔2016〕36号文件

续表

税率及征收率		适用项目		说明及文件依据
5%	征收率	销售不动产	一般纳税人销售其2016年4月30日前自建的不动产，可以选择适用简易计税方法，以取得的全部价款和价外费用为销售额，按照5%的征收率计算应纳税额	国家税务总局公告2016年第14号、国家税务总局公告2016年第16号、国家税务总局公告2016年第18号、财税〔2016〕36号文件
			小规模纳税人销售其取得（不含自建）的不动产（不含个体工商户销售购买的住房和其他个人销售不动产），应以取得的全部价款和价外费用减去该项不动产购置原价或者取得不动产时的作价后的余额为销售额，按照5%的征收率计算应纳税额	
			小规模纳税人销售其自建的不动产，应以取得的全部价款和价外费用为销售额，按照5%的征收率计算应纳税额	
			房地产开发企业中的一般纳税人，销售自行开发的房地产老项目，可以选择适用简易计税方法按照5%的征收率计税	
			房地产开发企业中的小规模纳税人，销售自行开发的房地产项目，按照5%的征收率计税	
			其他个人销售其取得（不含自建）的不动产（不含其购买的住房），应以取得的全部价款和价外费用减去该项不动产购置原价或者取得不动产时的作价后的余额为销售额，按照5%的征收率计算应纳税额	
		不动产经营租赁服务	一般纳税人出租其2016年4月30日前取得的不动产，可以选择适用简易计税方法，按照5%的征收率计算应纳税额	
			小规模纳税人出租其取得的不动产（不含个人出租住房），应按照5%的征收率计算应纳税额	
			其他个人出租其取得的不动产（不含住房），应按照5%的征收率计算应纳税额	
			个人出租住房，应按照5%的征收率减按1.5%计算应纳税额	
			纳税人以经营租赁方式将土地出租给他人使用，按照不动产经营租赁服务缴纳增值税	财税〔2016〕47号
		转让土地使用权	纳税人转让2016年4月30日前取得的土地使用权，可以选择适用简易计税方法，以取得的全部价款和价外费用减去取得该土地使用权的原价后的余额为销售额，按照5%的征收率计算缴纳增值税	财税〔2016〕47号

续表

税率及征收率		适用项目		说明及文件依据
5%	征收率	劳务派遣服务	纳税人提供劳务派遣服务，可以选择差额纳税，以取得的全部价款和价外费用，扣除代用工单位支付给劳务派遣员工的工资、福利和为其办理社会保险及住房公积金后的余额为销售额，按照简易计税方法依5%的征收率计算缴纳增值税	财税〔2016〕47号
			纳税人提供安全保护服务，比照劳务派遣服务政策执行	财税〔2016〕68号
		人力资源外包服务	一般纳税人提供人力资源外包服务，可以选择适用简易计税方法，按照5%的征收率计算缴纳增值税	财税〔2016〕47号
5%	预征率	销售不动产	一般纳税人销售其2016年5月1日后取得（不含自建）的不动产，应适用一般计税方法，以取得的全部价款和价外费用为销售额计算应纳税额。纳税人应以取得的全部价款和价外费用减去该项不动产购置原价或者取得不动产时的作价后的余额，按照5%的预征率在不动产所在地预缴税款后，向机构所在地主管税务机关进行纳税申报	国家税务总局公告2016年第14号、国家税务总局公告2016年第18号、财税〔2016〕36号文件
			一般纳税人销售其2016年5月1日后自建的不动产，应适用一般计税方法，以取得的全部价款和价外费用为销售额计算应纳税额。纳税人应以取得的全部价款和价外费用，按照5%的预征率在不动产所在地预缴税款后，向机构所在地主管税务机关进行纳税申报	
			一般纳税人销售其2016年4月30日前取得的不动产（不含自建），适用一般计税方法计税的，以取得的全部价款和价外费用为销售额计算应纳税额。上述纳税人应以取得的全部价款和价外费用减去该项不动产购置原价或者取得不动产时的作价后的余额，按照5%的预征率在不动产所在地预缴税款后，向机构所在地主管税务机关进行纳税申报	
			一般纳税人销售其2016年4月30日前自建的不动产，适用一般计税方法计税的，应以取得的全部价款和价外费用为销售额计算应纳税额。纳税人应以取得的全部价款和价外费用，按照5%的预征率在不动产所在地预缴税款后，向机构所在地主管税务机关进行纳税申报	

续表

税率及征收率		适用项目	说明及文件依据
3%	征收率	小规模纳税人销售货物、提供应税劳务或应税行为（除销售不动产、不动产经营租赁服务、劳务派遣服务等）	增值税条例及细则＼财税〔2016〕36号
3%	征收率（一般纳税人适用）	特定一般纳税人销售下列自产货物 （1）县级及县级以下小型水力发电单位生产的电力； （2）建筑用和生产建筑材料所用的沙、土、石料； （3）以自己采掘的沙、土、石料或其他矿物连续生产的砖、瓦、石灰； （4）用微生物、微生物代谢产物、动物毒素、人或动物的血液或组织制成的生物制品； （5）自来水； （6）商品混凝土（仅限于以水泥为原料生产的水泥混凝土）； （7）兽用药品经营企业（取得兽医行政管理部门颁发的《兽药经营许可证》，获准从事兽用生物制品经营的兽用药品批发和零售企业）销售兽用生物制品； （8）光伏发电项目发电户（个人和不经常发生应税行为的非企业性单位）销售电力产品； （9）自2015年9月1日起至2016年6月30日，对一般纳税人销售的库存化肥（在2015年8月31日前生产或购进的尚未销售的化肥），允许选择按照简易计税方法依照3%征收率征收增值税	财税〔2014〕57号、税务总局公告2016年第8号、税务总局公告2014年第32号和财税〔2015〕97号，可开增值税专用发票
		一般纳税人销售货物属于下列情形 （1）寄售商店代销寄售物品（包括居民个人寄售的物品在内）； （2）典当业销售死当物品	财税〔2014〕57号，可开增值税专用发票
		一般纳税人的自来水公司销售自来水	财税〔2014〕57号，可开增值税专用发票
		固定业户（指一般纳税人）临时到外省、市销售货物，对未持“外出经营活动税收管理证明”的，经营地税务机关按3%征收率征税	国家税务总局公告2014年第36号，可开增值税专用发票

续表

税率及征收率		适用项目	说明及文件依据
3%	征收率（一般纳税人适用）	拍卖行受托拍卖增值税应税货物	国家税务总局公告 2014 年第 36 号，可开增值税专用发票
		属于一般纳税人的单采血浆站销售非临床用人体血液（人体血液的增值税适用税率为 17%）	国家税务总局公告 2014 年第 36 号，不可开增值税专用发票
		一般纳税人提供的公共交通运输服务	财税〔2016〕36 号
		经认定的动漫企业（一般纳税人）为开发动漫产品提供的动漫脚本编撰、形象设计、背景设计、动画设计、分镜、动画制作、摄制、描线、上色、画面合成、配音、配乐、音效合成、剪辑、字幕制作、压缩转码（面向网络动漫、手机动漫格式适配）服务，以及在境内转让动漫版权（包括动漫品牌、形象或者内容的授权及再授权）	财税〔2016〕36 号、可开增值税专用发票
		电影放映服务、仓储服务、装卸搬运服务、收派服务和文化体育服务	
		以纳入营改增试点之日前取得的有形动产为标的物提供的经营租赁服务	
		在纳入营改增试点之日前签订的尚未执行完毕的有形动产租赁合同	
		以清包工方式提供的建筑服务，可以选择适用简易计税方法计税	
		为甲供工程提供的建筑服务，可以选择适用简易计税方法计税，其中甲供工程，是指全部或部分设备、材料、动力由工程发包方自行采购的建筑工程	
		为建筑工程老项目提供的建筑服务，可以选择适用简易计税方法计税，其中建筑工程老项目，是指： （1）《建筑工程施工许可证》注明的合同开工日期在 2016 年 4 月 30 日前的建筑工程项目； （2）未取得《建筑工程施工许可证》的，建筑工程承包合同注明的开工日期在 2016 年 4 月 30 日前的建筑工程项目	
		公路经营企业中的一般纳税人收取试点前开工的高速公路的车辆通行费（属于不动产经营租赁服务），可以选择适用简易计税方法，减按 3% 的征收率计算应纳税额	

续表

<table>
<tr><th colspan="2">税率及征收率</th><th>适用项目</th><th>说明及文件依据</th></tr>
<tr><td>3%</td><td>征收率（一般纳税人适用）</td><td>提供物业管理服务的纳税人，向服务接收方收取的自来水水费，以扣除其对外支付的自来水水费后的余额为销售额，按照简易计税办法依3%的征收率计算缴纳增值税</td><td>国家税务总局公告2016年第54号、可开增值税专用发票</td></tr>
<tr><td rowspan="3">3%</td><td rowspan="3">预征率</td><td>房地产开发企业采取预收款方式销售所开发的房地产项目，在收到预收款时按照3%的预征率预缴增值税</td><td rowspan="3">财税〔2016〕36号</td></tr>
<tr><td>一般纳税人出租其2016年5月1日后取得的、与机构所在地不在同一县（市）的不动产，应按照3%的预征率在不动产所在地预缴税款后，向机构所在地主管税务机关进行纳税申报</td></tr>
<tr><td>房地产开发企业中的一般纳税人销售房地产老项目，以及一般纳税人出租其2016年4月30日前取得的不动产，适用一般计税方法计税的，应以取得的全部价款和价外费用，按照3%的预征率在不动产所在地预缴税款后，向机构所在地主管税务机关进行纳税申报</td></tr>
<tr><td>2%</td><td>预征率</td><td>一般纳税人跨县（市）提供建筑服务，适用一般计税方法计税的，应以取得的全部价款和价外费用为销售额计算应纳税额。纳税人应以取得的全部价款和价外费用扣除支付的分包款后的余额，按照2%的预征率在建筑服务发生地预缴税款后，向机构所在地主管税务机关进行纳税申报</td><td rowspan="2">财税〔2016〕36号、财税〔2009〕9号、国家税务总局公告2014年第36号、财税［2014］57号、税务总局公告2015年第90号</td></tr>
<tr><td>可依照3%征收率减按2%征收</td><td>征收率</td><td>下列项目可依照3%征收率减按2%征收增值税：
1. 销售自己使用过的固定资产
（1）小规模纳税人销售自己使用过的固定资产
①小规模纳税人销售自己使用过的除固定资产以外的物品，按3%征收率计税；
②小规模纳税人销售自己使用过的固定资产依照3%征收率减按2%征收增值税，应开具普通发票，不得由税务机关代开增值税专用发票。
（2）一般纳税人销售自己使用过的固定资产
①原一般纳税人销售自己使用过的，扩大增值税抵扣范围试点地区试点以前或非试点地区2009年1月1日增值税转型改革以前，购进或自制的固定资产；
②营改增试点实施之前购进或者自制的固定资产；</td></tr>
</table>

续表

税率及征收率		适用项目	说明及文件依据
可依照3%征收率减按2%征收	征收率	③一般纳税人销售自己使用过的属于增值税暂行条例第十条规定不得抵扣且未抵扣进项税额的固定资产； ④购进或者自制固定资产时为小规模纳税人，认定为一般纳税人后销售该固定资产； ⑤发生按简易办法征收增值税应税行为，销售其按照规定不得抵扣且未抵扣进项税额的固定资产。 （3）计算公式 应纳税额＝销售额（不含税）×2% 销售额（不含税）＝含税销售额/（1÷3%） （4）一般纳税人销售自己使用过的除固定资产以外的物品，应当按照适用税率征收增值税。 （5）销售自己使用过的固定资产：适用简易办法依照3%征收率减按2%征收增值税政策的，可放弃减税，按照简易办法依照3%征收率缴纳增值税，可开具（申请代开）增值税专用发票 2. 销售旧货：纳税人（含一般纳税人、小规模纳税人）销售旧货，应开具普通发票，不得自行开具或者由税务机关代开增值税专用发票	

专题：增值税纳税人分类

在中华人民共和国境内销售货物或者提供加工、修理修配劳务以及进口货物、销售服务、无形资产或者不动产的单位和个人，为增值税纳税人，应当按照本办法缴纳增值税，不缴纳营业税。

单位，是指企业、行政单位、事业单位、军事单位、社会团体及其他单位。

个人，是指个体工商户和其他个人。

按照我国现行增值税的管理模式，对增值税纳税人实行分类管理，将试点纳税人分为一般纳税人和小规模纳税人。小规模纳税人与一般纳税人的划分，以应税行为年销售额为标准。其计税方法、凭证管理等方面都不同，需作区别对待。

【例 97】 建委下属行政事业单位提供测绘服务，根据财税〔2016〕36 号文件第一条规定："在中华人民共和国境内（以下称境内）销售服务、无形资产或者不动产（以下称应税行为）的单位和个人，为增值税纳税人，应当按照本办法缴纳增值税，不缴纳营业税。单位，是指企业、行政单位、事业单位、军事单位、社会团体及其他单位。"

根据以上文件规定，行政事业单位提供测绘服务也应当缴纳增值税。测绘服务属于鉴证咨询服务，一般纳税人适用税率 6%，小规模纳税人适用征收率 3%。

一、政策规定

1. 纳税人分为一般纳税人和小规模纳税人。

2. 应税行为的年应征增值税销售额（以下称应税销售额）超过财政部和国家税务总局规定标准的纳税人为一般纳税人，未超过规定标准的纳税人为小规模纳税人。

3. 年应税销售额超过规定标准的其他个人不属于一般纳税人。年应税销售额超过规定标准但不经常发生应税行为的单位和个体工商户可选择按照小规模纳税人纳税。

4. 年应税销售额未超过规定标准的纳税人，会计核算健全，能够提供准确税务资料的，可以向主管税务机关办理一般纳税人资格登记，成为一般纳税人。

会计核算健全，是指能够按照国家统一的会计制度规定设置账簿，根据合法、有效凭证核算。

5. 符合一般纳税人条件的纳税人应当向主管税务机关办理一般纳税人资格登记。具体登记办法由国家税务总局制定。

6. 除国家税务总局另有规定外，一经登记为一般纳税人后，不得转为小规模纳税人。

7. 需要关注的相关文件规定。

（1）《一般纳税人资格认定管理办法》（国家税务总局令第22号）。

（2）《国家税务总局关于调整一般纳税人管理有关事项的公告》（国家税务总局公告2015年第18号）明确了一般纳税人资格登记的程序、明年应税销售额超过规定标准的纳税人，符合有关政策规定选择按小规模纳税人纳税的，应当向主管税务机关提交书面说明和年应税销售额超过规定标准的纳税人，办理有关手续的时限及税务机关相应管理事项。

二、实务理解及案例

（一）纳税人范围中“个人”的理解

个人，是指个体工商户和其他个人，其中其他个人是指自然人。需要关注政策中字眼，是个人、个体工商户还是其他个人。

【例98】财税〔2016〕36号附件2《试点有关事项的规定》的规定：“个人出租住房，应按照5%的征收率减按1.5%计算应纳税额”。

政策规定，纳税人是“个人”出租住房，应按照5%的征收率减按1.5%计算应纳税额，根据上述文件规定，个人包括个体工商户和其他个人，也就是个体工商户（包括）同样适用上述条款，出租住房应按照5%的征收率减按1.5%计算应纳税额。

【例99】财税〔2016〕36号附件1第三条规定，年应税销售额超过规定标准的其他个人不属于一般纳税人。

也就是说，其他个人（自然人）不管什么条件都不可能是一般纳税人，但是个体工商户可以是一般纳税人，个体工商户超过规定标准要按相关规定办理一般纳税人资格。

【例 100】财税〔2016〕36 号附件 1 第四十六条关于增值税纳税地点规定，其他个人提供建筑服务，销售或者租赁不动产，转让自然资源使用权，应向建筑服务发生地、不动产所在地、自然资源所在地主管税务机关申报纳税。

也就是说其他个人（自然人），提供建筑服务，销售或者租赁不动产，转让自然资源使用权，应向建筑服务发生地、不动产所在地、自然资源所在地主管税务机关申报纳税。

【例 101】关注税收优惠政策的口径。对出租不动产申请代开发票的小规模企业和个体工商户，不属于国家税务总局公告 2016 年第 23 号公告中第六条第（四）款规定的其他个人范畴。

因此，不得使用平均分摊计算月租金的方式享受小微企业免征增值税优惠政策，仍然按照其一个申报期限内的收入额合计确定是否享受免征政策。

（二）营改增一般纳税人与小规模纳税人有何区别

1. 销售额标准不同

应税行为的年应税销售额超过财政部和国家税务总局规定标准的纳税人为一般纳税人，未超过规定标准，又未提出申请登记的纳税人为小规模纳税人。其中，应税行为年应税销售额标准为 500 万元（含本数）。

2. 计税方法不同

一般纳税人发生应税行为适用一般计税办法（一般纳税人发生财政部和国家税务总局规定的特定应税行为，可以选择适用简易计税方法计税，但一经选择，36 个月内不得变更）。

小规模纳税人发生应税行为适用简易计税方法计税。

3. 税率与征收率不同

根据财税〔2016〕36 号文件附件 1 规定：

（1）营改增一般纳税人分不同行业适用不同税率，纳税人发生应税行为，除本条第（2）项、第（3）项、第（4）项规定外，税率为 6%。

（2）提供交通运输、邮政、基础电信、建筑、不动产租赁服务，销售不动产，转让土地使用权，税率为 11%。

（3）提供有形动产租赁服务，税率为 17%。

（4）境内单位和个人发生的跨境应税行为，税率为零。具体范围由财政部和国家税务总局另行规定。

小规模纳税人适用简易计税办法按征收率征税，增值税征收率为3%，财政部和国家税务总局另有规定的除外。

4. 增值税发票使用上的区别

一般纳税人使用增值税发票管理新系统自行开具增值税专用发票和增值税普通发票。

小规模纳税人现使用增值税发票管理新系统只能自行开具增值税普通发票，小规模纳税人需要开具增值税专用发票，除特殊规定外，可向主管税务机关申请代开。

其中特殊规定为，《国家税务总局关于在境外提供建筑服务等有关问题的公告》（国家税务总局公告2016年第69号）规定，全面开展住宿业小规模纳税人自行开具增值税专用发票试点。月销售额超过3万元（或季销售额超过9万元）的住宿业小规模纳税人提供住宿服务、销售货物或发生其他应税行为，需要开具增值税专用发票的，可以通过增值税发票管理新系统自行开具，主管国税机关不再为其代开。具体详见本书《专题发票及抵扣凭证管理》中“（十一）住宿业小规模纳税人自开专票试点实务”。

（三）一般纳税人销售额标准及认定理解

1. 试点纳税人兼有销售货物、提供加工修理修配劳务以及销售服务、不动产、无形资产的，货物及劳务销售额与服务、不动产、无形资产销售额应分别计算，分别适用一般纳税人资格登记标准。

混业经营的营改增试点纳税人只要有一项（应税行为服务、销售货物、提供加工修理修配劳务或销售服务）达到登记标准，就应该登记为一般纳税人（见表2）。

表2　纳税人销售额标准及认定理解

认定标准 / 纳税人	提供应税行为的纳税人	生产货物或提供应税劳务的纳税人，或以其为主，并兼营货物批发或零售的纳税人	批发或零售货物的纳税人
小规模纳税人	年应税销售额500万元（含）以下	年应税销售额在50万元（含）以下	年应税销售额在80万元（含）以下
一般纳税人	年应税销售额500万元以上	年应税销售额在50万元以上	年应税销售额在80万元以上

【例 102】某生产货物或提供应税劳务企业连续 12 个月取得装饰服务销售额 400 万元（不含税销售额，下同），同期还取得设计服务的销售额 80 万元，取得货物的销售额 40 万元，那么该公司是否要认定为一般纳税人？

按照财税〔2016〕36 号文件规定，营改增纳税人兼有销售货物、提供加工修理修配劳务以及历次和本次应税服务（无形资产、不动产）的，应税货物及劳务销售额与应税服务销售额（无形资产、不动产）分别计算，分别适用一般纳税人资格认定标准。那么，A 企业营改增的应税服务销售额是 480 万元，销售货物销售额是 40 万元，两项不相加计算，仍然可按小规模纳税人计税。

接上例，其他条件相同，该企业取得货物的销售额 55 万元，由于该企业属于“生产货物或提供应税劳务”，连续 12 个月货物的销售额 55 万元超过 50 万元标准，营改增的应税服务销售额是 480 万元没有超过 500 万元的标准，该企业应该按照相关规定登记为一般纳税人。

需要提醒的是，兼有销售货物、提供加工修理修配劳务和应税行为，且不经常发生销售货物、提供加工修理修配劳务和应税行为的单位和个体工商户，可选择按照小规模纳税人纳税。

2. 国家税务总局公告 2016 年第 23 号公告文件规定，试点实施前，试点纳税人偶然发生的转让不动产的营业额，不计入应税行为年应税销售额，另规定增值税小规模纳税人偶然发生的转让不动产的销售额，不计入应税行为年应税销售额。

需要提醒的是，发生其他的非主营业务产生的营业额或销售额，没有特殊规定，需要纳入“年应税销售额”，企业营业额或销售额达到登记标准，就应该登记为一般纳税人。

【例 103】营改增后，小规模纳税人企业发生的转让理财产品的收入，因转让理财产品属于金融服务中的金融商品转让，属于营改增应税范围，不属于规定的特殊情况，因此，计算一般纳税人认定标准时应包含转让理财产品的销售额，如小规模纳税含转让理财产品的收入应税销售额（不含偶然发生的转让不动产的销售额）超过 500 万元，需要按照相关规定登记为一般纳税人。

3. 国家税务总局公告 2016 年第 23 号公告文件规定，现行营业税规定差额征收营业税的试点纳税人，其应税行为营业额按未扣除之前的营业额计算。

按照一般纳税人标准中的“销售额”的规定，营改增后相关政策规定差额征收增值税的试点纳税人，其应税行为销售额按未扣除之前的销售额计算。

【例 104】 某建筑企业小规模纳税人 2016 年 5 月 ~2017 年 4 月提供建筑服务（不考虑其他特殊情况）不含税销售额 680 万元，可扣除分包不含税销售额 260 万元，虽然扣除分包额后的不含税销售额 420 万元（680 - 260），但未扣除分包前的不含税销售额 680 > 500 万元，应当到主管国税税务机关办理一般纳税人资格登记手续。

4. 稽查查补销售额、纳税评估调整销售额、税务机关代开发票销售额和免税销售额需要纳入“销售额”标准

国家税务总局《关于明确〈一般纳税人资格认定管理办法〉若干条款处理意见的通知》（国税函〔2010〕139 号）第一条规定，认定办法第三条所称年应税销售额，包括纳税申报销售额、稽查查补销售额、纳税评估调整销售额、税务机关代开发票销售额和免税销售额。稽查查补销售额和纳税评估调整销售额计入查补税款申报当月的销售额，不计入税款所属期销售额。

《国家税务总局关于界定超标准小规模纳税人偷税数额的批复》（税总函〔2015〕311 号）文件规定，稽查查补销售额和纳税评估调整销售额计入查补税款申报当月的销售额，以界定增值税小规模纳税人年应税销售额。

5. 财税〔2016〕36 号附件 1 中第三十三条规定，有下列情形之一者，应当按照销售额和增值税税率计算应纳税额，不得抵扣进项税额，也不得使用增值税专用发票：

（1）一般纳税人会计核算不健全，或者不能够提供准确税务资料的。

（2）应当办理一般纳税人资格登记而未办理的。

上述规定是说，应税销售额超过规定标准应当办理一般纳税人资格登记而未办理的，应当按照销售额和增值税税率计算应纳税额，不得抵扣进项税额，也不得使用增值税专用发票，所以说，应税销售额超过规定标准千万不要有“侥幸心理”。

对此《国家税务总局关于界定超标准小规模纳税人偷税数额的批复》（税总函〔2015〕311 号）文件规定具体操作程序：

（1）纳税人年应税销售额超过小规模纳税人标准且未在规定时限内申请一般纳税人资格认定的，主管税务机关应制作《税务事项通知书》予以告知。

（2）纳税人在《税务事项通知书》规定时限内仍未向主管税务机关报送一

般纳税人认定有关资料的。

（3）其《税务事项通知书》规定时限届满之后的销售额依照增值税税率计算应纳税额，不得抵扣进项税额。税务机关送达的《税务事项通知书》规定时限届满之前的销售额，应按小规模纳税人简易计税方法，依 3% 征收率计算应纳税额。

6. 小规模纳税人“达标”当期涉税处理

小规模纳税人在经营过程中，不是销售额达标后，立即就变成一般纳税人，采用一般计税方法缴纳增值税，而是按照相关规定，自行选择达标当月 1 日或达标次月 1 日作为一般纳税人资格生效之日，按照增值税一般计税方法计算应纳税额，并按照规定领用增值税专用发票。

如果选择达标次月 1 日作为一般纳税人资格生效之日，达标月份企业还属于“小规模纳税”，也就不论销售额多少，都是按照小规模纳税人采用简易计税方法计算缴纳增值税。

【例 105】某小规模纳税人 2016 年 6 月至 2017 年 5 月连续 12 个月，提供营改增范围的应税行为销售额 460 万元（不考虑其他情况），2017 年 5 月 5 日发生提供营改增范围的应税行为销售额 80 万元，如果该企业 2017 年 5 月填报《一般纳税人资格登记表》时，选择达标次月 1 日作为一般纳税人资格生效之日，则该企业不论 2017 年 5 月发生多少销售额，都是按照小规模纳税人采用简易计税方法计算缴纳增值税，客户如需要增值税专用发票，企业应去税务机关代开专用发票。

7. 年应税销售额未超过规定标准的纳税人，会计核算健全，能够提供准确税务资料的，可以向主管税务机关办理一般纳税人资格登记，成为一般纳税人。

其中会计核算健全，是指能够按照国家统一的会计制度规定设置账簿，根据合法、有效凭证核算。

【例 106】企业由于经营阶段不同，可能要在销售额不达标准时，考虑变成一般纳税人。如在未大规模生产经营时，有不动产等大额采购，进而产生进项税额，如还是小规模纳税人也许产生“进项税额损失”，所以建议在不动产等大额采购前去申请变成一般纳税人，哪怕销售额不达标准的纳税人，也可以“主动申请”变成一般纳税人。

也就是说，房地产企业或建筑施工企业因新项目成立的公司尚存在前期开发无销售额，也可直接认定为一般纳税人。

【例 107】 企业经营过程对外投标，由于全面实施营改增，企业都是增值税纳税人，会大量存在要求投标人资格为一般纳税人，也就会存在销售额不达标准的纳税人，要“主动申请”变成一般纳税人。

8. 试点实施前已取得一般纳税人资格并兼有应税服务的试点纳税人，不需要重新申请认定。

（四）一般纳税人认定管理实务

1. 自 2015 年 4 月 1 日起，增值税纳税人取得一般纳税人资格由审批制转为登记制，主管税务机关在对纳税人递交的登记资料信息进行核对确认后，纳税人即可取得一般纳税人资格。具体操作可参考国家税务总局公告 2016 年第 23 号公告和国家税务总局公告 2015 年第 18 号公告等文件。

2. 一般纳税人资格实行登记制，在具体登记程序中取消了税务机关审批环节，主管税务机关在对纳税人递交的登记资料信息进行核对确认后，纳税人即可取得一般纳税人资格。

需携带税务登记证件（包括纳税人领取的由工商行政管理部门核发的加载法人和其他组织统一社会信用代码的营业执照）、填写登记表格，就可以办理一般纳税人登记事项。

同时取消了实地查验环节，对符合登记要求的，一般予以当场办结。

3. 国家税务总局公告 2015 年第 18 号文件规定，除财政部、国家税务总局另有规定外，纳税人可根据需要，填报《一般纳税人资格登记表》时，自行选择当月 1 日或次月 1 日作为一般纳税人资格生效之日，按照增值税一般计税方法计算应纳税额，并按照规定领用增值税专用发票。

（五）可认定为增值税小规模纳税人的纳税人范围

1. 未超过规定标准的纳税人为小规模纳税人。

2. 应税销售额超过规定标准的其他个人不属于一般纳税人。

3. 不经常发生应税行为的单位和个体工商户可选择按照小规模纳税人纳税。另外，兼有销售货物、提供加工修理修配劳务以及应税行为，且不经常发生应税行为的单位和个体工商户也可选择按照小规模纳税人纳税。

4. 增值税小规模纳税人偶然发生的转让不动产的销售额，不计入应税行为年销售额。

（六）扣缴义务人

1. 中华人民共和国境外（以下称境外）单位或者个人在境内发生应税行为，在境内未设有经营机构的，以购买方为增值税扣缴义务人。财政部和国家税务总局另有规定的除外。理解上述规定应从以下两个方面来把握：

（1）境外单位或者个人在境内发生应税行为，在境内未设有经营机构的，以购买方为增值税扣缴义务人。

（2）上述规定扣缴义务人的前提是境外单位或者个人在境内没有设立经营机构，如果设立了经营机构，应以其经营机构为增值税纳税人，就不存在扣缴义务人的问题。

2. 在境内未设有经营机构的境外单位或者个人在境内发生应税行为计算应扣缴税额。

境外单位或者个人在境内发生应税行为，在境内未设有经营机构的，扣缴义务人按照下列公式计算应扣缴税额：应扣缴税额 = 购买方支付的价款 ÷（1 + 税率）× 税率

在计算应扣缴税额时，应将应税行为购买方支付的含税价款，换算为不含税价款，再乘以应税行为的增值税适用税率（不管提供任何应税行为都不适用增值税征收率），计算出应扣缴的增值税税额。

【例 108】境外公司为某纳税人提供咨询服务，合同价款 106 万元，且该境外公司没有在境内设立经营机构，应以服务购买方为增值税扣缴义务人，则购买方应当扣缴的税额计算如下：

应扣缴增值税 = 106 ÷（1 + 6%）× 6% = 6（万元）

3. 从境外单位或者个人购进服务、无形资产或者不动产，自税务机关或者扣缴义务人取得的解缴税款的完税凭证上注明的增值税额准予从销项税额中抵扣。

【例 109】一般纳税人向境外单位购买服务（如：规划、设计费、劳务费），境外单位在境内未设有经营机构的，购买方作为增值税扣缴义务人，按适用税率计算并扣缴增值税，取得的完税凭证可以作为进项抵扣凭证。

4. 扣缴义务发生时间为纳税人增值税纳税义务发生的当天。扣缴义务人应当向其机构所在地或者居住地主管税务机关申报缴纳扣缴的税款。

【例 110】南昌地区的纳税人租赁上海市区的一处房产，该房产所有人为境

外企业，南昌地区的纳税人作为扣缴义务人进行增值税扣缴申报，扣缴义务人机构所在地与不动产所在地不一致的，需要在不动产所在地（上海市区不动产所在地）主管税务机关预缴税款，取得完税凭证作为进项抵扣凭证。

5. 中华人民共和国境外的广告媒介单位和户外广告经营单位在境内提供广告服务，在境内未设有经营机构的，以广告服务接受方为文化事业建设费的扣缴义务人。

（七）关于纳税人类别实务操作

1. 国家税务总局公告2015年第74号文件规定，主管税务机关在为纳税人办理一般纳税人登记时，纳税人税务登记证件上不再加盖“一般纳税人”戳记。经主管税务机关核对后退还纳税人留存的《一般纳税人资格登记表》，可以作为证明纳税人具备一般纳税人资格的凭据。

实务中，作为证明纳税人具备一般纳税人资格的凭据包括：

（1）《一般纳税人资格登记表》；

（2）纳税人近期开具的增值税专用发票（没有代开字样和代开章）扫描件；

（3）纳税人当地省市级国税税务机关查询一般纳税人资格。

2. 年应税销售额超过规定标准的其他个人不属于一般纳税人，也就是说个人只能按照小规模纳税人缴纳增值税，但是相对其他小规模纳税人，有些特殊税务处理规定（本书后续都会涉及）。

根据增值税相关法律条文规定，其他个人是指自然人，不包括个体工商户，也就是说自然人都是小规模纳税人。

3. 除不经常发生应税行为的个体工商户外，相关销售额达到登记标准，就应该登记为一般纳税人。

增值税起征点不适用于登记为一般纳税人的个体工商户。

4. 除国家税务总局另有规定外，一经登记为一般纳税人后，不得转为小规模纳税人，截至目前，总局尚未发布不适用上述办法的特殊情况。

【例111】企业在经营过程中，需要对方提供具备一般纳税人资格的凭据，初次提供以后，就不再需要后续经营活动中再次提供。

5. 一般纳税人一律自开增值税发票，含增值税普通发票和增值税专用发票。

即使一般纳税人发生超出税务登记范围业务，也是自开发票，不能由税务机关代开发票。

【例 112】 实务中，一般纳税人超出经营范围如何开具发票，建议咨询当地税务机关，具体参考操作：

如只是临时性业务，建议向主管税务机关说明情况，自行开具。

如将是经常性业务，建议先至工商部门变更经营范围，再由主管税务机关增加相应的征收品目及征收率，自行开具。

【例 113】 建筑业一般纳税人提供跨区建筑服务，不再在建筑服务发生地税务机关代开增值税发票，而是在机构所在地自开增值税发票，取得建筑业一般纳税人代开的建筑服务增值税发票，都属于不合规发票（不能企业所得税税前扣除和土地增值税清算扣除）和不合规的抵扣凭证（不能按规定抵扣进项税额）。

6. 小规模纳税人销售货物和提供应税劳务，纳税人自己只能使用普通发票。小规模纳税人不能自行开具增值税专用发票，已办理税务登记的小规模纳税人（包括个体经营者）需要开具专用发票时，可向其主管税务机关申请代开。

7. 一般纳税人如符合相关文件规定的条件，可以是小型微利企业。

8. 按照小规模纳税人缴纳增值税未必就省税，需要考虑企业性质、企业发展阶段、供应商的质量及市场等综合要求，选择按照一般纳税人还是小规模纳税人缴纳增值税。

9. 跨征收区域迁移的一般纳税人，主管税务机关按税务登记变更办理，其一般纳税人（或辅导期纳税人）资格继续保留。

10. 增值税起征点不适用于登记为一般纳税人的个体工商户。

专题：增值税计税方法

增值税的计税方法，包括一般计税方法和简易计税方法。

一、政策规定

增值税的计税方法，包括一般计税方法和简易计税方法。

（1）一般纳税人发生应税行为适用一般计税方法计税

一般纳税人发生财政部和国家税务总局规定的特定应税行为，可以选择适用简易计税方法计税，但一经选择，36 个月内不得变更。

（2）小规模纳税人发生应税行为适用简易计税方法计税。

二、实务理解及案例

（一）一般计税方法的实务理解

1. 一般纳税人发生应税行为适用一般计税方法计税，小规模纳税人不适用一般计税方法计税。

2. 一般计税方法计算公式

一般纳税人销售货物、加工修理修配劳务和应税行为的应纳税额，就是当期销项税额抵扣当期进项税额后的余额，其计算公式如下：

应纳税额 = 当期销项税额 - 当期进项税额

当期销项税额小于当期进项税额不足抵扣时，其不足部分可以结转下期继续抵扣。

【例 114】 一般纳税人 2016 年 8 月取得一般计税方法的建筑服务收入 111 万元（含税），当月外购材料 10 万元，购入设备 20 万元，发生分包支出 40 万元，以上支出均为不含税金额，且按规定取得抵扣凭证。

销售额 = 含税销售额 ÷ (1 + 税率)

= 111 ÷ (1 + 11%) = 100（万元）

当期销项税额 = 销售额 × 税率

= 100 × 11% = 11 (万元)

当期进项税额 = 10 × 17% + 20 × 17% + 40 × 11%

= 1.7 + 3.4 + 4.4 = 9.6 (万元)

应纳税额 = 当期销项税额 - 当期进项税额

= 11 - 10.6 = 1.4 (万元)

需要提醒：原营业税应纳税额 = (111 - 40) × 3% = 2.13 (万元)

【例 115】【接例 109】该一般纳税人当月外购材料 24 万元，其他条件不变，则：

当期进项税额 = 24 × 17% + 20 × 17% + 40 × 11%

= 4.08 + 3.4 + 4.4 = 11.88 (万元)

应纳税额 = 当期销项税额 - 当期进项税额

= 11 - 11.88 = -0.88 (万元)

属于“当期销项税额小于当期进项税额不足抵扣时，其不足部分可以结转下期继续抵扣”，不需要缴纳增值税，其中“不足部分”(-0.88 万元) 可以结转下期继续抵扣，需要提醒的是，“不足部分”(-0.88 万元) 结转到下期是没有时间期限限制的。

3. 营改增试点实施前已取得一般纳税人资格并兼有应税行为的试点纳税人，其兼有的应税行为，除文件另有规定外，都应按照一般计税方法计税。

【例 116】工业企业一般纳税人，营改增后提供物业服务（没有其他营改增应税行为），连续 12 个月提供的物业服务销售额 100 万元，虽不超过 500 万元，因一般纳税人提供物业服务不属于可以采用简易计税特定应税行为，不能选择适用简易计税方法计税，所以该企业提供物业服务应按照一般计税方法计税缴纳增值税。

4. 一般纳税人可以同时适用一般计税方法和简易计税方法。

(1) 一般纳税人兼营不同税目，适用不同的计税方法。

【例 117】一般纳税人物业公司，提供物业服务，按照适用税率 6% 采用一般计税方法，同时提供不动产租赁服务，由于是出租其 2016 年 4 月 30 日前取得的不动产，则可以选择适用简易计税方法，按照 5% 的征收率计算应纳税额。

【例 118】一般纳税人财税培训咨询公司，提供咨询服务，按照适用税率

6%采用一般计税方法，同时提供财税培训（属于非学历教育服务），则根据《财政部、国家税务总局关于进一步明确全面推开营改增试点有关再保险、不动产租赁和非学历教育等政策的通知》（财税〔2016〕68号）文件规定，一般纳税人提供非学历教育服务，可以选择适用简易计税方法按照3%征收率计算应纳税额。

（2）一般纳税人经营同一税目，适用不同的计税方法。

【例119】 建筑业按项目管理是基本原则，一般纳税人是否适用简易计税方法，并非取决于自己的身份，而是以项目为对象的，可以根据不同项目选择不同的计税方法。

①一般纳税人为建筑工程老项目提供的建筑服务，可以选择适用简易计税方法计税。

按照目前相关规定，可以按《建筑工程施工许可证》项目分别选择适用计税方法，未取得《建筑工程施工许可证》或《建筑工程施工许可证》未注明合同开工日期的，按合同项目分别选择适用计税方法。如某建筑施工企业提供建筑服务，有两个建筑施工老项目，可以分别选择简易计税方法和一般计税方法。

例如：建筑企业一般纳税人有A、B两个老项目，A项目适用简易计税方法并不影响B项目选择一般计税方法。

需要提醒的是，同一个《建筑工程施工许可证》下面不同“项目”只能采用同一种计税方法，要么全部采用一般计税方法，要么全部采用简易计税方法。

②一般纳税人以清包工方式或为甲供工程提供的建筑服务，可以选择适用简易计税方法计税。

例如，一个建筑企业一般纳税人同时有A、B、C三个新项目，A项目是以清包工提供的建筑服务，选择了简易计税方法；B项目是以清包工提供的建筑服务，可选择一般计税方法；C项目不是以清包工方式和甲供工程项目，选择一般计税方法。

【例120】 房地产业按项目管理是基本原则，也就是说房地产开发企业可以根据不同项目选择不同的计税方法。

房地产企业一般纳税人是否适用简易计税方法，并非取决于自己的身份，而是以项目为对象的，2016年4月30日前的老项目就可以选择简易计税方式计算缴纳增值税，也可以选择一般计税方法计算缴纳增值税。

举例来说，一个房地产企业有 A、B 两个老项目，A 项目适用简易计税方法并不影响 B 项目选择一般计税方法。

但是，房地产开发企业的开工日期在 4 月 30 日之前的同一《施工许可证》下的不同房产，同一房地产项目只能选择适用一种计税方法，如开发项目中既有普通住房，又有别墅，要么全部采用一般计税方法，要么全部采用简易计税方法。

【例 121】劳务派遣一般纳税人提供劳务派遣服务，提供符合条件的劳务派遣服务，由于政策没有明确规定"不能分不同的服务对象选择不同的计税方法"，则可以分不同的服务对象选择不同的计税方法。

【例 122】一般纳税人于 2016 年 10 月公司准备销售于 2015 年 5 月购买的一座写字楼，按照国家税务总局公告 2016 年第 14 号公告的规定，一般纳税人转让其 2016 年 4 月 30 日前取得（不含自建）的不动产，可以选择适用简易计税方法计税，也可以选择适用一般计税方法计税。

选择适用简易计税方法的，以取得的全部价款和价外费用扣除不动产购置原价或者取得不动产时的作价后的余额为销售额，按照 5% 的征收率计算应纳税额，向不动产所在地主管地税机关预缴税款，向机构所在地主管国税机关申报纳税，申报纳税时可扣除已在地税缴纳的税款。

选择适用一般计税方法计税的，应以取得的全部价款和价外费用扣除不动产购置原价或者取得不动产时的作价后的余额，按照 5% 的预征率向不动产所在地主管地税机关预缴税款，然后按照 11% 的税率，以取得的全部价款和价外费用为销售额计算应纳税额，向机构所在地主管国税机关申报纳税，同时扣除已在地税缴纳的税款。

（3）一般纳税人同时适用一般计税方法和简易计税方法，需要分别计算应纳税额。

【例 123】一般纳税人 2016 年 8 月取得一般计税方法建筑服务收入 111 万元（含税），该项目当月外购材料 24 万元，购入设备 20 万元，发生分包支出 40 万元，同时取得符合条件采用简易计税老项目建筑服务收入 10.3 万元（含税），不考虑其他情况，以上支出均为不含税金额，且按规定取得抵扣凭证。

建筑服务采用一般计税方法

销售额 = 含税销售额 ÷（1 + 税率）

$=111\div(1+11\%)=100$（万元）

当期销项税额 = 销售额 × 税率

$=100\times11\%=11$（万元）

当期进项税额 $=24\times17\%+20\times17\%+40\times11\%$

$=4.08+3.4+4.4=11.88$（万元）

应纳税额 = 当期销项税额 − 当期进项税额

$=11-11.88=-0.88$（万元）

采用简易计税老项目建筑服务

应纳税额 = 销售额 × 征收率

$=10.3\div(1+3\%)\times3\%=0.3$（万元）

虽一般计税方法存在留抵税额（即当期销项税额小于当期进项税额），但是纳税人同时适用一般计税方法和简易计税方法，需要分别计算应纳税额，则该企业当期应缴纳增值税 0.3 万元，进项税额留抵 0.88 万元。

（二）简易计税方法的实务理解

1. 简易计税方法的应纳税额

简易计税方法的应纳税额，是指按照销售额和增值税征收率计算的增值税额，不得抵扣进项税额。应纳税额计算公式：

应纳税额 = 销售额 × 征收率

【例 124】 小规模纳税人的提供餐饮服务含税销售额为 103 元，在计算时应转换为不含税销售额，即 $103\div(1+3\%)=100$（元），用于计算应纳税额的销售额即为 100 元，应纳增值税额为 $100\times3\%=3$（元）。

2. 简易计税方法直接就是应纳税额，没有“销项税额”一说，也就是说“销项税额”仅仅是一般计税方法中才有的。

所以建议一般纳税人适用简易计税方法计算的税额计入“应缴税费——未交增值税”科目，不要放在“应缴税费——应缴增值税（销项税额）”。

3. 小规模纳税人销售服务、无形资产或者不动产，一律按照简易计税方法计税。其中“一律”不论企业类型，不论企业销售货物、提供加工、修理修配劳务、销售服务及销售不动产、无形资产的种类，都要按照简易计税方法计税。

4. 一般纳税人发生财政部和国家税务总局规定的特定应税行为，可以选择适用简易计税方法计税，但一经选择，36 个月内不得变更。

5. 纳税人适用简易计税方法计算缴纳增值税，本身计算应纳税额时不得抵扣进项税额，但是除规定不得开具增值税专用发票的情形外，选择简易计税办法可以开具增值税专用发票，取得该增值税专用发票的一般纳税人可以按照相关规定抵扣进项税额。

需要提醒的是，纳税人适用简易计税方法计算缴纳增值税开具增值税普通发票和增值税专用发票适用的征收率是一样的。

【例 125】 小规模纳税人发生提供知识产权代理应税行为，按照简易计税方法计税（按照销售额和增值税征收率计算的增值税额，不得抵扣进项税额），如购买方索取增值税专用发票的，也可以向主管税务机关申请代开，购买方取得小规模纳税人开具的增值税专用发票，可以按照相关规定抵扣进项税额。

【例 126】 一般纳税人出租其 2016 年 4 月 30 日前取得的不动产，可以选择适用简易计税方法，按照 5% 的征收率计算应纳税额，按照相关规定不得抵扣对应的进项税额，如承租方索取增值税专用发票的，可以自行开具，承租方取得一般纳税人适用简易计税方法开具的增值税专用发票，适用的征收率也是 5%，可以按照相关规定抵扣进项税额。

【例 127】 房地产开发企业一般纳税人选择按简易征收方式的老项目，可自行开具 5% 征收率的专用发票，购买者取得其开具的"5% 征收率的专用发票"，可以按照相关规定抵扣进项税额。

【例 128】 建筑企业一般纳税人选择按简易征收方式的老项目、清包工工程及甲供工程，可自行开具全额的 3% 征收率的增值税专用发票，业主及其他企业取得其开具的"3% 征收率的专用发票"，可以按照相关规定抵扣进项税额。

6. 简易计税规定不得开具增值税专用发票的情形如下：

（1）一般纳税人销售自己使用过的固定资产，凡根据《财政部　国家税务总局关于全国实施增值税转型改革若干问题的通知》（财税〔2008〕170 号）和财税〔2009〕9 号文件等规定，适用按简易办法依 3% 征收率减按 2% 征收增值税政策的，应开具普通发票，不得开具增值税专用发票。

小规模纳税人销售自己使用过的固定资产，适用按简易办法依 3% 征收率减按 2% 征收增值税政策的，应开具普通发票，不得由税务机关代开增值税专用发票。

根据国家税务总局公告 2015 年第 90 号文件规定，纳税人销售自己使用过的固定资产，适用简易办法依照3%征收率减按2%征收增值税政策的，可以放弃减税，按照简易办法依照3%征收率缴纳增值税，并可以开具增值税专用发票。

（2）纳税人销售旧货，不得开具增值税专用发票或不得由税务机关代开增值税专用发票。

（3）一般纳税人的单采血浆站销售供应非临床用血不得开具增值税专用发票。

（三）一般纳税人营改增适用简易计税方法应税行为实务理解

一般纳税人按照财政部和国家税务总局的规定，选择简易计税方法的时候，需要关注适应条件。

【例129】一般纳税人以清包工方式提供的建筑服务，可以选择适用简易计税方法计税，强调的是“以清包工方式提供的建筑服务”，不是说建筑劳务公司都按简易计税。

【例130】一般纳税人以纳入营改增试点之日前取得的有形动产为标的物提供的经营租赁服务，可以选择适用简易计税方法计算缴纳增值税，强调的是“以试点实施之前取得的有形动产为标的物”。

一般纳税人营改增适用简易计税方法应税行为关键点提示：

1. 一般纳税人发生提供公共交通运输服务，可以选择适用简易计税方法计税。

其中公共交通运输服务，包括轮客渡、公交客运、地铁、城市轻轨、出租车、长途客运、班车。

班车，是指按固定路线、固定时间运营并在固定站点停靠的运送旅客的陆路运输服务。

【例131】客运公司一般纳税人提供的单位和个人包车服务，不属于提供“公共交通运输服务”，也就不适用简易方法。

【例132】客运公司一般纳税人通过客车承运包裹、信件和其他货物属于货物运输行为，不属于提供“公共交通运输服务”，也就不适用简易计税方法计算缴纳增值税。

2. 经认定的动漫企业为开发动漫产品提供的动漫设计、制作等服务及在境内转让动漫版权，可以选择适用简易计税方法计税。

动漫企业和自主开发、生产动漫产品的认定标准和认定程序，按照《文化部　财政部　国家税务总局关于印发〈动漫企业认定管理办法（试行）〉的通知》（文市发〔2008〕51号）的规定执行。

3. 一般纳税人发生提供电影放映服务、仓储服务、装卸搬运服务、收派服务和文化体育服务，可以选择适用简易计税方法计税。

其中“文化体育服务”，包括文化服务和体育服务：

（1）文化服务，是指为满足社会公众文化生活需求提供的各种服务。包括：文艺创作、文艺表演、文化比赛，图书馆的图书和资料借阅，档案馆的档案管理，文物及非物质遗产保护，组织举办宗教活动、科技活动、文化活动，提供游览场所。

（2）体育服务，是指组织举办体育比赛、体育表演、体育活动以及提供体育训练、体育指导、体育管理的业务活动。

【例133】一般纳税人提供景区游览场所服务并收取门票业务的收入，按“文化体育服务”中提供游览场所缴纳增值税，也可选择简易计税方法依3%的征收率缴纳增值税。

4. 提供以纳入营改增试点之日前取得的有形动产为标的物提供的经营租赁服务，可以选择适用简易计税方法计税。

“以纳入营改增试点之前取得的有形动产为标的物提供的经营租赁服务”中“纳入营改增试点之前”是指有形动产租赁纳入营改增试点之前，由于有形动产租赁在2016年5月1日前已经纳入营改增范围，所以“纳入营改增试点之前”并不是2016年5月1日，而是每个省市的有形动产租赁纳入营改增试点范围的日期将具体到每个省市，具体日期如下：

2012年9月1日，“营改增”在上海市实施。

2012年9月1日，“营改增”在北京市实施。

2012年10月1日，“营改增”在江苏省、安徽省实施。

2012年11月1日，“营改增”在福建省、广东省实施。

2012年12月1日，“营改增”在天津市、浙江省、湖北省实施。

2013年8月1日，交通运输业和部分现代服务业“营改增”试点在全国范围内推开。

【例134】“以纳入营改增试点之前取得的有形动产为标的物提供的经营租

赁服务”中“纳入营改增试点之前”是指有形动产租赁纳入营改增试点之前，如具体到河南省，应为2013年8月1日之前，具体到上海市，应为2012年9月1日之前。

5. 在纳入营改增试点之日前签订的尚未执行完毕的有形动产租赁合同，可以选择适用简易计税方法计税。

（1）“以纳入营改增试点之前取得的有形动产为标的物提供的经营租赁服务”中“纳入营改增试点之前”是和“以纳入营改增试点之前取得的有形动产为标的物提供的经营租赁服务”中的“纳入营改增试点之前”口径一样。

（2）在纳入营改增试点之日前签订的尚未执行完毕的有形动产租赁合同，是指未执行完部分合同可以选择适用简易计税方法计税。

6. 一般纳税人以清包工方式提供的建筑服务，不管是建筑服务新项目还是建筑服务老项目，都可以选择适用简易计税方法计税。

以清包工方式提供建筑服务，是指施工方不采购建筑工程所需的材料或只采购辅助材料，并收取人工费、管理费或者其他费用的建筑服务。

实务中，建议以清包工方式提供的建筑服务在签订建筑服务合同中明确以下两点：

（1）明确提供的建筑服务为“清包工方式”；

（2）合同中对“清包工方式”进行名词解释，即按照财税〔2016〕36号文件中的规定“以清包工方式提供建筑服务，是指施工方不采购建筑工程所需的材料或只采购辅助材料，并收取人工费、管理费或者其他费用的建筑服务”进行名词解释。

7. 一般纳税人为甲供工程提供的建筑服务，不管是建筑服务新项目还是建筑服务老项目，都可以选择适用简易计税方法计税。

甲供工程，是指全部或部分设备、材料、动力由工程发包方自行采购的建筑工程。

（1）甲供工程中“部分”是否有比例限定。国家税务总局在培训和视频通报会，给予明确的口径是，无论其所占比例的大小，建筑企业都可以选择简易计税方法计税，以下摘自2016年6月7日国家税务总局营改增视频通报会材料：

“现行政策规定，一般纳税人为甲供工程提供的建筑服务，可以选择简易方法计税。这里的甲供工程，指的是全部或者部分的设备、材料、动力由甲方自行采购。

前一时期，各地经常提出，希望总局明确一个甲方采购材料的具体比例，一个工程中，甲方采购了多少东西，才算是甲方“全部或者部分”采购，才可以适用简易计税。

这个问题，我们在不同的场合，包括培训，也包括视频通报会，已经多次明确过，只要工程发包方自行采购了“全部或部分”的设备、材料和动力，无论其所占比例的大小，建筑企业都可以选择简易计税方法计税。

今天之所以再次强调这个问题，是因为前期审计署在对税务系统全面推开营改增落实情况审计时，还有部分地区向审计署反映，总局没有规定一个明确的比例，容易引起征纳矛盾。

营改增后，甲方如果是一般纳税人，会倾向于扩大甲供材的采购，以增加自身可抵扣的进项税。相应地，建筑企业可抵扣的进项税必然减少，税负增加的概率较大。允许甲方采购材料的建筑工程选择简易计税，实际上是一个兜底政策。一方面，多数建筑工程或多或少都会有一些甲供材，也就意味着大部分建筑工程都能选择简易计税，基本可以确保建筑行业改革后税负稳定。另一方面，对没有甲供材、材料全部由建筑企业采购的工程，建筑企业抵扣的进项税大多是17%的税率，而销项税按照11%计算，低征高扣，税负基本也不会增加。因此，各地要理解清楚这个政策的本意，要保证我们的税务干部都清楚、都明白，也要引导纳税人主动适用这个政策，保证建筑业税负稳定。”

（2）甲供材不作为建筑企业的税基。

【例135】 摘自国家税务总局营改增督促落实领导小组办公室组织编写的《全面推开营改增业务操作指引》的“2. 全面推开营改增政策解读”部分的“2.5《纳税人跨县（市、区）提供建筑服务增值税征收管理暂行办法》的第2.5.2节”（215页）：

“五是明确甲供材不作为建筑企业的税基。在建筑工程中，出于质量控制的考虑，甲方一般会自行采购主要建筑材料，即甲供材。甲供材主要有两种模式：一是甲供材作为工程款的一部分，甲方采购后交给建筑企业使用，并抵减部分工程款（比如，工程款1 000万元，甲方实际支付600万元，剩余400万元用甲供材抵顶工程款）；二是甲供材与工程款无关，甲方采购后交给建筑企业使用，并另行支付工程款（比如，工程款600万元，甲供材400万元）。按照营业税政策规定，不论采用哪一种模式，建筑企业都要按照1 000万元计算缴纳营业税。从增值税的角度看，其实甲供材并没有特殊性。第一种模式，甲方用甲供材抵顶工程款，属于有偿转让货物的所有权，应缴纳增值税；甲方征税后，建筑企业可以获得进项税额正常抵扣。第二种模式，甲供材与建筑企业无关，建筑企业仅需就实际取得的工程款600万元计提销项税额。但是，由于甲供材属于现行营业税的税基，前期行业普遍关注营改增后甲供材的处理。焦点主要在于第二种模式下，建筑企业并未取得甲供材的相应收入，如果按照工程款和甲供材的合计金额计提销项税，与现行的增值税税制不相符。”

（3）实务中，建议为甲供工程提供的建筑服务在签订建筑服务合同中明确以下两点：

①明确提供的建筑服务为“甲供工程”；

②合同中对“甲供工程”进行名词解释，即按照财税〔2016〕36号文件中的规定“甲供工程，是指全部或部分设备、材料、动力由工程发包方自行采购的建筑工程”进行名词解释。

8. 一般纳税人为建筑工程老项目提供的建筑服务，可以选择适用简易计税方法计税。

（1）建筑工程老项目，是指《建筑工程施工许可证》注明的合同开工日期在2016年4月30日前的建筑工程项目；

（2）未取得《建筑工程施工许可证》的，建筑工程承包合同注明的开工日期在2016年4月30日前的建筑工程项目。

【例136】房地产开发项目于2016年5月1日之前取得建筑施工许可证，并进行了房屋主体建筑施工。但由于房地产开发项目的工期较长，除建筑项目外的消防、绿化等项目在5月1日之后才签订施工合同。该工程项目是一个整体，消防、绿化等部分无法取得建筑安装施工许可证。

如果该项目的建筑施工许可证上已包含消防、绿化等项目，则消防、绿化工程项目属于建筑安装老项目，纳税人可以选择简易计税方法；如果该项目的建筑施工许可证上未包含消防、绿化等项目，且该部分无法单独取得建筑安装施工许可证，则以建筑工程承包合同注明的开工日期作为判断是否属于建筑工程老项目的依据。

此外，一般纳税人以清包工、甲供材方式提供建筑服务也可适用简易计税方法计税，所以消防、绿化等部分如果属于新项目，还可以关注是否属于“清包工、甲供材方式提供建筑服务”。

9. 实务中在2016年4月30日前开工的建筑工程老项目，但是由于建筑行业的特殊性，一些老项目总合同存在2016年5月1日以后的新分包合同，按照政策规定，采取总分包方式提供建筑服务的，应该根据总分包合同开工日期分别独立确定计税方式。总合同符合选择适用简易计税方式的条件，但分包合同不符合的，分包合同不得适用简易计税方式。

当然也存在一些地方口径，提供建筑服务新老项目的划分，以总包合同为准，如果总包合同属于老项目，分包合同也应视为老项目。

实务中，符合条件的老项目总合同选择适用简易计税方式，由于不能抵扣进项税额，只能以取得的全部价款和价外费用扣除支付的分包款后的余额为销售额，如果分包按照一般计税方法缴纳增值税，可能产生链条上税负增加，所以建议在签署分包合同时，在合同中备注“该合同属于开工日期××年××月××日（2016年5月1日前）××项目分包合同”，以此证明该分包合同开工日期为2016年4月30日前。

10. 一般纳税人提供劳务派遣服务选择简易计税

根据财税〔2016〕47号文件规定：一般纳税人提供劳务派遣服务，可以按照《财政部　国家税务总局关于全面推开营改增试点的通知》（财税〔2016〕36号）的有关规定，以取得的全部价款和价外费用为销售额，按照一般计税方法计算缴纳增值税；也可以选择差额纳税，以取得的全部价款和价外费用，扣除代用工单位支付给劳务派遣员工的工资、福利和为其办理社会保险及住房公积金后的余额为销售额，按照简易计税方法依5%的征收率计算缴纳增值税；

小规模纳税人提供劳务派遣服务，可以按照《财政部　国家税务总局关于全面推开营改增试点的通知》（财税〔2016〕36号）的有关规定，以取得的全部价款和价外费用为销售额，按照简易计税方法依3%的征收率计算缴纳增值税；也可以选择差额纳税，以取得的全部价款和价外费用，扣除代用工单位支付给劳务派遣员工的工资、福利和为其办理社会保险及住房公积金后的余额为销售额，按照简易计税方法依5%的征收率计算缴纳增值税。

选择差额纳税的纳税人，向用工单位收取用于支付给劳务派遣员工工资、福利和为其办理社会保险及住房公积金的费用，不得开具增值税专用发票，可以开具普通发票。

劳务派遣服务，是指劳务派遣公司为了满足用工单位对于各类灵活用工的需求，将员工派遣至用工单位，接受用工单位管理并为其工作的服务，也就是说没有劳务派遣资质的一般纳税人，不能“选择差额纳税，以取得的全部价款和价外费用，扣除代用工单位支付给劳务派遣员工的工资、福利和为其办理社会保险及住房公积金后的余额为销售额，按照简易计税方法依5%的征收率计算缴纳增值税。”

【例137】保洁人员到其他单位从事保洁服务能否按劳务派遣计算缴纳增值税问题。

根据财税〔2016〕47号文件规定，劳务派遣服务，是指劳务派遣公司为了满足用工单位对于各类灵活用工的需求，将员工派遣至用工单位，接受用工单位管理并为其工作的服务。符合政策规定的，可以按劳务派遣服务选择差额纳税。

根据财税〔2016〕68号文件第四条规定，纳税人提供安全保护服务，比照劳务派遣服务政策执行。

也就是说，提供保洁服务没有说“比照劳务派遣服务政策执行”，但是如果属于劳务派遣公司，满足财税〔2016〕47号文件规定的劳务派遣提供服务的方式，可以按照能按劳务派遣计算缴纳增值税。

11. 财税〔2016〕68号文件第四条规定，纳税人提供安全保护服务，比照劳务派遣服务政策执行，即提供安全保护服务的纳税人（含一般纳税人）“选择差额纳税，以取得的全部价款和价外费用，扣除代用工单位支付给劳务派遣员工的工资、福利和为其办理社会保险及住房公积金后的余额为销售额，按照简易计税方法依5%的征收率计算缴纳增值税。”

12. 一般纳税人提供非学历教育服务，可以选择适用简易计税方法按照3%征收率计算应纳税额。

其中，非学历教育服务，包括学前教育、各类培训、演讲、讲座、报告会等。

13. 一般纳税人销售其2016年4月30日前取得（不含自建）的不动产，可以选择适用简易计税方法，需要不动产购置原价或取得不动产时作价的凭证（税务部门监制的发票、法院判决书、裁定书、调解书及仲裁裁决书、公证债权文书等国家税务总局规定的其他凭证）证明是“2016 年 4 月 30 日前取得”。

14. 财税〔2016〕46 号文件第三条规定，农村信用社、村镇银行、农村资金互助社、由银行业机构全资发起设立的贷款公司、法人机构在县（县级市、区、旗）及县以下地区的农村合作银行和农村商业银行提供金融服务收入，可以选择适用简易计税方法按照 3% 的征收率计算缴纳增值税。

15.《国家税务总局纳税服务司关于下发营改增热点问题答复口径和营改增培训参考材料的函》（税总纳便函〔2016〕71 号）规定，“一般纳税人销售其 2016 年 4 月 30 日前自建的不动产，可以选择适用简易计税方法”中的“4 月 30 日之前自建”是指：

（1）《建筑工程施工许可证》注明的合同开工日期在 2016 年 4 月 30 日前的建筑工程项目。

（2）《建筑工程施工许可证》未注明合同开工日期，但建筑工程承包合同注明的开工日期在 2016 年 4 月 30 日前的建筑工程项目。

（3）未取得《建筑工程施工许可证》的，建筑工程承包合同注明的开工日期在 2016 年 4 月 30 日前的建筑工程项目。

16. 房地产开发企业中的一般纳税人，销售自行开发的房地产老项目，可以选择适用简易计税方法。其中房地产老项目，是指：

（1）《建筑工程施工许可证》注明的合同开工日期在 2016 年 4 月 30 日前的房地产项目。

（2）《建筑工程施工许可证》未注明合同开工日期或者未取得《建筑工程施工许可证》但建筑工程承包合同注明的开工日期在 2016 年 4 月 30 日前的建筑工程项目。

房地产开发企业存在不同时期开发的多个新老项目，可按上述规定分别选择适用简易计税方法或一般计税方法计税。

房地产开发企业销售自行开发的房地产老项目，涉及住宅、店面和车位，按照《建筑工程施工许可证》，一本证一个项目进行备案。

17. 一般纳税人出租其 2016 年 4 月 30 日前取得的不动产，可以选择适用简易计税方法，按照 5% 的征收率计算应纳税额，关于“取得”的理解。

（1）取得的不动产，包括以直接购买、接受捐赠、接受投资入股、自建与抵债及租入的固定资产等各种形式取得的不动产。

关于“转租”适用简易计税方法的口径参考：税总纳便函〔2016〕71号文件规定，一般纳税人将2016年4月30日之前租入的不动产对外转租的，可选择简易办法征税；将5月1日之后租入的不动产对外转租的，不能选择简易办法征税。

（2）以直接购买、接受捐赠、接受投资入股或抵债方式取得，以不动产权属变更的当天为取得的时间。

【例138】一般纳税人在2016年4月30日前自建的房屋，现在需要在原有自建房屋基础上进行扩建，根据政策规定，取得的不动产，包括以直接购买、接受捐赠、接受投资入股以及抵债等各种形式取得的不动产。

纳税人新建、改建、扩建、修缮、装饰不动产，属于不动产在建工程。

因此，在原有房屋上扩建属于不动产在建工程，不属于纳税人取得不动产的形式，不改变纳税人取得该不动产的时间，将扩建部分用于租赁属于将2016年4月30前取得的不动产用于租赁，可以选择适用简易计税方法。

（3）纳税人将自建的不动产对外租赁。

纳税人将自建的不动产对外租赁，不动产的《建筑施工许可证》上注明的开工日期在2016年4月30前的，或《建筑施工许可证》未注明开工日期但建筑工程承包合同注明的开工日期在2016年4月30日前的，可按照国家税务总局公告2016年第16号公告的规定，适用简易计税办法缴纳增值税。

（4）房地产开发企业中的一般纳税人，出租自行开发的房地产老项目，可以选择适用简易计税方法，按照5%的征收率计算应纳税额。

18. 财税〔2016〕47号文件规定，纳税人以经营租赁方式将土地出租给他人使用，按照不动产经营租赁服务缴纳增值税，即一般纳税人出租其2016年4月30日前取得的土地出租，可以选择适用简易计税方法，按照5%的征收率计算应纳税额。

19. 财税〔2016〕47号文件规定，纳税人转让2016年4月30日前取得的土地使用权，可以选择适用简易计税方法，以取得的全部价款和价外费用减去取得该土地使用权的原价后的余额为销售额，按照5%的征收率计算缴纳增值税。

20. 销售自己使用过的、纳入营改增试点之日前取得的固定资产，按照现行旧货相关增值税政策执行，需要提醒的是，按照现行旧货相关增值税政策执行，不是按照“销售自己使用过的固定资产”政策执行。

其中“销售旧货相关增值税政策”：根据财税〔2009〕9号、国税函〔2009〕90号和财税〔2014〕57号文件规定，纳税人销售旧货，按照简易办法依照3%征收率减按2%征收增值税，应开具普通发票，不得自行开具或者由税务机关代开增值税专用发票。

一般纳税人可选择按简易计税方法汇总

一、营改增的一般纳税人发生的特定应税行为可以选择适用简易计税方法，也可以选择一般计税方法。具体项目及征收率详见表3：

表3　　具体项目及征收率

<table>
<tr><th>业务项目</th><th>政策</th><th>发票开具</th></tr>
<tr><td colspan="3">一、一般纳税人发生的下列应税行为</td></tr>
<tr><td>1. 公共交通运输服务</td><td>可选择适用3%征收率简易计税方法计税</td><td rowspan="9">1. 可以自行开具增值税专用发票；
2. 需要关注第10项和第11项的不能全额开具增值税专用发票的特殊情况；
3. 关注第14项，提供部分业务不能开增值税专用发票的情况，如：金融商品转让</td></tr>
<tr><td>2. 经认定的动漫企业为开发动漫产品提供的动漫设计、制作等服务及在境内转让动漫版权</td><td>可选择适用3%征收率简易计税方法计税</td></tr>
<tr><td>3. 电影放映服务、仓储服务、装卸搬运服务、收派服务和文化体育服务</td><td>可选择适用3%征收率简易计税方法计税</td></tr>
<tr><td>4. 以纳入营改增试点之日前取得的有形动产为标的物提供的经营租赁服务</td><td>可选择适用3%征收率简易计税方法计税</td></tr>
<tr><td>5. 在纳入营改增试点之日前签订的尚未执行完毕的有形动产租赁合同</td><td>可选择适用3%征收率简易计税方法计税</td></tr>
<tr><td>6. 以清包工方式提供的建筑服务</td><td rowspan="3">可以选择适用简易计税方法计税，应以全部价款和价外费用扣除支付的分包款后的余额为销售额，适用3%征收率</td></tr>
<tr><td>7. 为甲供工程提供的建筑服务</td></tr>
<tr><td>8. 为建筑工程老项目提供的建筑服务</td></tr>
<tr><td>9. 公路经营企业收取试点前开工的高速公路的车辆通行费</td><td>可减按3%的征收率计算应纳税额</td></tr>
</table>

续表

<table>
<tr><th>业务项目</th><th>政策</th><th>发票开具</th></tr>
<tr><td>10. 提供劳务派遣服务</td><td rowspan="2">可以选择差额纳税，以取得的全部价款和价外费用，扣除代用工单位支付给劳务派遣员工的工资、福利和为其办理社会保险及住房公积金后的余额为销售额，按照简易计税方法依5%的征收率计算缴纳增值税。
选择差额纳税的纳税人，向用工单位收取用于支付给劳务派遣员工工资、福利和为其办理社会保险及住房公积金的费用，不得开具增值税专用发票，可以开具普通发票</td><td rowspan="6"></td></tr>
<tr><td>11. 提供安全保护服务</td></tr>
<tr><td>12. 非学历教育服务</td><td>可选择适用3%征收率简易计税方法计税</td></tr>
<tr><td>13. 人力资源外包服务</td><td>可选择适用5%征收率简易计税方法计税</td></tr>
<tr><td>14. 提供金融服务收入</td><td>农村信用社、村镇银行、农村资金互助社、由银行业机构全资发起设立的贷款公司、法人机构在县（县级市、区、旗）及县以下地区的农村合作银行和农村商业银行提供金融服务收入，可以选择适用简易计税方法按照3%的征收率计算缴纳增值税</td></tr>
<tr><td>15. 提供农户贷款、农村企业和农村各类组织贷款取得的利息收入</td><td>中国农业银行纳入“三农金融事业部”县域支行提供，提供农户贷款、农村企业和农村各类组织贷款取得的利息收入，可以选择适用简易计税方法按照3%的征收率计算缴纳增值税</td></tr>
</table>

续表

业务项目	政策	发票开具
二、一般纳税人销售不动产		
16. 一般纳税人销售其2016年4月30日前取得（不含自建）的不动产	可以选择适用简易计税方法，以取得的全部价款和价外费用减去该项不动产购置原价或者取得不动产时的作价，按照5%的征收率在不动产所在地预缴税款，向机构所在地主管税务机关进行纳税申报，适用3%征收率	
17. 一般纳税人销售其2016年4月30日前自建的不动产	可以选择适用简易计税方法，以取得的全部价款和价外费用为销售额，按照5%的征收率在不动产所在地预缴税款，向机构所在地主管税务机关进行纳税申报	
18. 房地产开发企业中的一般纳税人，销售自行开发的房地产老项目	可以选择适用简易计税方法按照5%的征收率计税	
三、一般纳税人租赁不动产		
19. 一般纳税人出租其2016年4月30日前取得的不动产	可以选择适用简易计税方法，按照5%的征收率计算应纳税额。纳税人出租其2016年4月30日前取得的与机构所在地不在同一县（市）的不动产，应按照上述计税方法在不动产所在地预缴税款	
20. 以出租其2016年4月30日前土地	可以选择适用简易计税方法，按照5%的征收率计算应纳税额。纳税人出租其2016年4月30日前取得的与机构所在地不在同一县（市）的不动产，应按照上述计税方法在不动产所在地预缴税款	

续表

业务项目	政策	发票开具
四、转让土地使用权		
纳税人转让2016年4月30日前取得的土地使用权	选择适用简易计税方法，以取得的全部价款和价外费用减去取得该土地使用权的原价后的余额为销售额，按照5%的征收率计算缴纳增值税	应开具普通发票，不得自行开具或者由税务机关代开增值税专用发票
五、销售自己使用过的固定资产		
销售自己使用过的、纳入营改增试点之日前取得的固定资产，按照现行旧货相关增值税政策执行	按照简易办法依照3%征收率减按2%征收增值税	应开具普通发票，不得自行开具或者由税务机关代开增值税专用发票

二、原增值税纳税人适用的简易征收项目（见表4）

表4　　原增值税纳税人适用的简易征收项目

业务项目	政策	发票开具
（一）纳税人销售自己使用过的物品		
1. 一般纳税人销售自己使用过的2008年12月31日以前购进或者自制的固定资产	按简易办法依3%征收率减按2%征收增值税	应开具普通发票，不得开具增值税专用发票
销售自己使用过的2009年1月1日以后购进或者自制的固定资产	按照适用税率征收增值税	可以开具增值税专用发票
销售自己使用过的除固定资产以外的物品	应当按照适用税率征收增值税	可以开具增值税专用发票
2. 小规模纳税人销售自己使用过的固定资产	按照3%征收率减按2%征收增值税	应开具普通发票，不得由税务机关代开增值税专用发票
3. 小规模纳税人销售自己使用过的除固定资产以外的物品	应按3%的征收率征收增值税	可向主管税务机关代开增值税专用发票
（二）纳税人销售旧货		
1. 一般纳税人销售旧货	按照简易办法依照3%征收率减按2%征收增值税	应开具普通发票，不得自行开具或者由税务机关代开增值税专用发票

续表

业务项目	政策	发票开具
2. 小规模纳税人销售旧货	按照3%征收率减按2%征收增值税	应开具普通发票，不得由税务机关代开增值税专用发票
（三）一般纳税人销售自产的下列货物		
1. 县级及县级以下小型水力发电单位生产的电力。小型水力发电单位，是指各类投资主体建设的装机容量为5万千瓦以下（含5万千瓦）的小型水力发电单位	依照3%征收率征收	可自行开具增值税专用发票
2. 建筑用和生产建筑材料所用的砂、土、石料	依照3%征收率征收	可自行开具增值税专用发票
3. 以自己采掘的砂、土、石料或其他矿物连续生产的砖、瓦、石灰（不含粘土实心砖、瓦）	依照3%征收率征收	可自行开具增值税专用发票
4. 用微生物、微生物代谢产物、动物毒素、人或动物的血液或组织制成的生物制品	依照3%征收率征收	可自行开具增值税专用发票
5. 自来水	依照3%征收率征收	可自行开具增值税专用发票
6. 商品混凝土（仅限于以水泥为原料生产的水泥混凝土）	依照3%征收率征收	可自行开具增值税专用发票
（四）一般纳税人销售货物属于下列情形		
1. 寄售商店代销寄售物品（包括居民个人寄售的物品在内）	依照3%征收率征收	可自行开具增值税专用发票
2. 典当业销售死当物品	依照3%征收率征收	可自行开具增值税专用发票
三、一般纳税人的自来水公司销售自来水	依照3%征收率征收	可自行开具增值税专用发票
四、拍卖行取得的拍卖收入	按照3%的征收率征收增值税	可自行开具增值税专用发票
五、一般纳税人的单采血浆站销售供应非临床用血	按照简易办法依照3%征收率计算应纳税额	可自行开具增值税专用发票

专题：简易计税方法

一般纳税人发生财政部和国家税务总局规定的特定应税行为，可以选择适用简易计税方法计税，但一经选择，36个月内不得变更。

小规模纳税人销售货物、服务、无形资产或者不动产，一律按照简易计税方法计税。

一、政策规定

1. 简易计税方法的应纳税额，是指按照销售额和增值税征收率计算的增值税额，不得抵扣进项税额。应纳税额计算公式：

应纳税额 = 销售额 × 征收率

2. 简易计税方法的销售额不包括其应纳税额，纳税人采用销售额和应纳税额合并定价方法的，按照下列公式计算销售额：

销售额 = 含税销售额 ÷ (1 + 征收率)

3. 纳税人适用简易计税方法计税的，因销售折让、中止或者退回而退还给购买方的销售额，应当从当期销售额中扣减。扣减当期销售额后仍有余额造成多缴的税款，可以从以后的应纳税额中扣减。

二、实务理解及案例

（一）销售额

销售额 = 含税销售额 ÷ (1 + 征收率)

1. 简易计税方法的销售额和营业税营业额的区别，体现在增值税是价外税和营业税是价内税的区别：

（1）营改增后缴纳增值税，由于增值税是价外税，纳税人收取的全部款项（包含增值税），计算应纳税额先要先扣除税额，即将全部款项（包含增值税）通过征收率按照上述公式进行换算成不含税销售额。

（2）营改增前缴纳营业税，由于营业税是价内税，营业额本身就是含税的，纳税人收取的全部款项（本身已包含营业税），计算应纳营业税时，不需要将营业税换算成“不含税营业额”，也没有“不含税营业额”之说。

【例 139】某小规模纳税人提供家政服务总收费 206 元，则：

（1）营改增后缴纳增值税，则含税销售额为 206 元，在计算时应先扣除税额，即：不含税销售额 = 206 元 ÷（1 + 3%）= 200（元），则增值税应纳税额 = 200 元 × 3% = 6（元）。

（2）营改增前缴纳营业税，则营业额为 206 元，因营业额就是含税价无需换算，原营业税应纳税额 = 206 × 5% = 10.30（元）。

2. 销售额的前提是发生应税行为，未发生应税行为取得的收入不作为销售额，无需缴纳增值税。

3. 销售额包括收取的全部价款和价外费用。

价外费用，是指价外收取的各种性质的收费，但不包括以下项目：

（1）代为收取并符合本办法第十条规定的政府性基金或者行政事业性收费。

（2）以委托方名义开具发票代委托方收取的款项。

【例 140】房地产开发企业为不动产买受人办理“两证”时代收转付并以不动产买受人名义取得票据的办证等款项不属于价外费用的范围。

【例 141】房地产开发企业为不动产买受人代收转付，并以不动产买受人名义取得票据的办证费、契税、印花税等代收转付费用不属于价外费用的范围。

4. 销售额扣除政策（即差额政策）。

【例 142】纳税人提供建筑服务适用简易计税方法的，以取得的全部价款和价外费用扣除支付的分包款后的余额为销售额。

【例 143】自 2016 年 8 月 19 日起，纳税人提供物业管理服务，向服务接收方收取的自来水水费，以扣除其对外支付的自来水水费后的余额为销售额。

5. 发生销售折让、中止或者退回。

纳税人适用简易计税方法计税的，因销售折让、中止或者退回而退还给购买方的销售额，应当从当期销售额中扣减。扣减当期销售额后仍有余额造成多缴的税款，可以从以后的应纳税额中扣减。

（1）是扣减“当期的”销售额，即使以前年度业务发生销售折让、中止或者退回发生，也是扣除发生“销售折让、中止或者退回”当期的销售额。

【例 144】 某小规模纳税人提供物业服务，2017 年 2 月发生一笔销售折让，其中折让额为 10 000 元，该折让是 2016 年 10 月份发生一笔应税行为已缴纳税额，按照规定上述“折让额 10 000 元”应扣减 2017 年 2 月当期的销售额。

（2）扣减当期销售额后仍有余额造成多缴的税款，可以从以后的应纳税额中扣减，没有期限要求，需要提醒的是，“当期”以后就从应纳税额中扣减。

【例 145】 某小规模纳税人只提供知识产权代理服务，2016 年 8 月发生其中一笔应税行为的销售额为 2 000 元的业务并就此缴纳税额，9 月该业务发生销售折让，折让额为 1 600 元。（销售额皆为不含税销售额）

第一种情况：假设 9 月该应税服务销售额为 5 000 元：

在 9 月的销售额中扣除退款的 1 600 元，6 月最终的计税销售额为 5 000 − 1 600 = 3 400（元），9 月缴纳的增值税为 3 400 × 3% = 102（元）。

填写 9 月份/第 3 季度《增值税纳税申报表（小规模纳税人适用）》时，将扣减后的销售额第 1 栏“应征增值税不含税销售额（3% 征收率）”，同时按照开票类别分别填写对应第 2 栏“税务机关代开的增值税专用发票不含税销售额”和第 3 栏“税控器具开具的普通发票不含税销售额”

第二种情况：假设 9 月该应税服务销售额为 1 100 元，10 月该应税服务销售额为 6 000 元：

9 月的销售额中只能扣除退款中的 1 100 元，9 月最终的计税销售额为 1 100 − 1 100 = 0，9 月应纳增值税额为 0 × 3% = 0；9 月销售额不足扣减而多缴的税款为 500 × 3% = 15（元），可以从以后纳税期扣减应纳税额。10 月企业实际缴纳的税额为 6 000 × 3% − 15 = 165（元）。

填写 9 月份/第 3 季度《增值税纳税申报表（小规模纳税人适用）》时，对应的销售额都为 0；填写 10 月份/第四度《增值税纳税申报表（小规模纳税人适用）》时，应将“9 月销售额不足扣减而多缴的税款 15（元）”填到第 16 栏“本期应纳税额减征额”。

（3）一般纳税人发生应税行为适用简易计税方法，因销售折让、中止或者退回而退还给购买方的销售额，也是按照上述处理的，应当从当期销售额中扣减。扣减当期销售额后仍有余额造成多缴的税款，可以从以后的应纳税额中扣减。其中“从当期销售额中扣减”申报时，填写《增值税纳税申报表附列资料

(一)》“二、简易计税方法计税”对应的栏次，“从以后的应纳税额中扣减”填写《增值税纳税申报表》第23栏“应纳税额减征额”。

(4) 对小规模纳税人提供应税服务并收取价款后，发生服务中止或者折让而退还销售额给接受方，依照本条规定将所退的款项扣减当期销售额的，如果小规模纳税人已就该项业务委托税务机关为其代开了增值税专用发票的，则小规模纳税人必须从接受方相应取得《开具红字增值税专用发票通知单》，并将《通知单》交代开税务机关后，方可扣减当期销售额；小规模纳税人未相应取得《通知单》的，或者未将《通知单》交代开税务机关的，均不得扣减当期销售额。

(二) 销售使用过固定资产（不含不动产）

1. 一般纳税人销售使用过的固定资产，应当根据不同情况分别按适用税率、3%征收率减按2%税率、3%征收率放弃减税办法和现行旧货相关增值税政策征收增值税。

如果属于销售没有使用过的固定资产应视为销售货物按适用税率征收增值税。

2. 一般纳税人销售使用过的固定资产按征收率减按2%税率征收增值税与放弃减税办法征收增值税关系。

《国家税务总局关于营改增试点期间有关增值税问题的公告》（国家税务总局公告2015年第90号）规定：纳税人销售自己使用过的固定资产，适用简易办法依照3%征收率减按2%征收增值税政策的，可以放弃减税，按照简易办法依照3%征收率缴纳增值税，并可以开具增值税专用发票。根据上述文件规定：

(1) “放弃减税办法征收增值税”的前提是“适用简易办法依照3%征收率减按2%征收增值税政策”。

(2) 计算公式不一样。

适用简易办法按3%征收率减按2%征收增值税政策：应纳税额=含税销售额÷(1+3%)×2%

放弃减税征收增值税政策：应纳税额=含税销售额÷(1+3%)

(3) 开票类型不一样。

适用简易办法按3%征收率减按2%征收增值税政策，不得开具增值税专用发票；按放弃减税征收增值税，可开具增值税专用发票。

【例 146】建筑企业一般纳税人 2018 年 10 月出售营改增后 2016 年 6 月购买的使用过设备，购进后一直用于简易计税老项目，按规定不能且未抵扣进项税额，出售价格为 103 000 元。

（1）如采用适用简易办法按征税率 3% 减按 2% 征收增值税，当月出售设备应纳税额 = 103 000 ÷（1 + 3%）× 2% = 2 000（元）。

上述情况对外销售时不得开具增值税专用发票。

（2）按放弃减税征收增值税，当月出售设备应纳税额 = 103 000 ÷（1 + 3%）= 3 000（元）。

上述情况对外销售时可开具增值税专用发票。

3. 一般纳税人销售使用过的固定资产可以按征收率 3% 减按 2% 税率征收增值税，其中“一般纳税人销售使用过的固定资产”，主要是指销售自己使用过的属于相关规定不得抵扣且未抵扣进项税额的固定资产，属于按相关规定可抵扣企业未抵扣进项税额的固定资产不属于上述情形，具体包括以下情形：

（1）销售 2008 年 12 月 31 日之前购进的固定资产。财税〔2008〕170 号文件规定，转为消费型增值税之前购进或者自制的固定资产（进项税未抵扣），一律按照简易办法征收增值税。

一是 2008 年 12 月 31 日以前未纳入扩大增值税抵扣范围试点的纳税人，销售自己使用过的 2008 年 12 月 31 日以前购进或者自制的固定资产，按照简易办法征收增值税。主要适用于除东北地区、中部地区、汶川地震受灾严重地区等实行扩大增值税抵扣范围试点的地区之外的所有地区。

二是 2008 年 12 月 31 日以前已纳入扩大增值税抵扣范围试点的纳税人，销售自己使用过的在本地区扩大增值税抵扣范围试点以前购进或者自制的固定资产，按照简易办法征收增值税。

【例 147】未纳入扩大增值税抵扣范围试点的一般纳税人，2016 年 8 月出售 A 型和 B 型两台使用过的用于生产应税货物的机器，其中 A 机器于 2008 年 8 月购入，原值 100 000 元，预计残值 5%，采用直线法计算折旧，已提折旧 66 500 元，以价税合计 40 000 元出售；B 机器于 2009 年 2 月份购入，进项税额已抵扣，已提折旧 61 750 元，预计残值 5%，以价税合计 45 000 元出售。其增值税为：

当月出售 A 机器按简易办法依征税率 3% 减按 2% 征收增值税，应缴增值税

=40 000 ÷ (1 +3%) ×2% =776.70 (元);

当月出售B机器按一般计税方法依适用税率计算增值税销项税额 =45 000 ÷(1 +17%) ×17% =6 538.46 (元)。

上例中，纳税人应注意设备购入的时限和所在地区，要区别2008年12月31日以前与之后的不同政策，前者是按征收率3%减2%计算缴纳增值税，后者是按适用税率17%计征销项税额。

(2) 销售2013年8月1日前购买摩托车、汽车、游艇。

增值税暂行条例实施细则和财税〔2016〕36号文件规定，2013年8月1日之前，纳税人自用的应征消费税的摩托车、汽车、游艇，其进项税额不得从销项税额中抵扣。自2013年8月1日起，原一般纳税人自用的应征消费税的摩托车、汽车、游艇，其进项税额准予从销项税额中抵扣。

(3) 销售小规模纳税人期间购入后未抵扣的固定资产。

《国家税务总局关于一般纳税人销售自己使用过的固定资产增值税有关问题的公告》(国家税务总局公告2012年第1号)文件规定，自2012年2月1日起，纳税人购进或者自制固定资产时为小规模纳税人，认定为一般纳税人后销售该固定资产的，可按简易办法征收增值税，同时不得开具增值税专用发票。2014年7月1日后依3%征收率减按2%征收增值税。

【例148】某酒店2017年5月认定为一般纳税人，2017年10月出售2016年8月购入的使用过厨房设备一套。该套设备购入时原值120 000元，预计残值5%，符合条件采取缩短折旧年限法计提折旧，已提折旧31 666.67元，售价103 000元。当月出售该套设备应缴增值税 =103 000 ÷ (1 +3%) ×2% =2 000 (元)。

(4) 销售按简易办法管理期间的固定资产。

国家税务总局公告2012年第1号文件规定，自2012年2月1日起，一般纳税人发生按简易办法征收增值税应税行为的，销售其按照规定不得抵扣且未抵扣进项税额的固定资产的，可按简易办法征收增值税，同时不得开具增值税专用发票。

【例149】劳务派遣公司一般纳税人选择适用简易办法计算缴纳增值税，2017年10月出售使用过的车一辆，售价103 000元。当月出售生产设备按简易办法依征税率3%减按2%征收增值税，应缴增值税 =103 000 ÷ (1 +3%) ×2%

=2 000（元）。

（5）财税〔2009〕9号文件和增值税暂行条例文件规定，一般纳税人销售自己使用过的属于此条例第十条规定不得抵扣且未抵扣进项税额的固定资产，按照简易办法征收增值税。主要是指：专门用于简易计税方法计税项目、非增值税应税项目、免征增值税项目、集体福利或者个人消费的固定资产不得抵扣进项税额。

【例150】一般纳税人生产企业2016年10月出售使用过的食堂专用的蒸饭车1辆，购进时未抵扣进项税额，出售价格为10 300元。增值税按照简易办法征税，适用依征税率3%减按2%征收，当月出售该蒸饭车应缴增值税=10 300÷（1+3%）×2%=200（元）。

（6）一般纳税人销售自己使用过的按相关规定可抵扣企业未抵扣进项税额的固定资产，按适用税率征收增值税。

【例151】一般纳税人2016年10月出售2014年7月份购进的车一辆，购进时由于取得机动车统一销售发票超过180天未去认证，进而未抵扣进项税额，出售价格为11 700元，则增值税按照适用税率征收增值税，适用税率17%，可以抵扣进项税额，则销项税额=11 700÷（1+17%）=1 700（元）。

4. 销售自己使用过的、纳入营改增试点之日前取得的固定资产按照现行旧货相关增值税政策执行。

（1）文件规定。财税〔2013〕37号文件规定，按照《试点实施办法》和本规定认定的一般纳税人，销售自己使用过的本地区试点实施之日（含）以后购进或自制的固定资产，按照适用税率征收增值税；销售自己使用过的本地区试点实施之日以前购进或者自制的固定资产，按照4%征收率减半征收增值税。

使用过的固定资产，是指纳税人根据财务会计制度已经计提折旧的固定资产。

财税〔2013〕106号文件规定，按照《试点实施办法》和本规定认定的一般纳税人，销售自己使用过的本地区试点实施之日（含）后购进或者自制的固定资产，按照适用税率征收增值税；销售自己使用过的本地区试点实施之日前购进或者自制的固定资产，按照现行旧货相关增值税政策执行。

使用过的固定资产，是指纳税人根据财务会计制度已经计提折旧的固定资产。

（2）现行旧货相关增值税政策。财税〔2009〕9号、国税函〔2009〕90号和财税〔2014〕57号文件规定：纳税人销售旧货，按照简易办法依照3%征收率减按2%征收增值税，应开具普通发票，不得自行开具或者由税务机关代开增值税专用发票。

所称旧货，是指进入二次流通的具有部分使用价值的货物（含旧汽车、旧摩托车和旧游艇），但不包括自己使用过的物品。

（3）旧货相关增值税政策与“销售自己使用过的固定资产，适用简易办法依照3%征收率减按2%征收增值税”政策区别：

①两者都可以采用“依照3%征收率减按2%征收增值税”，不得开具增值税专用发票。

②纳税人销售自己使用过的固定资产，适用简易办法依照3%征收率减按2%征收增值税政策的，可以放弃减税，可以开具增值税专用发票；销售旧货相关增值税政策不适用上述政策。

③旧货与自己使用过的除固定资产的区别。旧货是指进入二次流通的具有部分使用价值的货物（含旧汽车，旧摩托车和游艇），这里的旧货是指购进后专门用于出售的旧货，自己是没有使用过的，别人使用过的，一般适用专门经营旧货业务的企业；但是自己使用过的固定资产是销售自己使用过的固定资产，不是别人使用过的。

【例152】旅游公司一般纳税人2016年5月申请为营改增后一般纳税人，2017年10月出售使用过的A型和B型客运车辆，其中A车辆于2014年8月购入，出售时价税合计20 600元；B车辆于2016年10月购入，进项税额已经抵扣，出售时价税合计58 500元，其增值税为：

当月出售A客运车辆按简易办法依征税率3%减按2%征收增值税，应纳税额＝20 600÷（1＋3%）×2%＝400（元）；

当月出售B客运车辆按一般计税方法依适用税率计算增值税，其销项税额＝58 500÷（1＋17%）×17%＝8 500（元），可抵扣进项税额。

（三）销售营改增前不动产

1. 一般纳税人销售其2016年4月30日前取得（不含自建）的不动产，可以选择适用简易计税方法，以取得的全部价款和价外费用减去该项不动产购置原价或者取得不动产时的作价后的余额为销售额，按照5%的征收率计算应纳税额。纳税人应按照上述计税方法在不动产所在地预缴税款后，向机构所在地主管税务机关进行纳税申报。

2. 一般纳税人销售其 2016 年 4 月 30 日前自建的不动产，可以选择适用简易计税方法，以取得的全部价款和价外费用为销售额，按照 5% 的征收率计算应纳税额。纳税人应按照上述计税方法在不动产所在地预缴税款后，向机构所在地主管税务机关进行纳税申报。

3. 小规模纳税人销售其取得（不含自建）的不动产（不含个体工商户销售购买的住房和其他个人销售不动产），应以取得的全部价款和价外费用减去该项不动产购置原价或者取得不动产时的作价后的余额为销售额，按照 5% 的征收率计算应纳税额。纳税人应按照上述计税方法在不动产所在地预缴税款后，向机构所在地主管税务机关进行纳税申报。

4. 小规模纳税人销售其自建的不动产，应以取得的全部价款和价外费用为销售额，按照 5% 的征收率计算应纳税额。纳税人应按照上述计税方法在不动产所在地预缴税款后，向机构所在地主管税务机关进行纳税申报。

5. 纳税人转让 2016 年 4 月 30 日前取得的土地使用权，可以选择适用简易计税方法，以取得的全部价款和价外费用减去取得该土地使用权的原价后的余额为销售额，按照 5% 的征收率计算缴纳增值税。

（四）固定资产租赁的税收处理

1. 有形动产租赁服务

（1）一般纳税人提供动产租赁服务，可以采用一般计税方法，税率为 17%，自行开具增值税普通发票和专用发票。

（2）一般纳税人提供以纳入营改增试点之日前取得的有形动产为标的物提供的经营租赁服务，可以选择适用简易计税方法征收率为 3%，自行开具增值税普通发票和专用发票。

（3）小规模纳税人提供动产租赁服务，按照简易计税方法，机构所在地主管国税机关申请代开增值税专用发票，征收率 3%。

2. 不动产租赁服务

（1）一般纳税人提供房屋不动产租赁服务，采用一般计税方法，适用税率为 11%，自行开具增值税普通发票和专用发票。

（2）一般纳税人出租其 2016 年 4 月 30 日前取得的不动产，适用简易计税方法，适用征收率5%，自行开具增值税普通发票和专用发票。

（3）小规模纳税人（税务登记）提供房屋不动产租赁服务，适用简易计税方法，可在不动产所在地主管国税机关申请代开增值税专用发票，适用征收率5%。

（4）其他个人提供房屋不动产（不含住房）租赁服务，适用简易计税方法，可在不动产所在地主管地税机关申请代开增值税专用发票，适用征收率5%。

（5）其他个人提供住房租赁服务，适用简易计税方法，按照简易计税方法适用征收率5%的征收率减按1.5%计算应纳税额，可在不动产所在地主管地税务机关（暂定）申请代开增值税专用发票。

【例153】某自然人出租住房取得含税租金4.2万元/月。

增值税应纳税额 =42 000/(1 +5%) ×1.5% =6 000（元）。

专题：销售额及销项税额

一、政策规定

销项税额，是指纳税人提供应税服务按照销售额和增值税税率计算的增值税额，即纳税人提供应税行为的销售额和增值税税率的乘积。销项税额计算公式：

销项税额 = 销售额 × 税率 = 销项税额 = 组成计税价格 × 税率

一般计税方法的销售额不包括销项税额，纳税人采用销售额和销项税额合并定价方法的，按照下列公式计算销售额：

销售额 = 含税销售额 ÷ (1 + 税率)

二、实务理解及案例

（一）销售额需要关注的内容

(1) 增值税属于价外税，所以需要关注销售额的三个关键量：税率/征收率、含税价和不含税价。

(2) 销售额与营业额区别。对应营改增的企业，最要接受的销售额与营业额区别，因营业税属于价内税，增值税属于价外税的区别，营改增前后计税的“税基”都有变化。

(3) 增值税视同销售。视同销售的范围、与企业所得税视同销售的区别和联系、视同销售是中断增值税的纳税链条进而增加整个链条税负及其视同销售的纳税安排等问题。

(4) 价外费用的范围。价外费用是指价外收取的，除代为收取并符合相关规定的政府性基金或者行政事业性收费和以委托方名义开具发票代委托方收取的款项以外，其他各种性质的收费。

(5) 销售折让、中止或者退回特殊处理。销售折让、中止或者退回特殊行为的处理，需要关注各个特殊行为的涉税处理，同时要在实务中利用销售折让、中止或者退回特殊处理的做涉税处理。

（6）销售额差额征税。虽然全行业纳入了增值税的征收范围，但是目前仍然有无法通过抵扣机制避免重复征税的情况存在，因此引入了差额征税的办法。需要关注销售额差额征税的范围、销售额差额征税与进项税额的区别、销售额差额征税开票的规定、销售额差额征税的计算、销售额差额征税申报和会计处理。

（二）销售额实务理解

湾仔码头虾仁三鲜水饺销售额标签如图 1 所示。

图 1 湾仔码头虾仁三鲜水饺销售额标签

图 1 中点名销售额三个重要的量，也说明营改增后的增值税有两个价，即含税价和不含税价

1. 关注图中的“增值税税率%：17”；

2. 关注图中的“单价（不含税）：29. 91 元”；

3. 关注图中的“单价（含税）：34. 99 元”和“计价单位价格（含税）：34. 99 元”；

4. 上述三个量是决定增值税的销售额的关键量，全面营改增后，不需要缴纳营业税，实务中要有上述三个量的观念；

5. 企业在经营活动中，一定要提醒和关注控制“价格”有两个价：一个是含税价，另外一个是不含税价，所以建议在标价和签合同都应该明确。

【例 154】企业购销合同中关于“价款条款”要价税分离，条款示例：

【示例 1】总价（含增值税）为××元（人民币）。其中，不含税价款为××元（人民币），增值税为××元（人民币）。

【示例 2】不含税价款为××元（人民币），其中增值税税率为××%。

（三）销售额与营业额区别

（1）在营改增之前，由于营业税属于价内税，纳税人根据实际取得的价款确认营业额，按照营业额和营业税税率的乘积确认应缴营业税，即：

税款＝货款（营业额）×税率。

其中“营业额”是纳税人提供应税劳务、转让无形资产或者销售不动产向对方收取的全部价款和价外费用（如手续费、服务费、基金等）。需要强调的是，营业税纳税人在提供应税劳务、转让无形资产或者销售不动产收取的“价款”就是营业额，即税务处理和会计处理不需要分开处理。

（2）在营改增之后，由于增值税属于价外税，一般纳税人取得的含税销售额，需要先进行价税分离，将收入换算成不含税销售额，再按照不含税销售额与增值税税率之间的乘积确认销项税额，即：

税款＝[含税价格÷(1＋税率)]×税率＝不含税价格(销售额)×税率。

其中“销售额”是指纳税人提供应税服务取得的全部价款和价外费用。需要强调的是，增值税纳税人在销售货物、提供加工修理修配劳务或者提供应税行为收取的“价款”包含了销项税额和销售额，即税务处理和会计处理要分开处理。

（3）会计处理原则。增值税的会计处理原则，就是按照价税分离处理，分别确认“价”和“收入”。

【例155】 实务中，一般纳税人预收房屋租金（采用一般计税方法），按照纳税义务发生的时间规定，在预收账款时缴纳增值税，但是按照相关规定，企业所得税收入及会计处理按照权责发生制，则会计处理：

（1）预收房租时，增值税纳税义务发生，要确认“税”：

借：银行存款

　　贷：预收账款

　　　　应缴税费——应缴增值税（销项税额）

（2）租房期内，按照权责发生制分期确认企业所得税和会计口径的收入，要确认“价”：

借：预收账款

　　贷：营业收入

如果增值税纳税义务发生的时间和按照权责发生制确认企业所得税和会计

口径的收入的一致，会计处理就是上述“税”和“价”会计处理的合并，即：

借：银行存款

　　贷：营业收入

　　　　应缴税费——应缴增值税（销项税额）

（四）价外费用

1. 价外费用，是指价外收取的各种性质的收费，但不包括以下项目：

（1）代为收取并同时满足以下条件的政府性基金或者行政事业性收费。

①由国务院或者财政部批准设立的政府性基金，由国务院或者省级人民政府及其财政、价格主管部门批准设立的行政事业性收费；

②收取时开具省级以上（含省级）财政部门监（印）制的财政票据；

③所收款项全额上缴财政。

【例 156】航空运输企业的应征增值税销售额不包括代收的机场建设费和代售其他航空运输企业客票而代收转付的价款。

【例 157】房地产开发企业为不动产买受人办理《中华人民共和国国有土地使用证》和《中华人民共和国房屋所有权证》时，代收转付并以不动产买受人名义取得票据的办证等款项不属于价外费用的范围。

房地产开发企业为不动产买受人代收转付，并以不动产买受人名义取得票据的办证费、契税、印花税等代收转付费用不属于价外费用的范围。

需要提醒的是，取得“开具省级以上（含省级）财政部门监（印）制的财政票据”的抬头必须是客户或者没有抬头票据交给客户。

（2）以委托方名义开具发票代委托方收取的款项。

【例 158】物业公司代收水电费，如果以自己的名义为客户开具发票，应按适用税率申报缴纳增值税。

同时符合以下条件的代收代缴的水电费，不属于物业公司的价外费用：

①自来水公司、电力公司将发票开具给客户；

②物业公司将该项发票转交给客户；

③物业公司按自来水公司、电力公司实际收取的水电费与客户结算。

2. 价外费用相对于增值税暂行条例实施细则第十二条规定范围扩大，其中：增值税暂行条例实施细则第十二条规定：“条例第六条第一款所称价外费用，包括价外向购买方收取的手续费、补贴、基金、集资费、返还利润、奖励费、违约金、滞纳金、延期付款利息、赔偿金、代收款项、代垫款项、包装费、包装物租金、储备费、优质费、运输装卸费以及其他各种性质的价外收费。”

（1）价外费用属于销售行为中的销售额一部分，也就是说价外费用缴纳增值税适用的税率和开具增值税发票的规定，与销售行为相关规定一致。

根据《中华人民共和国发票管理办法》第二十条规定，销售商品、提供服务以及从事其他经营活动的单位和个人，对外发生经营业务收取款项，收款方应向付款方开具发票。因此，销售方向购买方收取的价外费用应该按照规定开具发票。

购买方按规定取得上述价外费用开具增值税专用发票等抵扣凭证，也可以按照相关规定抵扣进项税额。

【例 159】 2016 年 9 月份后，银行、银联实行了贷记卡刷卡不封顶的政策，为了引导客户使用借记卡刷卡，房地产公司要求客户承担一部分贷记卡刷卡手续费，也就是收取不动产销售收入同时收取“贷记卡刷卡手续费”，其中“贷记卡刷卡手续费”属于房地产公司不动产销售的价外费用。

【例 160】 广告公司一般纳税人提供广告服务，提供广告服务后收到按照合同规定延期付款的利息 5 万元，该“延期付款的利息”属于价外费用，则延期付款的利息产生的销项税额 $=5\div(1+6\%)\times6\%=0.28$（万元）。

如果是销售电梯的企业一般纳税人，收到货款延期付款的利息 5 万元，则延期付款的利息产生的销项税额 $=5\div(1+17\%)\times17\%=0.73$（万元）。

【例 161】 建筑企业一般纳税人提供建筑服务，工程结束或进行中，收到业主工程项目奖励费用 10 万元，该奖励费用属于价外费用。

①该项目采用一般计税方法，则奖励费用产生的销项税额 $=10\div(1+11\%)\times11\%=0.99$（万元），实务中建筑企业开具增值税发票时，“货物或应税劳务、服务名称”栏可以按照建筑服务税目开具，同时可以给业主开具 11% 的税率增值税专用发票，业主取得开具 11% 的税率增值税专用发票可以按照相关规定抵扣进项税额。

②该项目采用简易计税方法，则奖励费用产生的应纳税额 $=10\div(1+3\%)\times3\%=0.29$（万元），实务中建筑企业开具增值税发票时，“货物或应税劳务、服务名称”栏可以按照建筑服务税目开具，同时可以给业主开具 3% 的征收率增值税专用发票，业主取得开具 3% 的征收率增值税专用发票可以按照相关规

定抵扣进项税额。

（2）违约金、滞纳金等以及其他各种性质费用属于价外费用必须同时满足以下两个条件：

①违约金、滞纳金等以及其他各种性质费用是购买方支付给销售方，如果是销售方支付给购买方就不属于增值税征收范围。

②销售行为要成立，就是纳税义务已经发生。

【例 162】买房产生的违约赔偿是否为价外费用分以下两种情况：

①如是房地产企业支付给购房者的违约赔偿，由于购房者未向房地产企业提供销售行为，不属于增值税征收范围，不需要缴纳增值税，同时也不能开具增值税发票。

②如是房地产企业收取购房者的违约赔偿收入，如房屋销售行为成立时，买房违约赔偿收入属于价外费用，需要按照房屋销售行为规定计算缴纳增值税；房屋销售行为不成立时，买房违约赔偿收入属于营业外收入，不需要计算缴纳增值税。

纳税人适用一般计税方法计税的，因销售折让、中止或者退回而退还给购买方的增值税额，应当从当期的销项税额中扣减；因销售折让、中止或者退回而收回的增值税额，应当从当期的进项税额中扣减。

（五）销售额以人民币计算

纳税人按照人民币以外的货币结算销售额的，应当折合成人民币计算，折合率可以选择销售额发生的当天或者当月 1 日的人民币汇率中间价。纳税人应当在事先确定采用何种折合率，确定后 12 个月内不得变更。

1. 纳税人按照人民币以外的货币结算，先折合成人民币换算销售额，后找适用的税率/征收率，计算销项税额和应纳税额。

2. 纳税人可以适用税收选择权：可以选择销售额发生的当天或者当月 1 日的人民币汇率中间价。

3. 税收选择权的限制：在事先确定采用何种折合率，确定后 12 个月内不得变更。

（六）销售折让、中止或者退回特殊处理

纳税人适用一般计税方法计税的，因销售折让、中止或者退回而退还给购买方的增值税额，应当从当期的销项税额中扣减；因销售折让、中止或者退回

而收回的增值税额，应当从当期的进项税额中扣减。

从销售方的角度看，发生销售折让、中止或者退回时，计算征收增值税的销售额减少，因此可以扣减自己的销项税额，减少纳税义务；而从购买方角度看，发生销售折让、中止或者退回时对方应纳增值税减少，相应要扣减自己的进项税额。

纳税人发生应税行为，开具增值税专用发票后，发生开票有误或者销售折让、中止、退回等情形的，应当按照国家税务总局的规定开具红字增值税专用发票；未按照规定开具红字增值税专用发票的，不得按照相关规定扣减销项税额或者销售额。

1. 销售折让

（1）销售折让的定义。

《会计准则第14号——收入》第八条："销售折让，是指企业因售出商品的质量不合格等原因而在售价上给予的减让"。对增值税而言，销售折让其实是指纳税人提供应税行为后因为劳务成果（包括无形资产或者不动产）质量不合格等原因在售价上给予的减让。

（2）销售折让的涉税处理。

①销售折让是在销售方提供应税行为后发生的"折让"，也就是说实务中，销售折让前销售方已按照相关规定开具增值税发票，发生销售额折让后，按规定开具增值税红字发票。

②对应销售方来说，应当从当期的销项税额中扣减，企业已经确认销售商品收入的售出商品发生销售折让的，应当在发生时冲减当期销售商品收入。销售折让属于资产负债表日后事项的，适用《企业会计准则第29号——资产负债表日后事项》。

③对应购买方来说，应当从当期的进项税额中扣减。

【例163】 物业管理公司企业一般纳税人于2016年12月18日收取某客户2017年的物业管理费并开具增值税发票6万元（不含税价），后提供物业服务过程中，与合同要求不一致，2017年12月客户要求给予价款5%的折让并支付退款，物业管理公司同意折让，按规定开具增值税专用红字发票，为此物业管理公司所作的会计分录为：

12月18日收取物业管理费并开具增值税发票（由于是2017年的物业费，

会计上还未确认收入）：

借：银行存款　　63 600

　贷：应缴税费——应缴增值税（销项税额）　　3 600

　　预收账款　　60 000

2017 年 1～12 月份每月确认收入（60 000÷12），同时确认对应的成本（忽略）

借：预收账款　　5 000

　贷：主营业务收入　　5 000

2017 年 12 月发生销售折让时：

借：主营业务收入　　3 000

　应缴税费——应缴增值税（销项税额）　　180

　贷：银行账款　　3 180

2. 折扣销售

折扣销售，是指销售方在销售货物或应税劳务、发生应税行为时，因购买方购买数量较大等原因而给予购买方的价格优惠。

（1）折扣销售是应按照扣除后的金额确定销售收入金额，也就是销售额按照扣除后的金额进行换算确认。

（2）折扣销售与销售折让最大的区别：折扣销售是销售方在销售货物或应税劳务、发生应税行为时发生的“折扣”；销售折让是在销售方提供应税行为后发生的“折让”。

（3）折扣销售开具发票。

①开具在同一张发票“金额”栏注明折扣额的，可按折扣后金额作为销售额，与现行规定一致。未在“金额”栏注明折扣额的，应该按折扣前金额作为销售额。

②实务中，也可以按照扣除后的销售额直接开具增值税发票。

（4）折扣销售与视同销售额关系。

详见本书中《专题视同销售》中的“第六节增值税视同销售涉税安排”。

3. 应税行为中止涉税处理

（1）如已开具增值税发票后，发生销售行为中止，退还给购买方的增值税额，应当从当期的销项税额中扣减，同时开具增值税红字发票。

（2）如未开具增值税发票或者增值税纳税义务未发生，不需要退还给购买方的增值税额，就不需要开具增值税红字发票。

（七）主管税务机关有权确定其销售额情形

纳税人发生应税行为价格明显偏低或者偏高且不具有合理商业目的的，或者发生视同销售行为而无销售额的，主管税务机关有权按照下列顺序确定销售额：

1. 按照纳税人最近时期销售同类服务、无形资产或者不动产的平均价格确定。

2. 按照其他纳税人最近时期销售同类服务、无形资产或者不动产的平均价格确定。

3. 按照组成计税价格确定。组成计税价格的公式为：

组成计税价格 = 成本 ×（1 + 成本利润率）

成本利润率由国家税务总局确定。

不具有合理商业目的，是指以谋取税收利益为主要目的，通过人为安排，减少、免除、推迟缴纳增值税税款，或者增加退还增值税税款。

专题：差额征税

一、差额征税政策及计算公式

（一）基本公式

不含税销售额 =（含税的全部价款和价外费用 - 可扣减含税差额）÷（1 + 适用税率/征收率）

销项税额 = 不含税销售额 × 适用税率/征收率

（二）实务理解

1. 差额征税确定销售额与进项税额抵扣不是一回事。

（1）“差额征税”是直接扣减销售额，适用一般计税方法和简易计税方法，也就是说一般纳税人和小规模纳税人都适用。

（2）“差额征税”是直接扣减销售额，实务中影响到企业应纳增值税税额，不是通过开票来影响企业应纳增值税税额，是通过申报表应纳增值税税额，即全额开具增值税发票（需要关注差额部分能否开具专用发票的规定），通过申报表中《附列资料（一）》第 12 列和附列资料（三）差额缴税。

进项税额是指纳税人购进货物、加工修理修配劳务、服务、无形资产或者不动产，支付或者负担的增值税额。只适用一般计税方法，也就是说只适用一般纳税人。

【例 164】一般纳税人提供劳务派遣服务适用差额征税。含税销售额 100 万元，向用工单位收取用于支付给劳务派遣员工工资、福利和为其办理社会保险及住房公积金的费用 80 万元，征收率 5%。

原营业税应纳税额 =（1 000 000.00 - 800 000.00）×5% = 10 000.00（元）

现增值税 =（1 000 000.00 - 800 000.00）×5%/（1 + 5%）= 9 523.81（元）

金额 = 1 000 000.00 - 9 523.81 = 990 476.19（元）。

2. “差额征税”扣除凭证要求。

从全部价款和价外费用中扣除的价款，应当取得符合法律、行政法规和国家税务总局规定的有效凭证。否则，不得扣除。

上述凭证是指：

（1）支付给境内单位或者个人的款项，以发票为合法有效凭证。

（2）支付给境外单位或者个人的款项，以该单位或者个人的签收单据为合法有效凭证，税务机关对签收单据有疑议的，可以要求其提供境外公证机构的确认证明。

（3）缴纳的税款，以完税凭证为合法有效凭证。

（4）扣除的政府性基金、行政事业性收费或者向政府支付的土地价款，以省级以上（含省级）财政部门监（印）制的财政票据为合法有效凭证。

（5）国家税务总局规定的其他凭证。

纳税人取得的上述凭证属于增值税扣税凭证的，其进项税额不得从销项税额中抵扣。

特别提醒："纳税人取得的上述凭证属于增值税扣税凭证的，其进项税额不得从销项税额中抵扣"规定，关注以下实务中问题：

（1）增值税扣税凭证（如增值税专用发票），也可以是"差额征税"扣除凭证；

（2）如适用一般计税方法项目，计算缴纳增值税时（不含预缴环节），选择"差额征税"对应的差额部分就不能抵扣进项税额；选择可以差额征税的该部分进项税额抵扣，就不能选择"差额征税"。

3. 按照计算公式，先扣减的是含税销售额，后进行含税销售额与不含税销售额之间的换算，所以可扣除是含税额，即使收取的扣除凭证是增值税专用发票。

【例 165】建筑公司一般纳税人提供清包工劳务，采用简易计税方式。其中当月含税工程款销售额 100 万元，另支付含税分包款 80 万元，取得分包商开具的增值税。

原营业税应纳税额 =（1 000 000.00 – 800 000.00）×3% =6 000.00（元）

现增值税应纳税额 =（1 000 000.00 – 800 000.00）×3%/(1 +3%)

=5 825.24（元）

金额 =1 000 000.00 – 5 825.24 =994 174.76（元）。

特别提醒：一般纳税人提供建筑服务适用简易计税，可“差额征税”是直接扣减销售额，未明文列明销售额差额扣减部分，不得开具增值税专用发票，也就是说可以全额开具增值税专用发票，即按照含税销售额 1 000 000.00 元开具专用发票，则收到增值税专用发票的业主可以抵扣进项税额 1 000 000.00 × 3%/(1 + 3%) = 29 126.21（元）。

4. 纳税人按照差额征税，扣减的是含税销售额，换成不含税销售额，是按照提供的应税行为适用税率/征收率进行换算，不是按照提供可差额的应税行为适用税率/征收率进行换算。

【例 166】 建筑公司一般纳税人提供老项目建筑服务，采用简易计税方式。其中当月含税工程款销售额 100 万元，另支付含税分包款 80 万元，分包商采用一般计税方法适用税率为 11%，取得分包商开具的增值税普通发票。

原营业税应纳税额 = (1 000 000.00 − 800 000.00) × 3% = 6 000.00（元）

现增值税应纳税额 = (1 000 000.00 − 800 000.00) × 3%/(1 + 3%)

= 5 825.24（元）。

特别提醒：上述应纳税额计算过程中，虽分包款 80 万元适用的税率为 11%，即使开具增值税专用发票，计算时也是按照企业提供的应税行为（建筑服务老项目）适用的征收率 3% 计算。

二、差额征税开票及要求

（一）基本规定

《国家税务总局关于全面推开营改增试点有关税收征收管理事项的公告》（国家税务总局公告 2016 年第 23 号）第四条：按照现行政策规定适用差额征税办法缴纳增值税，且不得全额开具增值税发票的（财政部、税务总局另有规定的除外），纳税人自行开具或者税务机关代开增值税发票时，通过新系统中差额征税开票功能，录入含税销售额（或含税评估额）和扣除额，系统自动计算税额和不含税金额，备注栏自动打印“差额征税”字样，发票开具不应与其他应税行为混开。

（1）根据现行营改增试点政策，差额扣除部分不能开具增值税专用发票的情形有：经纪代理服务、2016 年 4 月 30 日前签订的有形动产融资性售后回租服务合同提供售后回租服务选择扣除本金等的余额为销售额的、提供旅游服务、劳务派遣服务、人力资源外包服务、安全保护服务。

纳税人发生以上应税行为的，可以视情况自行选择以下方式开具发票：一是通过差额开票功能开具增值税专用发票；二是全部价款和价外费用减去允许差额扣除的部分开具增值税专用发票，差额扣除部分开具增值税普通发票；三是全额开具增值税普通发票。

(2) 除了营改增试点政策规定“差额扣除部分不能开具增值税专用发票的情形”，其他适用差额征税办法缴纳增值税情形，都可以按照相关规定全额开具增值税专用发票，即差额扣除部分能开具增值税专用发票。

(二) 实务操作

1. 明文列明销售额差额扣减部分，不得开具增值税专用发票

(1) 通过差额开票功能开具一张增值税专用发票。通过新系统中差额征税开票功能，录入含税销售额（或含税评估额）和扣除额，则“专用发票”对应栏数额：

税额 =（含税销售额 - 扣除额）× 税率或征收率/（1 + 税率或征收率）

金额 = 含税销售额 - 税额

税率栏为“ *** ”，因为税额栏与金额栏，没有以前正常发票税率的勾稽关系，即税额栏 = 金额栏 × 税率/征收率的关系，所以用“ *** ”。

【例 167】【接例 164】通过新系统中差额征税开票功能，录入含税销售额 100 万元和扣除额 80 万元，则系统计算结果：

税额 =（含税销售额 - 扣除额）× 税率或征收率/（1 + 税率或征收率）

= (1 000 000. 00 - 800 000. 00) × 5% / (1 + 5%) = 9 523. 81（元）

金额 = 含税销售额 - 税额 = 1 000 000. 00 - 9 523. 81 = 990 476. 19（元）

税率栏为“ *** ”

备注栏自动打印“差额征税”字样，发票开具不应与其他应税行为混开。

特别提醒：其中“向用工单位收取用于支付给劳务派遣员工工资、福利和为其办理社会保险及住房公积金的费用 80 万元”是“差额征税”是直接扣减销售额，不是进项税额抵扣。差额征税票样如图 2 所示。

(2) 同时开具两张发票，即全部价款和价外费用减去允许差额扣除的部分开具增值税专用发票，差额扣除部分开具增值税普通发票。

①明文列明销售额差额扣减部分，不得开具增值税专用发票，开具按照适

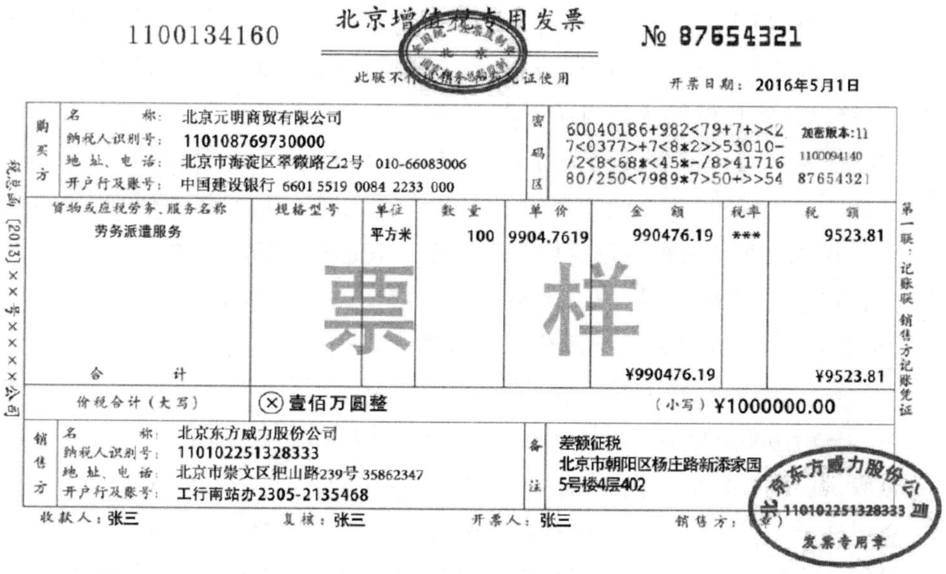
1100134160 北京增值税专用发票 № 87654321

此联不作报销、扣税凭证使用　开票日期：2016年5月1日

购买方	名称：北京元明商贸有限公司 纳税人识别号：110108769730000 地址、电话：北京市海淀区翠微路乙2号 010-66083006 开户行及账号：中国建设银行 6601 5519 0084 2233 000	密码区	60040186+982<79+7+><2 7<0377>+7<8*2>>53010- /2<8<68*<45*-/8>41716 80/250<7989*7>50+>>54 加密版本：11 1100094140 87654321

货物或应税劳务、服务名称	规格型号	单位	数量	单价	金额	税率	税额
劳务派遣服务		平方米	100	9904.7619	990476.19	***	9523.81
合计					¥990476.19		¥9523.81
价税合计（大写）	⊗壹佰万圆整				（小写）¥1000000.00		

销售方	名称：北京东方威力股份公司 纳税人识别号：110102251328333 地址、电话：北京市崇文区把山路239号 35862347 开户行及账号：工行南站办2305-2135468	备注	差额征税 北京市朝阳区杨庄路新添家园5号楼4层402

收款人：张三　复核：张三　开票人：张三　销售方：（章）

图 2　差额征税票样

用税率/征收率开具增值税普通发票。

②全部价款和价外费用减去允许差额扣除的部分，可以开具增值税专用发票，则开具按照适用税率/征收率开具增值税专用发票。

【例 168】【接例 164】如果开具两张发票（一张增值税普通发票和增值税专用发票），则：

第一张普通发票：不得开具增值税专用发票销售额差额扣减部分 800 000.00 元，开具按照适用征收率 5% 开具增值税普通发票，票面具体内容：

税额 = 扣除额 × 税率或征收率/(1 + 税率或征收率)

= 800 000.00 × 5%/(1 + 5%) = 38 095.24（元）

金额 = 含税销售额 − 税额 = 800 000.00 − 38 095.24 = 761 904.76（元）

税率栏为"5%"。

第二张专用发票：开具增值税专用发票的销售额差额扣减后余额部分即 20 万元，开具按照适用征收率 5% 开具增值税专用发票。票面具体内容：

税额 = 扣除额 × 税率或征收率/(1 + 税率或征收率)

= 200 000.00 × 5%/(1 + 5%) = 9 523.81（元）

金额 = 含税销售额 − 税额 = 200 000.00 − 9 523.81 = 190 476.19（元）

税率栏为“5%”。

特别提醒：实务中开具两张发票（一张增值税普通发票和增值税专用发票），要跟企业客户做好解释沟通工作。

（3）全额开具增值税普通发票。按照全部销售额（含销售额差额扣减部分）开具按照适用税率/征收率开具增值税普通发票，其操作和使用“差额开票”功能开具一张增值税专用发票一样操作，只是开具的增值税普通发票。

【例169】【接例164】通过新系统中差额征税开票功能，录入含税销售额100万元和扣除额80万元，则系统计算结果：

税额 =（含税销售额 - 扣除额）× 税率或征收率/（1 + 税率或征收率）

= (1 000 000.00 - 800 000.00) ×5%/(1 +5%)

金额 = 含税销售额 - 税额 = 1 000 000.00 - 9 523.81 = 990 476.19（元）

税率栏为“***”，因为税额栏“9 523.81”与金额栏“990 476.19”，没有以前正常发票税率的勾稽关系，即税额栏 = 金额栏 × 税率/征收率的关系，所以用“***”。

备注栏自动打印“差额征税”字样，发票开具不应与其他应税行为混开。

特别提醒：其中“向用工单位收取用于支付给劳务派遣员工工资、福利和为其办理社会保险及住房公积金的费用80万元”是“差额征税”，是直接扣减销售额，不是进项税额抵扣。

（4）营改增适用差额征税政策且不得全额开具增值税专用发票的情形总结如下：

①经纪代理服务。经纪代理服务，以取得的全部价款和价外费用，扣除向委托方收取并代为支付的政府性基金或者行政事业性收费后的余额为销售额。向委托方收取的政府性基金或者行政事业性收费，不得开具增值税专用发票。

②原有形动产融资性售后回租服务。根据2016年4月30日前签订的有形动产融资性售后回租合同，在合同到期前提供的有形动产融资性售后回租服务，可以选择以下方法之一计算销售额：

一是以向承租方收取的全部价款和价外费用，扣除向承租方收取的价款本金，以及对外支付的借款利息（包括外汇借款和人民币借款利息）、发行债券利息后的余额为销售额。

试点纳税人提供有形动产融资性售后回租服务，向承租方收取的有形动产价款本金，不得开具增值税专用发票，可以开具普通发票。

二是以向承租方收取的全部价款和价外费用，扣除支付的借款利息（包括外汇借款和人民币借款利息）、发行债券利息后的余额为销售额。

经商务部授权的省级商务主管部门和国家经济技术开发区批准的从事融资租赁业务的试点纳税人，2016 年 5 月 1 日后实收资本达到 1.7 亿元的，从达到标准的当月起按照上述第前两点规定执行；2016 年 5 月 1 日后实收资本未达到 1.7 亿元但注册资本达到 1.7 亿元的，在 2016 年 7 月 31 日前仍可按照上述第(上述两点规定执行，2016 年 8 月 1 日后开展的融资租赁业务和融资性售后回租业务不得按照上述规定执行。

③旅游服务。试点纳税人提供旅游服务，可以选择以取得的全部价款和价外费用，扣除向旅游服务购买方收取并支付给其他单位或者个人的住宿费、餐饮费、交通费、签证费、门票费和支付给其他接团旅游企业的旅游费用后的余额为销售额。

选择上述办法计算销售额的试点纳税人，向旅游服务购买方收取并支付的上述费用，不得开具增值税专用发票，可以开具普通发票。

④劳务派遣服务。一般纳税人提供劳务派遣服务，可以选择差额纳税，以取得的全部价款和价外费用，扣除代用工单位支付给劳务派遣员工的工资、福利和为其办理社会保险及住房公积金后的余额为销售额，按照简易计税方法依 5% 的征收率计算缴纳增值税。

选择差额纳税的纳税人，向用工单位收取用于支付给劳务派遣员工工资、福利和为其办理社会保险及住房公积金的费用，不得开具增值税专用发票，可以开具普通发票。

需要提醒的是，纳税人提供安全保护服务，比照劳务派遣服务政策执行。

⑤人力资源外包服务。纳税人提供人力资源外包服务，按照经纪代理服务缴纳增值税，其销售额不包括受客户单位委托代为向客户单位员工发放的工资和代理缴纳的社会保险、住房公积金。向委托方收取并代为发放的工资和代理缴纳的社会保险、住房公积金，不得开具增值税专用发票，可以开具普通发票。

2. 明文未列明销售额差额扣减部分，不得开具增值税专用发票，即可以全额开具增值税专用发票。

【例 170】【接例 165】因可以全额开具增值税专用发票，也就不需要通过新系统中差额征税开票功能，即按照正常开具增值税发票（含增值税普通发票和增值税专用发票），则发票各栏金额：

税额 = 含税销售额 × 税率或征收率/(1 + 税率或征收率)

= 1 000 000.00 × 3%/(1 + 3%) = 29 126.21（元）；

金额 = 含税销售额 − 税额 = 1 000 000.00 − 29 126.21 = 970 873.79（元）；

税率栏为“3%”（见图 3）。

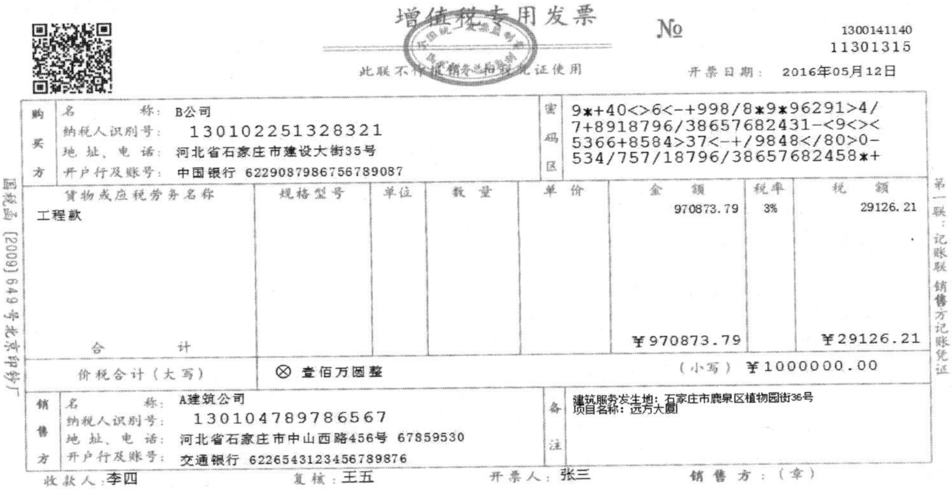
增值税专用发票 No 1300141140 11301315

此联不作报销、扣税凭证使用　开票日期：2016年05月12日

购买方	名称：B公司 纳税人识别号：130102251328321 地址、电话：河北省石家庄市建设大街35号 开户行及账号：中国银行 6229087986756789087				密码区	9*+40<>6<-+998/8*9*96291>4/ 7+8918796/38657682431-<9<>< 5366+8584>37<-+/9848</80>0- 534/757/18796/38657682458*+	
货物或应税劳务名称	规格型号	单位	数量	单价	金额	税率	税额
工程款					970873.79	3%	29126.21
合计					￥970873.79		￥29126.21
价税合计（大写）	⊗壹佰万圆整				（小写）￥1000000.00		
销售方	名称：A建筑公司 纳税人识别号：130104789786567 地址、电话：河北省石家庄市中山西路456号 67859530 开户行及账号：交通银行 6226543123456789876				备注	建筑服务发生地：石家庄市鹿泉区植物园街36号 项目名称：远方大厦	

收款人：李四　复核：王五　开票人：张三　销售方：（章）

国税函〔2009〕649号北京印钞厂　第一联：记账联 销售方记账凭证

图 3　增值税专用发票示例

三、差额征税政策及开票要求明细（见表 5）

表 5　　差额征税政策及开票要求明细

税目	内容	纳税人	开票规定	差额开票功能
金融服务	按照卖出价扣除买入价后的余额为销售额。转让金融商品出现的正负差，按盈亏相抵后的余额为销售额。若相抵后出现负差，可结转下一纳税期与下期转让金融商品销售额相抵，但年末时仍出现负差的，不得转入下一个会计年度。 金融商品的买入价，可以选择按照加权平均法或者移动加权平均法进行核算，选择后36个月内不得变更	所有纳税人	不得开具增值税专用发票，可以开具增值税普通发票	不适用

续表

税目	内容	纳税人	开票规定	差额开票功能
经纪代理服务	以取得的全部价款和价外费用，扣除向委托方收取并代为支付的政府性基金或者行政事业性收费后的余额为销售额。向委托方收取的政府性基金或者行政事业性收费，不得开具增值税专用发票。 如代为收取的符合规定条件的政府性基金或者行政事业性收费，以及以委托方名义开具发票代委托方收取的款项不计入价外费用（销售额）范畴	所有纳税人	作为差额扣除的部分，不得开具增值税专用发票，可以开具增值税普通发票。其余部分可以开具增值税专用发票	适用
人力资源外包服务	提供人力资源外包服务，按照经纪代理服务缴纳增值税，其销售额不包括受客户单位委托代为向客户单位员工发放的工资和代理缴纳的社会保险、住房公积金。向委托方收取并代为发放的工资和代理缴纳的社会保险、住房公积金，不得开具增值税专用发票，可以开具普通发票	所有纳税人	作为差额扣除的部分，不得开具增值税专用发票，可以开具增值税普通发票。其余部分可以开具增值税专用发票	适用
融资租赁业务	以取得的全部价款和价外费用，扣除支付的借款利息（包括外汇借款和人民币借款利息）、发行债券利息和车辆购置税后的余额为销售额	经人民银行、银监会或者商务部批准从事融资租赁业务的试点纳税人	全额开增值税专用发票	不适用
提供融资性售后回租服务	以取得的全部价款和价外费用（不含本金），扣除对外支付的借款利息（包括外汇借款和人民币借款利息）、发行债券利息后的余额作为销售额	1. 经人民银行、银监会或者商务部批准从事融资租赁业务的试点纳税人 2. 经商务部授权的省级商务主管部门和国家经济技术开发区批准的从事融资租赁业务的试点纳税人（有注册资本和实收资本要求）	可就取得的全部价款和价外费用（不含本金）开具增值税专用发票。但2016年5月1日以后，融资性售后回租属于贷款服务，纳税人接受的贷款服务，其进项税额不得抵扣	1. 2016年5月1日前的合同，按照不动产租赁服务缴纳增值税，适用。 2. 2016年5月1日以后，按照贷款服务缴纳增值税，全额开增值税普通发票

续表

税目	内容	纳税人	开票规定	差额开票功能
提供融资性售后回租服务	2016年4月30日前签订的有形动产融资性售后回租合同：1. 以向承租方收取的全部价款和价外费用，扣除向承租方收取的价款本金，以及对外支付的借款利息（包括外汇借款和人民币借款利息）、发行债券利息后的余额为销售额。 试点纳税人提供有形动产融资性售后回租服务，向承租方收取的有形动产价款本金，不得开具增值税专用发票，可以开具普通发票。 2. 以向承租方收取的全部价款和价外费用，扣除支付的借款利息（包括外汇借款和人民币借款利息）、发行债券利息后的余额为销售额	1. 经人民银行、银监会或者商务部批准从事融资租赁业务的试点纳税人 2. 经商务部授权的省级商务主管部门和国家经济技术开发区批准的从事融资租赁业务的试点纳税人（有注册资本和实收资本要求）	可就取得的全部价款和价外费用（不含本金）开具增值税专用发票	2016年5月1日前的合同，按照不动产租赁服务缴纳增值税，适用差额开票功能
航空运输企业	航空运输企业的销售额，不包括代收的机场建设费和代售其他航空运输企业客票而代收转付的价款，“代收的机场建设费和代售其他航空运输企业客票而代收转付的价款”属于以委托方名义开具发票代委托方收取的款项	所有提供航空运输纳税人	纳税人接受旅客运输服务，其进项税额不得抵扣	不适用。提供航空货物运输服务，销售额全额开增值税专用发票
客运场站服务	以其取得的全部价款和价外费用，扣除支付给承运方运费后的余额为销售额 提供货运场站服务不适用上述规定	所有纳税人	纳税人接受旅客运输服务，其进项税额不得抵扣	不适用
旅游服务	可以选择以取得的全部价款和价外费用，扣除向旅游服务购买方收取并支付给其他单位或者个人的住宿费、餐饮费、交通费、签证费、门票费和支付给其他接团旅游企业的旅游费用后的余额为销售额	所有纳税人	向旅游服务购买方收取并支付的上述费用，不得开具增值税专用发票，可以开具普通发票	适用差额开票功能

续表

税目	内容	纳税人	开票规定	差额开票功能
适用简易计税方法的建筑服务	1. 包括提供甲供材、清包工、老项目（2016年4月30日前），选择适用简易计税方法的建筑服务。 2. 以取得的全部价款和价外费用扣除支付的分包款后的余额为销售额	所有纳税人，且仅适用采用简易计税方法提供建筑服务	可就取得的全部价款和价外费用开具增值税专用发票	不适用差额开票功能
一般纳税人销售其开发的房地产项目适用一般计税方法的	1. 仅仅是指“一般纳税人销售其开发的房地产项目适用一般计税方法的”的销售不动产服务。 2. 包含“一般纳税人销售其开发2016年4月30日前的房地产项目适用一般计税方法的” 3. 以取得的全部价款和价外费用，扣除受让土地时向政府部门支付的土地价款后的余额为销售额	一般纳税人，且按照一般计税方法销售房地产项目	可就取得的全部价款和价外费用开具增值税专用发票	不适用差额开票功能
销售其2016年4月30日前取得（不含自建）的不动产	1. 以取得的全部价款和价外费用减去该项不动产购置原价或者取得不动产时的作价后的余额为销售额。 2. 其他个人销售其取得（不含自建）的其购买的住房，不适用上述政策	所有纳税人	可就取得的全部价款和价外费用开具增值税专用发票	不适用差额开票功能
转让2016年4月30日前取得的土地使用权	可以选择适用简易计税方法，以取得的全部价款和价外费用减去取得该土地使用权的原价后的余额为销售额，按照5%的征收率计算缴纳增值税	所有纳税人	可就取得的全部价款和价外费用开具增值税专用发票	不适用差额开票功能
电信企业为公益性机构接受捐款	通过手机短信公益特服号为公益性机构接受捐款，以其取得的全部价款和价外费用，扣除支付给公益性机构捐款后的余额为销售额。其接受的捐款，不得开具增值税专用发票			

续表

税目	内容	纳税人	开票规定	差额开票功能
劳务派遣服务	以取得的全部价款和价外费用，扣除代用工单位支付给劳务派遣员工的工资、福利和为其办理社会保险及住房公积金后的余额为销售额，按照简易计税方法依5%的征收率计算缴纳增值税	所有有劳务派遣资质的纳税人	向用工单位收取用于支付给劳务派遣员工工资、福利和为其办理社会保险及住房公积金的费用，不得开具增值税专用发票，可以开具普通发票	适用差额开票功能
安全保护服务	以取得的全部价款和价外费用，扣除代用工单位支付给劳务派遣员工的工资、福利和为其办理社会保险及住房公积金后的余额为销售额，按照简易计税方法依5%的征收率计算缴纳增值税	所有纳税人	向用工单位收取用于支付给劳务派遣员工工资、福利和为其办理社会保险及住房公积金的费用，不得开具增值税专用发票，可以开具普通发票	适用差额开票功能
教育辅助服务	境外单位通过教育部考试中心及其直属单位在境内开展考试，教育部考试中心及其直属单位应以取得的考试费收入扣除支付给境外单位考试费后的余额为销售额，按提供“教育辅助服务”缴纳增值税； 教育部考试中心及其直属单位代为收取并支付给境外单位的考试费，不得开具增值税专用发票，可以开具增值税普通发票	教育部考试中心及其直属单位	作为差额扣除的部分，不得开具增值税专用发票，可以开具增值税普通发票。其余部分可以开具增值税专用发票	适用

续表

税目	内容	纳税人	开票规定	差额开票功能
签证代理服务	以取得的全部价款和价外费用，扣除向服务接受方收取并代为支付给外交部和外国驻华使（领）馆的签证费、认证费后的余额为销售额。向服务接受方收取并代为支付的签证费、认证费，不得开具增值税专用发票，可以开具增值税普通发票	所有纳税人	作为差额扣除的部分，不得开具增值税专用发票，可以开具增值税普通发票。其余部分可以开具增值税专用发票	适用
代理进口按规定免征进口增值税的货物	代理进口按规定免征进口增值税的货物，其销售额不包括向委托方收取并代为支付的货款。向委托方收取并代为支付的款项，不得开具增值税专用发票，可以开具增值税普通发票	所有纳税人	作为差额扣除的部分，不得开具增值税专用发票，可以开具增值税普通发票。其余部分可以开具增值税专用发票	适用

四、物业管理服务中收取的自来水水费涉税处理

（一）政策规定

1. 政策内容

国家税务总局于2016年8月19日发布《国家税务总局关于物业管理服务中收取的自来水水费增值税问题的公告》（国家税务总局公告2016年54号）文件，其规定：提供物业管理服务的纳税人，向服务接受方收取的自来水水费，以扣除纳税人支付的自来水水费后的余额为销售额，按照简易计税方法依3%的征收率计算缴纳增值税。同时，纳税人可以按3%向服务接受方开具增值税专用发票。

本公告自发布之日起实施。2016年5月1日以后已发生并处理的事项，不再作调整；未处理的按本公告规定执行。

2. 政策背景

2016 年 5 月 1 日全面推开营改增以来，国家税务总局接到各地税务机关和纳税人反映，物业公司提供物业服务时代收水费，若按适用税率征收增值税可能导致税负上升，为稳定营改增后物业公司税负水平，经研究，国家税务总局制发公告，对于物业公司收取的自来水水费给予一定的特殊政策安排。

（二）实务理解

1. 政策适用范围。

（1）该政策适用于“提供物业管理服务的纳税人”，包括提供物业管理服务的一般纳税人和小规模纳税人。

【例 171】 实务中存在一些公司（比如一些典型的国企改制的 *** 实业公司）名称中不是物业，但是有物业经营范围，提供物业服务，也应该能适用该条政策。

（2）纳税人采用“收取的自来水水费按照简易计税差额缴纳增值税缴纳增值税”，是否必须同时提供物业服务呢?

【例 172】 房主企业 A 把房子出租给企业 B，租房合同约定物业费由房主企业 A 缴纳，但是企业 B 发生的水电费由其自行向物业公司缴纳，那么物业公司收企业 B 的水费可否“按照简易计税差额缴纳增值税”，笔者理解，公告的目的是“稳定营改增后物业公司税负水平”，应该是可以的，最后以当地税务机关的口径为准。

【例 173】 物业公司仅对客户提供收取水费，没有任何其他物业收费关系，可否“按照简易计税差额缴纳增值税缴纳增值税”，笔者理解，以当地税务机关的口径为准。

（3）提供物业管理服务的纳税人，向服务接收方收取的电费没有特殊政策。上述政策是为了解决提供物业管理服务的纳税人水费转售的税率/征收率差的问题，即物业管理服务的纳税人销售水费按照国家税务总局公告 2016 年第 54 号文件发布之前，应该按照一般计税方法适用税率 13% 计算缴纳增值税，但是物业管理服务的纳税人从自来水公司获取的水费的进项适用征收率为 3%，所以产生税率/征收率差的问题。

而提供物业管理服务的纳税人转售电力，如纳税人是一般纳税人转售电力，采用一般计税方法销售和购买电费适用税率都是 17%，不存在税率差额的问题；如纳税人是小规模纳税人转售电力，采用简易计税方法，适用征收率 3%，也不存在销售问题。

2. 政策理解。

（1）政策是"简易计税差额缴纳增值税缴纳增值税"，其适用的征收率3%，不管向服务接受方开具增值税专用发票还是增值税普通发票，适用的征收率都是3%。

（2）政策中既有"简易计税"和"差额政策"，是否需要备案，请咨询当地税务机关。

（3）"简易计税差额缴纳增值税缴纳增值税"，但是可以对外全额开具增值税专用发票。

3. 差额扣除内容限定为"自来水水费"，不包含污水处理费等。

特别提醒：差额扣除内容是"收取自来水水费"中对应的向自来水厂购买的自来水费，包括消耗性的差异，实务中会出现缴纳的自来水量（总表）大于收费自来水的量（各家分表）。

但是物业公司自用的自来水，不能差额，所以物业公司将自用的水费和"收取自来水水费"的成本分开核算，不然税务局不认可对应的水费差额。

4. 差额计税公式。

应纳税额＝（收取的自来水水费含税－对外支付的自来水水费含税）/（1＋3%）×3%

5. "其对外支付的自来水水费"需要取得发票或财政票据，不一定要取得增值税专用发票，取得增值税普通发票也可以差额。

6. "其对外支付的自来水水费"即使取得增值税专用发票，也不能抵扣进项税额，实务中为了防止产生滞留票，建议一般纳税人将上述增值税专用发票认证后作进项税额转出。

【例174】提供物业管理服务的纳税人转售自来水费选择简易计税差额纳税，按照简易计税方法依3%的征收率计算缴纳增值税，其中向服务接受方收取的自来水水费8.24万元（含税），对外支付的自来水水费7.21万元（含税），应纳税额＝（8.24－7.21）/（1＋3%）×3%＝0.03（万元）。

物业管理服务的纳税人可以向服务接受方全额开具增值税专用发票，即可以开具自来水水费8.24万元（含税）的增值税专用发票。

7. 根据上述文件规定，也表明提供物业管理服务的纳税人同时向服务接受方同时提供销售水电和物业服务，不能采用混合销售政策进项税处理。

五、会计处理

（一）一般纳税差额纳税会计处理

1. 一般计税方法差额纳税会计处理

一般纳税人提供应税服务，试点期间按照营改增有关规定允许从销售额中扣除其支付给非试点纳税人价款的，应在“应缴税费——应缴增值税”科目下增设“营改增抵减的销项税额”专栏，用于记录该企业因按规定扣减销售额而减少的销项税额；同时，“主营业务收入”、“主营业务成本”等相关科目应按经营业务的种类进行明细核算。

企业接受应税服务时，按规定允许扣减销售额而减少的销项税额，借记“应缴税费——应缴增值税（营改增抵减的销项税额）”科目，按实际支付或应付的金额与上述增值税额的差额，借记“主营业务成本”等科目，按实际支付或应付的金额，贷记“银行存款”、“应付账款”等科目。

【接例 174】

（1）如是营改增前购买的土地，则：

借：应缴税费——应缴增值税（营改增抵减的销项税额）

297 297.30

贷：开发成本——土地成本 297 297.30

（2）如是营改增前后购买的土地，则：

借：应缴税费——应缴增值税（营改增抵减的销项税额）

297 297.30

开发成本——土地成本 2 702 702.70

贷：银行存款 3 000 000.00

其中：297 297.30 = 3 000 000.00/(1 + 11%) × 11%

2. 一般纳税人简易计税方法差额纳税会计处理

企业支付给劳务派遣员工工资、福利和为其办理社会保险及住房公积金的费用时，按规定允许扣减销售额而减少的应缴增值税，借记“应缴税费——未交增值税”科目，按实际支付或应付的金额与上述增值税额的差额，借记“主营业务成本”等科目，按实际支付或应付的金额，贷记“银行存款”、“应付账款”等科目。

特别提醒：因一般纳税人提供劳务派遣服务是按照简易计税方法依5%差额纳税，所以没有按照财会〔2012〕13号规定的，在“应缴税费——应缴增值税”增设“营改增抵减的销项税额”科目下核算，在“应缴税费——未交增值税”科目下核算“按规定允许扣减销售额而减少的应缴增值税”。

【接例173】一般纳税人支付给劳务派遣员工工资、福利和为其办理社会保险及住房公积金的费用80万元时，按规定允许扣减销售额而减少的应缴增值税800 000.00/(1+5%)×5%=38 095.24（元），则：

借：应缴税费——未交增值税	38 095.24	
主营业务成本	761 904.76	
贷：银行存款		800 000.00

（二）小规模纳税人提供劳务派遣服务差额纳税会计处理

企业支付给劳务派遣员工工资、福利和为其办理社会保险及住房公积金的费用时，按规定允许扣减销售额而减少的应缴增值税，借记“应缴税费——应缴增值税”科目，按实际支付或应付的金额与上述增值税额的差额，借记“主营业务成本”等科目，按实际支付或应付的金额，贷记“银行存款”、“应付账款”等科目。

【例175】如果小规模纳税人支付给劳务派遣员工工资、福利和为其办理社会保险及住房公积金的费用6万元时，按规定允许扣减销售额而减少的应缴增值税60 000.00/(1+5%)×5%=2 857.14（元），则：

借：应缴税费——应缴增值税	2 857.14	
主营业务成本	57 142.86	
贷：银行存款		60 000.00

专题：视同销售

视同销售是指在会计上不作为销售核算，而在税收上作为销售，确认收入计缴税金的商品或劳务的转移行为。

一、政策规定

（一）增值税暂行条例实施细则（财政部　国家税务总局第50号令）第四条规定，单位或者个体工商户的下列行为，视同销售货物：

1. 将货物交付其他单位或者个人代销；

2. 销售代销货物；

3. 设有两个以上机构并实行统一核算的纳税人，将货物从一个机构移送其他机构用于销售，但相关机构设在同一县（市）的除外；

4. 将自产或者委托加工的货物用于非增值税应税项目；

5. 将自产、委托加工的货物用于集体福利或者个人消费；

6. 将自产、委托加工或者购进的货物作为投资，提供给其他单位或者个体工商户；

7. 将自产、委托加工或者购进的货物分配给股东或者投资者；

8. 将自产、委托加工或者购进的货物无偿赠送其他单位或者个人。

（二）财税〔2016〕36号附件1第十四条规定："下列情形视同销售服务、无形资产或者不动产：

1. 单位或者个体工商户向其他单位或者个人无偿提供服务，但用于公益事业或者以社会公众为对象的除外；

2. 单位或者个人向其他单位或者个人无偿转让无形资产或者不动产，但用于公益事业或者以社会公众为对象的除外；

3. 财政部和国家税务总局规定的其他情形。

（三）增值税暂行条例实施细则（财政部、国家税务总局令2008年第50

号）第十六条规定，纳税人有条例第七条所称价格明显偏低并无正当理由或者有本细则第四条所列视同销售货物行为而无销售额者，按下列顺序确定销售额：

1. 按纳税人最近时期同类货物的平均销售价格确定；

2. 按其他纳税人最近时期同类货物的平均销售价格确定；

3. 按组成计税价格确定。组成计税价格的公式为：

组成计税价格 = 成本 ×（1 + 成本利润率）

属于应征消费税的货物，其组成计税价格中应加计消费税额。

公式中的成本是指：销售自产货物的为实际生产成本，销售外购货物的为实际采购成本。公式中的成本利润率由国家税务总局确定。

二、实务理解及案例

（一）视同销售中无偿的界定

按照规定，向其他单位或者个人无偿赠送货物、无偿提供服务、无偿转让无形资产或者不动产，除用于公益事业或者以社会公众为对象外，应视同发生应税行为，照章缴纳增值税。

但是不是所有的“无偿”都需要视同销售。

1. 单独无偿行为，需要视同销售，即在没有销售货物、提供劳务和服务，没转让无形资产或者不动产前提下，向其他单位或者个人无偿赠送货物、无偿提供服务、无偿转让无形资产或者不动产，需要视同销售。

【例 176】 企业的公益性捐赠属于无偿赠送，应视同销售货物缴纳增值税。

【例 177】 房地产开发企业将开发产品转为自用时，不开具发票，且不办理产权权属登记的，不属于销售不动产，不需要缴纳增值税。

2. 增值税的视同销售中“无偿”包括“买一赠一”，也就是销售货物、服务、不动产及无形资产同时无偿赠送货物、服务、不动产及无形资产，“赠送”的部分也属于增值税规定的视同销售。

虽然企业所得税有明文规定“买一赠一”不视同销售的文件规定（依据国税函〔2008〕875 号文件），个人所得税也有明文规定“买一赠一”不需要代扣代缴个税的规定（依据财税〔2011〕50 号文件），但是没有文件规定缴纳增值税时“买一赠一”不视同销售额。

3. 属于销售货物、提供劳务和服务、转让无形资产或者不动产的成本，不需要视同销售。

“无偿”即属于销售货物、提供劳务和服务，转让无形资产或者不动产中的一部分，该部分“无偿”不需要视同销售。

【例 178】 酒店住宿的同时，免费提供餐饮服务（以早餐居多），是酒店的一种营销模式，免费提供餐饮服务属于酒店提供的“酒店住宿”服务内容中的一部分，消费者也已统一支付对价，且适用税率相同，不应列为视同销售范围，不需另外组价征收，按酒店实际收取的价款，依适用税率计算缴纳增值税。

酒店营改增后，酒店住宿标间价格 300 元，每个房间赠送的两瓶矿泉水，属于酒店提供的“酒店住宿”服务内容中的一部分，就不需要视同销售征收增值税。

但是对于酒店明码标价提供的餐饮服务、橱窗内销售物品、房间内餐饮迷你吧等，应分别核算销售额，按适用税率计算缴纳增值税。

【例 179】 房地产开发企业销售精装修房，已在《商品房买卖合同》中注明的装修费用（含装饰、家具、家电等费用），即装修费用属于转让不动产中的一部分，已经包含在房价中，因此不属于税法中所称的无偿赠送，无需视同销售。

【例 180】 保险公司向被保险人提供货物或劳务赔付，是一种履行保险赔付责任的行为，属于提供保险服务的业务范畴，而不属于无偿赠送货物或无偿提供劳务，其理赔支出实际已包括在保费收入之内。因此保险公司提供货物或劳务赔付不应视同销售，另购进货物或劳务取得的进项税额不属于财税〔2016〕36 号附件 1 规定的不得抵扣项目，可按规定从销项税额中抵扣。

4. 不属于销售货物、提供劳务和服务、转让无形资产或者不动产的成本，向其他单位或者个人无偿赠送货物、无偿提供服务、无偿转让无形资产或者不动产，需要视同销售。

【例 181】 房地产企业销售不动产时，在房价以外单独无偿提供的货物，应视同销售货物，按货物适用税率征收增值税。

例如，房地产企业销售商品房时，为促销举办抽奖活动赠送的家电，应视同销售货物，按货物适用税率征收增值税。

5. 向其他单位或者个人无偿赠送货物、无偿提供服务、无偿转让无形资产或者不动产，用于公益事业或者以社会公众为对象的，不应视同发生应税行为，即不视同销售。

将以公益活动为目的或者以社会公众为对象的情况，排除在视同提供应税行为之外，也有利于促进社会公益事业的发展。

【例 182】 根据国家指令无偿提供的铁路运输服务、航空运输服务，属于财税〔2016〕36 号附件 1 第十四条规定的用于公益事业的服务。

【例 183】 房地产企业将建设的医院、幼儿园、学校、供水设施、变电站、市政道路等配套设施无偿赠送（移交）给政府的，如果上述设施在可售面积之外，作为无偿赠送的服务用于公益事业，不视同销售；如果上述配套设施在可售面积之内，则应视同销售，征收增值税。

（二）营改增中视同销售主体理解

关于营改增后视同销售的政策，在提供应税行为的主体条件上，“视同提供服务”的规定只适用单位和个体工商户，不包括其他个人；“视同转让无形资产或者不动产”的规定适用于单位和个人。

【例 184】 企业内部部门之间相互提供产品和服务进行内部结算，由于“企业内部部门”不属于单独的增值税纳税人，上述行为不属于视同销售范畴，不缴纳增值税。

【例 185】 个人股东无偿借款给公司就不需要按照视同销售缴纳增值税。具体理解如下：

（1）借款属于营改增后“金融服务”税目中的贷款服务；

（2）应按照“（一）单位或者个体工商户向其他单位或者个人无偿提供服务，但用于公益事业或者以社会公众为对象的除外”条款，判断是否视同销售。

从该条款规定看出，无偿提供服务视同销售的主体只适用单位和个体工商户，不包括其他个人。

也就是说个人向其他单位或者个人无偿提供服务（不含无偿转让无形资产或者不动产），不需要视同销售。

需要提醒的是：一是个人股东无偿借款给公司不需要按照视同销售缴纳增值税，即个人股东无偿借款给公司即不需缴纳增值税。

顺便说一下，其他个人无偿借款给公司也不需要缴纳增值税。

二是企业之间无偿借款、个体工商户与企业之间无偿借款、企业无偿借款给个人或股东，都需要视同销售缴纳增值税。

（三）营改增前后视同销售范围扩大

1. 将营业税的视同销售额范围在营改增后扩大，征收营业税条件下视同销售仅包括：

（1）单位或者个人将不动产或者土地使用权无偿赠送其他单位或者个人；

（2）单位或者个人自己新建（以下简称自建）建筑物后销售，其所发生的自建行为。

2. 营改增后，除用于公益事业或者以社会公众为对象外，无偿提供服务和无偿转让无形资产或者不动产等行为都算视同销售。

【例186】房屋租赁中的免租期，需要按照合同约定同期租金，需视同销售缴纳增值税。

需要提醒的是，《财政部、国家税务总局关于安置残疾人就业单位城镇土地使用税等政策的通知》（财税〔2010〕121号）第二条关于出租房产免收租金期间房产税问题规定，对出租房产，租赁双方签订的租赁合同约定有免收租金期限的，免收租金期限由产权所有人按照房产原值缴纳房产税。

【例187】企业之间免息借款，在营改增前，利息收入征收营业税时，一直存在是否视同销售的争议；在营改增后，利息收入征收增值税，企业之间免息借款需按照视同销售缴纳增值税，按银行同期同类贷款利率计算缴纳增值税。

特别需要提醒的是，营改增后视同销售千万不要"源于对营业税的记忆"，千万不要说营改增前不需要视同销售，营改增后就不需要视同销售。

（四）增值税视同销售也可以选择简易计税或免税政策

纳税人发生增值税的视同销售行为，也可以根据视同销售服务内容选择简易计税方法、免征增值税等税收优惠政策。

【例188】企业购买图书赠送客户，是否可以享受零售批发环节图书的减免政策。

根据《财政部　国家税务总局关于延续宣传文化增值税和营业税优惠政策的通知》（财税〔2013〕87号）规定："二、自2013年1月1日起至2017年12月31日，免征图书批发、零售环节增值税。

……

七、本通知的有关定义

……

（二）图书、报纸、期刊（即杂志）的范围，仍然按照《国家税务总局关于印发〈增值税部分货物征税范围注释〉的通知》（国税发〔1993〕151 号）的规定执行……”

另根据《中华人民共和国增值税暂行条例实施细则》（财政部　国家税务总局第 50 号令）第四条规定：“单位或者个体工商户的下列行为，视同销售货物：

……

（八）将自产、委托加工或者购进的货物无偿赠送其他单位或者个人。”

因此，贵公司将购进的图书赠送客户属于视同销售行为，符合上述规定免税条件的，到税务机关办理免税备案后可以享受增值税免税政策。

（五）增值税视同销售与进项税额关系

1. 增值税的视同销售行为属于“一般计税方法”，则增值税视同销售产生的进项税额可以抵扣。

2. 实务中，如果视同销售属于“一般计税方法”，则按照增值税视同销售，可以抵扣进项税额；进项税额转出，就不需要视同销售。

【例 189】 房地产企业一般纳税人销售商品房时，为促销举办抽奖活动赠送的家电，应视同销售货物，按货物适用税率征收增值税，房地产企业“赠送的家电”能够取得抵扣凭证且符合抵扣范围的，其进项税额可以抵扣。

【例 190】 保险公司一般纳税人为了承揽业务时，购入一批洗车卡和油卡，取得增值税专用发票，在承揽业务时送的洗车卡、油卡等，按照相关规定要视同销售处理，视同销售的服务能够取得抵扣凭证且符合抵扣范围的，其进项税额可以抵扣，也就是说购入一批洗车卡和油卡取得增值税专用发票，可以按规定抵扣进项税额。

【例 191】 银行一般纳税人购进用于信用卡积分兑换的商品或服务取得增值税专用发票的，银行对外发行信用卡的持卡人用积分兑换商品或服务的，属于无偿赠送货物或者无偿提供服务，纳税人应当视同销售按照适用税率缴纳增值税，同时，购进用于兑换的商品或服务取得增值税专用发票的，其进项税额允许抵扣。

【例 192】 企业一般纳税人采购用于公益性捐赠的商品取得的增值税专用发票，根据增值税暂行条例实施细则第四条规定，单位或者个体工商户将自产、委托加工或者购进的货物无偿赠送其他单位或者个人，视同销售货物。

根据此规定，企业的公益性捐赠属于无偿赠送，应视同销售货物缴纳增值税，可以凭取得的增值税专用发票抵扣进项税额。

3. 简单地说，要判断一个经济事项应作“视同销售”还是作“进项税额转出”处理，可以按以下分类来把握：

（1）设有两个以上机构并实行统一核算的纳税人，将货物从一个机构移送其他机构用于销售，但相关机构设在同一县（市）的除外。

需要提醒的是，将资产或货物从一个机构移送其他机构不是用于销售，不需要按照视同销售处理。

（2）将自产或者委托加工的货物用于非增值税应税项，需要按照视同销售处理。需要提醒的是，该条款全面营改增后不存在非增值税应税项，实务中已经失效。

【例 193】企业将自产的钢材，用于生产车间在建工程，则不需要视同销售，同时生产过程该批钢材的进项税额，可以按照相关规定抵扣进项税额。

（3）将自产、委托加工的货物用于集体福利或者个人消费，需要视同销售，其自产、委托加工的货物过程中的进项税额，可以按照相关规定抵扣。

【例 194】一般纳税人将自产的服装发给员工用于职工福利费，增值税视同销售货物，生产服装过程产生的进项可以抵扣。

（4）外购购进的货物，接受劳务和服务、购买无形资产或者不动产用于集体福利或者个人消费，需进项税额转出。

其中涉及的固定资产、无形资产、不动产，仅指专用于集体福利或者个人消费的固定资产、无形资产（不包括其他权益性无形资产）、不动产。

【例 195】一般纳税人购进一批食用油用于职工食堂炸油条，增值税不视同销售货物，属于不能抵扣进项税情形，如认证抵扣进项，需进项税额转出。

（5）将自产、委托加工或者购进的货物作为投资，提供给其他单位或者个体工商户，需要视同销售，其自产、委托加工的货物过程中的进项税额，可以按照相关规定抵扣。

（6）将自产、委托加工或者购进的货物分配给股东或者投资者，需要视同销售，其自产、委托加工的货物过程中的进项税额，可以按照相关规定抵扣。

【例 196】甲企业购进一台大型机器设备，并以此投资设立一家生产企业，增值税视同销售货物，可以开增值税专用发票，购进的设备产生的进项可抵扣。

（7）将自产、委托加工或者购进的货物无偿赠送其他单位或者个人，需要视同销售，其自产、委托加工的货物过程中的进项税额，可以按照相关规定抵扣。

（8）单位或者个体工商户向其他单位或者个人无偿提供服务，但用于公益事业或者以社会公众为对象的除外，需要视同销售，其自产、委托加工的货物过程中的进项税额，可以按照相关规定抵扣。

（9）单位或者个人向其他单位或者个人无偿转让无形资产或者不动产，但用于公益事业或者以社会公众为对象的除外，需要视同销售，其自产、委托加工的货物过程中的进项税额，可以按照相关规定抵扣。

4. 对应实务中无法准确判断一项行为属于“视同销售”还是作“进项税额转出”，建议按照“视同销售”处理。

原因是，如按照“进项税额转出”处理，可能在实务中由于要“进项税额转出”，就没取得进项税额抵扣凭证后，后需要按照“视同销售”处理，则无法抵扣对应进项税额，所以建议按照“视同销售”处理，同时对应的成本要取得抵扣凭证且符合抵扣范围的，按照抵扣进项税额处理。

【例 197】一般纳税人管理费用业务招待费中的礼品支出，根据增值税暂行条例规定是视同销售处理的，同时根据增值税暂行条例规定，用于交际应酬的费用是不可以抵扣进项税额的，根据上述规定企业赠送礼品应作进项税转出处理，同时还要作视同销售处理。

实务中建议，企业赠送礼品取得增值税专用发票，按规定认证抵扣，同时还要作视同销售处理，其中属于外购的资产，可按购入时的价格确定销售额，也就进项税额和视同销售的销项税额相等，不产生“缴纳增值税”。

（六）增值税视同销售与企业所得税视同销售关系

增值税视同销售与企业所得税视同销售不一样。增值税的视同销售与企业所得税的视同销售在范围与内涵上都有差异，这种差异的根本原因是增值税的视同销售行为不仅强调货物的用途还要考虑货物的来源、营改增后视同销售考虑的应税行为的无偿性；而所得税的视同销售行为，只强调货物的用途，与货物的来源无关。

【例 198】企业将货物用于职工福利或个人消费，按企业所得税实施条例的规定要视同销售缴纳企业所得税；按增值税暂行条例的规定，对于企业的货物用于职工福利或个人消费的，如果货物是自产的或委托加工收回的，应视同销售计提销项税额；如果货物是外购的，则不视同销售，只作进项税额转出处理。

（七）增值税视同销售涉税安排

1. 增值税视同销售是中断增值税链条，从而增加流转中企业的税负

对应视同销售方，须按照销售缴纳增值税，实务中往往无偿提供应税行为，没有开具增值税发票等相关凭证，接受应税行为方无法取得抵扣凭证，从而无法抵扣进项税额，增加流转环节中的企业税负。

建议减少视同销售环节，按照提供应税行为进行操作和开具增值税发票等相关凭证，退一步讲，如果企业无偿提供应税行为，也可以按照相关规定开具增值税发票等相关凭证，打通流通环节，降低企业整体税负。

2. 企业促销方式涉及增值税视同销售涉税安排

（1）企业采取“买一赠一”的促销方式，实质上是在商品主货物价格上给予的折扣让利，即将主货物、从货物视为新的商品出售。具体为：企业可以将主货物、从货物打包作为一个新商品，可以将主货物的价格降低，使从货物的价格包含进来，或者将“赠一”物品的价值在主货物的价格在两者之间进行分配。

【例 199】购买一台联想笔记本含税价 4 199 元，送通用包鼠套装价值 79 元（含税），采用的处理方案：将笔记本商业折扣 1.881%，即折扣额为 79 元，即变成笔记本折扣后含税价为 4 120 元，通用包鼠套装含税价为 79 元，两件商品总含税价为 4 199 元，从而不存在“赠一”的商品，开票情况如图 4 所示：

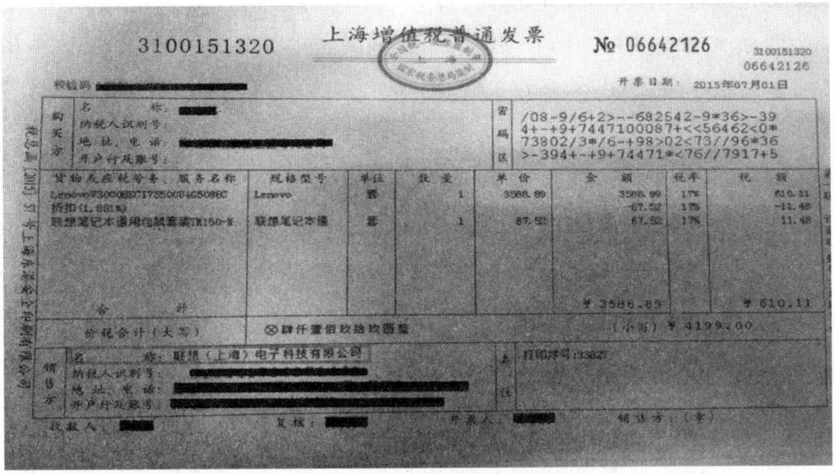

3100151320　上海增值税普通发票　№ 06642126

3100151320
06642126

校验码 [redacted]　开票日期：2015年07月01日

购买方　名　　称：[redacted]
纳税人识别号：
地 址、电 话：[redacted]
开户行及账号：

密码区　/08-9/6+2>--682542-9*36>-39
4+-+9+7447100087+<<56462<0*
73802/3*/6-+98>02<73//96*36
>-394+-+9+74471*<76//7917+5

货物或应税劳务、服务名称	规格型号	单位	数量	单价	金额	税率	税额
Lenovo[illegible]	Lenovo	套	1	3588.89	3588.89	17%	610.11
折扣(1.881%)					-67.52	17%	-11.48
联想笔记本通用包鼠套装[illegible]	联想笔记本通	套	1	67.52	67.52	17%	11.48
合　　计					¥3586.89		¥610.11
价税合计（大写）	⊗肆仟壹佰玖拾玖圆整				（小写）¥4199.00		

销售方　名　　称：联想（上海）电子科技有限公司
纳税人识别号：[redacted]
地 址、电 话：[redacted]
开户行及账号：[redacted]

备注　打印序号:33827

收款人：[redacted]　复核：[redacted]　开票人：[redacted]　销售方：（章）

图 4　发票样式

（2）对于不动产免租期处理，建议在保持房租总价保持不变前提下，每期的房屋租金略有下降。

【例 200】 租赁合同建议摘要如下：

一、甲、乙双方确认，本合同相关词语应按如下定义解释和执行

1. 进场日：甲方移交、乙方进入该房屋之日。甲、乙双方应签署《房屋交接确认书》确定进场日。为免疑问，《房屋交接确认书》的签署日期晚于实际进场日的，以签署《房屋交接确认书》的日期为进场日。

2. 装修期：自进场日起算的一定期间。

3. 计租日：为进场日。

二、租金标准和租金支付

1. 该房屋的租金按计租面积计付，乙方自进场日开始承担该房屋的租金。

2. 第一个租约年（含装修期）内首期租金每月每平方米人民币××元（含税价，下同），即每月租金为人民币××元；第一个租约年内首期之后其他各月租金按每月每平方米人民币××元，即每月租金为人民币××元；

第二个租约年每月每平方米人民币××元，即每月租金为人民币××元；

第三个租约年……

【例 201】 赠送客户的礼品如果单独作价核算，则按销售处理，不属于视同销售；如果纳税人是无偿赠送，属于视同销售。

需要提醒的是，一般纳税人购进礼品按照视同销售处理，取得的进项税额符合政策规定可抵扣的，允许从应纳税额中抵扣。

（3）需要注意的是，企业不能随意将主货物定价，而是要控制在合理的范围内，如果税务机关认为企业的价格明显偏低而又无正常理由的，按照增值税暂行条例第七条“纳税人销售货物或者应税劳务的价格明显偏低并无正当理由的，由主管税务机关核定其销售额”的规定，税务机关可以进行核定调整。

（八）视同销售销售额的确定

1. 纳税人发生视同销售行为而无销售额的，主管税务机关有权按照下列顺序确定销售额：

（1）按照纳税人最近时期销售同类服务、无形资产或者不动产的平均价格确定。

（2）按照其他纳税人最近时期销售同类服务、无形资产或者不动产的平均

价格确定。

（3）按照组成计税价格确定。组成计税价格的公式为：

组成计税价格 = 成本 ×（1 + 成本利润率）

成本利润率由国家税务总局确定。

不具有合理商业目的，是指以谋取税收利益为主要目的，通过人为安排，减少、免除、推迟缴纳增值税税款，或者增加退还增值税税款。

2. 理解上述规定的关键字眼“下列顺序”，先看是否有“纳税人最近时期销售同类服务、无形资产或者不动产的平均价格确定”，没有再参考“按照其他纳税人最近时期销售同类服务、无形资产或者不动产的平均价格确定”，上述两种都没有的，才“按照组成计税价格确定”确定销售额。

3. 销售价格确定的实务理解

（1）按照纳税人最近时期销售同类服务、无形资产或者不动产的平均价格确定，主要是针对纳税人有对外销售行为的价格。

【例 202】 房地产企业买房送物业管理费需要视同销售计算缴纳增值税，如房地产同时提供物业服务，则按照房地产企业同期提供物业服务的价格，确定视同销售的销售额征增值税。

（2）按照其他纳税人最近时期销售同类服务、无形资产或者不动产的平均价格确定，主要是针对纳税人没有对外销售行为的价格，属于外购的货物及服务产生视同销售行为。

【例 203】 企业之间无偿借款，不收取利息的企业需要视同销售按贷款服务缴纳增值税，视同销售利息收入的销售额按金融机构同期同类贷款利率计算确认。

【例 204】 房地产企业销售商品房时，为促销举办抽奖活动赠送的家电，应视同销售，视同销售行为的价格按照其购进家电价格，属于“按照其他纳税人最近时期销售同类服务、无形资产或者不动产的平均价格确定，主要是针对纳税人没有对外销售行为的价格”。

【例 205】 家电企业在举办促销活动，抽奖活动赠送家电，应视同销售，视同销售行为的价格按照对外销售行为的价格，属于“按照纳税人最近时期销售同类服务、无形资产或者不动产的平均价格确定，主要是针对纳税人有对外销售行为的价格”。

（3）按照组成计税价格确定，主要是上述两种情况无法确认销售额的情况下的选择。

【例206】 对不动产和无形资产投资入股视同销售征税，其计税依据：

对货物投资入股是视同销售征税的，对不动产和无形资产投资入股是同样的安排，以便于比照掌握，计税的依据为取得的货币、货物和其他经济利益。对不动产和无形资产投资入股，取得股权就是取得了经济利益，并且任何一个股份制企业的股权价值都是明确的，因此计税依据就是其取得的股权价值。

4. 视同销售确认销项税额的时候，其适用的税率是按照产生视同销售行为的应税行为确认税率/征收率。

【例207】 房地产企业销售商品房时，为促销举办抽奖活动赠送的家电，应视同销售，按货物适用税率征收增值税，如房地产企业属于一般纳税人，即使销售商品房适用简易计税，其赠送的家电视同销售适用税率也是17%；如房地产企业属于小规模纳税人，其赠送的家电视同销售采用简易计税，不能抵扣购进家电产生的进项税额，适用征收率为3%。

（九）其他涉税相关政策规定

1.《国家税务总局关于确认企业所得税收入若干问题的通知》（国税函〔2008〕875号）第三条规定：企业以买一赠一等方式组合销售本企业商品的，不属于捐赠，应将总的销售金额按各项商品的公允价值的比例来分摊确认各项的销售收入。

2.《财政部、国家税务总局关于企业促销展业赠送礼品有关个人所得税问题的通知》（财税〔2011〕50号）的规定：

一、企业在销售商品（产品）和提供服务过程中向个人赠送礼品，属于下列情形之一的，不征收个人所得税：

……

2. 企业在向个人销售商品（产品）和提供服务的同时给予赠品，如通信企业对个人购买手机赠话费、入网费或者购话费赠手机等。

……

二、企业向个人赠送礼品，属于下列情形之一的，取得该项所得的个人应依法缴纳个人所得税，税款由赠送礼品的企业代扣代缴：

1. 企业在业务宣传、广告等活动中，随机向本单位以外的个人赠送礼品，对个人取得的礼品所得，按照“其他所得”项目，全额适用20%的税率缴纳个人所得税。

2. 企业在年会、座谈会、庆典以及其他活动中向本单位以外的个人赠送礼品，对个人取得的礼品所得，按照“其他所得”项目，全额适用20%的税率缴纳个人所得税。

3. 企业对累积消费达到一定额度的顾客，给予额外抽奖机会，个人的获奖所得，按照“偶然所得”项目，全额适用20%的税率缴纳个人所得税。

需要提醒的是，根据上述文件规定，企业在向个人销售商品（产品）和提供服务的同时给予赠品，如“买一赠一”，不征收个人所得税，如果不属于“销售商品（产品）和提供服务”给予的赠品，则按照“其他所得”项目，全额适用20%的税率缴纳个人所得税。

再如，买房送车位或物业费，属于在销售商品（产品）和提供服务过程中向个人赠送礼品的情形，不征收个人所得税。

专题：进项税额抵扣

一、政策规定

1. 进项税额定义

进项税额，是指纳税人购进货物、加工修理修配劳务、服务、无形资产或者不动产，支付或者负担的增值税额。

2. 准予从销项税额中抵扣进项税额

（1）从销售方取得的增值税专用发票（含税控机动车销售统一发票，下同）上注明的增值税额。

（2）从海关取得的海关进口增值税专用缴款书上注明的增值税额。

（3）购进农产品，除取得增值税专用发票或者海关进口增值税专用缴款书外，按照农产品收购发票或者销售发票上注明的农产品买价和13%的扣除率计算的进项税额。计算公式为：

进项税额 = 买价 × 扣除率

买价，是指纳税人购进农产品在农产品收购发票或者销售发票上注明的价款和按照规定缴纳的烟叶税。

购进农产品，按照《农产品增值税进项税额核定扣除试点实施办法》抵扣进项税额的除外。

（4）从境外单位或者个人购进服务、无形资产或者不动产，自税务机关或者扣缴义务人取得的解缴税款的完税凭证上注明的增值税额。

3. 增值税扣税凭证

纳税人取得的增值税扣税凭证不符合法律、行政法规或者国家税务总局有关规定的，其进项税额不得从销项税额中抵扣。

增值税扣税凭证，是指增值税专用发票、海关进口增值税专用缴款书、农产品收购发票、农产品销售发票和完税凭证。

纳税人凭完税凭证抵扣进项税额的，应当具备书面合同、付款证明和境外单位的对账单或者发票。资料不全的，其进项税额不得从销项税额中抵扣。

4. 不得从销项税额中抵扣进项税额的情形

（1）用于简易计税方法计税项目、免征增值税项目、集体福利或者个人消费的购进货物、加工修理修配劳务、服务、无形资产和不动产。其中涉及的固定资产、无形资产、不动产，仅指专用于上述项目的固定资产、无形资产（不包括其他权益性无形资产）、不动产。

纳税人的交际应酬消费属于个人消费。

（2）非正常损失的购进货物，以及相关的加工修理修配劳务和交通运输服务。

（3）非正常损失的在产品、产成品所耗用的购进货物（不包括固定资产）、加工修理修配劳务和交通运输服务。

（4）非正常损失的不动产，以及该不动产所耗用的购进货物、设计服务和建筑服务。

（5）非正常损失的不动产在建工程所耗用的购进货物、设计服务和建筑服务。

纳税人新建、改建、扩建、修缮、装饰不动产，均属于不动产在建工程。

（6）购进的旅客运输服务、贷款服务、餐饮服务、居民日常服务和娱乐服务。

另纳税人接受贷款服务向贷款方支付的与该笔贷款直接相关的投融资顾问费、手续费、咨询费等费用，其进项税额不得从销项税额中抵扣。

（7）财政部和国家税务总局规定的其他情形。

其中第（4）项、第（5）项所称货物，是指构成不动产实体的材料和设备，包括建筑装饰材料和给排水、采暖、卫生、通风、照明、通讯、煤气、消防、中央空调、电梯、电气、智能化楼宇设备及配套设施。

不动产、无形资产的具体范围，按照财税〔2016〕36 号文件附件 1 所附的《销售服务、无形资产或者不动产注释》执行。

固定资产，是指使用期限超过 12 个月的机器、机械、运输工具以及其他与生产经营有关的设备、工具、器具等有形动产。

非正常损失，是指因管理不善造成货物被盗、丢失、霉烂变质，以及因违反法律法规造成货物或者不动产被依法没收、销毁、拆除的情形。

已抵扣进项税额的购进货物（不含固定资产）、劳务、服务，发生上述规定情形（简易计税方法计税项目、免征增值税项目除外）的，应当将该进项税额从当期进项税额中扣减；无法确定该进项税额的，按照当期实际成本计算应扣减的进项税额。

5. 兼营简易计税方法计税项目、免征增值税项目而无法划分不得抵扣的进项税额的一般纳税人，计算不得抵扣的进项税额的具体方法：

（1）一般性企业。适用一般计税方法的纳税人，兼营简易计税方法计税项目、免征增值税项目而无法划分不得抵扣的进项税额，按照下列公式计算不得抵扣的进项税额：

不得抵扣的进项税额 = 当期无法划分的全部进项税额 ×（当期简易计税方法计税项目销售额 + 免征增值税项目销售额）÷ 当期全部销售额

主管税务机关可以按照上述公式依据年度数据对不得抵扣的进项税额进行清算。

（2）房地产开发企业。房地产开发企业一般纳税人销售自行开发的房地产项目，兼有一般计税方法计税、简易计税方法计税、免征增值税的房地产项目而无法划分不得抵扣的进项税额的，应以《建筑工程施工许可证》注明的“建设规模”为依据进行划分。

不得抵扣的进项税额 = 当期无法划分的全部进项税额 ×（简易计税、免税房地产项目建设规模 ÷ 房地产项目总建设规模）

6. 进项税额转出

已抵扣进项税额的固定资产、无形资产或者不动产，发生本办法第二十七条规定情形的，按照下列公式计算不得抵扣的进项税额：

不得抵扣的进项税额 = 固定资产、无形资产或者不动产净值 × 适用税率

固定资产、无形资产或者不动产净值，是指纳税人根据财务会计制度计提折旧或摊销后的余额。

7. 进项税额转入

用于简易计税方法计税项目、免征增值税项目、集体福利或者个人消费的购进货物、加工修理修配劳务、服务、无形资产和不动产。其中涉及的固定资产、无形资产、不动产，仅指专用于上述项目的固定资产、无形资产（不包括

其他权益性无形资产）、不动产，不得抵扣且未抵扣进项税额的固定资产、无形资产、不动产，发生用途改变，用于允许抵扣进项税额的应税项目，可在用途改变的次月按照下列公式计算可以抵扣的进项税额：

可以抵扣的进项税额 = 固定资产、无形资产、不动产净值/(1 + 适用税率) × 适用税率

上述可以抵扣的进项税额应取得合法有效的增值税扣税凭证。

二、实务理解及案例

（一）进项税额抵扣定义实务理解

目前我国增值税实行购进扣税法，也就是纳税人发生应税行为时按照销售额计算销项税额，购进货物、劳务、服务、无形资产或不动产时，以支付或负担的税款为进项税额，同时允许从销项税额中抵扣进项税额。

1. 相当于仅对发生应税行为的增值部分征税，体现增值税中的“增值”。

2. 抵扣的是税额，即抵扣纳税人购进货物、加工修理修配劳务、服务、无形资产或者不动产，支付或者负担的增值税额，通俗地说进项税额抵扣原则之一。

抵扣的是税额，不需要考虑产生进项税额行为适用的税率或征收率，也就是说，不需要考虑购进货物、加工修理修配劳务、服务、无形资产或者不动产适用的税率或征收率。

抵扣的是税额，也就是说一般纳税人购进货物、劳务、服务、无形资产或不动产时，以支付或负担的税款为进项税额，这部分进项税额也就是销售货物、劳务、服务、无形资产或不动产产生的销项税额，也就是常说的“您的销项税额就是购买者的进项税额”。

【例 208】 一般纳税人企业报销住宿费，如按标准应报销 424 元，却拿到的是 530 元的专用发票，多余的 100 元及对应的 6 元进项税额如何处理？能否抵扣？账务如何处理？

根据“进项税额，是指纳税人购进货物、加工修理修配劳务、服务、无形资产或者不动产，支付或者负担的增值税额。”的规定，超标准的住宿费，不是企业负担的购进服务支出，也就不属于一般纳税人的“购进货物、加工修理修配劳务、服务、无形资产或者不动产”，所以支付或者负担的增值税额不能抵扣进项税额。

从另外一个角度，超标准住宿费也属于个人消费金额，其对应的进项税额不得抵扣。

（1）取得530元的住宿专用发票，由于是“一张”专票，应该是“全额”认证，也就是产生进项税额30元，由于超标的106元不能抵扣进项税额，需要转出6元的进项税额。

（2）会计处理如下：

借：管理费用等成本费用科目	400	
应交税费——应交增值税（进项税额）	30	
贷：银行存款/现金		424
应交税费——应交增值税（进项税额转出）		6

【例209】 物业公司一般纳税人提供物业服务，适用的税率6%，取得税率高于6%的增值税专用发票，如购进电脑、办公设备、油费等适用税率17%产生的进项税额，可以全额抵扣其产生的进项税额。

原因是，一般计税方法中的抵扣进项税额，抵的是“纳税人购进货物、加工修理修配劳务、服务、无形资产或者不动产，支付或者负担的增值税额”，不需要考虑购进货物、加工修理修配劳务、服务、无形资产或者不动产适用的税率。

【例210】 金融企业全面实现营改增后，企业绝大部分销售收入按适用6%税率缴纳增值税，抵扣设备及办公用品有17%的增值税专用发票，企业提供应税行为所发生的进项税额，取得符合规定的增值税扣税凭证，可按上注明的增值税额进行进项抵扣，也就是说取得抵扣设备及办公用品有17%的增值税专用发票可全额抵扣进项税额。

【例211】 一般纳税人取得纳税人（含一般纳税人、小规模纳税人及其他个人）适用且按简易计税方法销售货物、提供劳务、服务、销售无形资产或不动产按规定开具的增值税专用发票，因为进项税额抵扣是抵税额，不需要考虑购进货物、劳务、服务、无形资产或不动产其适用的税率/征收率，也就是说取得上述增值税专用发票可以按规定抵扣进项税额。

简单说，取得其他纳税人适用简易计税提供的增值税专用发票，可以按规定抵扣上注明的增值税额。

3. 只有一般纳税人才涉及进项税额的抵扣问题，小规模纳税人不涉及进项税额抵扣问题。

（二）“当期”进项税额抵扣实务理解

1. 一般计税方法的规定中出现多个“当期”字眼

一般计税方法的应纳税额，是指当期销项税额抵扣当期进项税额后的余额。应纳税额计算公式：

应纳税额 = 当期销项税额 - 当期进项税额

当期销项税额小于当期进项税额不足抵扣时，其不足部分可以结转下期继续抵扣。

2. 进项税额在取得扣税凭证的当期就可从销项税额中抵扣

进项税额抵扣的时限，是取得扣税凭证的当期一次性（除不动产抵扣以外）就可从销项税额中抵扣，也许业务还未发生或者不动产、无形资产还未折旧或摊销。

【例 212】国家税务总局公告 2016 年第 15 号公告规定，纳税人取得的不动产从销项税额中抵扣进项税额，应取得 2016 年 5 月 1 日后开具的合法有效的增值税扣税凭证。具体抵扣方式为：纳税人取得不动产的进项税额中，60% 的部分于取得扣税凭证的当期从销项税额中抵扣；40% 的部分为待抵扣进项税额，于取得扣税凭证的当月起第 13 个月从销项税额中抵扣。

【例 213】企业承租不动产，预付一年租金时，取得增值税专用发票，认证通过后，从销售方取得的增值税专用发票上注明的增值税额，可以一次性抵扣。具体例子：

一般纳税人企业租赁不动产，租赁期三年为 2016 年 10 月 ~2019 年 9 月，每年租金为 111 万元（含税，适用税率为 11%），按照合同约定按年度付款，在每一个租赁年度前一个月付款，出租方需按规定开具增值税专用发票。2016 年 9 月份该企业支付第一个年度租金 111 万元，同时取得出租方开具增值税专用发票，虽取得房租增值税专用发票是 2016 年 10 月 ~2017 年 9 月的房租，属于未发生的房租支出，但是在 2016 年 9 月取得的房租扣税凭证，按照相关规定认证在 2016 年 9 月从销项税额中抵扣。

特别提醒：在上述案例中，进项税额抵扣不需要按照企业所得税相关规定权责发生制分期摊销成本的分期抵扣进项税额，是在取得扣税凭证认证一次性（除不动产抵扣分期抵扣特殊规定）抵扣进项税额。

另在上述案例中，出租方在 2016 年 9 月按规定开具增值税专用发票，虽然收入是按照权责发生制分期确认，但是2016年9月按规定开具增值税专用发票就得开具发票全额计算销项税额缴纳增值税。

3. “当期进项税额”纳税人当期所有的可抵扣进项税额，不需要按照销项税额一一对应。

【例214】一般纳税人经营活动中购进办公用品，办公用品是消耗性成本费用，即使企业不存在对外销售办公用品的销项税额，也可按照规定抵扣购进办公用品产生的进项税额，也就是说，进项税额抵扣不一定要有一一对应的销项税额。

一般纳税人经营活动中电话费、上网费产生的进项税额，即使企业不存在对外销售“电话、上网”服务的销项税额，发生的电话费、上网费产生的进项税额也可按照规定抵扣。

【例215】一般纳税人从金融机构等企业借款，发生贷款服务利息支出，即使其将从金融机构等企业借款借给其他企业，其获取的利息收入也按照一般计税方法计算缴纳增值税，其该笔从金融机构等企业借款发生贷款服务利息支出也不能抵扣进项税额。

【例216】房地产企业一般纳税人开发两个A和B项目，都采用一般计税方法，2017年1月，A项目按照纳税义务发生规定产生销项税额，但是当月A项目没有取得进项税额，B项目取得建筑企业开具的建筑服务增值税专用发票，由于A和B项目属于同一个纳税人，计算当月应纳增值税税额是将企业当期所有的销项税额减去当月所有按规定可以抵扣的进项税额，则在计算当月应纳增值税税额可以用B项目取得建筑服务的进项税额抵扣A项目产生的销项税额。

【例217】建筑企业（一般纳税人），该企业上期没有留抵税额，2016年6月发生了如下业务：

（1）在本区提供建筑修缮服务（一般计税方法），含税销售额555万元，给对方开具了增值税普通发票。

（2）购买一批钢材，不含税金额为80万元，并取得对方开具的增值税专用发票，税额12.6万元，当月进行认证抵扣。

（3）购买小汽车，不含税金额为20万元，并取得对方开具的机动车统一销售发票，税额3.4万元，当月进行认证抵扣。

（4）将部分建筑项目分包给其他建筑企业（一般纳税人），支付分包款333

万元，取得了增值税专用发票35张，票面税额合计33万元，当月进行认证抵扣。

应纳税额 = 当期销项税额 - 当期进项税额

$= 555 \div (1 + 11\%) \times 11\% - (12.6 + 3.4 + 33) = 55 - 50 = 5$（万元）

需要提醒的是，上述进项税额中的钢材和支付分包款没有要和本期建筑项目一一对应，是纳税人整个纳税期间的所有销项税额减去所有可抵扣进项税额，从而计算应纳税额。

（三）进项税额抵扣示意图（见图5）

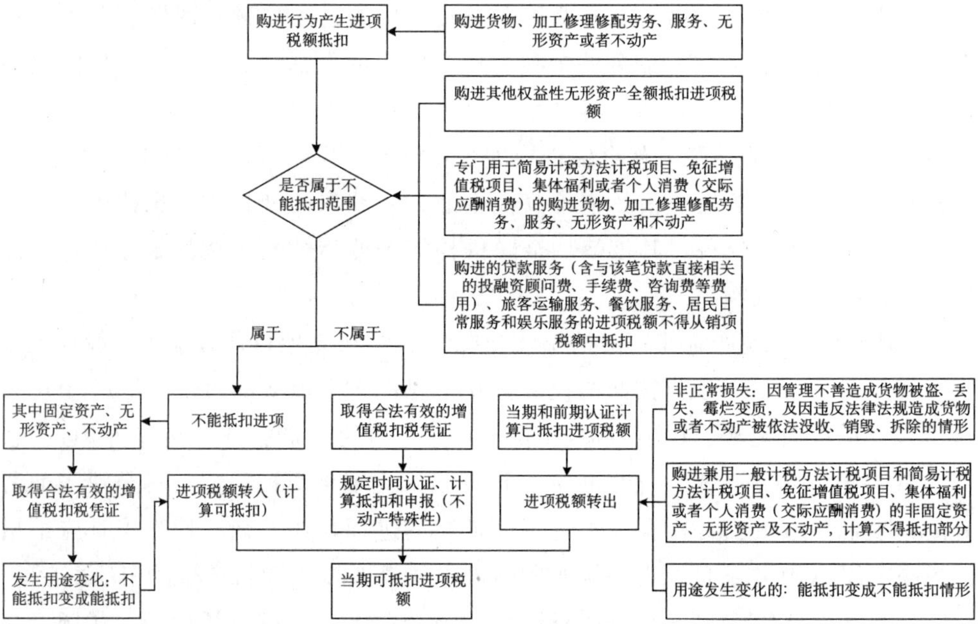

图5　进项税额示意图

（四）发生允许从销项税额中抵扣进项税额的购进行为理解

允许从销项税额中抵扣进项税额的购进行为，包括购进货物、加工修理修配劳务、服务、无形资产或者不动产。

1. 全面营改增后，销售服务、无形资产或者不动产都纳入增值税征收范围，同样纳入进项税额抵扣范围。

【例218】2016年5月1日全面营改增后，一般纳税人发生建筑物、构筑物进行修饰装修的装饰服务，取得合法有效的增值税扣税凭证，可以按照规定抵扣进项税额。

特别提醒：《财政部　国家税务总局关于固定资产进项税额抵扣问题的通知》（财税〔2009〕113 号）文件规定“以建筑物或者构筑物为载体的附属设备和配套设施，无论在会计处理上是否单独记账与核算，均应作为建筑物或者构筑物的组成部分，其进项税额不得在销项税额中抵扣。附属设备和配套设施是指：给排水、采暖、卫生、通风、照明、通讯、煤气、消防、中央空调、电梯、电气、智能化楼宇设备和配套设施。”，虽然上述文件未作废，但是由于全面营改增后和文件的时效性，已经自动作废了。

【例 219】原增值税对经营租入的房屋建筑物的改建支出，营改增前，其进项税额不可抵扣，营改增后，对经营租入的不动产的装饰及改扩建支出取得的进项税额不按照不动产进项税额分期抵扣，不属于财税〔2016〕36 号文件附件一第二十七条不得抵扣情形的，可以一次性抵扣。

【例 220】2016 年 5 月 1 日全面营改增后，一般纳税人发生物业服务费、房租服务费和住宿费支出，取得合法有效的增值税扣税凭证，可以按照规定抵扣进项税额。

【例 221】2016 年 5 月 1 日全面营改增后，企业新增不动产等所支付的进项税额允许纳入抵扣范围，对实行免抵退税的出口企业在本次营改增后购置不动产等支付的进项税额也可以享受出口免抵退税。

2. 一般纳税人购进行为才会产生进项税额，纳税人自行生产经营环节（如自行开发的房地产项目转为自持、生产企业生产环节等）不会产生进项税额。

【例 222】房地产开发企业一般纳税人自行开发的房地产项目，进项税额不适用相关分 2 年抵扣的规定，但是房地产开发企业将自行开发的房地产转为自持物业或者自用，就属于取得的不动产，就需要按照相关分 2 年抵扣的规定抵扣进项税额，由于“购进行为才会产生进项税额”，所以上述的进项税额并不是“转为自持物业或者自用”产生的，是在自行开发的房地产时在购进环节（即购进货物、加工修理修配劳务、服务、无形资产或者不动产）产生的进项税额，也就是说开发的房地产转为自持物业不需视同销售缴纳增值税，按规定可以抵扣的进项税额，是按自建的不动产抵扣进项税额处理，即抵扣房地产开发时产生的进项税额。

3. 接受捐赠、接受投资入股以及抵债产生的进项税额

《财政部　国家税务总局关于全国实施增值税转型改革若干问题的通知》（财税〔2008〕170号）第一条规定，自2009年1月1日起，一般纳税人（以下简称纳税人）购进（包括接受捐赠、实物投资，下同）或者自制（包括改扩建、安装，下同）固定资产发生的进项税额（以下简称固定资产进项税额），可根据《中华人民共和国增值税暂行条例》（国务院令第538号，以下简称条例）和《中华人民共和国增值税暂行条例实施细则》（财政部　国家税务总局令第50号，以下简称细则）的有关规定，凭增值税专用发票、海关进口增值税专用缴款书和运输费用结算单据（以下简称增值税扣税凭证）从销项税额中抵扣，其进项税额应当记入"应缴税费——应缴增值税（进项税额）"科目。

国家税务总局公告2016年第15号文件规定，取得的不动产，包括以直接购买、接受捐赠、接受投资入股以及抵债等各种形式取得的不动产。

《国家税务总局关于增值税若干征收问题的通知》（国税发〔1994〕122号）第三条关于无偿赠送货物可否开具专用发票问题规定，一般纳税人将货物无偿赠送给他人，如果受赠者为一般纳税人，可以根据受赠者的要求开具专用发票。

也就是说，购进行为包括接受捐赠、接受投资入股以及抵债等各种形式取得，接受捐赠、接受投资入股以及抵债形式取得货物、加工修理修配劳务、服务、无形资产或者不动产，按规定取得增值税扣税凭证可以按照相关规定抵扣进项税额。

同时需要提醒的是，捐赠方、投资方及抵债方，用货物、固定资产、无形资产或者不动产捐赠、投资入股以及抵债，无论开具增值税发票（含增值税专用发票）或者不开增值税发票，都需要按照视同销售或者销售缴纳增值税，为了减少环节增加税负，如接受捐赠、接受投资入股以及被抵债方能抵扣进项税额，建议捐赠方、投资方及抵债方按规定开具增值税专用发票。

4. 支付政府性基金或者行政事业性收费不产生进项税额

【例223】一般纳税人支付机动车号牌工本费、商标注册收费、银行业监管费、房屋所有权登记费，不产生进项税额，也就没有抵扣进项税额之说。

再者根据目前增值税相关政策文件，可以作为增值税扣税凭证的包括：增值税专用发票、货物运输业增值税专用发票（截至2016年7月1日）、农产品销售发票、农产品收购凭证、海关进口增值税专用缴款书、代收代缴增值税通用缴款书、通行费发票，由于行政事业性收费收据不在上述范围之内，不可以作为进项税额抵扣销项税额。

（五）不得从销项税额中抵扣进项税额项目

1. 用于简易计税方法计税项目、免征增值税项目、集体福利或者个人消费的购进货物、加工修理修配劳务、服务、无形资产和不动产。其中涉及的固定资产、无形资产、不动产，仅指专用于上述项目的固定资产、无形资产（不包括其他权益性无形资产）、不动产。

（1）购进其他权益性无形资产全额抵扣进项税额。其他权益性无形资产涵盖面非常广，往往涉及纳税人生产经营的各个方面，没有具体使用对象，因此，将其从不专用于简易计税方法计税项目、免征增值税项目、集体福利或者个人消费的购进的无形资产允许全部抵扣进项税额范围中剔除，即：纳税人购进其他权益性无形资产无论是专用于简易计税方法计税项目、免征增值税项目、集体福利或者个人消费，还是兼用于上述不允许抵扣项目，均可以抵扣进项税额。

①其他权益性无形资产，包括基础设施资产经营权、公共事业特许权、配额、经营权（包括特许经营权、连锁经营权、其他经营权）、经销权、分销权、代理权、会员权、席位权、网络游戏虚拟道具、域名、名称权、肖像权、冠名权、转会费等。

②购进其他权益性无形资产，只要是一般纳税人，取得合规的抵扣凭证，就可抵扣进项税额，即使当期没有销项税额，可作为进项税额留抵。

【例 224】 房地产企业一般纳税人，2016 年 12 月收入全部是简易计税的老项目和采用简易计税的房租收入，发生公司网站域名费支出 10 000 元，取得对方开具的增值税专用发票 1 张，税额 600 元，域名费用支出属于其他权益性无形资产支出，可以全额抵扣，即使企业 2016 年 12 月没有发生一般计税方法的销项税额，也可以将“网站域名费进项税额 600 元”作为留抵税额，可结转下期继续抵扣，即待下期与下期进项税额一并从下期销项税额中抵扣。

（2）专门用于简易计税方法计税项目、免征增值税项目、集体福利或者个人消费（交际应酬消费）的购进货物、加工修理修配劳务、服务、无形资产和不动产，其进项税额不得从销项税额中抵扣。

①增值税遵循征扣税一致的原则，征多少扣多少，用于简易计税方法计税项目、免征增值税项目则不扣税。

【例 225】 建筑企业一般纳税人，某老项目满足条件简易计税条件且按简易计税，其项目直接成本不能抵扣进项税额。

②购进的用于集体福利或个人消费的货物及其他应税行为，并非用于企业生产经营，也就无权要求抵扣税款，而应负担相应的税金。其中个人消费包括纳税人的交际应酬消费。

【例 226】 一般纳税人企业购进防暑降温用的白糖、茶叶一批，取得了增值税专用发票，如所购进的白糖、茶叶属于集体福利支出，则取得的增值税专用发票不允许抵扣进项；如所购进的白糖、茶叶属于劳动保护费支出，则取得的增值税专用发票允许抵扣进项税额。

【例 227】 一般纳税人购进的工作服，要判断是销售费用、办公支出及劳动保护支出还是集体福利支出，企业为员工购置的服装如果是满足行业的特点及生产工作环境等需要，实际发生的合乎常规的销售费用、办公支出及劳动保护支出，确实用于员工工作时的劳动保护，属于与经营相关的销售费用、办公支出及劳动保护支出，如金融企业员工统一服装、餐饮业企业服务员及办公人员统一服装、建筑业企业工地统一服装及房地产业企业销售人员及办公人员统一服装等，取得增值税专用发票可以抵扣进项税额；如纯属于集体福利支出，则不得抵扣进项税额。

【例 228】 一般纳税人员工食堂采购的粮油生鲜，即使取得增值税专用发票，一般纳税人集体福利或者个人消费的购进货物、加工修理修配劳务、服务、无形资产和不动产项目的进项税额不得从销项税额中抵扣，所有采购的粮油生鲜不得从销项税额中抵扣。

如一般纳税人的食堂对外经营，采购的粮油生鲜取得增值税专用发票，属于用于应税项目，其产生进项税额可从销项税额中抵扣。

【例 229】 会计科目“应付职工薪酬——应付福利费”核算内容包括企业集体福利支出，即使取得了专用发票也不能抵扣进项税，如企业职工福利所支付的餐饮费、旅游费等所开具的增值税专用发票，不能抵扣进项税，企业应在认证的当月转入“增值税——应缴增值税——进项税转出”科目。

【例 230】 会计科目“管理费用——业务招待费”核算内容包括个人消费（交际应酬消费）支出，即使取得了专用发票也不能够抵扣进项税额，如企业计入业务招待费的餐饮、旅游等所开具的增值税专用发票，不能够抵扣进项税额，企业应在认证的当月转入“增值税——应缴增值税——进项税转出”科目。

2. 专门用于一般计税方法计税项目的购进货物、加工修理修配劳务、服务、无形资产和不动产，其进项税额可从销项税额中抵扣。

3. 固定资产、无形资产、不动产进项税额的处理原则

固定资产、无形资产、不动产的进项税额抵扣原则与其他允许抵扣的项目相比有一定的特殊性。

（1）对纳税人专门用于适用简易计税方法计税项目、免征增值税项目、集体福利或者个人消费的购进固定资产、无形资产、不动产，不允许抵扣。

【例 231】一般纳税人企业发生在经营地本地及劳务发生地本地的住宿费，只要不属于“简易计税方法计税项目、免征增值税项目、集体福利或者个人消费的”，其产生的进项税额可以从销项税额中抵扣，如在经营地本地正常的会议费发生的住宿费，取得专票认证后，可以按规定抵扣进项税额。

其实只是“一般纳税人企业发生在经营地本地及劳务发生地本地的住宿费”属于“集体福利或者个人消费的”的可能性比较大，但是不代表“一般纳税人企业发生在经营地本地及劳务发生地本地的住宿费”都不能抵扣进项税额。

【例 232】建筑企业一般纳税人提供建筑物服务，其中一项目合同注明的开工日期为 2016 年 4 月 20 日，该项目企业选择简易计税方法，其项目上购买机器设备、电脑、打印机等设备，即使取得增值税专用发票，其进项税额不准予全部抵扣。

（2）对纳税人专门用于适用一般计税方法项目购进固定资产、无形资产、不动产，其进项税额准予全部抵扣。

（3）对属于兼用于允许抵扣项目和上述不允许抵扣项目的购进固定资产、无形资产、不动产，其进项税额准予全部抵扣。

【例 233】银行企业一般纳税人既有一般计税方法、简易计税方法和免税项目，但是企业办公室、人力资源部等购进用的办公用房、采购或租赁的电脑、打印机等设备，是同时支持简易计税、免税和应税的生产经营活动，其进项税额是可以抵扣的。

（4）按照相关规定不得抵扣且未抵扣进项税额的固定资产、无形资产、不动产，发生用途改变，用于允许抵扣进项税额的应税项目，可在用途改变的次月计算可以抵扣的进项税额。

详见本专题（七）进项税额转出。

（5）上述关于固定资产、无形资产、不动产进项税额的处理原则，仅是说“购进固定资产、无形资产、不动产产生的进项税额”，不包括经营租赁固定资产、无形资产、不动产产生的进项税额（见图6）。

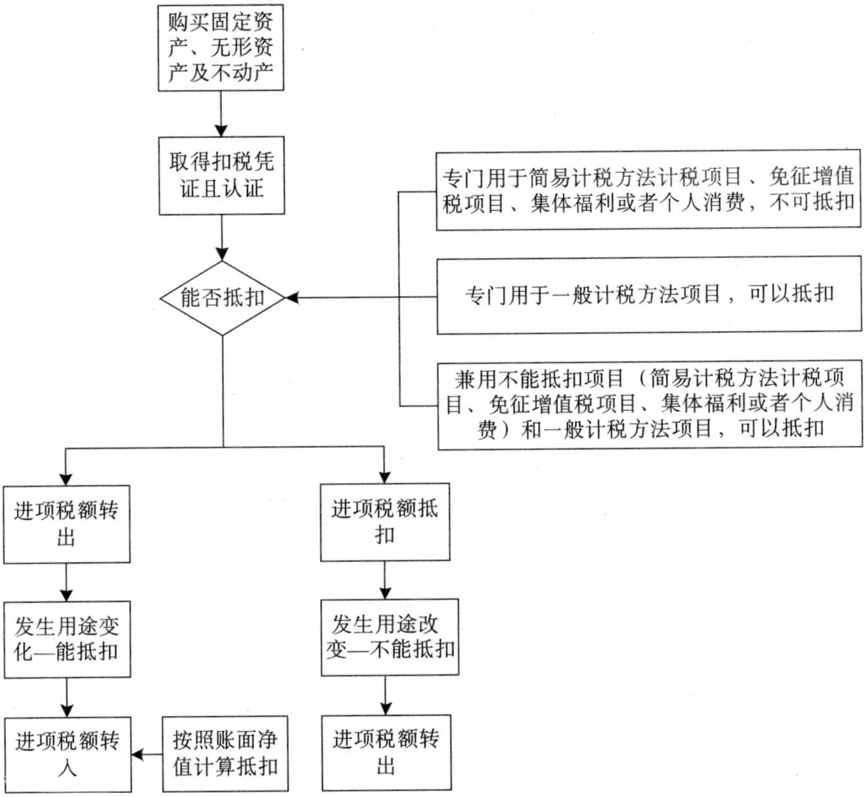

图6　进项税额示意图

4. 企业（除房地产开发企业销售自行开发的房地产项目之外）兼用一般计税方法计税项目和简易计税方法计税项目、免征增值税项目、集体福利或者个人消费（交际应酬消费）的购进货物、加工修理修配劳务、服务（除固定资产以外），按照下列公式计算不得抵扣的进项税额：

不得抵扣的进项税额 = 当期无法划分的全部进项税额 ×（当期简易计税方法计税项目销售额 + 免征增值税项目销售额）÷ 当期全部销售额

能抵扣的进项税额 = 当期无法划分的全部进项税额 − 不得抵扣的进项税额

特别提醒：上述公式中“当期全部销售额”包含视同销售产生、不动产及无形资产及营业外收入科目等其他非营业收入科目（如投资收益）中的销售额。

5. 房地产开发企业销售自行开发的房地产项目，兼有一般计税方法计税、简易计税方法计税、免征增值税的房地产项目而无法划分不得抵扣进项税额的，应以《建筑工程施工许可证》注明的“建设规模”为依据进行划分。

不得抵扣的进项税额 = 当期无法划分的全部进项税额 ×（简易计税、免税房地产项目建设规模 ÷ 房地产项目总建设规模）

其中“房地产项目总建设规模”应按照营改增后选择适用简易计税方法项目剩余的规模与按照一般计税方法项目建设规模之和计算，不包括营改增前已缴纳营业税的建设规模。

【例 234】 房地产企业老项目建设总规模 10 万平方米，营改增后该项目适用简易计税方法，剩余房产 1 万平方米；该房地产公司按照一般计税方法开发的建设规模为 5 万平方米，则：

不得抵扣的进项税额 = 当期无法划分的全部进项税额 ×［1 万平方米 ÷（1 万平方米 +5 万平方米）］

其中房地产项目总建设规模是选择适用简易计税方法项目剩余的规模与按照一般计税方法项目建设规模之和，即 6 万平方米（1 万平方米 +5 万平方米）；不是整个项目的建设规定 10 万平方米。

6. 购进时无法区分可抵扣和不可抵扣的处理

既有一般计税方法的项目，又有简易计税方法的项目，购进材料时，不知道该批材料用于哪个项目，则购进时全额抵扣，等用于简易计税方法的项目领料时，再抵扣进项税额。

【例 235】 建筑企业一般纳税人，其建筑项目采用不同计税方法的，纳税人购买建筑材料取得增值税专用发票先行申报增值税进项税额，后期按照简易计税方法建筑工程项目的工程材料实际投入使用的数量和金额，在当期作进项税额转出。竣工结算后，处置结余的工程物资取得的收入按照货物的适用税率计算缴纳增值税。

也就是说，实务中为了防止简易计税的老项目购买工程物资未消耗完，用到一般计税方法项目或者需要处置时，不能抵扣进项税额，建议即使是简易计税的老项目购买工程物资，也要取得增值税专用发票，先行申报增值税进项税额，后期按照简易计税方法建筑工程项目的工程材料实际投入使用的数量和金额，在当期作进项税额转出。

7. 购进的贷款服务、旅客运输服务、餐饮服务、居民日常服务和娱乐服务的进项税额不得从销项税额中抵扣

纳税人接受贷款服务向贷款方支付的与该笔贷款直接相关的投融资顾问费、手续费、咨询费等费用，其进项税额不得从销项税额中抵扣。

（1）购进贷款服务（含与该笔贷款直接相关的投融资顾问费、手续费、咨询费等费用）、旅客运输服务、餐饮服务、居民日常服务和娱乐服务的进项税额，不管是否用于一般计税方法项目，全额都不能进项税额抵扣。同时为了避免增值税专用发票认证等其他麻烦，建议上述支出在实务中最好不要取得增值税专用发票。

（2）贷款服务支出。根据“贷款服务”的注释，接受贷款服务，是指接受将资金贷与他人使用而取得利息收入的服务，包括各种占用、拆借资金取得的支出，包括金融商品持有期间（含到期）利息（保本收益、报酬、资金占用费、补偿金等）支出、信用卡透支利息支出、买入返售金融商品利息支出、融资融券收取的利息支出，以及融资性售后回租、押汇、罚息、票据贴现、转贷等业务取得的利息及利息性质的支出以及接受以货币资金投资支付的固定利润或者保底利润的支出。其中：融资性售后回租，是指承租方以融资为目的，将资产出售给从事融资性售后回租业务的企业后，从事融资性售后回租业务的企业将该资产出租给承租方的业务活动。

需要提醒的是，取得银行类似日常业务的手续费进项税额，可以按相关规定从销项税额中抵扣，只是与贷款服务的进项税额及直接有关的进项税额，不得从销项税额中抵扣。

【例 236】 企业发生的“直接收费金融服务”的费用，如账户函证费、资信证明费用、账户管理费、支票等相关手续费，取得相应的扣税凭证（增值税专用发票）且和贷款服务无关的，可以进项税额抵扣。

【例 237】 财税〔2016〕36 号文件规定，试点纳税人根据 2016 年 4 月 30 日前签订的有形动产融资性售后回租合同，在合同到期前提供的有形动产融资性售后回租服务，可继续按照有形动产融资租赁服务缴纳增值税，承租方取得的

增值税专用发票可以抵扣。

2016 年 5 月 1 日后纳税人签订的有形动产融资性售后回租合同属于金融服务中的“贷款服务”，贷款服务取得的进项税额不得从销项税额中抵扣。

【例 238】一般纳税人在订立合同时支付给对方公司违约保证金，由于时间较长，对方向我公司支付了利息，由于该占用资金取得的利息收入属于贷款服务，即使取得增值税专用发票，该项支出的进项税额是不可以抵扣的。实务中建议上述支出开具增值税普通发票，不需要开具专用发票。

（3）旅客运输服务。一般意义上，旅客运输服务主要接受对象是个人。对于一般纳税人购买的旅客运输服务，难以准确地界定接受服务的对象是企业还是个人，因此，一般纳税人接受的旅客运输服务不得从销项税额中抵扣。包括火车票、飞机票、船票、出租车票、上下班班车服务等。

【例 239】（摘自 2016 年 7 月 8 日上午 9：30 国家税务总局在税务总局网站开展一期以“20 条服务新举措全面助力营改增”为主题的在线访谈）进项税额抵扣问题：我公司与甲公司签订为期四年的生产服务用车外包协议，由甲公司车辆按照我公司的要求拉修理工及修理用配件到作业现场对故障车进行检修，还有就是拉着工长、经理在作业现场组织生产，请问取得的增值税专用发票可以抵扣吗？

按照现行政策规定，纳税人在生产经营过程中接受运输服务，取得的增值税专用发票可以用于抵扣。

在实务中，注意区分旅客运输服务和租车服务，同时需要关注租车的“用途”：

①一般纳税人租车用于提供上下班通勤车（班车）服务，属于“用于集体福利的购进应税服务”的情形，其进项税额不得从销项税额中抵扣。

②一般纳税人租车用于企业经营生产活动中，如本例中的要求拉修理工及修理用配件到作业现场对故障车进行检修，还有就是拉着工长、经理在作业现场组织生产，还有租车用企业会议服务支出，不属于“用于集体福利的购进应税服务”的情形，其进项税额可以从销项税额中抵扣。

（4）餐饮服务支出。根据“餐饮服务”的注释，是指接受通过同时提供饮食和饮食场所的方式为消费者提供饮食消费服务的支出，需要提醒的是关注餐费和住宿费、会议费等区别，住宿费和会议费支出，可以按照相关规定进行进项税额抵扣。

【例240】某百货公司一般纳税人与快餐公司签订供餐合同，该百货公司所属员工和供应商厂方专柜员工就餐费与快餐公司统一结算，其中该百货公司员工按规定计入福利费（增值税不能抵扣），供应商厂方专柜员工实行收支二条线核算，该百货公司支出后，分别向各专柜开具普通发票按实收回，作为收入并按6%缴纳增值税，该部分向供应商厂方收回的餐费，该百货公司已经纳税，其对应的向快餐公司支付的餐费也不能抵扣进项税额，即使向快餐公司取得增值税专发票。

【例241】员工因公出差，住宿费支出取得增值税专用发票，可以按规定抵扣进项税额，餐饮费支出即使取得增值税专用发票和明确用于一般计税方法的项目，也不可以按规定抵扣进项税额。

需要提醒的是，为了减少实务中的一些麻烦，建议餐饮费支出不要取得增值税专用发票。

另企业发生的业务招待费中住宿费支出，属于用于个人消费，即使取得增值税专用发票，也不可以按规定抵扣进项税额。

【例242】因企业提供会议服务，包括住宿、餐饮、娱乐、旅游等服务，属于兼营行为，在开具增值税发票的时候不得将上述服务项目统一开具为“会议费”，应按照《商品和服务税收分类与编码（试行）》规定的服务编码，在同一张发票上据实分项分别填写，取得同一张增值税发票。

（5）居民日常服务支出。根据“居民日常服务”的注释，是指接受主要为满足居民个人及其家庭日常生活需求提供的服务的支出，包括市容市政管理、家政、婚庆、养老、殡葬、照料和护理、救助救济、美容美发、按摩、桑拿、氧吧、足疗、沐浴、洗染、摄影扩印等服务支出。

【例243】一般纳税人宣传、促销等活动中发生摄影扩印支出，即使取得增值税专用发票，由于摄影扩印支出属于居民日常服务支出，不可以按规定抵扣进项税额。

（6）娱乐服务支出。根据“娱乐服务”的注释，是指接受为娱乐活动同时提供场所和服务的业务支出。具体包括：歌厅、舞厅、夜总会、酒吧、台球、高尔夫球、保龄球、游艺（包括射击、狩猎、跑马、游戏机、蹦极、卡丁车、热气球、动力伞、射箭、飞镖）等支出。

【例 244】一般纳税人发生高尔夫球、保龄球支出，即使取得增值税专用发票，由于高尔夫球、保龄球支出属于娱乐服务支出，不可以按规定抵扣进项税额。

8. 取得的增值税扣税凭证不符合相关规定，其进项税额不得从销项税额中抵扣。

纳税人取得的增值税扣税凭证不符合法律、行政法规或者国家税务总局有关规定的，其进项税额不得从销项税额中抵扣。

增值税扣税凭证，是指增值税专用发票、海关进口增值税专用缴款书、农产品收购发票、农产品销售发票和完税凭证。

纳税人凭完税凭证抵扣进项税额的，应当具备书面合同、付款证明和境外单位的对账单或者发票。资料不全的，其进项税额不得从销项税额中抵扣。

【例 245】北京市国家税务局官方网站《十四种进项税额不得抵扣情形及实务案例及会计处理》

第一种情形：纳税人取得的增值税扣税凭证不符合法律、行政法规或者国家税务总局有关规定的，其进项税额不得从销项税额中抵扣。

纳税人凭完税凭证抵扣进项税额的，应当具备书面合同、付款证明和境外单位的对账单或者发票。资料不全的，其进项税额不得从销项税额中抵扣。

【例 246】A 企业为一般纳税人，2016 年 6 月境外 B 企业向其提供咨询服务，A 企业在主管税务机关为 B 企业代扣代缴增值税 6 000 元，但 A 企业不能够提供与该业务相关的境外单位的对账单或者发票，故该笔进项税额不得抵扣。会计处理如下：

借：管理费用或相关科目 6 000

　　贷：银行存款 6 000

第二种情形：用于简易计税方法计税项目的购进货物、加工修理修配劳务、服务、无形资产和不动产。

简易计税方法是指一般纳税人发生财政部和国家税务总局规定的特定应税行为，可以选择适用简易计税方法计税，适用简易计税方法计税的一般纳税人，其取得的用于简易计税方法计税项目的进项税额不得抵扣。如：房地产开发企业一般纳税人销售自行开发的房地产老项目、一般纳税人为建筑工程老项目提供的建筑服务等。

【例 247】某建筑企业为一般纳税人，2016 年 6 月购买材料，取得增值税专用发票注明金额 100 000 元，进项税额 17 000 元，该批材料用于适用简易计税方法的老建筑项目，该笔进项税额不得抵扣，应直接计入成本。会计处理如下：

借：原材料或相关科目　　117 000

　　贷：银行存款或相关科目　　117 000

第三种情形：用于免征增值税项目的购进货物、加工修理修配劳务、服务、无形资产和不动产。

免征增值税是指财政部及国家税务总局规定的免征增值税的项目。如：养老机构提供的养老服务、婚姻介绍服务、从事学历教育的学校提供的教育服务、农业生产者销售的自产农产品等。

第四种情形：用于集体福利的购进货物、加工修理修配劳务、服务、无形资产和不动产。

集体福利是指纳税人为内部职工提供的各种内设福利部门所发生的设备、设施等费用，包括职工食堂、职工浴室、理发室、医务所、托儿所、疗养院等集体福利部门的设备、设施及维修保养费用。

第五种情形：用于个人消费的购进货物、加工修理修配劳务、服务、无形资产和不动产。

个人消费是指纳税人内部职工个人消费的货物、劳务及服务等所发生的费用。如：交际应酬消费、职工个人的车辆加油费等。纳税人的交际应酬消费属于个人消费。

上述第二至第五种情形其中涉及的固定资产、无形资产、不动产，仅指专用于上述项目的固定资产、无形资产（不包括其他权益性无形资产）、不动产。若纳税人取得的进项税额同时用于正常缴纳增值税项目和简易计税方法计税项目、免征增值税项目、集体福利或者个人消费的，则进项税额可以抵扣。

第六种情形：非正常损失的购进货物，以及相关的加工修理修配劳务和交通运输服务。

非正常损失的购进货物是指因管理不善造成货物被盗、丢失、霉烂变质，以及因违反法律法规造成货物被依法没收、销毁、拆除的。该货物及相关的加工修理修配劳务和交通运输服务所对应的进项税额不得抵扣。

【例 248】某企业为一般纳税人，2016 年 6 月因管理不善霉烂变质材料一批，该批材料购买时，取得增值税专用发票注明金额 100 000 元，进项税额 17 000 元，该笔进项税额已抵扣。假设无相关责任人赔偿，则该批材料的进项税额如何处理？

非正常损失的购进货物，其取得的进项税额不得抵扣，故该笔进项税额应作进项税额转出处理。会计处理如下：

借：待处理财产损益——待处理流动资产损益　　117 000
　　贷：原材料或相关科目　　100 000
　　　　应缴税费——应缴增值税（进项税额转出）　　17 000
借：管理费用　　117 000
　　贷：待处理财产损益——待处理流动资产损益　　117 000

第七种情形：非正常损失的在产品、产成品所耗用的购进货物（不包括固定资产）、加工修理修配劳务和交通运输服务。

非正常损失的在产品、产成品所耗用的购进货物、加工修理修配劳务和交通运输服务是指因管理不善造成在产品、产成品被盗、丢失、霉烂变质，以及因违反法律法规造成在产品、产成品被依法没收、销毁、拆除的。该在产品、产成品所耗用的购进货物、加工修理修配劳务和交通运输服务所对应的进项税额不得抵扣。

第八种情形：非正常损失的不动产，以及该不动产所耗用的购进货物、设计服务和建筑服务。

非正常损失的不动产是指因管理不善造成不动产被盗、丢失、霉烂变质，以及因违反法律法规造成不动产被依法没收、销毁、拆除的。该不动产以及该不动产所耗用的购进货物、设计服务和建筑服务所对应的进项税额不得抵扣。

上述所称货物，是指构成不动产实体的材料和设备，包括建筑装饰材料和给排水、采暖、卫生、通风、照明、通讯、煤气、消防、中央空调、电梯、电气、智能化楼宇设备及配套设施。

第九种情形：非正常损失的不动产在建工程所耗用的购进货物、设计服务和建筑服务。

纳税人新建、改建、扩建、修缮、装饰不动产，均属于不动产在建工程。非正常损失的不动产在建工程所耗用的购进货物、设计服务和建筑服务是指因管理不善造成不动产在建工程被盗、丢失、霉烂变质，以及因违反法律法规造成不动产在建工程被依法没收、销毁、拆除的。该不动产在建工程所耗用的购进货物、设计服务和建筑服务所对应的进项税额不得抵扣。所称货物，是指构成不动产实体的材料和设备，包括建筑装饰材料和给排水、采暖、卫生、通风、照明、通讯、煤气、消防、中央空调、电梯、电气、智能化楼宇设备及配套设施。

第十种情形：购进的旅客运输服务。

旅客运输服务是指客运服务，包括通过陆路运输，水路运输，航空运输为旅客个人提供的客运服务。纳税人取得的旅客运输服务的进项税额不得抵扣。

【例 249】 某企业为一般纳税人，2016 年 6 月，职工报销差旅费，其中报销交通费用（飞机票）11 100 元，取得增值税专用发票注明金额 10 000 元，进项税额 1 100 元。则该笔旅客运输对应的进项税额如何处理？

纳税人购进的旅客运输服务，对应的进项税额不得抵扣，故该笔进项税额应直接计入相关损益类科目，不得抵扣。会计处理如下：

借：管理费用或相关科目　　11 100

　　贷：其他应收款——××　　11 100

第十一种情形：购进的贷款服务。

贷款服务是指将资金贷与他人使用而取得利息收入的业务活动。如：银行提供的贷款服务、金融商品持有期间利息收入、信用卡透支利息收入、买入返售金融商品利息收入、融资融券收取的利息收入，以及融资性售后回租、押汇、罚息、票据贴现、转贷等业务取得的利息及利息性质的收入。纳税人取得的贷款服务的进项税额不得抵扣。

第十二种情形：购进的餐饮服务。

餐饮服务是指通过同时提供饮食和饮食场所的方式为消费者提供饮食消费服务的业务活动，纳税人取得的餐饮服务的进项税额不得抵扣。

第十三种情形：购进的居民日常服务。

居民日常服务是指主要为满足居民个人及其家庭日常生活需求提供的服务，包括市容市政管理、家政、婚庆、养老、殡葬、照料和护理、救助救济、美容美发、按摩、桑拿、氧吧、足疗、沐浴、洗染、摄影扩印等服务。纳税人取得的居民日常服务的进项税额不得抵扣。

第十四种情形：购进的娱乐服务。

娱乐服务是指为娱乐活动同时提供场所和服务的业务。具体包括：歌厅、舞厅、夜总会、酒吧、台球、高尔夫球、保龄球、游艺（包括射击、狩猎、跑马、游戏机、蹦极、卡丁车、热气球、动力伞、射箭、飞镖）。纳税人取得的娱乐服务的进项税额不得抵扣。

（六）非正常损失

1. 关注非正常损失范围

非正常损失，是指因管理不善造成货物被盗、丢失、霉烂变质，以及因违反法律法规造成货物或者不动产被依法没收、销毁、拆除的情形。

【例 250】 建筑企业项目结束时或正常拆除的建筑工地的临时建筑，其进项税额是不需要转出的，因为它不属于非正常损失的不动产；如果临时建筑属于违法建筑，被强制拆除，属于非正常损失的不动产，其所耗用的购进货物、设计服务和建筑服务进项税额需要进项税额转出。

【例 251】 房地产开发企业的售楼处、样板间属于在施工现场修建的临时建筑物、构筑物，其进项税额可一次性抵扣，如果最终拆除，表明售楼部、样板间已经使用完毕，不需要作转出。

【例 252】 餐饮企业购进新鲜食材还没用完就过期或变质了、超市销售的食品过了保质期还没有卖掉就销毁了、生产型企业的生产食品产品保质期还没有卖掉就销毁了，上述存货及产品正常过保质期情况都不属于非正常损失所规定的管理不善导致的货物霉烂变质，所以不需要作进项转出处理。

【例 253】 企业正常销售产品因市场价格波动造成售价低于成本不属于“非正常损失”，不属于不能抵扣进项税情况，即使会产生进项税额留抵，也不需要进项税额转出。

【例 254】 银行企业一般纳税人固定资产未超过使用年限而申请正常报废，不属于进项税额转出，已抵扣的进项税额不需要转出。

【例 255】 自然灾害损失不需作进项税转出，比如洪灾损失不属于管理不善，其损失不需作进项转出。

【例 256】 正常合理的采购损耗进项税不须作转出，如建筑企业采购建筑材料，根据相关规定，购买方出现材料实际入库数小于增值税专用发票开具数量的情况，如果是因为管理不善造成被盗、丢失、霉烂变质的损失，差额部分进项税额要作转出处理；如果不属于管理不善造成被盗、丢失、霉烂变质的损失，而是正常合理的损耗，差额部分进项税额不须作转出，即可以按专用发票注明的税额全额抵扣。

【例 257】 交通意外货物毁损不需进项税转出，如某企业买进一批货物，在运输途中发生交通意外，货物全部或者部分毁损，企业发生的交通意外导致的损失不属于非正常损失，不需要进行进项税额转出。

【例 258】 市场发生变化导致资产评估减值不作进项税转出。

根据《关于企业改制中资产评估减值发生的流动资产损失进项税额抵扣问题的批复》（国税函〔2002〕1103 号）的规定：企业由于资产评估减值而发生流动资产损失，如果流动资产未丢失或损坏，只是由于市场发生变化，价格降低，价值量减少，则不属于《中华人民共和国增值税暂行条例实施细则》中规定的非正常损失，不作进项税额转出处理。

【例 259】 境外供应商退还或返还资金不作进项税转出。

根据《国家税务总局关于纳税人进口货物增值税进项税额抵扣有关问题的通知》（国税函〔2007〕350 号）规定，纳税人进口货物报关后，境外供货商向国内进口方退还或返还的资金，或进口货物向境外实际支付的货款低于进口报关价格的差额，是否应当作进项税额转出。现明确如下：《中华人民共和国增值税暂行条例》第八条规定，纳税人从海关取得的完税凭证上注明的增值税额准予从销项税额中抵扣。

因此，纳税人进口货物取得的合法海关完税凭证，是计算增值税进项税额的唯一依据，其价格差额部分以及从境外供应商取得的退还或返还的资金，不作进项税额转出处理。

2. 非正常损失产生的进项税额不得抵扣或需要转出进项税额

（1）非正常损失的购进货物，以及相关的加工修理修配劳务和交通运输服务。

（2）非正常损失的在产品、产成品所耗用的购进货物（不包括固定资产）、加工修理修配劳务和交通运输服务。

特别提醒，发生非正常损失的在产品、产成品，进项税额转出仅仅是成本中的购进货物（不包括固定资产）、加工修理修配劳务和交通运输服务，其中涉及的应税服务仅指交通运输业服务，不包括其他成本费用，如产成品中相关的固定资产、不动产以及无形资产相关的进项税不需要转出，还有产品中的设计成本、咨询成本所产生的进项税额。

【例 260】 生产企业购买设备，抵扣进项税额 100 万元，生产的产品因管理不善发生变质，产品成本为 10 万元，其中包含的原材料，水电等进项税额 1 万元，应该作转出。但是产品中也包含了设备的进项税额，设备进项税额随着损耗逐渐转入产品或服务中，所以税务上规定，产成品转出的进项税额不包括固定资产。

（3）非正常损失的不动产，以及该不动产所耗用的购进货物、设计服务和建筑服务。

特别提醒，发生非正常损失的不动产，不是将其不动产产生的进项税额全部转出，需要根据相关的公式计算其转出的进项税额，详见本专题中《（八）不动产进项税额抵扣》。

上述“货物”是指构成不动产实体的材料和设备，包括建筑装饰材料和给排水、采暖、卫生、通风、照明、通讯、煤气、消防、中央空调、电梯、电气、智能化楼宇设备及配套设施。所以纳税人购进的此类货物，虽然经加工后构成不动产实体，但在购进环节仍按货物进行处理。

（4）非正常损失的不动产在建工程所耗用的购进货物、设计服务和建筑服务。

纳税人新建、改建、扩建、修缮、装饰不动产，均属于不动产在建工程。

上述“货物”与（3）条范围相同。

（5）根据《财政部、国家税务总局关于全国实施增值税转型改革若干问题的通知》（财税〔2008〕170 号）第五条规定，纳税人已抵扣进项税额的固定资产发生条例第十条第一项至第三项所列情形的，应在当月按下列公式计算不得抵扣的进项税额：不得抵扣的进项税额 = 固定资产净值 × 适用税率。

本《通知》所称固定资产净值，是指纳税人按照财务会计制度计提折旧后计算的固定资产净值。

也就是说，发生非正常损失的固定资产，不是将其购进固定资产产生的进项税额全部转出，需要根据上述公式计算其转出的进项税额。

（6）固定资产、不动产以及无形资产与进项税额转出关系。

①企业发生非固定资产、不动产以及无形资产以外的非正常损失，不需要把涉及有关联的固定资产、不动产以及无形资产进项税额转出。

【例 261】非正常损失的在产品、产成品所耗用的购进货物（不包括固定资产）、加工修理修配劳务和交通运输服务的进项税额需要进项税额转出，其在产品、产成品生产过程中涉及购买和耗用的固定资产的进项税额，则不需要进项税额转出。

②固定资产和不动产发生本身发生非正常损失，按照发生非正常损失的净值计算不得抵扣的进项税额，即进项税额转出额。

③无形资产不属于非正常损失进项税额转出范围。

3. 根据《财政部　国家税务总局关于企业资产损失税前扣除政策的通知》（财税〔2009〕57 号）第十条规定，企业因存货盘亏、毁损、报废、被盗等原因不得从增值税销项税额中抵扣的进项税额，可以与存货损失一起在计算应纳税所得额时扣除。

也就是说，正常的与生产经营有关的非正常损失，其不得从增值税销项税额中抵扣的进项税额，可以在计算应纳税所得额时扣除。

（七）进项税额转出

1. 进项税额转出，是指纳税人已经抵扣，但按税法规定本期应转出的进项税额。

需要提醒的是，进项税额转出前提是“纳税人已经抵扣”，才有进项税额转出，如纳税人未认证或计算抵扣，就不属于进项税额转出。

【例 262】一般纳税人购买电脑，取得增值税专用发票，分以下几种情况：

（1）购买电脑时不知道用途，取得增值税专用发票按规定认证申报抵扣进项税额，后该电脑用于员工食堂，属于不能抵扣进项税额，属于进项税额转出；

（2）如购买时电脑用于员工食堂，取得增值税专用发票没按规定认证申报，也就没有抵扣进项税额，不属于进项税额转出；

（3）如购买时电脑用于员工食堂，取得增值税专用发票按规定认证申报，由于电脑用于员工食堂，其购买产生的进项税额不能抵扣，则在认证申报的同时，需要进项税额转出；

（4）如购买电脑出现质量问题，取得增值税专用发票按规定认证申报，退回前取得主管税务机关开具的《开具红字增值税专用发票信息表》，属于进项税额转出；

（5）如购买电脑出现质量问题，当月退回，取得增值税专用发票没有认证，且按照作废处理，红字冲回进项税额，不属于进项税额转出。

2. 进项税额转出包括以下几种情况：

（1）免税项目用，是指纳税人已经抵扣进项税额项目，用于免征增值税项目，按规定应在本期转出的进项税额。

（2）集体福利、个人消费，是指纳税人已经抵扣进项税额项目，用于集体福利或者个人消费，按规定应在本期转出的进项税额。

（3）非正常损失，是指纳税人已经抵扣进项税额项目，发生非正常损失，按规定应在本期转出的进项税额。

（4）简易计税方法征税项目用，是指纳税人已经抵扣进项税额项目，用于按简易计税方法征税项目，按规定应在本期转出的进项税额。

（5）免抵退税办法不得抵扣的进项税额，是指纳税人已经抵扣进项税额项目，按照免、抵、退税办法的规定，由于征税税率与退税税率存在税率差，在本期应转出的进项税额。

（6）纳税检查调减进项税额，是指纳税人已经抵扣进项税额项目，在税务、财政、审计部门检查后，调减的进项税额。

（7）红字专用发票信息表注明的进项税额，是指纳税人已经抵扣进项税额项目，按照主管税务机关开具的《开具红字增值税专用发票信息表》注明的在本期应转出的进项税额。

（8）上期留抵税额抵减欠税，是指纳税人已经抵扣进项税额项目，本期经税务机关同意，使用上期留抵税额抵减欠税的数额。

（9）上期留抵税额退税，是指纳税人已经抵扣进项税额项目，本期经税务机关批准的上期留抵税额退税额。

（10）其他应作进项税额转出的情形。

（八）合法有效的增值税扣税凭证。

1. 增值税专用发票

（1）从销售方取得的增值税专用发票（含税控机动车销售统一发票，下同）上注明的增值税额；

抵扣的是增值税专用发票（非货物运输业增值税专用发票、税控机动车销售统一发票）上注明的增值税额，与增值税专用发票上的税率无关。

（2）取得其他个人（自热）、小规模纳税人和一般纳税人适用简易计税方法代开或开具的增值税专用发票，也是抵扣票面上注明的增值税额；

（3）一张增值税专用发票开具多个税率多种的“货物或应税劳务、服务”，也是抵扣票面上注明的增值税额。

增值税专用发票开具多个税率多种的“货物或应税劳务、服务”中有能抵扣不能抵扣，先将增值税专用发票认证全额申报抵扣，同时将不能抵扣“货物或应税劳务、服务”的进项税额转出。

【例 263】一般纳税人接受会议服务，包括住宿、餐饮、会议服务等服务，其中住宿费 20 000 元（不含税、下同），进项税额 1 200 元、餐饮费 15 000 元，进项税额 900 元、会议费 10 000 元，进项税额 600 元，上述项目开具在一张增值税专用发票，税额栏总额为 2 700 元，取得该增值税专用发票全额认证申报税额 2 700 元，其中餐饮费支出不能抵扣，同时进项税额转出 900 元。

（4）增值税专用发票是一般纳税人销售货物、劳务、服务、无形资产或不动产开具的发票，是最主要的扣税凭证。

（5）纳税人应自开票之日起 180 天内认证，认证当月抵扣，并在认证当月计算抵扣，并在次月申报期内，申报抵扣进项税额，逾期不得抵扣。

（6）对于取得运输企业开具增值税专用发票注意事项。

①一般纳税人提供货物运输服务，使用增值税专用发票和增值税普通发票，开具发票时应将起运地、到达地、车种车号以及运输货物信息等内容填写在发票备注栏中，如内容较多可另附清单。

②铁路运输企业受托代征的印花税款信息，可填写在发票备注栏中。

中国铁路总公司及其所属运输企业（含分支机构）开具的铁路货票、运费杂费收据可作为发票清单使用。

（7）税控机动车销售统一发票。

①从机动车零售商处购入新机动车时取得用于车辆注册上牌、缴纳车购税和增值税抵扣。

机动车销售统一发票属于增值税专用发票，没有增值税普通发票之说。

抵扣的是税控机动车销售统一发票上注明的增值税额，与发票上的税率无关。

一般纳税人从事机动车（旧机动车除外）零售业务使用税控系统开具机动车销售统一发票。纳税人应自开票之日起 180 天内认证，并在认证当月计算抵扣，并在次月申报期内，申报抵扣进项税额，逾期不得抵扣。

②纳税人购入新机动车用于批发零售的，应当取得增值税专用发票；纳税人购入二手车，应当取得二手车销售统一发票，如果需要抵扣增值税，还需一并取得增值税专用发票。

③实务中，由于购置新车需要去车管所上牌，上牌前必须要有车辆合格证、购车发票以及交强险保单，上牌需要把发票交给车管所，如果取得机动车销售统一发票认证不通过，需要重新开具发票，无法从车管所取回发票，就无法重开，即无法抵扣，建议实务中先认证后上牌。

（8）涉及的相关法律规定。

①《国家税务总局关于修订〈增值税专用发票使用规定〉的通知》（国税发〔2006〕156号）；

②《国家税务总局关于在全国开展营改增试点有关征收管理问题的公告》（国家税务总局公告2013年第39号）；

③《国家税务总局关于简化增值税发票领用和使用程序有关问题的公告》（国家税务总局公告2014年第19号）；

④《国家税务总局关于全面推行增值税发票系统升级版有关问题的公告》（国家税务总局公告2015年第19号）；

⑤《国家税务总局关于推行通过增值税电子发票系统开具的增值税电子普通发票有关问题的公告》（国家税务总局公告2015年第84号）；

⑥《国家税务总局关于停止使用货物运输业增值税专用发票有关问题的公告》（国家税务总局公告2015年第99号）；

⑦《国家税务总局关于被盗、丢失增值税专用发票有关问题的公告》（国家税务总局公告2016年第50号）；

⑧《国家税务总局关于纳税信用A级纳税人取消增值税发票认证有关问题的公告》（国家税务总局公告2016年第7号）；

⑨《国家税务总局关于红字增值税发票开具有关问题的公告》（国家税务总局公告2016年第47）。

2. 海关进口增值税专用缴款书

相对于专用发票而言，进口环节增值税是纳税人向海关实实在在缴纳的税款，拿到海关进口增值税专用缴款书就意味着纳税人缴纳了增值税，根据增值税“征多少、扣多少”的机制原理，进口环节增值税理应作为进项税额抵扣。

（1）从海关取得的海关进口增值税专用缴款书上注明的增值税额准予抵扣，与专用缴款书上的税率无关。

目前货物进口环节的增值税是由海关负责代征的，试点纳税人在进口货物办理报关进口手续时，需向海关申报缴纳进口增值税并从海关取得完税证明，其取得的海关进口增值税专用缴款书上注明的增值税额准予抵扣。

（2）试点纳税人取得海关进口增值税专用缴款书，按照《国家税务总局 海关总署关于实行海关进口增值税专用缴款书“先比对后抵扣”管理办法有关问题的公告》（国家税务总局 海关总署公告2013年第31号）执行“先比对，后抵扣”政策。

（3）纳税人进口货物时从海关取得。纳税人应自开具之日起180天内申请稽核比对，逾期不予抵扣。对稽核比对结果为相符的，纳税人应在税务机关提供稽核比对结果的当月纳税申报期内申报抵扣，逾期不予抵扣。

其中：海关进口增值税专用缴款书180天的期限是指：报送日期 - 填发日期≤180天。

（4）稽核比对的结果分为相符、不符、滞留、缺联、重号五种，结果为“相符”的属于比对正常可以抵扣，其余结果均属于比对结果异常，不能直接抵扣。

对于稽核比对结果为不符、缺联的海关缴款书，纳税人应于产生稽核结果的180日内，持海关缴款书原件向主管税务机关申请数据修改或者核对，逾期的其进项税额不予抵扣。属于纳税人数据采集错误的，数据修改后再次进行稽核比对；不属于数据采集错误的，纳税人可向主管税务机关申请数据核对，主管税务机关会同海关进行核查。经核查，海关缴款书票面信息与纳税人实际进口货物业务一致的，纳税人应在收到主管税务机关书面通知的次月申报期内申报抵扣，逾期的其进项税额不予抵扣。

对于稽核比对结果为重号的海关缴款书，由主管税务机关进行核查。经核查，海关缴款书票面信息与纳税人实际进口货物业务一致的，纳税人应在收到税务机关书面通知的次月申报期内申报抵扣，逾期的其进项税额不予抵扣。

对于稽核比对结果为滞留的海关缴款书，可继续参与稽核比对，纳税人不需申请数据核对。

（5）委托代理进口的，对代理进口单位和委托进口单位，只准予其中取得专用缴款书原件的单位抵扣。

（6）海关税款专用缴款书号码第19位应为“-”或“\”，第20位应当为“L”。如果是其他字符如A、C、I、Y、V，则不属于进口增值税专用缴款书，不得抵扣。

3. 农产品收购发票

一般纳税人购进农产品抵扣进项税额存在五种情况：

（1）从一般纳税人购进农产品，按照取得的增值税专用发票上注明的增值税额。应在开具之日起180日内到办理认证，并在认证通过的次月申报期内，向主管税务机关申报抵扣进项税额。

【例264】2016年5月，某餐饮业一般纳税人购入肉鸡加工成香辣鸡丁进行销售，取得增值税专用发票。专用发票列明的不含税金额为100 000元，税率为13%，则纳税人当期允许抵扣农产品增值税进项税额为：100 000×13%＝13 000（元）。

另会计处理（企业购进农产品时，按买价或收购价扣除进项税额后的差额借记“原材料”等科目，按计算的进项税额借记“应缴税费——应缴增值税（进项税额）”科目，按买价或收购价贷记“银行存款”等科目）：

借：原材料	100 000	
应缴税费——应缴增值税——进项税额	13 000	
贷：银行存款		113 000

（2）进口农产品，按照取得的海关进口增值税专用缴款书上注明的增值税额。实务中，应在开具之日起180日内到办理认证，并在认证通过的次月申报期内，向主管税务机关申报抵扣进项税额；申报时需要提供符合抵扣条件且在本期申报抵扣的海关进口增值税专用缴款书的复印件。

（3）自农业生产者购进自产农产品以及自小规模纳税人购入农产品（不含享受批发零售环节免税政策的鲜活肉蛋产品和蔬菜），按照取得的销售农产品的增值税普通发票上注明的农产品买价和13%的扣除率计算的进项税额。

①农业生产者销售自产免税农产品开具的农产品销售发票，可以按规定计算抵扣进项税额。

其中农业生产者，包括从事农业生产的单位和个人。

②根据《财政部　国家税务总局关于农民专业合作社有关税收政策的通知》（财税〔2008〕81号），对农民专业合作社销售本社成员生产的农业产品，视同农业生产者销售自产农业产品免征增值税。因此，农民专业合作社销售免税农产品开具的农产品销售发票，可以按规定计算抵扣进项税额。

③纳税人批发零售蔬菜、鲜活肉蛋等免税农产品开具的农产品销售发票，不得计算抵扣进项税额。

“免税农产品开具的农产品销售发票”的税率栏和税额栏是“***”，或者是0。

④对不享受免税政策的批发、零售纳税人，依照3%征收率按简易办法计算缴纳增值税而自行开具或委托税务机关代开的农产品销售发票，可以计算抵扣进项税额。

其中从批发、零售环节购进初级农产品，取得增值税普通发票上“税额栏”有数据的，可以按照农产品买价和13%扣除率计算抵扣进项税额：“税额栏”数据为“0”或“***”的，不得计算抵扣进项税额。

⑤特别提醒向小规模纳税人购进农产品，可取得对方开具的增值税普通发票，并按照增值税普通发票上注明的农产品买价和13%的扣除率计算进项税额。

⑥按照计算抵扣“增值税普通发票”和“农产品收购发票”没有规定抵扣期限。

⑦申报时需要提交的资料：购进农产品取得的普通发票的复印件。

（4）向农业生产者个人收购其自产农产品，按照收购单位自行开具农产品收购发票上注明的农产品买价和13%的扣除率计算的进项税额。

另根据《财政部　国家税务总局关于农民专业合作社有关税收政策的通知》（财税〔2008〕81号）文件规定，增值税一般纳税人从农民专业合作社购进的免税农业产品，可按13%的扣除率计算抵扣增值税进项税额。

【例265】《国家税务总局关于明确营改增试点若干征管问题的公告》（国家税务总局公告2016年第26号）规定，餐饮行业一般纳税人购进农业生产者自产农产品，可以使用国税机关监制的农产品收购发票，按照现行规定计算抵扣进项税额，也就是餐饮企业可开具农产品收购发票（系统在发票左上角自动打印“收购”字样），并按照增值税普通发票上注明的农产品买价和13%的扣除率计算进项税额。

有条件的地区，应积极在餐饮行业推行农产品进项税额核定扣除办法，按照《财政部　国家税务总局关于在部分行业试行农产品增值税进项税额核定扣除办法的通知》（财税〔2012〕38号，以下简称“38号文”）有关规定计算抵扣进项税额。

因此，对于在餐饮行业没有推行农产品进项税额核定扣除办法（以下简称核定扣除办法）的地区，餐饮行业一般纳税人可以在收购农产品时开具农产品收购发票，并按规定计算抵扣。推行核定扣除办法后，则按核定扣除办法执行。

①纳税人收购农业生产者自产农业产品的应严格按规定开具农产品收购发票，对收购的货物非农业生产者自产免税农业产品的，应要求销售方开具发票。

②申报时需要提交的资料：已开具的农产品收购凭证的存根联或报查联。

③农产品收购发票没有规定抵扣期限。

④计算抵扣：进项税额 = 买价 × 扣除率

【例266】 2016年5月28日，某餐饮业一般纳税人收购农户1 000元的蔬菜并开具了农产品收购发票，款项通过现金支付给农户：

借：原材料　870

　　应缴税费——应缴增值税（进项税额）　130

　　贷：库存现金　1 000

（5）按照《财政部、国家税务总局关于在部分行业试行农产品增值税进项税额核定扣除办法的通知》（财税〔2012〕38号）规定，生产销售液体乳及乳制品、酒及酒精、植物油实行核定扣除。《国家税务总局关于在部分行业试行农产品增值税进项税额核定扣除办法有关问题的公告》（国家税务总局公告2012年第35号）明确了具体核定方法。

后续《财政部、国家税务总局关于扩大农产品增值税进项税额核定扣除试点行业范围的通知》（财税〔2013〕57号）规定，各地可根据实际情况自行扩大核定扣除范围。

4. 中华人民共和国税收完税凭证

纳税人购买境外单位或者个人提供的服务、转让的无形资产或者不动产，从税务机关或者扣缴义务人取得的解缴税款的完税凭证上注明的增值税额准予抵扣。

（1）“完税凭证”至少包括《税收缴款书》和《税收完税证明》两种票证。

（2）“完税凭证”凭证的理解：境外单位或者个人赚了境内企业的钱，按照税收管辖权，应该在境内缴税，如果其不在境内，境内代理人或接受服务企业要去税务机关代扣代缴；同时企业接受境外单位或者个人提供的应税服务，就相当于企业的成本/费用，可以正常抵扣；

（3）“完税凭证”凭证没有抵扣期限；

（4）境外单位或者个人在境内提供应税服务，在境内未设有经营机构的，扣缴义务人按照下列公式计算应扣缴税额：

应扣缴税额 = 接受方支付的价款 ÷（1 + 税率）× 税率

注意：上述公式中是“税率”，按照应税服务对应的税率，不是征收率。

（5）只有应税行为的代扣代缴税款可以凭完税凭证抵扣，且需要具备书面合同、付款证明和境外单位的对账单或者发票。否则，进项税额不得从销项税额中抵扣。

5. 过路过桥费取得普通发票

《财政部、国家税务总局关于进一步明确全面推开营改增试点有关劳务派遣服务、收费公路通行费抵扣等政策的通知》（财税〔2016〕47 号）和《财政部、国家税务总局关于收费公路通行费增值税抵扣有关问题的通知》（财税〔2016〕86 号）关于“收费公路通行费抵扣及征收政策”规定：

2016 年 5 月 1 日起（停止执行时间另行通知），一般纳税人支付的道路、桥、闸通行费，暂凭取得的通行费发票（不含财政票据，下同）上注明的收费金额按照下列公式计算可抵扣的进项税额：

高速公路通行费可抵扣进项税额 = 高速公路通行费发票上注明的金额 ÷（1 + 3%）× 3%

一级公路、二级公路、桥、闸通行费可抵扣进项税额 = 一级公路、二级公路、桥、闸通行费发票上注明的金额 ÷（1 + 5%）× 5%

通行费，是指有关单位依法或者依规设立并收取的过路、过桥和过闸费用。

（1）自 2016 年 5 月 1 日至 7 月 31 日，一般纳税人支付的道路、桥、闸通行费，暂凭取得的通行费发票计算抵扣进项税额，其中不含财政票据，也就是说取得财政票据收费公路通行费不能计算抵扣进项税额。

取得财政票据，属于不能计算抵扣进项税额，但是可以作为记账凭证和企业所得税税前扣除凭证，也就是说按照不能抵扣账务处理。

（2）目前我国增值税实行购进扣税法，也就是纳税人发生应税行为时按照销售额计算销项税额，购进货物、劳务、服务、无形资产或不动产时，以支付或负担的税款为进项税额，同时允许从销项税额中抵扣进项税额。

所以取得财政票据，属于非税收入，也就是说未支付或负担税款，所以未纳入抵扣范围。

支付的高速公路通行费，由于财税〔2016〕36号文件规定，公路经营企业中的一般纳税人收取试点前开工的高速公路的车辆通行费，可以选择适用简易计税方法，减按3%的征收率计算应纳税额，在全面营改增初期，大部分公路经营企业中的一般纳税人收取试点前开工的高速公路的车辆通行费会选择简易计税，所以计算高速公路通行费可抵扣进项税额公式：高速公路通行费可抵扣进项税额=高速公路通行费发票上注明的金额÷(1+3%)×3%。

支付的一级公路、二级公路、桥、闸通行费，由于财税〔2016〕47号文件规定，一般纳税人收取试点前开工的一级公路、二级公路、桥、闸通行费，可以选择适用简易计税方法，按照5%的征收率计算缴纳增值税，在全面营改增初期，大部分一般纳税人收取试点前开工的一级公路、二级公路、桥、闸通行费会选择简易计税，所以计算一级公路、二级公路、桥、闸通行费可抵扣进项税额公式：一级公路、二级公路、桥、闸通行费可抵扣进项税额=一级公路、二级公路、桥、闸通行费发票上注明的金额÷(1+5%)×5%。

（2）财政票据、增值税普通发票和营业税发票的区别，看票据监制章，财政票据上监制章印有“财政票据监制章中央或××省市财政部监制”的字样，增值税发票上监制章印有“全国统一发票监制章××省市国家税务总局监制”的字样，营业税发票上监制章印有“全国统一发票监制章××省市地方税务局监制”的字样。

（3）取得的通行费发票计算抵扣进项税额，也就是说取得增值税普通发票也属于增值税抵扣凭证，不需要认证，是按照发票上注明的金额计算抵扣。

发生在2016年5月1日至2016年6月30日之间的通行费，可以凭取得营业税发票计算抵扣进项税额，是按照发票上注明的金额计算抵扣。

（4）通过ETC方式支付的过路费，一般纳税人ETC充值卡充值时并未实际接受道路通行服务，取得增值税普通发票或财政票据，上述增值税普通发票不属于“通行费发票”，不得计算抵扣进项税额，要抵扣进项税额，通过 ETC 方式支付的过路费必须取得增值税专用发票，实务中很难取得。

【例 267】 第一个问题：公司的车辆统一办理了 ETC 卡充值，充值后取得的发票能否按照过路过桥费计算抵扣？第二个问题：现在公司 ETC 卡充值后取得发票是增值税普通发票。能否按照财税 2016 年 47 号文件的规定执行。

第一问：ETC 充值卡充值时并未实际接受道路通行服务，其充值取得的发票，不能按照过路过桥费计算抵扣。

第二问：财税〔2016〕47 号文件中收费公路通行费抵扣政策中所指的可计算抵扣的通行费发票是指有关单位依法或者依规设立并收取的过路、过桥和过闸费用所开具的发票（不含财政票据）。如您公司取得的增值税普通发票属于上述发票，可按现行规定计算抵扣增值税。

摘自《2016 年 7 月 8 日上午 9:30 国家税务总局在税务总局网站开展一期以“20 条服务新举措全面助力营改增”为主题的在线访谈文字实录》。

备注：财税〔2016〕86 号文件作为财税〔2016〕47 号文件的政策延续，没有发生大的变化。

（5）注意区分取得通行费发票属于高速公路通行费发票还是一级公路、二级公路、桥、闸通行费发票，实务中建议从发票票面信息区分，是否有“高速公路”、“一级公路”、“二级公路”、“桥、闸通行费”字眼，如果上述字眼都没有，从税务风险角度来考虑，建议都按照高速公路通行费发票计算抵扣进项税额。

（6）一般纳税人支付道路、桥、闸通行费，按照政策规定，以取得的通行费发票（不含财政票据）上注明的收费金额计算的可抵扣进项税额，填入《增值税纳税申报表附列资料（二）》（本期进项税额明细）第 8 栏“其他”。

同时填报《本期抵扣进项税额结构明细表》第 30 栏“通行费的进项”。

【例 268】 某增值税运输企业一般纳税人，2016 年 8 月份支付的高速公路通行费为 12.3 万元，其中 10.3 万元取得了相应的通行费发票，2 万元取得财政票据；一级公路、二级公路、桥、闸通行费共计 13.6 万元，其中 10.5 万元取得了相应的通行费发票，3.1 万元取得财政票据，以 ETC 方式支付的过路费支付 2 万元。

①发生的高速公路通行费为 12.3 万元，其中 10.3 万元取得了相应的通行

费发票，可以计算可抵扣进项税额，2 万元取得财政票据不能计算可抵扣进项税额，按照不能抵扣进项税额账务处理。

发生的高速公路通行费可抵扣进项税额 = 高速公路通行费发票上注明的金额 ÷ (1 + 3%) × 3% = 10.3 ÷ (1 + 3%) × 3% = 0.3（万元）。

②发生的一级公路、二级公路、桥、闸通行费为 13.6 万元，其中 10.5 万元取得了相应的通行费发票，可以计算可抵扣进项税额，3.1 万元取得财政票据不能计算可抵扣进项税额，按照不能抵扣进项税额账务处理。

一级公路、二级公路、桥、闸通行费可抵扣进项税额 = 一级公路、二级公路、桥、闸通行费发票上注明的金额 ÷ (1 + 5%) × 5% = 10.5 ÷ (1 + 5%) × 5% = 0.5（万元）。本月可抵扣的收费公路通行费合计为 0.8 万元。

③ETC 方式支付的过路费支付 2 万元，并未实际接受道路通行服务，取得增值税普通发票或财政票据，上述增值税普通发票不属于“通行费发票”。

申报表填写

将 0.8 万元填入《增值税纳税申报表（一般纳税人适用）》附列资料（二）（见表 6）第八栏“税额”一列。同时填入《本期抵扣进项税额结构明细表》（见表 7）第 30 栏“通行费的进项”税额一列。

表 6　　增值税纳税申报表附列资料（二）

一、申报抵扣的进项税额

项目	栏次	份数	金额	税额
（一）认证相符的增值税专用发票	1=2+3			
其中：本期认证相符且本期申报抵扣	2			
前期认证相符且本期申报抵扣	3			
（二）其他扣税凭证	4=5+6+7+8			8 000
其中：海关进口增值税专用缴款书	5			
农产品收购发票或者销售发票	6			
代扣代缴税收缴款凭证	7		——	
其他	8			8 000
（三）本期用于购建不动产的扣税凭证	9			
（四）本期不动产允许抵扣进项税额	10	——	——	
（五）外贸企业进项税额抵扣证明	11	——	——	
当期申报抵扣进项税额合计	12=1+4-9+10+11			8 000

表 7　　本期抵扣进项税额结构明细表

二、按抵扣项目归集的进项

用于购建不动产并一次性抵扣的进项	29		
通行费的进项	30		8 000
	31		
	32		

（7）会计处理。

借：成本/费用科目［通行费发票上注明的金额÷(1+3%/5%)］

应缴税费——应缴增值税——进项税额（通行费发票上注明的金额÷(1+3%/5%)×3%/5%）

贷：银行存款/现金（通行费发票上注明的金额）

（九）固定资产、无形资产、不动产进项税额转入

自2016年5月1日起，按照相关规定不得抵扣且未抵扣进项税额的固定资产、无形资产、不动产，发生用途改变，用于允许抵扣进项税额的应税项目，可在用途改变的次月按照下列公式计算可以抵扣的进项税额：

可以抵扣的进项税额=固定资产、无形资产、不动产净值/(1+适用税率)×适用税率

上述可以抵扣的进项税额应取得合法有效的增值税扣税凭证。

【例269】2017年2月3日，一般纳税人纳税人购进一套食堂设备用于员工食堂，属于用于集体福利，不能进项税额抵扣，同时取得该套设备增值税专用发票，并认证相符进项税额转出。2017年8月，该员工食堂对外经营，取得餐饮收入，属于食堂设备改变用途，固定资产兼用一般计税方法项目和集体福利，也就属于用于允许抵扣项目，则在2017年9月份（用途改变的次月）需要按照食堂设备净值计算可抵扣进项税额。

1．“相关规定”是财税〔2016〕36号文件附件1第二十七条第（一）项规定：

用于简易计税方法计税项目、免征增值税项目、集体福利或者个人消费的购进货物、加工修理修配劳务、服务、无形资产和不动产。其中涉及的固定资产、无形资产、不动产，仅指专用于上述项目的固定资产、无形资产（不包括其他权益性无形资产）、不动产。

纳税人的交际应酬消费属于个人消费。

2．小规模纳税人期间购进的固定资产、无形资产、不动产，按规定不能抵扣进项税额，不属于上述“相关规定”不能抵扣进项税额情形，也就是说成为一般纳税人后，“小规模纳税人期间购进的固定资产、无形资产、不动产”不能按照上述规定计算可抵扣的进项税额。

3．财税〔2016〕36号文件规定，自2016年5月1日起执行上述规定，也

就是说一般纳税人在2016年5月1日后取得“可以抵扣的进项税额应取得合法有效的增值税扣税凭证”，不能执行相关上述规定。

4. 进项税额转入仅限于企业购买固定资产、无形资产、不动产产生的进项税额。

5. 可以抵扣的进项税额应取得合法有效的增值税扣税凭证，其中增值税扣税凭证，是指增值税专用发票、海关进口增值税专用缴款书、农产品收购发票、农产品销售发票和完税凭证。

也就是说，购买时产生的进项税额即使不能抵扣，也要取得增值税扣税凭证，并按规定在规定的时间内认证，然后作进项税额转出，发生用途改变，用于允许抵扣进项税额的应税项目，再计算进项税额转入。

【例270】建筑业一般纳税人的老项目选择简易计税，不能抵扣进项税，项目上购买的设备也不能抵扣进项税额，如项目结束后用于一般计税方法的项目，就发生用途变化，可以按照相关规定计算抵扣进项税额，同时要求“可以抵扣的进项税额应取得合法有效的增值税扣税凭证”

因此，为避免用途发生转变时，因取得增值税专用发票未认证造成无法抵扣进项税额，建筑业纳税人取得固定资产、无形资产或者不动产专用于简易计税项目的，应将专用发票认证但不进行抵扣，待转变用途时据以计算进项税额。

6. 特别提醒：上述政策也适用所有一般纳税人，包括原一般纳税人。

7. 计算公式

可以抵扣的进项税额 = 固定资产、无形资产、不动产净值/(1 + 适用税率) × 适用税率

(1) 固定资产、无形资产或者不动产净值，是指纳税人根据财务会计制度计提折旧或摊销后的余额。

财务会计制度计规定，当月增加的固定资产，当月不计提折旧，从下月起计提折旧；当月减少的固定资产，当月仍计提折旧，从下月起不计提折旧。所有上述公式中，固定资产及不动产计算“净值”，是计提发生用途改变当月折旧后的净值。

财务会计制度规定，无形资产的摊销期限自其可供使用时开始至终止确认时止，取得当月起在预计使用年限内系统合理摊销，处置无形资产的当月不再摊销。即当月增加的无形资产，当月开始摊销；当月减少的无形资产，当月不

再摊销。所有上述公式中，无形资产计算“净值”，是没有发生用途改变当月折旧的净值。

上述公式中“净值”根据财务会计制度计提折旧或摊销后的余额，如果固定资产、无形资产、不动产净值计提减值准备，不需要减去减值准备，只需要考虑折旧或摊销后的余额，也不是企业所得税计税基础的概念。

（2）公式中“固定资产、无形资产、不动产净值/(1+适用税率)”，因为固定资产、无形资产、不动产净值不能抵扣，所以按照财务会计制度，其原值属于含税价，要计算可抵扣增值税，要除以（1+适用税率）进行换算成不含税价。

8. 申报表填写

纳税人按照规定不得抵扣且未抵扣进项税额的固定资产、无形资产、不动产，发生用途改变，用于允许抵扣进项税额的应税项目，可在用途改变的次月将按公式计算出的可以抵扣的进项税额，填入《增值税纳税申报表附列资料（二）（本期进项税额明细）》第8栏“其他”的“税额”栏。

【例271】某增值税一般纳税人于2016年6月5日购进办公楼1座，共计1 110万元（含税）。该大楼专用于进行技术开发使用，取得的收入均为免税收入，记入“固定资产”项目，并于次月开始计提折旧，假定分10年计提折旧，无残值。6月20日，该纳税人取得购买该大楼的增值税专用发票，专用发票注明的金额为1 000万元，税额110万元。2017年6月，纳税人将该大楼改变用途，用于允许抵扣项目，则需要按照不动产净值计算可抵扣进项税额后分期抵扣。

（1）政策规定。按照规定不得抵扣进项税额的不动产，发生用途改变，用于允许抵扣进项税额项目的，按照下列公式在改变用途的次月计算可抵扣进项税额。

可抵扣进项税额=增值税扣税凭证注明或计算的进项税额×不动产净值率

依照本条规定计算的可抵扣进项税额，应取得2016年5月1日后开具的合法有效的增值税扣税凭证。

按照本条规定计算的可抵扣进项税额，60%的部分于改变用途的次月从销项税额中抵扣，40%的部分为待抵扣进项税额，于改变用途的次月起第13个月从销项税额中抵扣。

（2）注意事项。上述政策所指的次月是改变用途的次月所属期，非申报期。

（3）数据计算。

不动产净值 = 不动产原值 - 累计折旧

=1 110 - 1 110 ÷ (10 × 12) × 12

=999 (万元)

不动产净值率 = (不动产净值 ÷ 不动产原值) × 100%

=999 ÷ 1 110 = 90%

可抵扣进项税额 = 增值税扣税凭证注明税额 × 不动产净值率

=110 × 90% = 99 (万元)

2017 年 7 月 (所属期) 申报抵扣进项税额

当期进项税额 = 可抵扣进项税额 × 60%

=99 × 60% = 59.4 (万元)

待抵扣进项税额 = 可抵扣进项税额 × 40% = 99 × 40% = 39.6 (万元)

(4) 表样填写。在 2017 年 8 月申报期申报 7 月所属期增值税时。

①填写《增值税纳税申报表附列资料(五)》(不动产分期抵扣计算表)(见表 8)。

将可抵扣的进项税额 990 000 元填入第 2 列"本期不动产进项税额增加额",本期应抵扣的 594 000 元填入第 3 列"本期可抵扣不动产进项税额",待抵扣进项数额 396 000 元填入第 6 列"期末待抵扣不动产进项税额"(期初待抵扣不动产本期不动产进项税本期可抵扣不动产本期转入的待抵扣本期转出的待抵扣期末待抵扣不动产进项税额)。

表 8　　增值税纳税申报表附列资料(五)

期初待抵扣不动产进项税额	本期不动产进项税额增加额	本期可抵扣不动产进项税额	本期转入的待抵扣不动产进项税额	本期转出的待抵扣不动产进项税额	期末待抵扣不动产进项税额
1	2	3≤1+2+4	4	5≤1+4	6=1+2-3+4-5
0	990 000	594 000	0	0	396 000

2017 年 8 月～2018 年 6 月所属期第 1 列"期初待抵扣不动产进项税额"和第 6 列"期末待抵扣不动产进项税额"填列 396 000。

②填写《增值税纳税申报表附列资料(二)》(本期进项税额明细)(见表 9)。

将可抵扣的进项税额 990 000 元填入第 8 栏"其他"和第 9 栏"本期用于购建不动产的扣税凭证"。本期应抵扣的 594 000 元填入第 10 栏"本期不动产允许抵扣进项税额"。

表 9　　本期进项税额明细

一、申报抵扣的进项税额				
项目	栏次	份数	金额	税额
（一）认证相符的增值税专用发票	1=2+3			
其中：本期认证相符且本期申报抵扣	2			
前期认证相符且本期申报抵扣	3			
（二）其他扣税凭证	4=5+6+7+8	1	9 000 000	990 000
其中：海关进口增值税专用缴款书	5			
农产品收购发票或者销售发票	6			
代扣代缴税收缴款凭证	7		——	
其他	8	1	9 000 000	990 000
（三）本期用于购建不动产的扣税凭证	9	1	9 000 000	990 000
（四）本期不动产允许抵扣进项税额	10	——	——	594 000
（五）外贸企业进项税额抵扣证明	11	——	——	
当期申报抵扣进项税额合计	12=1+4-9+10+11			594 000

③填写《增值税纳税申报表（一般纳税人适用）》（见表 10）。

表 10　　增值税纳税申报表（一般纳税人适用）

一、申报抵扣的进项税额				
项目	栏次	份数	金额	税额
（一）认证相符的增值税专用发票	1=2+3			
其中：本期认证相符且本期申报抵扣	2			
前期认证相符且本期申报抵扣	3			
（二）其他扣税凭证	4=5+6+7+8	1	9 000 000	990 000
其中：海关进口增值税专用缴款书	5			
农产品收购发票或者销售发票	6			
代扣代缴税收缴款凭证	7		——	
其他	8	1	9 000 000	990 000
（三）本期用于购建不动产的扣税凭证	9	1	9 000 000	990 000
（四）本期不动产允许抵扣进项税额	10	——	——	594 000
（五）外贸企业进项税额抵扣证明	11	——	——	
当期申报抵扣进项税额合计	12=1+4-9+10+11			594 000

在 2018 年 8 月申报期申报 7 月所属期增值税时，暂不考虑其他业务。

①填写《增值税纳税申报表附列资料（五）》（不动产分期抵扣计算表）（见表 11）。

表 11　　增值税纳税申报表附列资料（五）

项　目		栏次	一般项目	
			本月数	本年累计
税款计算	销项税额	11		
	进项税额	12	594 000	
	上期留抵税额	13		
	进项税额转出	14		
	免、抵、退应退税额	15		
	按适用税率计算的纳税检查应补缴税额	16		
	应抵扣税额合计	17=12+13-14-15+16	594 000	——

②填写《增值税纳税申报表附列资料（二）》（本期进项税额明细）（见表12）。

表 12　　本期进项税额明细

一、申报抵扣的进项税额				
项目	栏次	份数	金额	税额
（一）认证相符的增值税专用发票	1=2+3			
其中：本期认证相符且本期申报抵扣	2			
前期认证相符且本期申报抵扣	3			
（二）其他扣税凭证	4=5+6+7+8			
其中：海关进口增值税专用缴款书	5			
农产品收购发票或者销售发票	6			
代扣代缴税收缴款凭证	7		—	
其他	8			
（三）本期用于购建不动产的扣税凭证	9			
（四）本期不动产允许抵扣进项税额	10	—	—	396 000
（五）外贸企业进项税额抵扣证明	11	—	—	
当期申报抵扣进项税额合计	12=1+4-9+10+11			396 000

③填写《增值税纳税申报表（一般纳税人适用）》（见表13）。

表 13　　增值税纳税申报表（一般纳税人适用）

项目		栏次	一般项目		即征即退项目	
			本月数	本年累计	本月数	本年累计
销售额	（一）按适用税率计税销售额	1				
	其中：应税货物销售额	2				
	应税劳务销售额	3				
	纳税检查调整的销售额	4				
	（二）按简易办法计税销售额	5				
	其中：纳税检查调整的销售额	6				
	（三）免、抵、退办法出口销售额	7			—	—
	（四）免税销售额	8			—	—
	其中：免税货物销售额	9			—	—
	免税劳务销售额	10			—	—
税款计算	销项税额	11				
	进项税额	12	396 000	396 000		
	上期留抵税额	13				—
	进项税额转出	14				
	免、抵、退应退税额	15			—	—
	按适用税率计算的纳税检查应补缴税额	16			—	—
	应抵扣税额合计	17=12+13-14-15+16		—		—
	实际抵扣税额	18（如17<11，则为17，否则为11）				
	应纳税额	19=11-18				
	期末留抵税额	20=17-18	396 000			—
	简易计税办法计算的应纳税额	21				
	按简易计税办法计算的纳税检查应补缴税额	22			—	—
	应纳税额减征额	23				
	应纳税额合计	24=19+21-23				

（十）留抵税额实务理解

1. 当销项税额小于进项税额时，不足抵扣的部分就是留抵税额，其可以结转下期继续抵扣，即待下期与下期进项税额一并从下期销项税额中抵扣。

【例 272】房地产企业一般纳税人，2017 年 1 月份当月外购办公用品 10 万元并取得增值税专用发票（不含税额，下同）、支付电话费及上网费 2 万元并取得增值税专用发票、支付员工职工教育经费的培训费 5 万元并取得增值税专用发票、购入小汽车 20 万元（不含税金额，取得机动车销售统一发票上注明的增值税额为 3.4 万元），由于 2017 年 1 月未销售房地产，没有取得任何销售额，则该企业 2017 年 1 月份认证当月取得增值税专用发票。

产生的进项税额 $=10\times17\%+2\times6\%+5\times6\%+20\times17\%=5.52$（万元）

上述 5.52 万元的进项税额就是留抵税额，可以结转下期继续抵扣，即待下期与下期进项税额一并从下期销项税额中抵扣。

2. 留抵税额没有抵扣期限，也就是只要一般纳税人续存期间都可从销项税额中抵扣，即使企业清算时存在销项税额，也可从销项税额中抵扣。

3.《财政部 国家税务总局关于增值税若干政策的通知》（财税〔2005〕165 号）第六条规定，一般纳税人注销或被取消辅导期一般纳税人资格，转为小规模纳税人时，其存货不作进项税额转出处理，其留抵税额也不予以退税。

4. 实务操作中的误区

（1）当期销项税额小于进项税额时，取得增值税扣税凭证也可以按照规定认证抵扣，不存在“浪费进项税额”，认证且申报的“多余进项税额”，该“多余进项税额”就是期末留抵税额，其可以结转下期继续抵扣。

从另外一个角度，不考虑企业其他问题，当期取得增值税扣税凭证，认证抵扣了，虽然当期没有抵扣完，由于留抵税额没有抵扣期限，也算进“保险”，如果取得增值税扣税凭证，没有认证抵扣，有认证期限 180 天的限制，也就是说取得增值税扣税凭证最好当期认证抵扣。

（2）当期销项税额小于进项税额时，取得增值税扣税凭证按照规定认证后，根据国税函〔2009〕617 号文件规定“在认证通过的次月申报期内，向主管税务机关申报抵扣进项税额”，也就是说哪怕“当期销项税额小于进项税额时”，也一定要按期申报抵扣。

5. 一般纳税人进项留抵税额增值税欠税

《国家税务总局关于一般纳税人用进项留抵税额抵减增值税欠税问题的通知》（国税发〔2004〕112 号）文件规定：对纳税人因销项税额小于进项税额而产生期末留抵税额的，应以期末留抵税额抵减增值税欠税。

《国家税务总局关于增值税进项留抵税额抵减增值税欠税有关处理事项的通知》（国税函〔2004〕1197 号）规定，抵减欠缴税款时，应按欠税发生时间逐笔抵扣，先发生的先抵。抵缴的欠税包含呆账税金及欠税滞纳金。确定实际抵减金额时，按填开《通知书》的日期作为截止期，计算欠缴税款的应缴未缴滞纳金金额，应缴未缴滞纳金金额加欠税金额为欠缴总额。若欠缴总额大于期末留抵税额，实际抵减金额应等于期末留抵税额，并按配比方法计算抵减的欠税和滞纳金；若欠缴总额小于期末留抵税额，实际抵减金额应等于欠缴总额。

（十一）进项税额抵扣中的资金流实务讨论

1. 政策规定

（1）《国家税务总局关于加强增值税征收管理若干问题的通知》（国税发〔1995〕192 号）第一条第三款规定，纳税人购进货物或应税劳务，支付运输费用，所支付款项的单位，必须与开具抵扣凭证的销货单位、提供劳务的单位一致，才能够申报抵扣进项税额，否则不予抵扣。

（2）《国家税务总局关于诺基亚公司实行统一结算方式增值税进项税额抵扣问题的批复》（国税函〔2006〕1211 号）规定，对诺基亚各分公司购买货物从供应商取得的增值税专用发票，由总公司统一支付货款，造成购进货物的实际付款单位与发票上注明的购货单位名称不一致的，不属于《国家税务总局关于加强增值税征收管理若干问题的通知》（国税发〔1995〕192 号）第一条第（三）款有关规定的情形，允许其抵扣增值税进项税额。

（3）《国家税务总局关于纳税人对外开具增值税专用发票有关问题的公告》（国家税务总局公告 2014 年第 39 号）规定，纳税人通过虚增增值税进项税额偷逃税款，但对外开具增值税专用发票同时符合以下情形的，不属于对外虚开增值税专用发票：

一、纳税人向受票方纳税人销售了货物，或者提供了增值税应税劳务、应税服务；

二、纳税人向受票方纳税人收取了所销售货物、所提供应税劳务或者应税服务的款项，或者取得了索取销售款项的凭据；

三、纳税人按规定向受票方纳税人开具的增值税专用发票相关内容，与所销售货物、所提供应税劳务或者应税服务相符，且该增值税专用发票是纳税人合法取得、并以自己名义开具的。

受票方纳税人取得的符合上述情形的增值税专用发票，可以作为增值税扣税凭证抵扣进项税额。

【例 273】 一般纳税人企业从 A 钢料生产企业购进钢料一批，通过 B 货运公司运输。如果从 A 钢料生产企业、B 货运公司取得了抵扣凭证，那么支付钢料款和运输费用的对象必须分别为 A 钢料生产企业、B 货运公司，如果两者不一致，则取得增值税专用发票抵扣凭证就无法抵扣进项税额。

2. 税务稽查案例

《理解政策有误违规抵扣被查》

摘自《中国税务报》（刘忠月　张立东）2014 年 10 月

目前，吉林省大安市东方风电公司违反规定抵扣税款，受到大安市国税局稽查局的查处，被依法追缴税款及滞纳金 462.66 万元。

大安市国税局稽查局 3 名稽查员到大安市东方风电公司开展专项检查时，发现该公司银行存款和应付账款均较上年大幅增加。既然资金状况较好，为何不及时支付货款？带着疑问，稽查人员以调查核实其资金往来情况为突破口，展开了对该公司的深入检查。

稽查人员获取了该公司购进货物取得相关增值税专用发票的信息，发现该公司可能存在取得收款方与开票方不一致的进项增值税专用发票的问题。为此，稽查人员对有关账户和相关凭证一一展开分析，通过比对，他们发现该公司 2012 年从大安风电设备有限公司购进风电叶片后，只将货款的一小部分直接支付给开票方大安风电设备有限公司，而其余款项未支付，应付账款却挂在非开票单位天津某风电叶片工程有限公司账上。

稽查人员约谈了该公司相关业务的经办人员。经过耐心地税法宣传教育，相关人员交代了这些增值税专用发票的来龙去脉。原来，2012 年 2 月 27 日，大安市东方风电公司、大安风电设备有限公司和天津某风电叶片工程有限公司 3 家企业签订了《三方抵款协议》。根据《三方抵款协议》内容，大安市东方风电公司向天津某风电叶片工程有限公司支付风电叶片货款 2 376.03 万元。其余款项 450.75 万元直接支付给大安风电设备有限公司。财务会计解释称，由于平时对税收政策学习不够，对政策理解出现了偏差，以为既然签订了《三方抵款协议》，尽管支付货款的单位与开具增值税专用发票的销货单位不一致，也是可以申报抵税的。该会计主动向税务人员承认错误，愿意接受税务机关的处理。

同时，稽查人员分别从开票、受票单位的资金运作情况展开协查取证，并向开票单位所在地税务机关发出协查函，通过货款取得与支付情况进行比对，核实实际交易记录，确认了该公司违规抵扣进项税额造成少缴税款的事实。根据《国家税务总局关于加强增值税征收管理若干问题的通知》（国税发〔1995〕192 号）第一条第三款规定，纳税人购进货物或应税劳务，支付运输费用，所支付款项的单位，必须与开具抵扣凭证的销货单位、提供劳务的单位一致，才能够申报抵扣进项税额，否则不予抵扣。大安市国税局稽查局追缴了该公司少缴的税款及滞纳金。

3. 实务理解

（1）从国税函〔2006〕1211 号文件看出，诺基亚公司由于“分公司购买货物从供应商取得的增值税专用发票，由总公司统一支付货款”，资金流出现了国税发〔1995〕192 号文件规定“纳税人购进货物或应税劳务，支付运输费用，所支付款项的单位，与开具抵扣凭证的销货单位、提供劳务的单位不一致”的现象，按照相关规定请示国家税务总局及相关部门，可见资金流在进项税额抵扣中的条件中的“必要性”。

（2）2016 年 5 月 29 日发布《国家税务总局关于公布全文失效废止和部分条款废止的税收规范性文件目录的公告》（国家税务总局公告 2016 年第 34 号）文件，对税收规范性文件进行了清理，其中清理废止了国税发〔1995〕192 号文件第一条第（一）项废止，但是关于“购进货物或应税劳务支付货款、劳务费用的对象。纳税人购进货物或应税劳务，支付运输费用，所支付款项的单位，必须与开具抵扣凭证的销货单位、提供劳务的单位一致，才能够申报抵扣进项税额，否则不予抵扣”的条款没有废止。

（3）对于购买方来说，实务中签了三方抵款协议，到底符不符合三流合一的要求，到底让不让抵扣进项税额，一直存在争议。但是，从企业的实务和降低企业涉税风险出发，通过上述《理解政策有误违规抵扣被查》税务稽查案例，企业实务中最好不要适用三方抵款协议。

从实务复杂和简化程度，建议采用支票或者汇票背书形式，比三方抵款协议更简单。

（4）进项税额抵扣对资金流的要求，并没有要求一定要基本账户付款，企业用其他账户付款，也是满足进项税额抵扣对资金流的要求。

（5）建筑企业项目有“账户”，如果项目不属于单独的增值税纳税人，从增值税的角度，其账户也属于企业的账户，用该账户付款，属于满足进项税额抵扣对资金流的要求。如果项目属于单独的增值税纳税人（非分公司），用该账户付款，就不满足进项税额抵扣对资金流的要求。

（6）建筑施工企业在采购建筑用料的过程中，材料供应商将材料直接发至建筑施工企业，并开具增值税专用发票给建筑施工企业。由于各种原因，实务中大量存在由发包方将材料款直接支付给材料供应商，建筑施工企业为了防止不能进项税额抵扣，实务建议用支票背书或者汇票背书的处理。

（7）企业对外销售，购买方如让第三方付款，建议企业将上述案例告知购买方，同时告知将来购买方进项税额不能抵扣风险，并与销售方无关。

（8）分公司购买货物从供应商取得的增值税专用发票，由总公司统一支付货款，造成购进货物的实际付款单位与发票上注明的购货单位名称不一致的，允许抵扣增值税进项税额。

【例 274】 航空运输企业的应征增值税销售额不包括代收的机场建设费和代售其他航空运输企业客票而代收转付的价款。

【例 275】 房地产企业收到买房违约赔偿收入，销售行为成立时，买房违约赔偿收入属于价外费用，需要计算缴纳增值税；销售行为不成立时，买房违约赔偿收入属于营业外收入，不作为销售额，不需要计算缴纳增值税。

（十二）进项税额抵扣与企业所得税税前扣除关系

1. 进项税额抵扣与企业所得税税前扣除的概念

进项税额抵扣：一般纳税人采用一般计税方法计算缴纳增值税时，其购进货物、劳务、服务、无形资产或不动产时，以支付或负担的税款为进项税额，同时允许从销项税额中抵扣。

企业所得税税前扣除：按照查账征收企业所得税的企业，其实际发生的与取得收入有关的、合理的支出，包括成本、费用、税金、损失和其他支出，准予在计算应纳税所得额时扣除。

2. 进项税额抵扣与企业所得税税前扣除关系

从两者概念可以看出，进项税额抵扣和企业所得税税前扣除是两个税种的

“抵扣”和“税前扣除”，没有必然的关系和联系。

（1）《企业所得税法实施条例》第三十一条规定，企业所得税法第八条所称税金，是指企业发生的除企业所得税和允许抵扣的增值税以外的各项税金及其附加。

对于企业未实际抵扣，不管是政策规定不得抵扣原因还是企业自身的原因，由企业最终负担的增值税税款，按规定允许计入资产的成本，在当期或以后期间扣除。如我国实现的生产型增值税，企业购置固定资产所发生的增值税税款，由于不允许抵扣增值税进项税款，成为企业实际发生的支出，按规定计入购置固定资产的成本，在当期或者以后期间通过固定资产的折旧得到扣除。

《财政部、国家税务总局关于企业资产损失税前扣除政策的通知》（财税〔2009〕57号）规定：企业因存货盘亏、毁损、报废、被盗等原因不得从增值税销项税额中抵扣的进项税额，可以与存货损失一起在计算应纳税所得额时扣除。

实务操作中，其对应的增值税进项税额不得用于抵扣，应作进项税额转出。另外，损失的货物需要向税务机关申报，并经税务机关认证批准后作为税前列支事项，转出的进项税额也可随财产损失在所得税前扣除。

【例276】一般纳税人发生办公用品支出5 850元（其中税额850元），取得增值税普通发票，也就无法抵扣进项税额，该项办公用品支出账面值为5 850元，可以按规定在企业所得税税前扣除。

【例277】一般纳税人发生房租费支出5 550元（其中税额550元），取得增值税专用发票，按规定认证，但是未在认证通过的次月申报期内，向主管税务机关申报抵扣进项税额，也就没有抵扣进项税额，该项房租费支出账面值为5 850元，可以按规定在企业所得税税前扣除。

【例278】一般纳税人取得一张增值税专用发票，业务员未及时传递造成逾期未认证，只是允许抵扣的增值税不允许企业所得税税前扣除，所以未及时抵扣的增值税属于企业税前可以扣除的税金范畴，准予按规定在企业所得税税前扣除。

3. 进项税额抵扣不是以企业所得税税前扣除为前提，两者没有必然的联系，实务中不要混淆

【例279】对于一般纳税人来说，计算缴纳增值税时，其发生的职工教育经

费产生的进项税额，如培训支出产生的进项税额，可以按规定在“全额”进项税额抵扣；但是在计算缴纳企业所得税时，职工教育经费支出可以按标准在企业所得税税前扣除，即除国务院财政、税务主管部门另有规定外，企业发生的职工教育经费支出，不超过工资薪金总额 2.5% 的部分，准予扣除；超过部分，准予在以后纳税年度结转扣除。

【例 280】 对于一般纳税人来说，计算缴纳增值税时，其发生的业务招待费产生的进项税额，属于用于个人消费（包括纳税人的交际应酬消费），其进项税额“一分”也不允许抵扣；但是在计算缴纳企业所得税时，业务招待费支出可以按标准在企业所得税税前扣除，即企业发生的与生产经营活动有关的业务招待费支出，按照发生额的 60% 扣除，但最高不得超过当年销售（营业）收入的 5‰。

4. 进项税额抵扣没有“与经营活动无关”的条件限制

虽在计算缴纳企业所得税，“与经营活动无关”的支出不允许税前扣除，按照各支出分析，大部分支出产生的进项税额不能抵扣，但是不是绝对的，即进项税额抵扣没有“与经营活动无关”的条件限制。

【例 281】 计算缴纳企业所得税时，企业所得税法第十条明确，支付给行政机关的罚款、司法机关的罚金和被行政机关或司法机关没收财物的损失不得税前扣除。

计算缴纳增值税时，司法机关没收财物的损失属于非正常损失，财税〔2016〕36 号文件规定，非正常损失是指因管理不善造成货物被盗、丢失、霉烂变质，以及因违反法律法规造成货物或者不动产被依法没收、销毁、拆除的情形。同时非正常损失对应的部分进项税额不能进项税额抵扣。

【例 282】 计算缴纳企业所得税时，根据《财政部　国家税务总局关于企业手续费及佣金支出税前扣除政策的通知》（财税〔2009〕29 号）规定，企业为发行权益性证券支付给有关证券承销机构的手续费及佣金不得在税前扣除。

计算缴纳增值税时，“支付给有关证券承销机构的手续费及佣金”，不属于“向贷款方支付的与该笔贷款直接相关的投融资顾问费、手续费、咨询费等费用”，也不属于其他进项税额不能抵扣的情形，也就是其进项税额可以按规定抵扣。

（十三）过渡期进项税额抵扣

1. 用于已申报营业税或已开营业税票的部分，其对应的购进货物、加工修理修配劳务、服务、无形资产和不动产，其进项税额不得从销项税额中抵扣，即使是抵扣凭证开具日在营改增后。

【例 283】 房地产开发企业房款已申报营业税，营改增后取得的增值税专用发票，如果是用于已申报营业税的部分，其对应的建筑材料、建筑服务、设计服务不允许抵扣增值税进项税额。

2. 对于营改增纳税人，取得抵扣凭证开具日在营改增日期前或取得抵扣凭证时企业还属于营业税纳税人（小规模）纳税人，购进货物、加工修理修配劳务、服务、无形资产和不动产其进项税额不得从销项税额中抵扣。

3. 按照纳税业务发生的时间为判断标准，并非按照企业所得税或者会计处理的权责发生制来判定。

购进货物、加工修理修配劳务、服务、无形资产和不动产，纳税义务发生时间属于营改增后缴纳增值税，取得增值税专用发票抵扣凭证，可以按照相关规定抵扣进项税额；纳税义务发生时间属于营改增前，本应该缴纳营业税，在实务中即使缴纳增值税，取得增值税专用发票抵扣凭证，也不能抵扣进项税额。

【例 284】 金融企业一般纳税人（营改增前是小规模纳税人）接受其他一般纳税人提供的 2016 年度业务管理服务，与其签订的咨询合同是按季付款，约定每个季度末付当季度管理费，则应该在 2016 年 6 月末付第二季度管理费，取得对方开具增值税专用发票，虽然包含营改增前 2016 年 4 月份的管理费用，也可以按规定抵扣进项税额。

（十四）原一般纳税人增值税期末留抵税额

原一般纳税人兼有销售服务、无形资产或者不动产的，截至纳入营改增试点之日前的增值税期末留抵税额，不得从销售服务、无形资产或者不动产的销项税额中抵扣。

1. 原一般纳税人增值税期末留抵税额产生的原因。

原增值税（即纳税人因销售货物和提供加工修理修配劳务而缴纳的增值税）均为中央和地方共享税，营改增以后，为进一步理顺中央与地方的财政分配关系，《财政部　中国人民银行　国家税务总局关于营改增试点预算管理问题的通知》（财预〔2013〕275 号）明确，试点期间收入归属保持不变，原归属地方的营业税收入，改征增值税后仍全部归属地方。也就是说，同为增值税，目前存在两种预算分配格局：一种为全额地方，一种为中央地方共享。为维持现有中央和地方收入分配格局的稳定，此条规定了原增值税的期末留抵税额，只能抵扣试点以后发生的销售货物和劳务产生的销项税额，不能抵扣试点以后发生的其他应税行为产生的销项税额。

虽《国务院关于印发全面推开营改增试点后调整中央与地方增值税收入划分过渡方案的通知》（国发〔2016〕26号）文件规定，自2016年5月1日起执行。过渡期暂定2~3年，所有行业企业缴纳的增值税均纳入中央和地方共享范围，其中中央分享增值税的50%和地方按税收缴纳地分享增值税的50%，但是该条政策未暂定执行或失效。

2. 对一般计税方法应纳税额缴纳的分配（见图7）

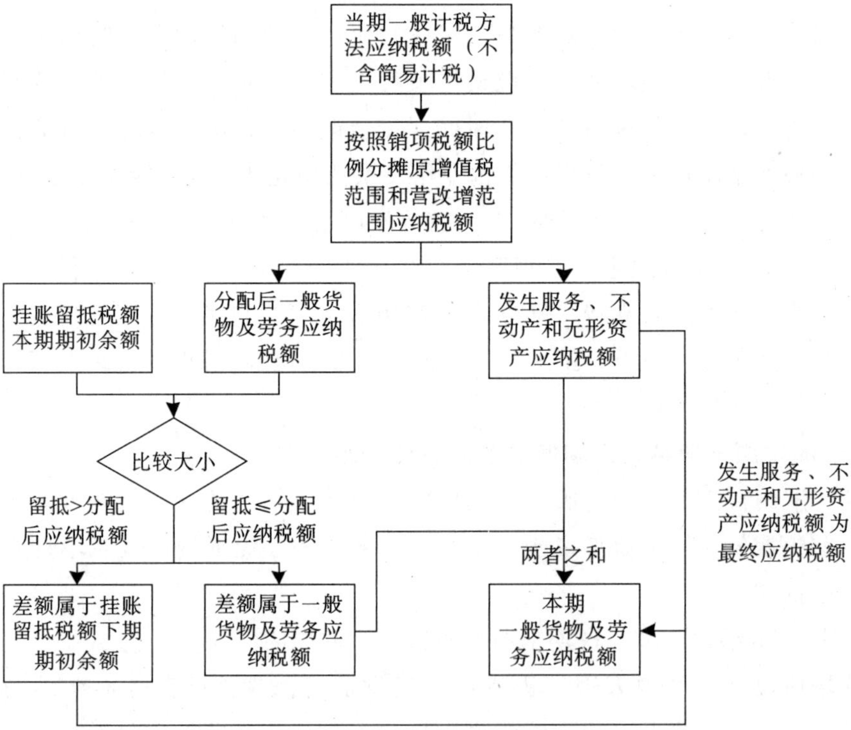

图7 一般计税方法应纳税额缴纳的分配

（1）纳税人兼有适用一般计税方法计税的应税行为和销售货物或者应税劳

务的，按照销项税额的比例划分应纳税额，分别作为改征增值税和现行增值税收入入库。应纳税额分配计算公式：

分配后一般货物劳务应纳税额 = 全部应纳税额 × 一般货物劳务销项税额 ÷ 全部销项税额

销售服务、不动产和无形资产应纳税额 = 全部应纳税额 × 应税行为销项税额 ÷ 全部销项税额

（2）计算当期一般货物及劳务销项税额应纳税额。

①挂账留抵税额本期期初余额 > 分配后的一般货物劳务应纳税额，则一般货物劳务当期应纳税额为0（挂账留抵税额本期期初余额 - 分配后的一般货物劳务应纳税额），为下期的“挂账留抵税额本期期初余额”。

②挂账留抵税额本期期初余额 ≤ 分配后的一般货物劳务应纳税额，则（分配后的一般货物劳务应纳税额 - 挂账留抵税额本期期初余额）为一般货物劳务当期应纳税额。

（3）计算纳税人当期应纳税额。当期应纳税额 = 一般货物劳务当期应纳税额 + 发生服务、不动产和无形资产应纳税额。

【例285】 某纳税人在2016年5月1日前为一般纳税人，截至2016年4月30日期末留抵税额为10万元。2016年5月，发某一般纳税人试点后一个月，销售额货物取得不含税销售额500万元，适用税率为17%，同时发生服务、不动产和无形资产，其中不含税销售额200万元，适用税率为11%，当月外购货物取得增值税专用发票注明增值税80万元。不考虑其他简易计税方法等情况。

（1）分配一般货物劳务应纳税额和销售服务、不动产和无形资产的应纳税额。

①应纳增值税 = 500 × 17% + 200 × 11% - 80 = 27（万元）

②销售服务、不动产和无形资产行为销项税额比例 = 200 × 11%/(500 × 17% + 200 × 11%) = 20.56%

③销售服务、不动产和无形资产的应纳税额 = 27 × 20.56% = 5.55（万元）

分配后一般货物劳务应纳税额 = 27 - 5.55 = 21.45（万元）

（2）计算当期一般货物及劳务销项税额应纳税额。

该一般纳税人试点前原期末留抵税额10万元，小于分配后的一般货物劳务应纳税额21.45（万元）则：

一般货物劳务应纳税额 = 21.45 - 10.00 = 11.45（万元）

（3）合并应纳税额。

当期应纳税额 = 一般货物劳务当期应纳税额 + 发生服务、不动产和无形资产应纳税额 = = 5.55 + 11.45 = 17（万元）

（4）上例中的原期末留抵税额能在营改增后一个申报期完全抵扣，感觉和正常留抵税额区别不大，但是如果该一般纳税人试点前原期末留抵税额 30 万元，计算结果就不一样：

该一般纳税人试点前原期末留抵税额 30 万元，大于分配后的一般货物劳务应纳税额 21.45 万元则：

一般货物劳务应纳税额 = 0 万元，另还剩下留抵 = 30 - 21.45 = 8.55（万元）结转到 2016 年 6 月"挂账留抵税额期初余额"。

当期应纳税额 = 一般货物劳务当期应纳税额 + 发生服务、不动产和无形资产应纳税额 = 5.55 + 0 = 5.55（万元）

企业 2016 年 5 月份当期应纳税额 = 5.55 + 0 = 5.55（万元），原期末留抵税额 8.55 万元，就出现既有留抵，又要缴纳增值税的现象。

专题：不动产分期抵扣

一、政策规定

《国家税务总局关于发布〈不动产进项税额分期抵扣暂行办法〉的公告》（国家税务总局公告2016年第15号）规定：

1. 纳税人取得不动产和不动产在建工程的进项税额，需分2年从销项税额中抵扣，第一年抵扣进项税额的60%，第2年抵扣进项税额的40%。

2. 纳税人新建不动产，或者改建、扩建、修缮、装饰不动产并增加不动产原值超过50%的，其进项税额依照本办法有关规定分2年从销项税额中抵扣。

上述分2年从销项税额中抵扣的购进货物，是指构成不动产实体的材料和设备，包括建筑装饰材料和给排水、采暖、卫生、通风、照明、通讯、煤气、消防、中央空调、电梯、电气、智能化楼宇设备及配套设施。

3. 不动产进项税额抵扣方式，60%的部分于取得扣税凭证的当期从销项税额中抵扣；40%的部分为待抵扣进项税额，于取得扣税凭证的当月起第13个月从销项税额中抵扣。

4. 不动产进项税额账务处理，待抵扣进项税额记入“应缴税费——待抵扣进项税额”科目核算，并于可抵扣当期转入“应缴税费——应缴增值税（进项税额）”科目。

对不同的不动产和不动产在建工程，纳税人应分别核算其待抵扣进项税额。

【例286】2016年9月5日，某一般纳税人购进办公场所一层，该不动产用于公司办公，记入“固定资产”科目，并于次月开始计提折旧。9月20日，该纳税人取得该办公场所的增值税专用发票并认证相符，专用发票注明“金额”1 000万元，增值税税额为50万元（销售不动产按规定采用简易计税方法），则50万元进项税额中的60%在扣税凭证的当期（2016年9月）抵扣，剩余的40%于取得扣税凭证的当月起第13个月（2017年9月）抵扣。

5. 不动产进项税额抵扣，应取得2016年5月1日后开具的合法有效的增值税扣税凭证（即增值税专用发票等相关抵扣凭证，下同）。

二、实务理解及案例

（一）分2年不动产进项税额的“购进”范围

1. 不动产，是指不能移动或者移动后会引起性质、形状改变的财产，包括建筑物、构筑物等。建筑物，包括住宅、商业营业用房、办公楼等可供居住、工作或者进行其他活动的建造物；构筑物，包括道路、桥梁、隧道、水坝等建造物。

2. 需要分2年抵扣进项税额的不动产。

（1）一般纳税人在试点实施后取得的不动产（包括以直接购买、接受捐赠、接受投资入股以及抵债等各种形式取得的不动产），并在会计制度上按固定资产核算的不动产。

（2）一般纳税人在试点实施后发生的不动产在建工程（包括新建、改建、扩建、修缮、装饰不动产）。

3. 不需要分2年抵扣进项税额的不动产。

（1）房地产开发企业自行开发的房地产项目。一般性企业购买的厂房、办公楼等不动产和房地产开发公司开发的楼盘，虽然同属于不动产，但在进项税额的抵扣上应区别对待。前者属于可以为企业长期创造价值、长期保持原有形态的实物资产；而后者在实质上则属于企业生产出来用于销售的产品，属性不同，对后者实行分年抵扣显然不合适，允许其一次性抵扣。

（2）融资租入的不动产。以融资租入形式取得不动产，其支付的租金一般情况下均是分期支付的，因此，租金对应的进项税也是相当于分期抵扣了，没有必要再对每期取得的租金进项分2年抵扣，因此，允许一次性全额抵扣。

（3）在施工现场修建的临时建筑物、构筑物。为了保证施工正常进行，建筑企业（也包括）大多需要在施工现场建设一些临时性的简易设施，比如工棚、物料库、现场办公房等。临时设施虽然也属于不动产的范畴，但存续时间短，施工结束后即要拆除清理，其性质与生产过程中的中间投入物更为接近。因此，对于施工现场的临时设施产生的进税额，允许一次性抵扣。

不仅是建筑企业、房地产企业适用上述政策，其他类型企业在施工现场修建的临时建筑物、构筑物产生的进税额，允许一次性抵扣。

（4）取得并在会计制度上不按“固定资产”核算（如投资性房地产）的不动产或者不动产在建工程，其进项税额可以一次性全额抵扣。

4. 纳税人2016年5月1日后购进货物和设计服务、建筑服务，用于新建不动产，或者用于改建、扩建、修缮、装饰不动产并增加不动产原值超过50%的，其进项税额依照本办法有关规定分2年从销项税额中抵扣。

（1）购进货物，是指构成不动产实体的材料和设备，包括建筑装饰材料和给排水、采暖、卫生、通风、照明、通讯、煤气、消防、中央空调、电梯、电气、智能化楼宇设备及配套设施。

也就是说，作为建筑物或者构筑物的组成部分，这类货物适用分2年抵扣的政策。

需要提醒的是，财税〔2009〕113号文件中“附属设备和配套设施不得抵扣进项税额”规定自动作废。

（2）设计服务和建筑服务。上述政策规定的是购进货物和设计服务、建筑服务产生的进项税额需要分2年抵扣，但是用于新建不动产，或用于改建、扩建、修缮、装饰不动产的工程造价鉴证、工程监理、环境评估、建筑图纸审核等服务（只要不属于设计服务和建筑服务）不需要分2年抵扣进项税额，同样也不参与计算增加不动产原值超过50%。

（二）取得不动产进项税额“分期”的理解

不动产产生进项税额中，60%的部分于取得扣税凭证的当期从销项税额中抵扣；40%的部分为待抵扣进项税额，于取得扣税凭证的当月起第13个月从销项税额中抵扣。

（1）60%的部分开始抵扣的起始时间是“取得扣税凭证的当期”，不需要等到会计制度上按固定资产核算、全部付款完或会计制度提折旧才开始抵扣。

（2）纳税人于2016年5月1日以后取得的不动产，适用进项税额分期抵扣时的“第二年”不是自然年度，是按照月份计算，即第二次抵扣是在取得扣税凭证的当月起第13个月从销项税额中抵扣。

（3）“分2年从销项税额中抵扣”是说抵扣方式是分期抵扣，不是规定不动产产生的进项税额“抵扣期限”，也就是说，不是一定要在2年内抵扣完取得不动产产生的进项税额。

【例 287】2016 年 9 月 5 日，知识产权代理事务所一般纳税人购进办公场所一层，取得进项税额 100 万元，其中 60% 在扣税凭证的当期（2016 年 9 月）抵扣，剩余的 40% 于取得扣税凭证的当月起第 13 个月（2017 年 9 月）抵扣，在 2 年后（即 2018 年 8 月），由于企业还发生其他进项税额抵扣，2018 年 8 月中的留抵税额还有不动产进项税额 10 万元，需要提醒的是，"没有抵扣不动产进项税额 10 万元"也是按照留抵税额政策处理，即可以结转下期继续抵扣，即待下期与下期进项税额一并从下期销项税额中抵扣。

5. "取得扣税凭证的当月起第 13 个月"的实务关注点

（1）"当月起第 13 个月"千万别算错了，计算抵 13 个月包含了"当月"。

【例 288】2016 年 11 月取得扣税凭证，"当月起第 13 个月"就是 2017 年 11 月，不是 2017 年 12 月。

（2）文件规定是"第 13 个月"，不是"第 13 个月起"，也就是 40% 的部分为待抵扣进项税额只能在当月起第 13 个月抵扣，在政策口径未明确的前提下，实务中最好不要在第 13 个月以后的月份去"抵扣"，因为从政策规定理解只能第 13 个月抵扣。

【例 289】2016 年 11 月取得扣税凭证，60% 的部分在扣税凭证的当期 2016 年 11 月抵扣，"剩余的 40% 于取得扣税凭证的当月起第 13 个月就是 2017 年 11 月抵扣，如在 2017 年 12 月及以后月份"抵扣"，按政策规定理解不能抵扣了，所以企业一定要做好备查账。

6. 取得不动产，如分期取得扣税凭证，分期按照分 2 年从销项税额中抵扣，不需要最后一起分 2 年抵扣。

【例 290】某一般纳税人 2016 年 6 月份准备购买一处不动产。

（1）2016 年 6 月 20 日第一期付款 200 万元（不含税，适用征收率 5%），取得增值税专用发票上可抵扣税额为 10 万元，则该 10 万元进项税额，其中 60% 进项税额（6 万元）可以在 2016 年 6 月当期抵扣，另 40% 进项税额（4 万元）可以在 2017 年 6 月当期抵扣。

（2）2016 年 8 月 25 日第二期付款 300 万元（不含税，适用征收率 5%），取得增值税专用发票上可抵扣税额为 15 万元，则该 15 万元进项税额，其中 60% 进项税额（9 万元）可以在 2016 年 8 月当期抵扣，另 40% 进项税额（9 万元）可以在 2017 年 8 月当期抵扣。

7. 企业应建立不动产和不动产在建工程台账，《不动产和不动产在建工程抵扣台账》分别记录并归集不动产和不动产在建工程的成本、费用、扣税凭证及进项税额抵扣情况（含初次抵扣时间和二次抵扣时间），留存备查。

再次强调，剩余的40%只能在取得扣税凭证的当月起第13个月抵扣，所以一定要建好台账，特别是分期取得不动产扣税凭证。

（三）不动产进项税额分期抵扣申报及会计处理

1. 不动产进项税额分期抵扣申报示意（见图8）

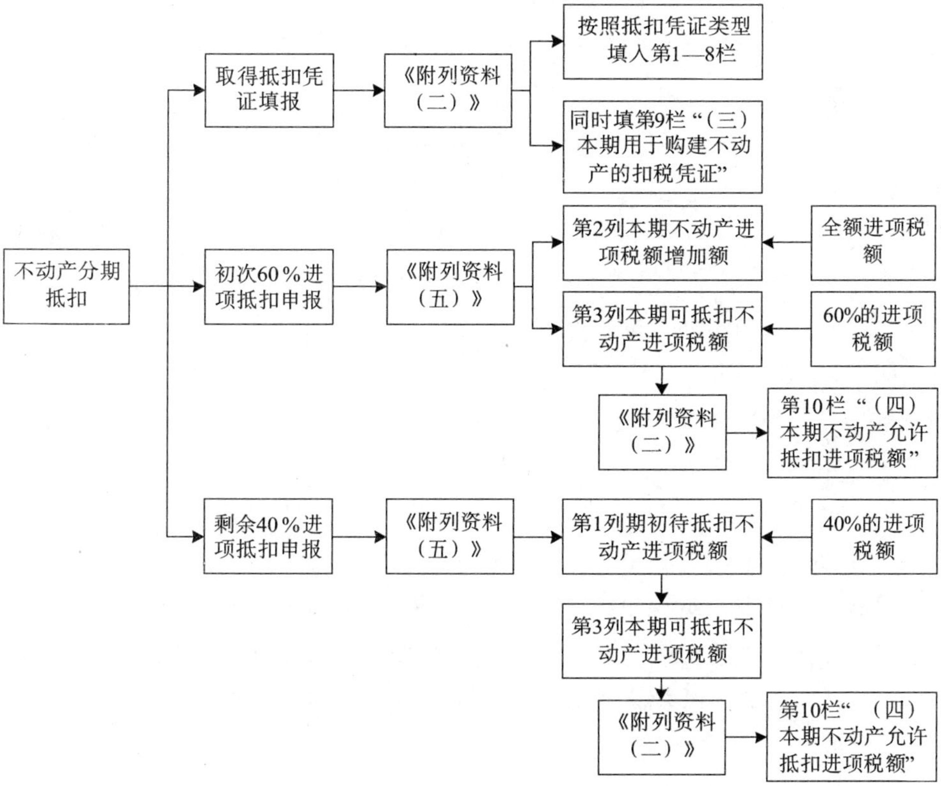

图8　不动产进项税额分期抵扣申报示意

2. 不动产进项税额分期抵扣会计处理

（1）进项税额60%的部分于取得扣税凭证的当期，记入“应缴税费——应缴增值税（进项税额）”科目，当期从销项税额中抵扣。

（2）进项税额40%的部分为待抵扣进项税额，记入“应缴税费——待抵扣进项税额”科目，暂时挂账。则在取得扣税凭证的当月起第13个月，将其转入“应缴税费——应缴增值税（进项税额）”科目，并从销项税额中抵扣。

【例291】 2016年11月10日，汽车4S店一般纳税人购进厂房，该不动产用于公司生产应税产品，记入“固定资产”科目，并于次月开始计提折旧。11月12日，该纳税人取得该厂房所的增值税专用发票并认证相符，专用发票注明“金额”1 000万元，增值税税额为110万元，则110万元进项税额中的60%在取得扣税凭证的当期（2016年11月）抵扣，剩余的40%于取得扣税凭证的当月起第13个月（2017年11月）抵扣。

（1）计算填报应于取得扣税凭证的当期取得本期抵扣的进项税额

进项税额 = 110 × 60% = 66（万元）

该66万元，应于2016年12月申报期申报11月所属期增值税税款时，从当期销项税额中抵扣。

①将不动产进项税额全额110万元，填入《增值税纳税申报表（一般纳税人适用）》附列资料（五）“本期不动产进项税额增加额”栏次，并作为增加项记入“期末待抵扣不动产进项税额”栏次。

②该66万元填入《增值税纳税申报表（一般纳税人适用）》附列资料（五）“本期可抵扣不动产进项税额”栏次，并作为减少项记入“期末待抵扣不动产进项税额”栏次。

③该66万元填入《增值税纳税申报表（一般纳税人适用）》附列资料（二）“本期不动产允许抵扣进项税额”栏次。

④本期《增值税纳税申报表（一般纳税人适用）》附列资料（二）“本期不动产允许抵扣进项税额”栏次，所填税额作为增加项填入“当期申报抵扣进项税额合计”栏次，并填入主表中“进项税额——本月数”栏次。

⑤账务处理。

借：固定资产　　1 000万元

　　应缴税费——应缴增值税——应缴增值税（进项税额）

　　　　66万元

　　　　——待抵扣进项税额　　44万元

　贷：银行存款/应付账款　　1 110万元

（2）纳税人2017年11月对该不动产待抵扣进项税额到期处理：

待抵扣进项税额处理：该大楼待抵扣的进项税额 = 110 × 40% = 44（万元）

①2017 年 12 月申报 11 月所属期增值税时，该 44 万元的进项税额到了允许抵扣的期限，可从当期销项税额中抵扣。

②该 44 万元对应的增值税专用发票在《不动产和不动产在建工程抵扣台账》中记录完成抵扣信息。

③该 44 万元应于 2017 年 12 月申报期申报 11 月所属期增值税时，填入《增值税纳税申报表（一般纳税人适用）》附列资料（五）“本期可抵扣不动产进项税额”栏次，并作为减少项填入“期末待抵扣不动产进项税额”栏次。

④该 44 万元应于 2017 年 12 月申报期申报 11 月所属期增值税时，填入《增值税纳税申报表（一般纳税人适用）》附列资料（二）“本期不动产允许抵扣进项税额”栏次，所填税额作为增加项填入“当期申报抵扣进项税额合计”栏次，并填入主表“进项税额——本月数”栏次。

⑤账务处理。

借：应缴税费——应缴增值税——应缴增值税（进项税额）

44 万元

贷：应缴税费——待抵扣进项税额 44 万元

（四）不动产在建工程的进项税额抵扣

1. 购进货物和设计服务、建筑服务时就用于不动产在建工程，需要分项按照“60% 的部分于取得扣税凭证的当期从销项税额中抵扣；40% 的部分为待抵扣进项税额，于取得扣税凭证的当月起第 13 个月从销项税额中抵扣。”，同时需要分项备查账核算，记录初次抵扣时间。

【例 292】某一般纳税人 2016 年 5 月份开始不动产在建工程建设：

（1）2016 年 5 月 10 日购买一批材料 200 万元（不含税，适用税率 17%），取得增值税专用发票上可抵扣税额为 34 万元，则该 34 万元进项，其中 60% 进项税额（20.4 万元）可以在 2016 年 5 月当期抵扣，另 40% 进项税额（13.6 万元）可以在 2017 年 5 月当期抵扣。

（2）2016 年 7 月 15 日又购买一批材料 100 万元（不含税，适用税率 17%），取得增值税专用发票上可抵扣税额为 17 万元，则该 17 万元进项，其中 60% 进项税额（10.2 万元）可以在 2016 年 7 月当期抵扣，另 40% 进项税额（6.8 万元）可以在 2017 年 7 月当期抵扣。

2. 购进货物和设计服务、建筑服务时已全额抵扣进项税额的货物和服务，转用于不动产在建工程的，其已抵扣进项税额的40%部分，应于转用的当期从进项税额中扣减，计入待抵扣进项税额，并于转用的当月起第13个月从销项税额中抵扣。

【例293】 一般纳税人2016年11月8日购买一批材料200万元（不含税，适用税率17%），取得增值税专用发票上可抵扣税额为34万元，当月未确认用于不动产在建工程，则该34万元进项在2016年11月当期全额抵扣。

于2017年3月20日领材料80万元（不含税），用于不动产在建工程，则领材料80万元（不含税）对应的已经抵扣进项税额13.6万元的40%进项税额（5.44万元）应于2017年3月做进项税额转出处理，记入“待抵扣进项税额”科目，并于转用的当月起第13个月即2018年3月再重新计入进项税额允许抵扣，从销项税额中抵扣。

（1）做好《不动产和不动产在建工程抵扣台账》登记，登记改变用途的时间。

（2）计算填报本期应转出的进项税额：

①进项税额 $=13.6\times40\%=5.44$（万元）

②账务处理：

借：应缴税费——待抵扣进项税额　　　　5.44万元

　　贷：应缴税费——应缴增值税（进项税额转出）　　5.44万元

③纳税申报：

该5.44万元应于2017年4月申报2017年3月所属期增值税时转入“待抵扣进项税额”科目，填入《增值税纳税申报表（一般纳税人适用）》附列资料（五）“本期转入的待抵扣不动产进项税额”栏次。

3. 待抵扣进项税额到期处理

2018年4月申报2018年3月所属期增值税时，该5.44万元到抵扣期，可以从当期销项税额中抵扣。

（1）该5.44万元应从当期“应缴税费——待抵扣进项税额”科目转入“应缴税费——应缴增值税（进项税额）”科目核算。

（2）申报表填写。该5.44万元应于2018年4月申报2018年3月所属期增值税时，填入《增值税纳税申报表（一般纳税人适用）》附列资料（五）“本期可抵扣不动产进项税额”栏次，并作为减少项填入“期末待抵扣不动产进项税额”栏次。

该5.44万元应于2018年4月申报2018年3月所属期增值税时，填入《增值税纳税申报表（一般纳税人适用）》附列资料（二）“本期不动产允许抵扣进项税额”栏次，所填税额作为增加项填入“当期申报抵扣进项税额合计”栏次，并填入主表“进项税额——本月数”栏次。

（五）改建、扩建、修缮、装饰不动产进项税额抵扣

1. 购进货物和设计服务、建筑服务，用于新建不动产，或者用于改建、扩建、修缮、装饰不动产并增加不动产原值超过50%的，其进项税额依照有关规定分2年从销项税额中抵扣。

2. 购进货物和设计服务、建筑服务，用于新建不动产，或者用于改建、扩建、修缮、装饰不动产并增加不动产原值不超过50%（含50%）的，其进项税额按照相关规定一次性抵扣。

【例294】一般纳税人的企业在营改增前购置的商业用房，用于办公使用，准备重新装修，装修费用取得的增值税专用发票，如果装修费用未超过购置不动产原值50%的，可在取得增值税专用发票的当期一次性抵扣；如果装修费用超过购置不动产原值50%的，依照有关规定分2年从销项税额中抵扣。

3. 不动产原值，是指取得不动产时的购置原价或作价，不是摊销后的净值。

4. 购进时已全额抵扣进项税额的货物和设计服务、建筑服务，转用于“新建不动产，或者改建、扩建、修缮、装饰不动产并增加不动产原值超过50%”的情形，其已抵扣进项税额的40%部分，应于转用的当期从进项税额中扣减，计入待抵扣进项税额，并于转用的当月起第13个月从销项税额中抵扣。

5. 营改增前取得改建、扩建、修缮、装饰不动产产生的进项税额抵扣。

（1）营改增之后发生的改建、扩建、修缮、装饰的进项税额可以抵扣，即使“改建、扩建、修缮、装饰”对象不动产是营改增前取得的，没有抵扣进项税额，其发生的改建、扩建、修缮、装饰的支出产生的进项税额也是可以按规定抵扣进项。

符合“纳税人2016年5月1日后购进货物和设计服务、建筑服务，用于新建不动产，或者用于改建、扩建、修缮、装饰不动产并增加不动产原值超过

50%的，其进项税额按有关规定分2年从销项税额中抵扣”规定的，分2年抵扣，其他则直接在购进当月申报抵扣。

（2）由于“一般纳税人销售其2016年4月30日前自建的不动产，可以选择适用简易计税方法”中的“4月30日前自建”是指：

①《建筑工程施工许可证》注明的合同开工日期在2016年4月30日前的建筑工程项目；

②《建筑工程施工许可证》未注明合同开工日期，但建筑工程承包合同注明的开工日期在2016年4月30日前的建筑工程项目；

③未取得《建筑工程施工许可证》的，建筑工程承包合同注明的开工日期在2016年4月30日前的建筑工程项目。

如当地税务机关无政策口径及新的政策规定，企业销售其改建、扩建、修缮的进项税额已抵扣的不动产，也是按照自建和取得日期口径判断是否适用简易计税方法。

【例295】一般纳税人2010年2月自建的办公楼，用于企业办公，于2017年3月发生改建，取得相关的进项税额抵扣凭证，其进项税额为120万元，如改建不动产并增加不动产原值超过50%的，其120万元进项税额按有关规定分2年从销项税额中抵扣，即120万元进项税额中的60%（72万元）在扣税凭证的当期（2017年3月）抵扣，剩余的40%（48万元）于取得扣税凭证的当月起第13个月（2018年3月）抵扣；如改建不动产并增加不动产原值没超过50%的，则其120万元进项税额可直接在购进的2017年3月申报抵扣。

由于上述办公楼属于企业自建行为，属于2016年4月30日前自建的不动产，如当地税务机关无政策口径及新的政策规定，企业如在2018年6月销售该办公楼，也可以选择简易计税方法。

（六）销售和税务注销处理不动产

1. 一般纳税人销售其取得的不动产或者不动产在建工程时，尚未抵扣完毕的待抵扣进项税额，允许于销售的当期从销项税额中抵扣。

一般纳税人以直接购买、接受捐赠、接受投资入股及抵债等各种形式取得的不动产，自建不动产，以及未完工的不动产在建工程，对外销售（包括视同销售）时，如果该不动产或者不动产在建工程，还存在对应的未到抵扣期的待抵扣进项税额，应在对外销售当期，申报抵扣该不动产或者不动产在建工程项目对应的未到抵扣期的全部待抵扣进项税额。

【例 296】 某一般纳税人 2016 年 6 月购买一处不动产，2016 年 6 月 20 日全额取得增值税专用发票 400 万元（不含税，适用征收率 11%），取得增值税专用发票上的可抵扣税额为 44 万元，则其中 60% 进项税额（26.4 万元）可以在 2016 年 6 月当期抵扣，另 40% 进项税额（17.6 万元）于当期计入待抵扣进项税额，需等到取得扣税凭证的当月起第 13 个月（即 2017 年 7 月）从销项税额中抵扣。

（1）该一般纳税人 2017 年 4 月销售该处不动产，则 2017 年 4 月将抵扣完毕的待抵扣进项税额的 40%（17.6 万元），转入当期进项税额中，从销项税额中抵扣。

（2）该一般纳税人 2018 年 5 月销售该处不动产，40% 进项税额（17.6 万元）于 2017 年 7 月纳税期已从销项税额中抵扣，则不存在待抵扣进项税额，销售不动产时只需正常处理即可。

2. 一般纳税人注销税务登记时，其尚未抵扣完毕的待抵扣进项税额于注销清算的当期从销项税额中抵扣，即注销税务登记时如果账上仍有尚未抵扣完毕的待抵扣进项税额，允许其在注销清算的当期提前予以抵扣。

（七）不动产发生进项税额转出

1. 已抵扣进项税额的不动产，发生非正常损失，或者改变用途，专用于简易计税方法计税项目、免征增值税项目、集体福利或者个人消费的，按照下列公式计算不得抵扣的进项税额：

不得抵扣的进项税额 =（已抵扣进项税额 + 待抵扣进项税额）× 不动产净值率

不动产净值率 =（不动产净值 ÷ 不动产原值）× 100%

【例 297】 2016 年 8 月 3 日，某纳税人买了 1 座楼办公用，花费 1 000 万元，进项税额 110 万元，正常情况下，应在 2016 年 8 月当月抵扣 66 万元，2017 年 8 月（第 13 个月）再抵扣剩余的 44 万元，按照 20 年计提折旧，无残值。可是在 2017 年 2 月，纳税人将办公楼改造成员工食堂，则需要计算不得抵扣的进项税额：

（1）计算不动产净值率。

不动产净值率 =［1 000 − 1 000 ÷（12 × 20）× 6］÷ 1 000 = 97.5%

（2）计算不得抵扣的进项税额。

不得抵扣的进项税额 =110 ×97.5% =107.25（万元）

2. 不得抵扣的进项税额转出处理思路及实例。

（1）不得抵扣的进项税额转出处理原则：先转出“已抵扣进项税额”，“已抵扣进项税额”不够，再转出“待抵扣的进项税额”，剩余的“抵扣的进项税额”再从第 13 个月从销项税额中抵扣。

（2）不得抵扣的进项税额转出示意图如图 9 所示。

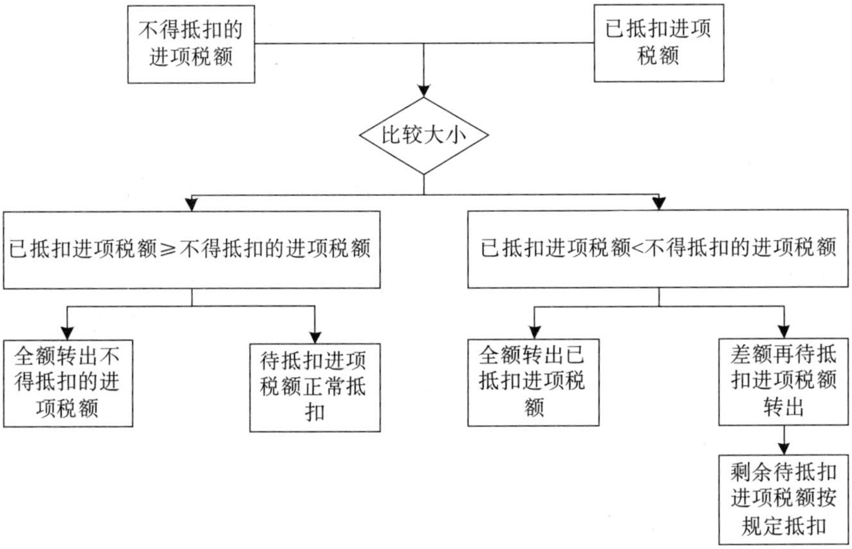

图 9　不得抵扣的进项税额转出

不得抵扣的进项税额小于或等于该不动产已抵扣进项税额的，应于该不动产改变用途的当期，将不得抵扣的进项税额从进项税额中扣减，如存在待抵扣进项税额的，在规定的“第 13 个月”正常抵扣。

不得抵扣的进项税额大于该不动产已抵扣进项税额的，应于该不动产改变用途的当期，将已抵扣进项税额从进项税额中扣减，并从该不动产待抵扣进项税额中扣减不得抵扣进项税额与已抵扣进项税额的差额。

【例 298】 2016 年 11 月 5 日，纳税人购入 1 座厂房，取得增值税专用发票并认证通过，专用发票上注明的金额为 500 万元，增值税税额为 55 万元。该厂房既用于增值税应税项目，又用于增值税免税项目。该纳税人按照固定资产管理该办公楼，假定分 10 年计提折旧，无残值。

（1）2016 年 11 月取得增值税专用发票，其当期 55 万元的增值税进项税额中的 60% 应于取得的当期抵扣，剩余的 40%，应于取得扣税凭证的当月起第 13 个月抵扣。

该纳税人 2016 年 11 月第一次允许抵扣的进项税额 = 55 × 60% = 33（万元）

该纳税人第 13 个月（2017 年 11 月）第二次允许抵扣的进项税额 = 55 × 40% = 22（万元）

（2）如果纳税人此后将该厂房改变用途，专用于增值税免税项目，则需要按照如下情况分别处理：

①如企业在 2017 年 5 月改变用途。

不动产净值率 = [500 - 500 ÷ (10 × 12) × 6] ÷ 500 = 95%

不得抵扣的进项税额 = 55 × 95% = 52.25（万元）

不得抵扣的进项税额处理如下：

由于 52.25 万元大于该厂房 2016 年 11 月抵扣 60% 的进项税额 33 万元，则进项税额 33 万元在 2017 年 6 月申报期申报 5 月所属期增值税时做进项税额转出，即记入改变用途当期“应缴税费——应缴增值税（进项税额转出）”科目核算。剩余 22 万元待抵扣进项税额中的 19.25（52.25 - 33）万元从待抵扣进项税额中扣减，即应于转变用途当期从待抵扣进项税额中扣减，填入《增值税纳税申报表（一般纳税人适用）》附列资料（五）“本期转出的待抵扣不动产进项税额”栏次，并作为减少项填入“期末待抵扣不动产进项税额”栏次。

②如企业在 2018 年 5 月改变用途。

不动产净值率 = [500 - 500 ÷ (10 × 12) × 18] ÷ 500 = 85%

不得抵扣的进项税额 = 55 × 85% = 46.75（万元）

不得抵扣的进项税额处理如下：

该厂房 40% 的待抵扣进项税额 22 万元已经于 2017 年 12 月申报期申报 11 月所属期增值税时申报抵扣，也就是说该厂房进项税额全部抵扣完毕。

由于 46.75 万元小于该厂房抵扣 100% 的进项税额 55 万元，则进项税额 46.75 万元在 2018 年 6 月申报期申报 5 月所属期增值税时做进项税额转出，即记入改变用途当期“应缴税费——应缴增值税（进项税额转出）”科目核算。

3. 不动产在建工程发生非正常损失的，其所耗用的购进货物、设计服务和建筑服务已抵扣的进项税额应于当期全部转出，其待抵扣进项税额不得抵扣。

（八）不动产发生进项税额转入

按照规定不得抵扣进项税额的不动产，发生用途改变，用于允许抵扣进项税额项目的，按照下列公式在改变用途的次月计算可抵扣进项税额：

可抵扣进项税额 = 增值税扣税凭证注明或计算的进项税额 × 不动产净值率

依照本条规定计算的可抵扣进项税额，应取得 2016 年 5 月 1 日后开具的合法有效的增值税扣税凭证。

按照本条规定计算的可抵扣进项税额，60% 的部分于改变用途的次月从销项税额中抵扣，40% 的部分为待抵扣进项税额，于改变用途的次月起第 13 个月从销项税额中抵扣。

1. 一般纳税人拥有的不动产用途发生改变，从用于“不得抵扣进项税额”的项目，转用于“允许抵扣进项税额项目”，相应的部分进项税额可允许抵扣，但允许抵扣的前提是，要求纳税人凭 2016 年 5 月 1 日以后开具的合法有效的增值税扣税凭证，也就是说，允许抵扣的前提是具备合法有效的抵扣凭证，作为抵扣进项税额的依据。

具体操作请参考本书《专题：进项税额抵扣》中的“（九）固定资产、无形资产、不动产进项税额转入”。

2. 不动产发生用途变化计算出可抵扣进项税额，也要按照不动产分期抵扣的规定抵扣，即 60% 的部分于改变用途的次月从销项税额中抵扣，40% 的部分为待抵扣进项税额，于改变用途的次月起第 13 个月从销项税额中抵扣。

【例 299】 2016 年 11 月 10 日，某一般纳税人购进一层楼房共计 1 110 万元（含税）。该楼层专用于技术开发，企业同时将技术开发申请了增值税免税收入优惠政策，记入“固定资产”项目，并于次月开始计提折旧，假定分 10 年计提，无残值。企业在 2016 年 11 月份，该纳税人取得该楼层如下 3 份增值税发票：

增值税专用发票 1 份并认证相符，专用发票注明的金额为 500 万元，税额 55 万元。

增值税专用发票 1 份一直未认证，专用发票注明的金额为 300 万元，税额 33 万元。

增值税普通发票 1 份，普通发票注明的金额为 200 万元，税额 22 万元。

实务操作及进项税额如下：

1. 2016 年 11 月取得该楼层如下 3 份增值税发票，由于不能抵扣进项税额，不管是增值税专用发票还是增值税普通发票，不管取得增值税专用发票认证（再做进项税转出）还是不认证，都是价款和税款全额计入固定资产原值。看不出在增值税处理方面有什么区别，反而觉得取得增值税专用发票同时认证实务操作麻烦。

2. 2017 年 8 月，纳税人将该大楼改变用途，即用于免税项目又用于允许抵扣项目，按照规定可以全额进项税额抵扣，则需要按照不动产净值计算可抵扣进项税额后分期抵扣。

（1）计算不动产净值率。

不动产净值率 = [1 110 - 1 110 ÷ (10 × 12) × 9] ÷ 1 110 = 92.5%

（2）计算可抵扣进项税额。

纳税人购进该大楼是共计取得 3 份增值税发票，其中 2 份增值税专用发票属于增值税扣税凭证，但其中 1 份增值税专用发票在用途改变前仍未认证相符，属于不得抵扣的增值税扣税凭证。因此，根据财税〔2016〕36 号文件和国家税务总局公告 2016 年第 15 号文件，该大楼允许抵扣的增值税扣税凭证注明税额为 55 万元。

可抵扣进项税额 = 增值税扣税凭证注明或计算的进项税额 × 不动产净值率
= 55 × 92.5% = 50.875（万元）

（3）可抵扣进项税额处理。

不动产发生用途变化计算出可抵扣进项税额，也要按照不动产分期抵扣的规定抵扣，即：

①60%（30.525 万元）的部分于改变用途的次月（2017 年 9 月）从销项税额中抵扣，也就是说于 2017 年 10 月申报期申报 9 月所属期增值税时从销项税额中抵扣，应记入当期“应缴税费——应缴增值税（进项税额）”科目核算，同时将 40%（20.35 万元）的部分作为待抵扣进项税额。

②40%（20.35 万元）的部分为待抵扣进项税额，于改变用途的次月起第 13 个月（2018 年 9 月）从销项税额中抵扣，也就是说于 2018 年 10 月申报期申报 9 月所属期增值税时从销项税额中抵扣。

专题：发票及抵扣凭证管理

《中华人民共和国发票管理办法》及其实施细则规定：发票，是指在购销商品、提供或者接受服务以及从事其他经营活动中，开具、收取的收付款凭证。国务院税务主管部门统一负责全国的发票管理工作。

1. 在全国范围内统一式样的发票，由国家税务总局确定。在省、自治区、直辖市范围内统一式样的发票，由省、自治区、直辖市国家税务局、地方税务局确定。

2. 全面推开营改增试点后，营业税发票将停止使用，所有的发票都属于增值税发票。

3. 增值税发票既是商事凭证，也是计税凭证，承载了方方面面的许多功能。增值税发票分为增值税专用发票和普通发票，两者的主要区别就是增值税专用发票具有税款抵扣功能。

4. 《增值税专用发票使用规定》明确：增值税专用发票，是一般纳税人销售货物或者提供应税劳务开具的发票，是购买方支付增值税额并可按照增值税有关规定据以抵扣增值税进项税额的凭证。

5. 增值税发票管理新系统具有一个系统开具多种增值税发票的功能，方便从事兼营多种应税、免税项目的纳税人发票开具，可以满足营改增纳税人的不同开票需求。一般纳税人销售货物、服务、无形资产、不动产和提供应税劳务，使用增值税发票管理新系统开具增值税专用发票、增值税普通发票、机动车销售统一发票、增值税电子普通发票。

6. 月销售额超过3万元（按季纳税9万元）的小规模纳税人销售货物、服务、无形资产、不动产和提供应税劳务，使用新系统开具增值税普通发票、机动车销售统一发票、增值税电子普通发票。

7. 增值税纳税人购买增值税税控系统专用设备支付的费用以及缴纳的技术维护费可按照《财政部　国家税务总局关于增值税税控系统专用设备和技术维

护费用抵减增值税税额有关政策的通知》（财税〔2012〕15号）规定，在增值税应纳税额中全额抵减。

8. 新系统增加了开具增值税普通发票（卷式）的功能，纳税人可通过新系统使用现有国税卷式发票，由于卷式发票票面尺寸较小，纸质发票票面只打印部分内容，如只打印税额合计及价税合计，而不需打印发票中每一栏的税率。

9. 一般纳税人销售货物、提供应税劳务和应税服务的开具增值税专用发票和增值税普通发票。

小规模纳税人销售货物、提供应税劳务和应税服务的开具增值税普通发票。税务机关为小规模纳税人代开增值税专用发票。

一般纳税人和小规模纳税人从事机动车（旧机动车除外）零售业务的开具机动车销售统一发票。通用定额发票、客运发票和二手车销售统一发票继续使用。

纳税人使用增值税普通发票开具收购发票，系统在发票左上角自动打印“收购”字样。

门票、过路（过桥）费发票、定额发票、客运发票和二手车销售统一发票继续使用。

10. 代开专用发票是指主管税务机关为所辖范围内的增值税纳税人（是指已办理税务登记的小规模纳税人，包括个体经营者以及国家税务总局确定的其他可予代开增值税专用发票的纳税人）代开专用发票，其他单位和个人不得代开。

11. 增值税电子普通发票的开票方和受票方需要纸质发票的，可以自行打印增值税电子普通发票的版式文件，其法律效力、基本用途、基本使用规定等与税务机关监制的增值税普通发票相同。

12. 自2016年5月1日起，纳入新系统推行范围的营改增纳税人及新办增值税纳税人，应使用新系统选择相应的编码开具增值税发票。

13. 新系统建立全国统一的发票真伪查验平台，向一般纳税人提供进项税额专用发票数据，向受票方及相关第三方提供普通发票数据查验服务，实现发票“真票真开”，有效解决虚假发票泛滥问题，极大地压缩虚假发票的空间，净化社会环境，促进社会诚信体系建设。下一步，会计人员、审计人员、纪检人员可通过电脑、手机进入查验系统，实时便捷地对每一张发票信息进行查询、查验和核对。

14. 增值税发票填开界面中各项信息可输入的最大字符数如表14所示。

表14 增值税发票填开界面中各项信息可输入最大字符数

项目输入	预览和打印位数
购（销）方名称、地址电话、开户行及账号	100个字符或50个汉字（含空格）
规格型号	40个字符或20个汉字
备注	230个字符或115个汉字
收款、复核、开票人	8个字符或4个汉字
商品名称	1. 不可为空 2. 可输入1～92个字符 3. 全数字，最多可输入74个字符 4. 全汉字，最多可输入46个汉字（92个字符）
计量单位	1. 可输入0～22个字符 2. 全字符，最多可输入18个字符 3. 全汉字，最多可输入10个汉字（20个字符）

15. 自2016年5月1日起，地税机关不再向试点纳税人发放发票。试点纳税人已领取地税机关印制的发票以及印有本单位名称的发票，可继续使用至2016年6月30日，特殊情况经省国税局确定，可适当延长使用期限，最迟不超过2016年8月31日。

纳税人在地税机关已申报营业税未开具发票，2016年5月1日以后需要补开发票的，可于2016年12月31日前开具增值税普通发票。但是，对于税务总局另有规定的除外，如《房地产开发企业销售自行开发的房地产项目增值税征收管理暂行办法》规定：纳税人销售自行开发的房地产项目，其2016年4月30日前收取并已向主管地税机关申报缴纳营业税的预收款，未开具营业税发票的，可以开具增值税普通发票，不得申请代开增值税专用发票。本条规定并没有可以开具增值税普通发票的时间期限要求。

一、政策规定

1. 《中华人民共和国增值税暂行条例》（国务院令第538号）第八条规定，

纳税人购进货物或者接受应税劳务（以下简称购进货物或者应税劳务）支付或者负担的增值税额，为进项税额。

下列进项税额准予从销项税额中抵扣：

（一）从销售方取得的增值税专用发票上注明的增值税额。

（二）从海关取得的海关进口增值税专用缴款书上注明的增值税额。

（三）购进农产品，除取得增值税专用发票或者海关进口增值税专用缴款书外，按照农产品收购发票或者销售发票上注明的农产品买价和13%的扣除率计算的进项税额。进项税额计算公式：

进项税额 = 买价 × 扣除率

注：《财政部　国家税务总局关于免征部分鲜活肉蛋产品流通环节增值税政策的通知》（财税〔2012〕75号）第三条对销售发票作如下定义：销售发票，是指小规模纳税人销售农产品依照3%征收率按简易办法计算缴纳增值税而自行开具或委托税务机关代开的普通发票。批发、零售纳税人享受免税政策后开具的普通发票不得作为计算抵扣进项税额的凭证。

（四）购进或者销售货物以及在生产经营过程中支付运输费用的，按照运输费用结算单据上注明的运输费用金额和7%的扣除率计算的进项税额。进项税额计算公式：

进项税额 = 运输费用金额 × 扣除率

准予抵扣的项目和扣除率的调整，由国务院决定。

第九条规定，纳税人购进货物或者应税劳务，取得的增值税扣税凭证不符合法律、行政法规或者国务院税务主管部门有关规定的，其进项税额不得从销项税额中抵扣。

2. 财税〔2016〕36号文件附件1第二十五条规定，下列进项税额准予从销项税额中抵扣：

（一）从销售方取得的增值税专用发票（含税控机动车销售统一发票，下同）上注明的增值税额。

（二）从海关取得的海关进口增值税专用缴款书上注明的增值税额。

（三）购进农产品，除取得增值税专用发票或者海关进口增值税专用缴款书外，按照农产品收购发票或者销售发票上注明的农产品买价和13%的扣除率计算的进项税额。计算公式为：

进项税额 = 买价 × 扣除率

买价，是指纳税人购进农产品在农产品收购发票或者销售发票上注明的价款和按照规定缴纳的烟叶税。

购进农产品，按照《农产品增值税进项税额核定扣除试点实施办法》抵扣进项税额的除外。

（四）从境外单位或者个人购进服务、无形资产或者不动产，自税务机关或者扣缴义务人取得的解缴税款的完税凭证上注明的增值税额。

3. 国家税务总局公告 2016 年第 23 号文件“三、发票使用”规定：

（1）一般纳税人销售货物、提供加工修理修配劳务和应税行为，使用增值税发票管理新系统（以下简称新系统）开具增值税专用发票、增值税普通发票、机动车销售统一发票、增值税电子普通发票。

（2）增值税小规模纳税人销售货物、提供加工修理修配劳务月销售额超过 3 万元（按季纳税 9 万元），或者销售服务、无形资产月销售额超过 3 万元（按季纳税 9 万元），使用新系统开具增值税普通发票、机动车销售统一发票、增值税电子普通发票。

（3）增值税普通发票（卷式）启用前，纳税人可通过新系统使用国税机关发放的现有卷式发票。

（4）门票、过路（过桥）费发票、定额发票、客运发票和二手车销售统一发票继续使用。

（5）采取汇总纳税的金融机构，省、自治区所辖地市以下分支机构可以使用地市级机构统一领取的增值税专用发票、增值税普通发票、增值税电子普通发票；直辖市、计划单列市所辖区县及以下分支机构可以使用直辖市、计划单列市机构统一领取的增值税专用发票、增值税普通发票、增值税电子普通发票。

（6）国税机关、地税机关使用新系统代开增值税专用发票和增值税普通发票。代开增值税专用发票使用六联票，代开增值税普通发票使用五联票。

（7）自 2016 年 5 月 1 日起，地税机关不再向试点纳税人发放发票。试点纳税人已领取地税机关印制的发票以及印有本单位名称的发票，可继续使用至 2016 年 6 月 30 日，特殊情况经省国税局确定，可适当延长使用期限，最迟不超过 2016 年 8 月 31 日。

注：《国家税务总局关于进一步加强营改增后国税、地税发票管理衔接工作

的通知》（税总函〔2016〕192号）规定，特殊情况是指享受免征增值税政策的纳税人（如医院、博物馆等）使用的印有本单位名称的发票。

纳税人在地税机关已申报营业税未开具发票，2016年5月1日以后需要补开发票的，可于2016年12月31日前开具增值税普通发票（税务总局另有规定的除外）。

注：国家税务总局公告2016年第18号规定，纳税人销售自行开发的房地产项目，其2016年4月30日前收取并已向主管地税机关申报缴纳营业税的预收款，未开具营业税发票的，可以开具增值税普通发票，不得申请代开增值税专用发票。本条规定并无开具增值税普通发票的时间限制。

4. 国家税务总局公告2016年第23号文件“三、发票使用”规定：

（1）税务总局编写了《商品和服务税收分类与编码（试行）》（以下简称《编码》，见附件），并在新系统中增加了编码相关功能。自2016年5月1日起，纳入新系统推行范围的试点纳税人及新办增值税纳税人，应使用新系统选择相应的编码开具增值税发票。北京市、上海市、江苏省和广东省已使用编码的纳税人，应于5月1日前完成开票软件升级。5月1日前已使用新系统的纳税人，应于8月1日前完成开票软件升级。

（2）按照现行政策规定适用差额征税办法缴纳增值税，且不得全额开具增值税发票的（财政部、税务总局另有规定的除外），纳税人自行开具或者税务机关代开增值税发票时，通过新系统中差额征税开票功能，录入含税销售额（或含税评估额）和扣除额，系统自动计算税额和不含税金额，备注栏自动打印“差额征税”字样，发票开具不应与其他应税行为混开。

《财政部　国家税务总局关于全面推开营改增试点的通知》（财税〔2016〕36号）附件2《营改增试点有关事项的规定》规定：试点纳税人提供有形动产融资性售后回租服务，向承租方收取的有形动产价款本金，不得开具增值税专用发票，可以开具普通发票。试点纳税人提供旅游服务，可以选择以取得的全部价款和价外费用，扣除向旅游服务购买方收取并支付给其他单位或者个人的住宿费、餐饮费、交通费、签证费、门票费和支付给其他接团旅游企业的旅游费用后的余额为销售额。选择上述办法计算销售额的试点纳税人，向旅游服务购买方收取并支付的上述费用，不得开具增值税专用发票，可以开具普通发票。

（3）提供建筑服务，纳税人自行开具或者税务机关代开增值税发票时，应在发票的备注栏注明建筑服务发生地县（市、区）名称及项目名称。

（4）销售不动产，纳税人自行开具或者税务机关代开增值税发票时，应在发票“货物或应税劳务、服务名称”栏填写不动产名称及房屋产权证书号码（无房屋产权证书的可不填写），“单位”栏填写面积单位，备注栏注明不动产的详细地址。

（5）出租不动产，纳税人自行开具或者税务机关代开增值税发票时，应在备注栏注明不动产的详细地址。

（6）个人出租住房适用优惠政策减按1.5%征收，纳税人自行开具或者税务机关代开增值税发票时，通过新系统中征收率减按1.5%征收开票功能，录入含税销售额，系统自动计算税额和不含税金额，发票开具不应与其他应税行为混开。

（7）税务机关代开增值税发票时，“销售方开户行及账号”栏填写税收完税凭证字轨及号码或系统税票号码（免税代开增值税普通发票可不填写）。系统税票号码是指税收征管系统自动赋予的税票号码。

（8）国税机关为跨县（市、区）提供不动产经营租赁服务、建筑服务的小规模纳税人（不包括其他个人），代开增值税发票时，在发票备注栏中自动打印“yd”字样。

5. 国家税务总局公告2016年第23号文件“五、扩大取消增值税发票认证的纳税人范围”规定：

（1）纳税信用b级一般纳税人取得销售方使用新系统开具的增值税发票（包括增值税专用发票、货物运输业增值税专用发票、机动车销售统一发票，下同），可以不再进行扫描认证，登录本省增值税发票查询平台，查询、选择用于申报抵扣或者出口退税的增值税发票信息，未查询到对应发票信息的，仍可进行扫描认证。

（2）2016年5月1日新纳入营改增试点的一般纳税人，2016年5月至7月期间不需进行增值税发票认证，登录本省增值税发票查询平台，查询、选择用于申报抵扣或者出口退税的增值税发票信息，未查询到对应发票信息的，可进行扫描认证。2016年8月起按照纳税信用级别分别适用发票认证的有关规定。

6.《国家税务总局关于修订〈增值税专用发票使用规定〉的通知》（国税发〔2006〕156号），文件内容省略。

二、实务理解及案例

（一）增值税专票和普票区别

增值税专用发票（含增值税专用发票、机动车销售统一发票）由一般纳税人按规定开具。纳税人取得的增值税专用发票上注明的增值税税额，可以从增值税销项税额中抵扣。

普通发票（含增值税普通发票、增值税电子普通发票、门票、过路（过桥）费发票、定额发票、客运发票和二手车销售统一发票）由一般纳税人和小规模纳税人按规定开具。除财政部、国家税务总局另有规定外，纳税人取得的普通发票上注明的增值税税额，不能从增值税销项税额中抵扣。

增值税专用发票的概念是相对于增值税普通发票而言的，这两者是企业经营中最常见的增值税发票。

1.《国家税务总局关于修订〈增值税专用发票使用规定〉的通知》（国税发〔2006〕156 号）规定："专用发票由基本联次或者基本联次附加其他联次构成，基本联次为三联：发票联、抵扣联和记账联"；"抵扣联，作为购买方报送主管税务机关认证和留存备查的凭证"。增值税普通发票基本联次为两联，比专用发票少了抵扣联。

2. 增值税专用发票是使用一般计税办法的一般纳税人取得进项税额的合法有效抵扣凭证，可以通过发票认证、发票平台查询确认等方式进行进项税额抵扣。增值税专用发票认证是指通过增值税发票税控系统对增值税发票所包含的数据进行识别、确认。一般情况下，采用一般计税方法的一般纳税人取得增值税专用发票以后，需在增值税专用发票开具之日起 180 日内进行认证，并在认证通过的次月按照增值税有关规定据以抵扣增值税进项税额。

一般纳税人取得增值税普通发票，除特殊情况以外，不得用于抵扣进项税额。其中特殊情况包括：

（1）购进农产品，可按照农产品收购发票或者销售发票上注明的农产品买价和 13% 的扣除率计算的进项税额；

（2）《财政部　国家税务总局关于进一步明确全面推开营改增试点有关劳务派遣服务、收费公路通行费抵扣等政策的通知》（财税〔2016〕47 号）规定，一般纳税人支付的道路、桥、闸通行费，暂凭取得的通行费发票（不含财政票据，下同）上注明的收费金额按照相关公式计算可抵扣的进项税额。

需要提醒的是，增值税专用发票和普通发票都是企业所得税税前扣除的合法凭证，专用发票允许扣除的成本费用是不含税金额，普通发票允许扣除的是含税总额。

增值税小规模纳税人没有进项抵扣的概念，所以也不需要取得增值税专用发票和进行认证工作。

3. 从发票开具来看，一般纳税人可以自行开具增值税专用发票和增值税普通发票、增值税电子普通发票。

增值税小规模纳税人只能自行开具增值税普通发票、增值税电子普通发票，若对方需要增值税专用发票，需要向税务机关申请代开。

其他纳税人如自然人，同样只能通过代开方式开具增值税专用发票和增值税普通发票。

4. 从受票方来说，增值税专用发票只能开具给除自然人外的增值税纳税人，而增值税普通发票可以开具给所有的受票对象。

【例 300】 企业应向索取增值税专用发票的购买方开具增值税专用发票，由购买方提供4 项信息：名称（不得为自然人）、纳税人识别号、地址电话、开户行及账号，如果购买方能将上述信息准确提供给商家，就可以开具增值税专用发票，不需要提供营业执照、税务登记证、组织机构代码证、开户许可证、一般纳税人登记表等相关证件或其他证明材料。

若实际付款人（现金、刷卡、第三方支付平台等）属于其他个人，但要求开具专用发票的“购买方”为单位的，销售方可在“备注栏”注明实际付款人的名称和有效证件号码。

（二）营改增后发票开具要求

原营业税纳税人对增值税政策和新开票系统不太熟悉的，营改增后开具增值税发票时需要关注：打印发票字迹要清楚，不得压线错格，确保打印格式精准，不得将二维码或密码区与表样原有内容重叠，否则将影响发票的使用，产生无效票；在开票前应将纸质发票的号码与开票系统中的号码进行核对，在开票后若发现信息错误，应将发票所有联次全部作废，重新开具；及时掌握增值税相关政策，特别是了解常见税目税率，避免因商品编码、商品种类选择错误而出现发票税率错误、品目错误等各种情况。

1. 国税发〔2006〕156 号文件第十一条规定，专用发票应按下列要求开具：

（1）项目齐全，与实际交易相符；

（2）字迹清楚，不得压线、错格；

（3）发票联和抵扣联加盖发票专用章；

（4）按照增值税纳税义务的发生时间开具。

对不符合上列要求的专用发票，购买方有权拒收。

“压线、错格”的增值税专用发票不符合规定，不能作为抵扣进项税额凭证，不能作为企业所得税税前扣除凭证及不能作为土地增值税清算扣除凭证，且购买方有权拒收，需要提醒的是：

（1）实务中增值税专用发票密码区压线、错格在扫描认证，造成很多企业认为“压线、错格”仅仅是指专用发票密码区压线、错格，国税发〔2006〕156 号规定的是“字迹清楚，不得压线、错格”，所以说“压线、错格”不仅仅是指专用发票密码区压线、错格，增值税专用发票内容压线（如货物名称打印压线），属于不合规发票，购买方有权拒收，如发票是当月开具的建议退回给开票方重新开具，如发票跨月则建议申请冲红。

（2）“取消增值税发票认证”后，采用网络系统勾选认证后，并不代表增值税专用发票没有开具的要求。

（3）增值税专用发票即使认证通过或勾选认证通过，也不代表该增值税专用发票就合规。

实务中，不加盖发票专用章、盖单位公章、盖财务专用章、发票内容压线及单位抬头不写全称等一些不合规的增值税专用发票，都可以认证通过或勾选认证，但是上述增值税专用发票都属于不合规的发票，不能作为增值税进项税额抵扣、企业所得税税前扣除和土地增值税税前扣除凭证。

（4）实务中为了防止相关纠纷，建议购买方在相关购买合同中加以下条款：卖方提供的增值税专用发票没有通过税务部门认证或不符合发票相关法规要求，造成买方不能抵扣的，卖方应向买方支付未通过认证发票中载明的税款金额作为违约金。违约金不足以弥补买方损失的，卖方还应予以赔偿。卖方未按买方要求支付违约金的，买方有权终止合同。

【例 301】 冀东水泥黑龙江有限公司（纳税人识别号：230112571929075）。

事由：要求企业作增值税进项税转出

依据：详见通知内容正文

通知内容：

2012 年 1 ~8 月，冀东水泥黑龙江有限公司（纳税识别号：230112571929075）从哈尔滨泉兴水泥有限责任公司（纳税识别号：23011275632710 ×）购入水泥熟料等货物，取得增值税专用发票 69 张，不含税金额合计 56 191 679. 51 元，进项税额合计 9 552 585. 39 元。开票日期均为 2012 年，加盖旧式发票专用章。

经调查，上述业务真实，取得的发票除加盖旧式专用章外，没有其他问题。《中华人民共和国发票管理办法》及实施办法规定，发票专用章属于发票的基本内容，是确定发票法律效力的重要形式特征。

发票专用章式样由国家税务总局确定。根据国家税务总局公告 2011 年第 7 号文件，新的“发票专用章自 2011 年 2 月 1 日起启用，旧式发票专用章可以使用至 2011 年 12 月 31 日”的规定，以上 69 张发票均属于“不符合规定的发票”。

根据国税发〔2008〕40 号文件“对于不符合规定的发票和其他凭证，包括虚假发票和非法代开发票，均不得用以税前扣除、出口退税、抵扣税款”的规定，经请示哈尔滨市国税局研究同意，冀东水泥黑龙江有限公司以上 69 张发票均不得用以税前扣除、抵扣税款，限你企业于 2014 年 9 月 30 日前，作增值税进项税转出，按规定开具红字发票，重新取得符合规定的发票，方可抵扣增值税进项税和企业所得税税前扣除。

税务机关（签章）

2014 年 9 月 3 日

告知：

（1）本通知要求缴纳税款、滞纳金，如对本通知不服，可自收到本通知之日起 60 日内按照本通知要求缴纳税款、滞纳金，或提供纳税担保，然后依法向哈市国税局申请行政复议。

（2）本通知要求其他事项的，如对本通知不服，可自收到本通知之日起 60 日内依法向哈市国税局申请行政复议，或者自收到本通知之日起 3 个月内依法向人民法院起诉。

【例 302】 深圳国税网站《发票盖章的相关问题》。

（1）发票可以盖财务专用章或公章吗？

答：不可以。根据《中华人民共和国发票管理办法》（中华人民共和国国务院令第 587 号）第二十二条的规定，发票应当加盖发票专用章。

（2）发票既盖了财务专用章，又盖了发票专用章，是否可以？

答：不可以，发票上只需盖发票专用章。

（3）发票上盖了发票专用章，但是盖得不清晰，怎么办？

答：可以在旁边补盖一个清晰的章，或者将发票作废/冲红。

（4）发票上的发票专用章盖反了（字朝下），发票还有效吗？

答：发票有效。

（5）发票若未按规定加盖发票专用章，会有什么影响？

答：根据《中华人民共和国发票管理办法》（中华人民共和国国务院令第 587 号）第三十五条规定，未加盖发票专用章的，由税务机关责令改正，可以处 1 万元以下的罚款；有违法所得的予以没收。

（6）发票的记账联要不要盖章？

答：根据《中华人民共和国发票管理办法实施细则》（国家税务总局令第 37 号）第二十八条：单位和个人在开具发票时，必须做到按照号码顺序填开，填写项目齐全，内容真实，字迹清楚，全部联次一次打印，内容完全一致，并在发票联和抵扣联加盖发票专用章。因此，发票的记账联无须盖章。

（7）盖的发票专用章名称和销售方名称不一致，该发票是否一定有问题？

答：不一定。如果是经税务机关委托代征税款的单位，其为代征税款的商户代开的普通发票，应加盖受托代征单位的发票专用章，此时发票专用章名称与实际销售方（商户）名称不一致，是正常的。

（8）代开的发票怎么盖章？

答：代开的增值税专用发票，需要收款方加盖发票专用章，不需要加盖税务机关代开发票专用章；代开普通发票，必须加盖税务机关代开发票专用章，不需要加盖收款方发票专用章。

笔者补充：根据税总函〔2016〕145 号文件的规定，其他个人销售其取得的不动产和出租不动产，购买方或承租方不属于其他个人的，纳税人缴纳增值税后可以向地税局申请代开增值税专用发票，上述代开的增值税专用发票必须加盖税务机关代开发票专用章。

（9）《机动车销售统一发票》对盖章有什么特殊规定？

答：根据《国家税务总局关于使用新版机动车销售统一发票有关问题的通知》（国税函〔2006〕479号）的规定，《机动车销售统一发票》应当在发票联加盖发票专用章，抵扣联和报税联不得加盖印章。

（10）发票上的发票专用章盖错了，怎么处理？

答：发票应作废/冲红。

本例补充文件：《国家税务总局关于上海市税控收款机推广应用有关问题的批复》（国税函〔2008〕690号）第一条规定："鉴于目前税控收款机开具的卷式发票上已打印纳税人名称（即收款单位名称）、纳税识别号，同意你局在上海市范围内试点，试行税控收款机卷式发票开具时不加盖发票专用章，以方便纳税人开具操作。其他发票开具仍需按规定加盖发票专用章"。

2. 提供建筑服务，纳税人自行开具或者税务机关代开增值税发票时，应在发票的备注栏注明建筑服务发生地县（市、区）名称及项目名称。需要提醒的是：

（1）提供建筑服务不管开具增值税专用发票还是普通发票，都需要在备注栏注明建筑服务发生地县（市、区）名称及项目名称，其中建议项目名称应为《建筑工程施工许可证》上注明的项目工程名称，未取得《建筑工程施工许可证》的项目，应注明总包合同上的项目名称；

（2）提供建筑服务过程中发生其他销售货物或提供其他应税劳务、服务的，如销售建筑材料，不需要在备注栏注明建筑服务发生地县（市、区）名称及项目名称；

（3）提供建筑服务开具增值税发票时，未在备注栏注明建筑服务发生地县（市、区）名称及项目名称，属于不合规发票或抵扣凭证，不能作为企业所得税税前扣除凭证及不能作为土地增值税清算扣除凭证；

（4）提供建筑服务开具增值税发票时，建议"货物或应税劳务、服务名称"栏不要填项目名称，按照《商品和服务税收分类与编码（试行）》规定的"商品和服务名称"填写。

（5）分包方就所承包项目向总包方开票，总包方按规定向建筑工程发包方全额开具增值税发票，票面不体现差额扣除分包款。部分商品和服务税收分类与编码如表15所示。

表 15 部分商品和服务税收分类与编码

合并编码	商品和服务名称	说明
3050000000000000000	建筑服务	指各类建筑物、构筑物及其附属设施的建造、修缮、装饰，线路、管道、设备、设施等的安装以及其他工程作业的业务活动。
3050100000000000000	工程服务	指新建、改建各种建筑物、构筑物的工程作业，包括与建筑物相连的各种设备或者支柱、操作平台的安装或者装设工程作业，以及各种窑炉和金属结构工程作业。
3050200000000000000	安装服务	指生产设备、动力设备、起重设备、运输设备、传动设备、医疗实验设备以及其他各种设备、设施的装配、安置工程作业，包括与被安装设备相连的工作台、梯子、栏杆的装设工程作业，以及被安装设备的绝缘、防腐、保温、油漆等工程作业，包括固定电话、有线电视、宽带、水、电、燃气、暖气等经营者向用户收取的安装费、初装费、开户费、扩容费以及类似收费。
3050300000000000000	修缮服务	指对建筑物、构筑物进行修补、加固、养护、改善，使之恢复原来的使用价值或者延长其使用期限的工程作业。
3050400000000000000	装饰服务	指对建筑物、构筑物进行修饰装修，使之美观或者具有特定用途的工程作业。
3059900000000000000	其他建筑服务	指上列工程作业之外的各种工程作业服务，如钻井（打井）、拆除建筑物或者构筑物、平整土地、园林绿化、疏浚（不包括航道疏浚）、建筑物平移、搭脚手架、爆破、矿山穿孔、表面附着物（包括岩层、土层、沙层等）剥离和清理劳务等工程作业

3. 销售不动产，纳税人自行开具或者税务机关代开增值税发票时，应在发票“货物或应税劳务、服务名称”栏填写不动产名称及房屋产权证书号码（无房屋产权证书的可不填写），“单位”栏填写面积单位，备注栏注明不动产的详细地址。

（1）销售不动产不管开具增值税专用发票还是普通发票，都需要按照上述要求开具发票，特别是要在备注栏注明不动产的详细地址；

（2）销售不动产开具增值税发票时，未按照上述要求开具发票的，如未在备注栏注明不动产的详细地址，属于不合规发票或不合规抵扣凭证，不能作为企业所得税税前扣除凭证及不能作为土地增值税清算扣除凭证；

（3）销售不动产开具增值税发票时，建议“货物或应税劳务、服务名称”栏不要填写不动产详细地址，要按照《商品和服务税收分类与编码（试行）》规定的“商品和服务名称”填写；

（4）房地产开发公司在本市跨区县从事的房地产开发项目，营改增后应在机构所在地办理防伪税控设备及领用发票；

（5）房地产开发企业销售房产，对于两个以上共有人购买房产时，发票购买方名称一栏可以填写两个共有人名称，纳税人识别号一栏先填写其中一个共有人有效证件号码，在备注栏内填写另一个共有人有效证件号码和房产地址等信息。

4. 出租不动产，纳税人自行开具或者税务机关代开增值税发票时，应在备注栏注明不动产的详细地址。

（1）出租不动产不管开具增值税专用发票还是普通发票，都需在备注栏注明不动产的详细地址；

（2）出租不动产开具增值税发票时，未在备注栏注明不动产的详细地址的，属于不合规发票或不合规抵扣凭证，不能作为企业所得税税前扣除凭证及不能作为土地增值税清算扣除凭证；

（3）出租不动产开具增值税发票时，建议“货物或应税劳务、服务名称”栏不要填写不动产详细地址，要按照《商品和服务税收分类与编码（试行）》规定的“商品和服务名称”填写。

5. 个人出租住房适用优惠政策减按1.5%征收，取得增值税专用发票，增值税专用发票是通过新系统中征收率减按1.5%征收开票功能，录入含税销售额，系统自动计算税额和不含税金额，发票开具不应与其他应税行为混开。

这里的“个人”包括了个体工商户和其他个人，具体包括：

（1）自然人出租住房，按照5%征收率减按1.5%计算应纳税额；

（2）属于小规模纳税人的个体工商户出租住房，按照5%征收率减按1.5%

计算应纳税额；

（3）属于一般纳税人的个体工商户出租住房，也应该按照 5% 征收率减按 1.5% 计算应纳税额。

【例 303】 某自然人出租住房取得含税租金 1 万元。

原营业税 = 10 000 × 1.5% = 150（元）

现增值税 = 10 000 ÷（1 + 5%）× 1.5% = 142.86（元）

金额 = 10 000 − 142.86 = 9 857.14（元）

1.5% 征税票样如图 10 所示。

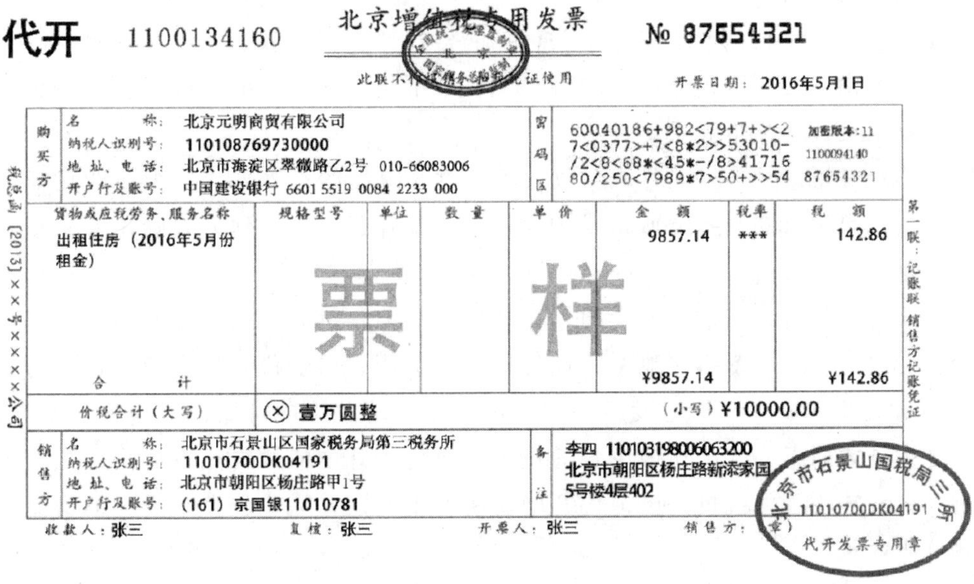
代开　1100134160　北京增值税专用发票　№ 87654321

此联不作报销、扣税凭证使用　开票日期：2016年5月1日

购买方	名称：北京元明商贸有限公司 纳税人识别号：110108769730000 地址、电话：北京市海淀区翠微路乙2号 010-66083006 开户行及账号：中国建设银行 6601 5519 0084 2233 000				密码区	60040186+982<79+7+><2 7<0377>+7<8*2>>53010- /2<8<68*<45*-/8>41716 80/250<7989*7>50+>>54	加密版本：11 1100094140 87654321
货物或应税劳务、服务名称	规格型号	单位	数量	单价	金额	税率	税额
出租住房（2016年5月份租金）					9857.14	***	142.86
合计					¥9857.14		¥142.86
价税合计（大写）	⊗ 壹万圆整				（小写）¥10000.00		
销售方	名称：北京市石景山区国家税务局第三税务所 纳税人识别号：11010700DK04191 地址、电话：北京市朝阳区杨庄路甲1号 开户行及账号：（161）京国银11010781				备注	李四 110103198006063200 北京市朝阳区杨庄路新添家园5号楼4层402	

收款人：张三　复核：张三　开票人：张三　销售方：（章）

图 10　1.5% 征税票样

（1）"税率"栏填写增值税征收率。免税、其他个人出租不动产适用优惠政策减按 1.5% 征收、差额征税的，"税率"栏自动打印"***"；

（2）"销售方名称"栏填写代开地税机关名称；

（3）"销售方纳税人识别号"栏填写代开发票地税机关代码；

（4）"销售方开户行及账号"栏填写税收完税凭证字轨及号码或电子税票号码（免税代开增值税普通发票可不填写）；

（5）备注栏填写销售或出租不动产纳税人的名称、纳税人识别号（或者组织机构代码）、不动产的详细地址；

（6）差额征税代开发票，通过系统中差额征税开票功能，录入含税销售额（或含税评估额）和扣除额，系统自动计算税额和金额，备注栏自动打印“差额征税”字样；

（7）纳税人销售取得的不动产代开发票，“货物或应税劳务、服务名称”栏填写不动产名称及房屋产权证书号码，“单位”栏填写面积单位；

（8）按照核定计税价格征税的，“金额”栏填写不含税计税价格，备注栏注明“核定计税价格，实际成交含税金额××元”。

需要提醒的是，国家税务总局公告2016年第23号文件第六条第四项规定，其他个人采取预收款形式出租不动产，取得的预收租金收入，可在预收款对应的租赁期内平均分摊，分摊后的月租金收入不超过3万元的，可享受小微企业免征增值税优惠政策。

也就是说，其他个人月租金收入不超过3万元的，可享受小微企业免征增值税优惠政策，同时免征城市维护建设税、教育费附加、地方教育附加、水利建设基金。

月租金收入不超过3万元的，可享受小微企业免征增值税优惠政策，其他个人也可以向不动产所在地主管地税机关申请代开增值税普通发票，也不需要缴纳增值税、城市维护建设税、教育费附加、地方教育附加、水利建设基金；实务中不能向不动产所在地主管地税机关申请代开增值税专用发票，只能向不动产所在地主管地税机关申请代开增值税专用发票，除非放弃享受免征增值税的优惠政策。

6.《国家税务总局关于停止使用货物运输业增值税专用发票有关问题的公告》（国家税务总局公告2015年第99号）规定，一般纳税人提供货物运输服务，使用增值税专用发票和增值税普通发票，开具发票时应将起运地、到达地、车种车号以及运输货物信息等内容填写在发票备注栏中，如内容较多可另附清单。

（1）货运增值税专用发票最迟可使用至2016年6月30日，7月1日起停止使用，也就是说2016年7月1日以后不再开具货运增值税专用发票，货运增值税专用发票也从此退出历史舞台。

【例304】一般纳税人收到运输企业7月份开具的货物运输业增值税专用发

票，不能作为进项税额抵扣凭证，也不能作为企业所得税税前扣除凭证，应退还给开票单位，并要求其重新开具增值税专用发票。

（2）铁路运输企业受托代征的印花税款信息，可填写在发票备注栏中。

（3）中国铁路总公司及其所属运输企业（含分支机构）提供货物运输服务，也需要开具增值税专用发票和增值税普通发票，其另所开具的铁路货票、运费杂费收据可作为发票清单使用。

7.《国家税务总局关于保险机构代收车船税开具增值税发票问题的公告》（国家税务总局公告 2016 年第 51 号）规定，自 2016 年 5 月 1 日起，保险机构作为车船税扣缴义务人，在代收车船税并开具增值税发票时，应在增值税发票备注栏中注明代收车船税税款信息，具体包括：保险单号、税款所属期（详细至月）、代收车船税金额、滞纳金金额、金额合计等。该增值税发票可作为纳税人缴纳车船税及滞纳金的会计核算原始凭证。

企业可以凭保险公司开具的发票备注栏中记载的车船税合计来入账，即增值税发票作为纳税人报账凭证，报账金额包括增值税发票备注栏中注明的车船税合计（包括税款和滞纳金）。

8. 接受按照现行政策规定适用差额征税办法缴纳增值税，且不得全额开具增值税发票的，取得增值税专用发票，增值税专用发票是通过新系统中差额征税开票功能，录入含税销售额（或含税评估额）和扣除额，系统自动计算税额和不含税金额，备注栏自动打印“差额征税”字样，发票开具不应与其他应税行为混开，抵扣的是票面的“扣除额”。

具体操作详见本书《专题　差额征税》。

9. 一般纳税人销售货物或者提供应税劳务可汇总开具专用发票。

国税发〔2006〕156 号文件规定，汇总开具专用发票的，应当使用防伪税控系统开具《销售货物或者提供应税劳务清单》，并加盖发票专用章。特别提醒：自行打印销货清单的，属于未按规定开具发票，不得抵扣。

【例 305】 一般纳税人取得没有供应商开具销售清单的开具“材料一批”、汇总运输发票、办公用品和劳动保护用品的增值税专用发票，不可以抵扣进项税金和不能抵扣企业所得税税前扣除，也就是说，开具“材料一批”、汇总运输发票、办公用品和劳动保护用品的发票，如果想抵扣进项税金和企业所得税税前扣除，就必须要使用防伪税控系统开具销售清单。

10. 增值税普通发票购买方信息填列：开具增值税普通发票时，当购买方为已办理税务登记纳税人时，购买方信息栏内容应填写齐全，不得漏项（实务中会存在漏项）；当购买方为未办理税务登记的行政事业单位时，应填写购方名称、地址，其他项目可不填；当购买方为其他个人时，应填写购买方名称，其他项目可不填。

11.《国家税务总局关于个人保险代理人税收征管有关问题的公告》（国家税务总局公告2016年第45号）规定，税务机关可以根据《国家税务总局关于发布〈委托代征管理办法〉的公告》（国家税务总局公告2013年第24号）的有关规定，委托保险企业代征。接受税务机关委托代征税款的保险企业，向个人保险代理人支付佣金费用后，可代个人保险代理人统一向主管国税机关申请汇总代开增值税普通发票或增值税专用发票。

证券经纪人、信用卡和旅游等行业个人代理人比照上述规定执行。

【例306】保险企业日常业务中经常要向自然人个人保险代理人支付保险代理服务的佣金、奖励和劳务费，为更方便地取得扣税凭证，可由企业到税务机关申请汇总代开增值税专用发票。

按照上述规定接受税务机关委托代征税款的保险企业，代个人保险代理人申请汇总代开增值税发票时，应向主管国税机关出具个人保险代理人的姓名、身份证号码、联系方式、付款时间、付款金额、代征税款的详细清单。保险企业应将个人保险代理人的详细信息，作为代开增值税发票的清单，随发票入账。

12. 没有填开付款方全称的发票，不得作为财务报销凭证及其企业所得税税前扣除凭证。

根据《国务院关于修改〈中华人民共和国发票管理办法〉的决定》（中华人民共和国国务院令第587号）第二十一条规定："不符合规定的发票，不得作为财务报销凭证，任何单位和个人有权拒收"。

根据《国家税务总局关于进一步加强普通发票管理工作的通知》（国税发〔2008〕80号）第八条第二项规定："……在日常检查中发现纳税人使用不符合规定发票特别是没有填开付款方全称的发票，不得允许纳税人用于税前扣除、抵扣税款、出口退税和财务报销"。

根据《网络发票管理办法》（国家税务总局令第30号）第七条规定："单位和个人取得网络发票时，应及时查询验证网络发票信息的真实性、完整性，对不符合规定的发票，不得作为财务报销凭证，任何单位和个人有权拒收”。

（三）不得开具专票情形

1. 除有文件规定不得自行或代开增值税专用发票规定外，都可以开具增值税专用发票，如除另有规定外的，选择简易计税办法可以开具增值税专用发票，一般纳税人提供建筑服务适用简易计税方法的可以对外开具增值税专用发票；再如营改增适用差额征税政策能否全额开增值税专用发票，如没有规定不得全额开具增值税专用发票的，就可以全额开具增值税专用发票。

除有文件规定不得自行或代开增值税专用发票的情形有以下：

（1）向消费者个人销售货物、提供应税劳务和销售服务、无形资产或者不动产。

（2）销售货物、提供应税劳务和提供应税行为适用免税规定的。

【例 307】从保险公司购买的人身保险，根据财税〔2016〕36 号文件规定，保险公司开办的一年期以上人身保险产品取得的保费收入免征增值税，因此，若是保险公司取得的保费收入属于免税行为的，则不可以开具增值税专用发票，可开具增值税普通发票。

（3）除另有规定外的，选择简易计税办法可以开具增值税专用发票。以下情况按简易办法征收不得自行或代开增值税专用发票：

①一般纳税人销售自己使用过的固定资产，凡根据《财政部　国家税务总局关于全国实施增值税转型改革若干问题的通知》（财税〔2008〕170 号）和财税〔2009〕9 号文件等规定，适用按简易办法依 3% 征收率减按 2% 征收增值税政策的，应开具普通发票，不得开具增值税专用发票。

小规模纳税人销售自己使用过的固定资产，适用按简易办法依 3% 征收率减按 2% 征收增值税政策的，应开具普通发票，不得由税务机关代开增值税专用发票。

②纳税人销售旧货，不得开具增值税专用发票或不得由税务机关代开增值税专用发票。

③一般纳税人的单采血浆站销售供应非临床用血不得开具增值税专用发票。

（4）实行增值税退（免）税办法的增值税零税率应税服务不得开具增值税专用发票。

（5）惩罚性规定不得开具专用发票，如超过小规模纳税人标准，未申请办理一般纳税人认定手续的，按销售额依照增值税税率计算应纳税额，不得抵扣进项税额，也不得开具专用发票。

（6）营改增适用差额征税政策且不能全额开增值税专用发票。

根据（国家税务总局公告2016年第23号）第四条规定：按照现行政策规定适用差额征税办法缴纳增值税，且不得全额开具增值税发票的（财政部、税务总局另有规定的除外），纳税人自行开具或者税务机关代开增值税发票时，通过新系统中差额征税开票功能，录入含税销售额（或含税评估额）和扣除额，系统自动计算税额和不含税金额，备注栏自动打印“差额征税”字样，发票开具不应与其他应税行为混开。

具体差额征税不得全额开增值税专用发票的情况有：

①劳务派遣服务。纳税人提供劳务派遣服务，可以选择差额纳税，以取得的全部价款和价外费用，扣除代用工单位支付给劳务派遣员工的工资、福利和为其办理社会保险及住房公积金后的余额为销售额，按照简易计税方法依5%的征收率计算缴纳增值税。向用工单位收取用于支付给劳务派遣员工工资、福利和为其办理社会保险及住房公积金的费用，不得开具增值税专用发票，可以开具普通发票（财税〔2016〕47号）。

②纳税人提供人力资源外包服务。按照经纪代理服务缴纳增值税，其销售额不包括受客户单位委托代为向客户单位员工发放的工资和代理缴纳的社会保险、住房公积金。向委托方收取并代为发放的工资和代理缴纳的社会保险、住房公积金，不得开具增值税专用发票，可以开具普通发票（财税〔2016〕47号）。

③旅游服务。试点纳税人提供旅游服务，可以选择以取得的全部价款和价外费用，扣除向旅游服务购买方收取并支付给其他单位或者个人的住宿费、餐饮费、交通费、签证费、门票费和支付给其他接团旅游企业的旅游费用后的余额为销售额。采用此办法计算销售额的试点纳税人，向旅游服务购买方收取并支付的上述费用，不得开具增值税专用发票，可以开具普通发票。

④经纪代理服务。以取得的全部价款和价外费用，扣除向委托方收取并代为支付的政府性基金或者行政事业性收费后的余额为销售额。向委托方收取的政府性基金或者行政事业性收费，不得开具增值税专用发票。

⑤有形动产融资性售后回租服务。纳税人根据2016年4月30日前签订的

有形动产融资性售后回租合同，在合同到期前提供的有形动产融资性售后回租服务，选择以向承租方收取的全部价款和价外费用扣除向承租方收取的价款本金及对外支付的借款利息（包括外汇借款和人民币借款利息）、发行债券利息后的余额为销售额的，向承租方收取的有形动产价款本金，不得开具增值税专用发票，可以开具普通发票。

⑥电信企业为公益性机构接受捐款。中国移动通信集团公司、中国联合网络通信集团有限公司、中国电信集团公司及其成员单位通过手机短信公益特服号为公益性机构接受捐款，以其取得的全部价款和价外费用，扣除支付给公益性机构的捐款后的余额为销售额。其接受的捐款，不得开具增值税专用发票。

2. 关于未开具增值税专用发票责任的承担民事判决案例。

【例 308】《三亚和利实业发展有限责任公司、芜湖市兆信炉料有限公司买卖合同纠纷二审民事判决书》。

三亚和利实业发展有限责任公司、芜湖市兆信炉料有限公司买卖合同纠纷二审民事判决书

安徽省高级人民法院

民事判决书〔2014〕皖民二终字第 00202 号

上诉人（原审原告、反诉被告）：三亚和利实业发展有限责任公司，住所地海南省三亚市。

上诉人（原审被告、反诉原告）：芜湖市兆信炉料有限公司，住所地安徽省繁昌县。

上诉人三亚和利实业发展有限责任公司（简称三亚和利公司）、芜湖市兆信炉料有限公司（简称芜湖兆信公司）因买卖合同纠纷一案，均不服安徽省芜湖市中级人民法院于 2013 年 11 月 29 日作出的〔2013〕芜中民二初字第 00267 号民事判决，向本院提起上诉。本院受理后，依法组成合议庭，于 2014 年 5 月 21 日公开开庭审理了本案。三亚和利公司的委托代理人张其珍、芜湖兆信公司的委托代理人戴衍卫到庭参加了诉讼。本案现已审理终结。

原审法院查明：2010 年 12 月 5 日，芜湖兆信公司（甲方）与三亚和利公司（乙方）签订《铁精粉购销战略合作合同》，约定交货期为 2011 年元月至

2011 年 12 月 31 日，交货地点为芜湖市新港码头，交货数量为 20 万吨以上。合同对货物定价进行了约定：双方之间的铁精粉购销价格根据供货交易时的市场价格优惠 30 元/吨，以双方签订补充协议的方式确定最终执行价；品位计价原则以铁品位 65% 为基准，每增减 0.1%，价格加减 3 元/吨。此后，双方通过补充协议和函的形式对每月发货数量、品质、价格以及违约责任等进行约定。2011 年 7 月份、8 月份、12 月份以及 2012 年元月份、2 月份、3 月份，三亚和利公司未能及时供货，按照补充协议约定，三亚和利公司支付给芜湖兆信公司 2011 年 7、8 月份未发货滞期款 70 万元，2011 年 12 月份未发货滞期款 30 万元，2012 年 1、2 月份未发货滞期款 40 万元，2012 年 3 月份未发货滞期款 30 万元，上述滞期款均转为芜湖兆信公司支付给三亚和利公司的货款。2012 年 6 月 20 日，芜湖兆信公司与三亚和利公司签订《结算协议书》，就余款结算及税票问题进行约定，双方确认：截至 2012 年 6 月 17 日，三亚和利公司仍差欠芜湖兆信公司货物预付款 6 092 507.31 元；截至 2012 年 6 月 20 日，三亚和利公司共有 39 349 404.15 元税票未向芜湖兆信公司开具，三亚和利公司如在本协议签订后 40 天内仍不能开具税票，则应向芜湖兆信公司支付相等值的货物作为税款，由芜湖兆信公司代为缴纳，税款总额 5 717 434.79 元。双方还约定，如在协议约定的时间内，三亚和利公司未履行义务，则应承担如下违约责任：1. 按应税总额的（包括 5 717 434.79 元及即将发船的货物应税款）月息 2% 向芜湖兆信公司支付利息；2. 向芜湖兆信公司支付尾款的利息，月息按 2% 计算；3. 承担芜湖兆信公司为主张债权而支出的律师费用，律师费用按诉讼总额的 8% 计收；4. 承担芜湖兆信公司为主张债权而支出的来回飞机票款及住宿费用。双方又通过签订补充协议或函的形式确定每次交易的货物数量、价格等。《结算协议书》签订后，三亚和利公司供货四次，2012 年 7 月 1 日供货货款为 4 609 109.54 元，2012 年 9 月 6 日供货货款为 4 434 657.23 元，2012 年 9 月 24 日供货货款为 3 704 784.35 元，2012 年 11 月 5 日供货货款为 4 331 904.06 元。芜湖兆信公司于 2012 年 9 月 17 日支付货款 300 万元，以代付船费的形式分别于 2012 年 9 月 6 日付款 298 510 元，2012 年 9 月 24 日付款 350 592 元，2012 年 11 月 5 日付款 343 850 元，至 2012 年 11 月 5 日，三亚和利公司总计供货干基吨位 73 505.61 吨（湿基吨位 80 492.11 吨），芜湖兆信公司差欠货款 6 994 991.87 元，至 2012 年 12 月 20 日，三亚和利公司未开具的增值税专用发票价税合计 22 636 710.17 元。

……

四、关于未开具增值税专用发票责任的承担。国家税务总局《增值税专用发票使用规定》第十条规定：“一般纳税人销售货物或者提供应税劳务，应向购买方开具专用发票”，因此，销售方给付购货方增值税专用发票为法定义务。依照诚实信用原则，该法定义务应当作为合同的附随义务由销售方履行。至2012年12月20日，三亚和利公司尚有22 636 710.17元增值税专用发票未向芜湖兆信公司开具。三亚和利公司作为出卖方，向购买方芜湖兆信公司开具相应的增值税专用发票是其合同的附随义务。芜湖兆信公司要求三亚和利公司开具22 636 709.63元增值税专用发票，低于应开具的22 636 710.17元，其诉请应予支持。本案芜湖兆信公司与三亚和利公司的交易是含税交易，芜湖兆信公司支付的货款中包含应向国家税务部门缴纳的增值税，对芜湖兆信公司而言即是进项税，芜湖兆信公司可凭三亚和利公司开具的税票向税务部门抵扣进项税款。该22 636 709.63元税票可折抵应税款3 289 094.56元，三亚和利公司未开具增值税发票，导致芜湖兆信公司不能抵扣相应税款，必然导致相应的经济损失。对该损失，三亚和利公司应予承担。依据双方在《结算协议书》中对违约责任的约定，三亚和利公司未能开具税票，应自2012年12月21日起，以应税款3 289 094.56元为计算基数，按月息2%向芜湖兆信公司承担违约责任。三亚和利公司若不能在本判决规定的期间内履行开具22 636 710.17元增值税专用发票的义务，应当向芜湖兆信公司赔偿相应税款损失3 289 094.56元。

……

一、维持安徽省芜湖市中级人民法院〔2013〕芜中民二初字第00267号民事判决第一、三、四、五项，即“芜湖兆信公司于判决生效之日起十五日内向三亚和利公司支付货款6 994 991.87元，并支付相应利息（自2012年11月5日起至本判决确定给付之日止，按照中国人民银行同期同类人民币贷款基准利率计算）”；“三亚和利公司于判决生效之日起十五日内向芜湖兆信公司开具价税合计22 636 709.63元的增值税专用发票，并支付相应税款的利息（以3 289 094.56元为基数，自2012年12月21日起至税票开具之日止，按月息2%计算）”；“若三亚和利公司未能在上述判决规定的期限内开具22 636 709.63元增值税专用发票，应当赔偿芜湖兆信公司相应税款损失3 289 094.56元”；“驳回芜湖兆信公司的其他诉讼请求”。

完整民事判决书请查询中华人民共和国最高人民法院下属中国裁判文书网：http：//wenshu. court. gov. cn/content/content？DocID = b6d87f5c - a250 - 4244 - 971c - 616844c1804f。

3. 开具增值税专用发票与进项税额关系。

虽财税〔2016〕36 号文件规定，一般纳税人购进的旅客运输服务、贷款服务、餐饮服务、居民日常服务和娱乐服务的进项税额不得从销项税额中抵扣，但是没有规定提供餐饮服务不得开具增值税专用发票，也就是说一般纳税人提供餐饮服务也可以开具增值税专用发票，抵扣不抵扣属于接受餐饮服务的纳税人自行把握。

实务中，财税〔2016〕36 号文件及其他文件中明确规定进项税额不可抵扣，为了避免其他实务操作的麻烦，最好不要自行或代开增值税专用发票，如提供旅客运输服务、贷款服务、餐饮服务、居民日常服务和娱乐服务，最好不要开专项发票。

附件：营改增后不得开具增值税专用发票情形汇总及政策依据

（1）向消费者个人销售货物或者应税劳务的。

政策依据：增值税暂行条例第二十一条。

（2）向消费者个人销售服务、无形资产或者不动产。

政策依据：财税〔2016〕36 号第五十三条。

（3）一般纳税人向其他个人销售自行开发的房地产项目，不得开具增值税专用发票。

政策依据：《房地产开发企业销售自行开发的房地产项目增值税征收管理暂行办法》的公告（国家税务总局公告 2016 年第 18 号）第十八条。

4. 销售其取得的不动产和出租不动产，购买方或承租方不属于其他个人的，其他个人纳税人缴纳增值税后可以向地税局申请代开增值税专用发票，除上述情况以外，其他个人不能申请代开增值税专用发票。

政策依据：（1）《国家税务总局关于印发〈税务机关代开增值税专用发票管理办法（试行）〉的通知》（国税发〔2004〕153 号）第二条和第五条；（2）《国家税务总局关于营改增委托地税局代征税款和代开增值税发票的通知》（税总函〔2016〕145 号）第二条第四款。

5. 销售货物或者应税劳务适用免税规定的。

政策依据：增值税暂行条例第二十一条。

6. 适用免征增值税规定的应税行为。

政策依据：财税〔2016〕36号第五十三条。

7. 销售免税货物不得开具专用发票，法律、法规及国家税务总局另有规定的除外。

政策依据：《国家税务总局关于修订〈增值税专用发票使用规定〉的通知》（国税发〔2006〕156号）第十条。

8. 一般纳税人销售免税货物，一律不得开具专用发票（国有粮食购销企业销售免税粮食除外）。

如违反规定开具专用发票的，则对其开具的销售额依照增值税适用税率全额征收增值税，不得抵扣进项税额，并按照《中华人民共和国发票管理办法》及其实施细则的有关规定予以处罚。

政策依据：《国家税务总局关于加强免征增值税货物专用发票管理的通知》（国税函〔2005〕780号）。

9. 纳税人发生跨境应税行为免征增值税的，应单独核算跨境应税行为的销售额，准确计算不得抵扣的进项税额，其免税收入不得开具增值税专用发票。

政策依据：《国家税务总局关于发布〈营改增跨境应税行为增值税免税管理办法（试行）〉的公告》（国家税务总局公告2016年第29号）第六条。

10. 销售熊猫普制金币免税收入不得开具增值税专用发票。

政策依据：《国家税务总局关于发布〈熊猫普制金币免征增值税管理办法（试行）〉的公告》（国家税务总局公告2013年第6号）。

11. 对农村电管站在收取电价时一并向用户收取的农村电网维护费（包括低压线路损耗和维护费以及电工经费）免征增值税，不得开具增值税专用发票。

根据《财政部　国家税务总局关于免征农村电网维护费增值税问题的通知》（财税字〔1998〕47号）规定，对农村电管站在收取电价时一并向用户收取的农村电网维护费（包括低压线路损耗和维护费以及电工经费）免征增值税。鉴于部分地区农村电网维护费改由其他单位收取后，只是收费的主体发生了变化，收取方法、对象以及使用用途均未发生变化，为保持政策的一致性，对其他单位收取的农村电网维护费免征增值税，不得开具增值税专用发票。

政策依据：《国家税务总局关于农村电网维护费免征增值税问题的通知》

（国税函〔2009〕591 号）。

12. 纳税人销售免税的有机肥产品，应按规定开具普通发票，不得开具增值税专用发票。

政策依据：《财政部　国家税务总局关于有机肥产品免征增值税的通知》（财税〔2008〕56 号）第四条。

13. 纳税人销售免税的滴灌带和滴灌管产品，应一律开具普通发票，不得开具增值税专用发票。

政策依据：《财政部　国家税务总局关于免征滴灌带和滴灌管产品增值税的通知》（财税〔2007〕83 号）第三条。

14. 自 2007 年 1 月 1 日起，纳税人销售饲料级磷酸二氢钙产品，不得开具增值税专用发票；凡开具专用发票的，不得享受免征增值税政策，应照章全额缴纳增值税。

政策依据：《国家税务总局关于饲料级磷酸二氢钙产品增值税政策问题的通知》（国税函〔2007〕10 号）第二条。

15. 纳税人所销售的免税图书资料，不得开具增值税专用发票。

（1）纳税人所销售的免税图书资料，应一律开具普通发票，不得开具增值税专用发票，已开具增值税专用发票的必须全部追回后，方可免税。

政策依据：《国家税务总局关于中国国际图书贸易总公司广州分公司销售进口图书资料免征增值税的通知》（国税函〔2005〕360 号）。

（2）纳税人如果已向购买方开具了增值税专用发票，应将专用发票追回后方可申请办理免税。凡专用发票无法追回的，一律照章征收增值税。

政策依据：《财政部　国家税务总局关于延续宣传文化增值税和营业税优惠政策的通知》（财税〔2013〕87 号）。

16. 债转股企业将享受免征增值税政策的实物资产投入到新公司时不得开具增值税专用发票。

鉴于债转股企业投入到新公司的实物资产享受免征增值税政策，因此债转股企业将实物资产投入到新公司时不得开具增值税专用发票。

政策依据：《国家税务总局关于债转股企业实物投资免征增值税政策有关问题的批复》（国税函〔2003〕1394 号）。

17. 小规模纳税人销售货物或者应税劳务的不能自行开具专用发票。

政策依据：增值税暂行条例第二十一条。

18. 小规模纳税人销售自己使用过的固定资产，应开具普通发票，不得由税务机关代开增值税专用发票。

政策依据：《国家税务总局关于增值税简易征收政策有关管理问题的通知》（国税函〔2009〕90号）第二条。

特别提醒：《国家税务总局关于营改增试点期间有关增值税问题的公告》（国家税务总局公告2015年第90号）。

19. 纳税人购进或者自制固定资产时为小规模纳税人，认定为一般纳税人后销售该固定资产，按简易办法依3%征收率减按2%征收增值税，不得开具增值税专用发票。

政策依据：《国家税务总局关于一般纳税人销售自己使用过的固定资产增值税有关问题的公告》（国家税务总局公告2012年第1号）。

20. 一般纳税人发生按简易办法征收增值税应税行为，销售其按照规定不得抵扣且未抵扣进项税额的固定资产，按简易办法依3%征收率减按2%征收增值税，不得开具增值税专用发票。

政策依据：《关于一般纳税人销售自己使用过的固定资产增值税有关问题的公告》（国家税务总局公告2012年第1号）第一条。

21. 2008年12月31日以前未纳入扩大增值税抵扣范围试点的纳税人，销售2008年12月31日以前购进或者自制的固定资产，按简易办法依3%征收率减按2%征收增值税，不得开具增值税专用发票。

政策依据：《财政部　国家税务总局关于全国实施增值税转型改革若干问题的通知》（财税〔2008〕170号）第四条和国税函〔2009〕90号第三条。

22. 一般纳税人销售自己使用过的属于《中华人民共和国增值税暂行条例》第十条规定不得抵扣且未抵扣进项税额的固定资产，按简易办法依3%征收率减按2%征收增值税，不得开具增值税专用发票。

政策依据：《财政部　国家税务总局关于部分货物适用增值税低税率和简易办法征收增值税政策的通知》（财税〔2009〕9号）第二条和国税函〔2009〕90号第三条。

特别提醒，上述从第17条到第21条，根据国家税务总局公告2015年第90号文件规定，纳税人销售自己使用过的固定资产，适用简易办法依照3%征收率减按2%征收增值税政策的，可以放弃减税，按照简易办法依照3%征收率缴纳增值税，并可以开具增值税专用发票。

23. 实行增值税退（免）税办法的增值税零税率应税服务不得开具增值税专用发票。

政策依据：《国家税务总局关于发布〈适用增值税零税率应税服务退（免）税管理办法〉的公告》（国家税务总局公告2014年第11号）第七条。

24. 纳税人销售旧货，应开具普通发票，不得自行开具或者由税务机关代开增值税专用发票。

旧货，是指进入二次流通的具有部分使用价值的货物（含旧汽车、旧摩托车和旧游艇），但不包括自己使用过的物品。

政策依据：《国家税务总局关于增值税简易征收政策有关管理问题的通知》（国税函〔2009〕90号）第三条。

《财政部　国家税务总局关于部分货物适用增值税低税率和简易办法征收增值税政策的通知》（财税〔2009〕9号）第二条第（二）款。

25. 一般纳税人销售自己使用过的、纳入营改增试点之日前取得的固定资产，按照现行旧货相关增值税政策执行，不得开具增值税专用发票。

使用过的固定资产，是指纳税人符合《营业税改增值税试点实施办法》第二十八条规定并根据财务会计制度已经计提折旧的固定资产。

政策依据：（1）财税〔2016〕36号文件附件2第一条第（十四）款；

（2）财税〔2009〕9号文件第二条第（二）款；

（3）《财政部　国家税务总局关于简并增值税征收率政策的通知》（财税〔2014〕57号）第一条；

（4）《国家税务总局关于增值税简易征收政策有关管理问题的通知》（国税函〔2009〕90号）第二条。

26. 自2009年1月1日起，从事废旧物资回收经营业务的一般纳税人销售废旧物资，不得开具印有“废旧物资”字样的增值税专用发票。

如果纳税人取得的2009年1月1日以后开具的废旧物资专用发票，不再作为增值税扣税凭证。

政策依据：《国家税务总局关于废旧物资发票抵扣增值税有关事项的公告》（国家税务总局公告2008年第1号）第一条。

27. 一般纳税人的单采血浆站销售非临床用人体血液，可以按照简易办法依照 3% 征收率计算应纳税额，但不得对外开具增值税专用发票。

政策依据：（1）《国家税务总局关于供应非临床用血增值税政策问题的批复》（国税函〔2009〕456 号）第二条；

（2）《国家税务总局关于简并增值税征收率有关问题的公告》（国家税务总局公告 2014 年第 36 号）第四条。

28. 除增值税暂行条例实施细则第二十九条规定外，纳税人销售额超过小规模纳税人标准，未申请办理一般纳税人认定手续的，按销售额依照增值税税率计算应纳税额，不得抵扣进项税额，也不得开具专用发票。

需要提醒的是，增值税暂行条例实施细则年应税销售额超过小规模纳税人标准的其他个人按小规模纳税人纳税；非企业性单位、不经常发生应税行为的企业可选择按小规模纳税人纳税。

政策依据：增值税暂行条例实施细则第三十四条。

29. 对达到一般纳税人标准而不申请办理认定手续的，根据增值税暂行条例实施细则第三十条的规定，按销售额依照增值税税率计算应纳税额，不得抵扣进项税额，也不得开具专用发票。

政策依据：《国家税务总局关于一般纳税人认定有关问题的通知》（国税函〔2008〕1079 号）第三条。

30. 应当办理一般纳税人资格登记而未办理的，应当按照销售额和增值税税率计算应纳税额，不得抵扣进项税额，也不得使用增值税专用发票。

政策依据：财税〔2016〕36 号文件附件 1 第三十三条。

31. 一般纳税人会计核算不健全，或者不能够提供准确税务资料的，应当按照销售额和增值税税率计算应纳税额，不得抵扣进项税额，也不得使用增值税专用发票。

政策依据：（1）增值税暂行条例实施细则第三十四条；

（2）财税〔2016〕36 号文件附件 1 第三十三条。

32. 商业企业一般纳税人零售的烟、酒、食品、服装、鞋帽（不包括劳保专用部分）、化妆品等消费品不得开具专用发票。

政策依据：《国家税务总局关于修订〈增值税专用发票使用规定〉的通知》（国税发〔2006〕156 号）第十条。

33. 商业企业向供货方收取的各种收入，一律不得开具增值税专用发票。

政策依据：《国家税务总局关于商业企业向货物供应方收取的部分费用征收流转税问题的通知》（国税发〔2004〕136号）第二条。

34. 出口货物劳务除输入特殊区域的水电气外，出口企业和其他单位不得开具增值税专用发票。

政策依据：《国家税务总局关于发布〈出口货物劳务增值税和消费税管理办法〉的公告》（国家税务总局公告2012年第24号）第十一条。

35. 钻石出口不得开具增值税专用发票。

政策依据：《国家税务总局关于印发〈钻石交易增值税征收管理办法〉的通知》（国税发〔2006〕131号）第六条。

36. 金融机构所属分行、支行、分理处、储蓄所等销售实物黄金时，应当向购买方开具国家税务总局统一监制的普通发票，不得开具银行自制的金融专业发票。

政策依据：《国家税务总局关于金融机构开展个人实物黄金交易业务增值税有关问题的通知》（国税发〔2005〕178号）第二条。

37. 除财政部、国家税务总局特殊规定外，简易征收项目（含“营改增”简易征收项目）可开具增值税专用发票。

政策依据：《国家税务总局纳税服务司关于下发营改增热点问题答复口径和营改增培训参考材料的函》（税总纳便函〔2016〕71号）。

38. 小规模纳税人不可自行开具增值税专用发票，可向主管税务机关申请代开增值税专用发票。

政策依据：《税务机关代开增值税专用发票管理办法（试行）》（国税发〔2004〕153号）第六条。

39. 经纪代理服务。以取得的全部价款和价外费用，扣除向委托方收取并代为支付的政府性基金或者行政事业性收费后的余额为销售额。向委托方收取的政府性基金或者行政事业性收费，不得开具增值税专用发票。

政策依据：《关于全面推开营改增试点的通知》（财税〔2016〕36号）附件2第一条第三款。

40. 有形动产融资性售后回租服务。纳税人根据2016年4月30日前签订的有形动产融资性售后回租合同，在合同到期前提供的有形动产融资性售后回租服务，选择以向承租方收取的全部价款和价外费用扣除向承租方收取的价款本金及对外支付的借款利息（包括外汇借款和人民币借款利息）、发行债券利息后的余额为销售额的，向承租方收取的有形动产价款本金，不得开具增值税专用发票，可以开具普通发票。

政策依据：财税〔2016〕36 号文件附件 2 第一条第三款。

41. 旅游服务。试点纳税人提供旅游服务，可以选择以取得的全部价款和价外费用，扣除向旅游服务购买方收取并支付给其他单位或者个人的住宿费、餐饮费、交通费、签证费、门票费和支付给其他接团旅游企业的旅游费用后的余额为销售额。采用此办法计算销售额的试点纳税人，向旅游服务购买方收取并支付的上述费用，不得开具增值税专用发票，可以开具普通发票。

政策依据：财税〔2016〕36 号文件附件 2 第一条第三款。

42. 劳务派遣服务。纳税人提供劳务派遣服务，可以选择差额纳税，以取得的全部价款和价外费用，扣除代用工单位支付给劳务派遣员工的工资、福利和为其办理社会保险及住房公积金后的余额为销售额，按照简易计税方法依 5% 的征收率计算缴纳增值税。向用工单位收取用于支付给劳务派遣员工工资、福利和为其办理社会保险及住房公积金的费用，不得开具增值税专用发票，可以开具普通发票。

纳税人提供安全保护服务，比照劳务派遣服务政策执行。

政策依据：(1)《财政部　国家税务总局关于进一步明确全面推开营改增试点有关劳务派遣服务、收费公路通行费抵扣等政策的通知》（财税〔2016〕47 号）第一条；

(2)《财政部　国家税务总局关于进一步明确全面推开营改增试点有关再保险、不动产租赁和非学历教育等政策的通知》（财税〔2016〕68 号）。

43. 纳税人提供人力资源外包服务，按照经纪代理服务缴纳增值税，其销售额不包括受客户单位委托代为向客户单位员工发放的工资和代理缴纳的社会保险、住房公积金。向委托方收取并代为发放的工资和代理缴纳的社会保险、住房公积金，不得开具增值税专用发票，可以开具普通发票。

政策依据：财税〔2016〕47 号第二条。

44. 电信企业为公益性机构接受捐款。中国移动通信集团公司、中国联合网络通信集团有限公司、中国电信集团公司及其成员单位通过手机短信公益特服号为公益性机构接受捐款，以其取得的全部价款和价外费用，扣除支付给公益性机构的捐款后的余额为销售额。其接受的捐款，不得开具增值税专用发票。

政策依据：《财政部　国家税务总局关于营改增试点若干政策的通知》（财税〔2016〕39 号）。

45. 金融商品转让，不得开具增值税专用发票。

政策依据：财税〔2016〕36 号文件附件 2 第一条第三款。

46. 一般纳税人销售自行开发的房地产项目，其 2016 年 4 月 30 日前收取并已向主管地税机关申报缴纳营业税的预收款，未开具营业税发票的，可以开具增值税普通发票，不得开具增值税专用发票。

政策依据：国家税务总局公告 2016 年第 18 号第十七条。

47. 纳税人在地税机关已申报营业税未开具发票，2016 年 5 月 1 日以后需要补开发票的，除特殊规定外，可于 2016 年 12 月 31 日前开具增值税普通发票。

其中，国家税务总局公告 2016 年第 18 号公告规定，纳税人销售自行开发的房地产项目，其 2016 年 4 月 30 日前收取并已向主管地税机关申报缴纳营业税的预收款，未开具营业税发票的，可以开具增值税普通发票，不得申请代开增值税专用发票。本条规定并没有可以开具增值税普通发票的时间期限要求。

政策依据：《关于全面推开营改增试点有关税收征收管理事项的公告》（国家税务总局公告 2016 年第 23 号）第三条第七款。

48. 销售额单用途商业预付卡和支付机构预付卡，向购卡人、充值人开具增值税普通发票，不得开具增值税专用发票。

政策依据：《国家税务总局关于营改增试点若干征管问题的公告》（国家税务总局公告 2016 年第 53 号）。

49. 使用单用途商业预付卡，销售方在收到售卡方结算的销售款时，应向售卡方开具增值税普通发票，并在备注栏注明“收到预付卡结算款”，不得开具增值税专用发票。

使用支付机构预付卡，特约商户收到支付机构结算的销售款时，应向支付机构开具增值税普通发票，并在备注栏注明“收到预付卡结算款”，不得开具增值税专用发票。

政策依据：国家税务总局公告 2016 年第 53 号。

50. 境外单位通过教育部考试中心及其直属单位在境内开展考试，教育部考试中心及其直属单位应以取得的考试费收入扣除支付给境外单位考试费后的余额为销售额，按提供“教育辅助服务”缴纳增值税；就代为收取并支付给境外单位的考试费统一扣缴增值税。教育部考试中心及其直属单位代为收取并支付给境外单位的考试费，不得开具增值税专用发票，可以开具增值税普通发票。

政策依据：国家税务总局公告2016年第69号。

51. 纳税人提供签证代理服务，以取得的全部价款和价外费用，扣除向服务接受方收取并代为支付给外交部和外国驻华使（领）馆的签证费、认证费后的余额为销售额。向服务接受方收取并代为支付的签证费、认证费，不得开具增值税专用发票，可以开具增值税普通发票。

政策依据：国家税务总局公告2016年第69号。

52. 纳税人代理进口按规定免征进口增值税的货物，其销售额不包括向委托方收取并代为支付的货款。向委托方收取并代为支付的款项，不得开具增值税专用发票，可以开具增值税普通发票。

政策依据：国家税务总局公告2016年第69号。

（四）营改增后地税机关代开发票范围

《国家税务总局关于营改增委托地税局代征税款和代开增值税发票的通知》（税总函〔2016〕145号）规定，营改增后，地税机关代开增值税发票的范围为：

（1）符合自开增值税普通发票条件的增值税小规模纳税人，销售其取得的不动产，购买方索取增值税专用发票的，可依申请代开增值税专用发票，即月销售额3万元以上（或按季纳税的，季销售额9万元以上）的小规模纳税人，销售其取得的不动产，地税机关只能为其代开“专用发票”。

（2）不符合自开增值税普通发票条件的增值税小规模纳税人，销售其取得的不动产，可依申请代开增值税专用发票或增值税普通发票，即月销售额3万元以下（或按季纳税的，季销售额9万元以下）的小规模纳税人，销售其取得的不动产，地税机关可以为其代开“专用发票”或“普通发票”。

（3）其他个人（也就是自然人）销售其取得的不动产或出租不动产（包括住房），可依申请代开增值税专用发票或增值税普通发票，即自然人销售其取得的不动产（包括住房）或出租不动产（包括住房），地税机关可以为其代开“专用发票”或“普通发票”。

（4）属于下列情形之一的，地税机关不得代开增值税专用发票，只能代开增值税普通发票：

①向其他个人（也就是自然人）销售其取得的不动产或出租不动产。也就是说，买房人或承租人是自然人的，不得代开“专用发票”。

②销售其取得的不动产或出租不动产适用免征增值税规定的。也就是说，免税不得代开“专用发票”。

（5）地税局代开增值税专用发票和增值税普通发票，需通过增值税发票管理新系统开具。

（五）申请代开发票办理流程

1.《国家税务总局关于纳税人申请代开增值税发票办理流程的公告》（国家税务总局公告2016年第59号）规定，自2016年11月15日起，纳税人代开发票（纳税人销售取得的不动产和其他个人出租不动产由地税机关代开增值税发票业务除外）办理流程公告如下：

“一、在地税局委托国税局代征税费的办税服务厅，纳税人按照以下次序办理：

1. 在国税局办税服务厅指定窗口：

（1）提交《代开增值税发票缴纳税款申报单》（见附件）；

（2）自然人申请代开发票，提交身份证件及复印件；

其他纳税人申请代开发票，提交加载统一社会信用代码的营业执照（或税务登记证或组织机构代码证）、经办人身份证件及复印件。

2. 在同一窗口申报缴纳增值税等有关税费。

3. 在同一窗口领取发票。

二、在国税地税合作、共建的办税服务厅，纳税人按照以下次序办理：

1. 在办税服务厅国税指定窗口：

（1）提交《代开增值税发票缴纳税款申报单》；

（2）自然人申请代开发票，提交身份证件及复印件；

其他纳税人申请代开发票，提交加载统一社会信用代码的营业执照（或税务登记证或组织机构代码证）、经办人身份证件及复印件。

2. 在同一窗口缴纳增值税。

3. 到地税指定窗口申报缴纳有关税费。

4. 到国税指定窗口凭相关缴纳税费证明领取发票。

三、纳税人销售取得的不动产和其他个人出租不动产代开增值税发票业务所需资料，仍然按照《国家税务总局关于加强和规范税务机关代开普通发票工作的通知》（国税函〔2004〕1024号）第二条第（五）项执行。”

附：《国家税务总局关于加强和规范税务机关代开普通发票工作的通知》（国税函〔2004〕1024号）第二条第（五）项：

“（五）本条所称有关证明材料，是指：

1. 申请代开发票人的合法身份证件；

2. 付款方（或接受劳务服务方）对所购物品品名（或劳务服务项目）、单价、金额等出具的书面确认证明。”

2. 申请代开增值税发票办理流程如图11所示。

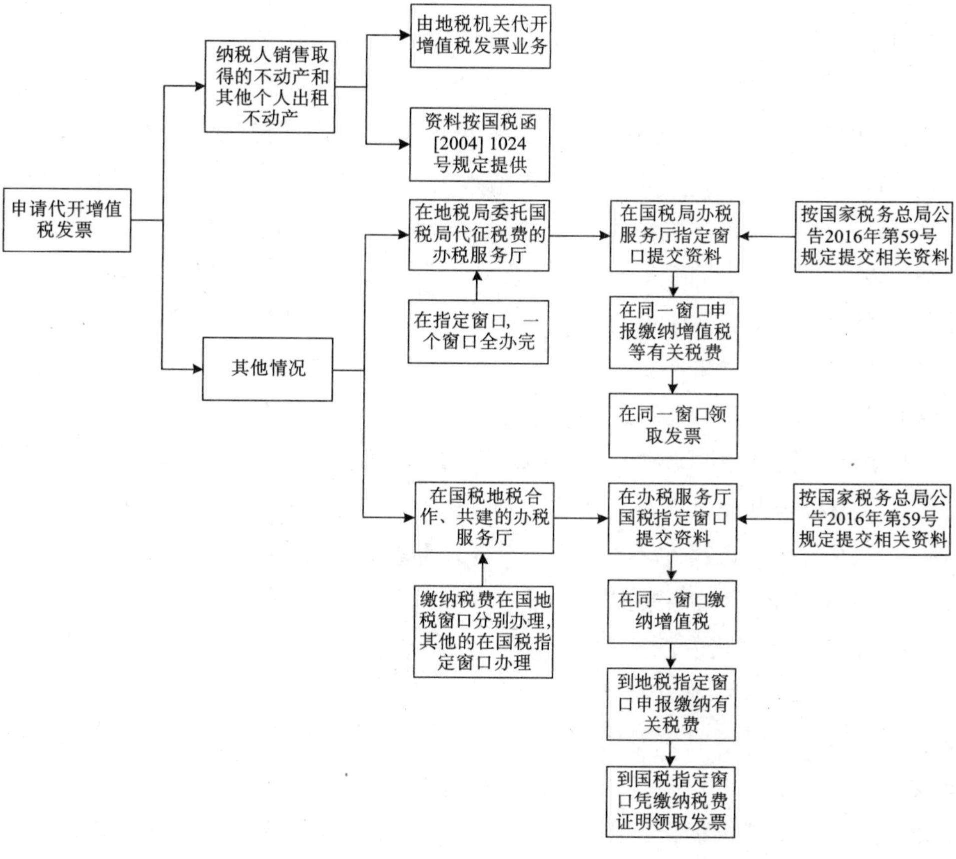

图11　申请代开增值税发票办理流程

（六）营改增过渡期发票管理

1. 国家税务总局公告2016年第23号文件规定：自2016年5月1日起，地税机关不再向试点纳税人发放发票（更不能再印制发票了）。试点纳税人已领取地税机关印制的发票以及印有本单位名称的发票，可继续使用至2016年6月30日，特殊情况经省国税局确定，可适当延长使用期限，最迟不超过2016年8月31日。

特别提醒：地税发票票面金额是“价税合计”的含税收入，在申报缴纳增值税时应换算成不含税收入。

2. 国税发〔1991〕112号文件规定：区分营业税发票和增值税发票，看发票上的“全国统一发票监制章”字样，印有“国家税务局监制”字样的属于增值税发票（含增值税专用发票），印有“地方税务局监制”字样的属于营业税发票。

3. 国家税务总局公告2016年第23号文件规定：纳税人在地税机关已申报营业税未开具发票，2016年5月1日以后需要补开发票的，可于2016年12月31日前开具增值税普通发票（税务总局另有规定的除外）。

4. 营改增前，原已缴纳营业税且已开营业税发票，营改增试点后，发生开票有误或者销售折让、中止、退回等情形的，且不符合发票作废条件的，需要开具的红字发票的，属于国家税务总局公告2016年第23号文件规定中的“需要补开发票”，开具增值税普通红字发票，同时根据财税〔2016〕36号文件附件2“试点纳税人发生应税行为，在纳入营改增试点之日前已缴纳营业税，营改增试点后因发生退款减除营业额的，应当向原主管地税机关申请退还已缴纳的营业税”的规定，向原主管地税机关申请退还已缴纳的营业税。

根据国家税务总局公告2016年第53号文件规定，应该使用编码603“已申报缴纳营业税未开票补开票”开票，使用“未发生销售行为的不征税项目”编码，发票税率栏应填写“不征税”，不得开具增值税专用发票。

（七）开具红字增专票实务操作

1. 开具红字专用发票条件

国家税务总局公告2015年第19号文件规定，一般纳税人开具增值税专用发票或货物运输业增值税专用发票后，发生销货退回、开票有误、应税服务中止以及发票抵扣联、发票联均无法认证等情形但不符合作废条件，或者因销货部分退回及发生销售折让，需要开具红字专用发票的，可以开具红字发票。

（1）根据上述文件规定，开具红字发票的前提是不符合“作废条件”。国税发〔2006〕156号文件中所称的“作废条件”是指，一般纳税人在开具专用发票当月，发生销货退回、开票有误等情形，收到退回的发票联、抵扣联符合作废条件的，按作废处理；开具时发现有误的，可即时作废。

因此申请开具红字发票时间一定是在开具蓝字专用发票的次月起。

实务中，红色发票申请需要在企业开具蓝字发票次月，企业抄报税之后进行，因为只有企业抄报税之后，税务系统才能完整收集到购销双方增值税发票的开具及认证使用情况，系统才会自动进行校验，因此红色发票申请时间一定是专用发票开具次月企业抄报税之后。

（2）《国家税务总局关于纳税人折扣折让行为开具红字增值税专用发票问题的通知》（国税函〔2006〕1 279号）规定，纳税人销售货物并向购买方开具增值税专用发票后，由于购货方在一定时期内累计购买货物达到一定数量，或者由于市场价格下降等原因，销货方给予购货方相应的价格优惠或补偿等折扣、折让行为，销货方可按现行《增值税专用发票使用规定》的有关规定开具红字增值税专用发票。

2. 红字专用发票开具规定

《国家税务总局关于全面推行增值税发票系统升级版有关问题的公告》（国家税务总局公告2015年第19号）规定：

（1）专用发票已交付购买方的，购买方可在增值税发票系统升级版中填开并上传《开具红字增值税专用发票信息表》或《开具红字货物运输业增值税专用发票信息表》（以下统称《信息表》）。《信息表》所对应的蓝字专用发票应经税务机关认证（所购货物或服务不属于增值税扣税项目范围的除外）。经认证结果为“认证相符”并且已经抵扣增值税进项税额的，购买方在填开《信息表》时不填写相对应的蓝字专用发票信息，应暂依《信息表》所列增值税税额从当期进项税额中转出，未抵扣增值税进项税额的可列入当期进项税额，待取得销售方开具的红字专用发票后，与《信息表》一并作为记账凭证；经认证结果为“无法认证”、“纳税人识别号认证不符”、“专用发票代码、号码认证不符”，以及所购货物或服务不属于增值税扣税项目范围的，购买方不列入进项税额，不作进项税额转出，填开《信息表》时应填写相对应的蓝字专用发票信息。

（2）专用发票尚未交付购买方或者购买方拒收的，销售方应于专用发票认证期限内在增值税发票系统升级版中填开并上传《信息表》。

（3）主管税务机关通过网络接收纳税人上传的《信息表》，系统自动校验通过后，生成带有“红字发票信息表编号”的《信息表》，并将信息同步至纳税人端系统中。

（4）销售方凭税务机关系统校验通过的《信息表》开具红字专用发票，在增值税发票系统升级版中以销项负数开具。红字专用发票应与《信息表》一一对应。

【例309】一般纳税人因商品质量问题购买方要求全额退货，由于该发票已认证抵扣，购买方按规定填开了《开具红字增值税专用发票信息表》，但后经协商最终确认为部分退货，不可以依旧的购买方按全额填开的《信息表》开具小于该《信息表》金额的红字增值税专用发票，应要求购买方作废原信息表，并重新按照协商结果填开一张新的《开具红字增值税专用发票信息表》。

（5）税务机关为小规模纳税人代开专用发票需要开具红字专用发票的，按照一般纳税人开具红字专用发票的方法处理。

根据上述文件规定，申请《信息表》实务总结：

（1）专用发票开具有误且发票未认证，发票尚未交付给购买方的，仅限发票开具的当月或次月申请），由销货方申请红字；

（2）发票开具有误且发票未认证，购买方拒收的，由销货方申请红字；

（3）发生退货且专用发票已认证，由购买方申请红字；

（4）发生折扣折让且发票已认证，由购买方申请红字。

根据上述文件规定，红字发票由于申请人不同而开具红字发票流程不同，大致流程步骤如下：

（1）红字发票的申请人是销货方或劳务提供方的步骤：

第一步：销货方或劳务提供方开具并提交红字发票信息表；

第二步：销货方或劳务提供方税务机关审核信息表；

第三步：销货方或劳务提供方开具红字专用发票。

（2）红字发票的申请人是购货方或劳务和服务接受方的步骤：

第一步：购买方或劳务和服务接受方开具并提交红字发票信息表；

第二步：购买方或劳务和服务接受方税务机关审核信息表；

第三步：购买方或劳务和服务接受方将税务机关审核信息表交于销货方或劳务提供方；

第四步：销货方或劳务提供方开具红字专用发票。

3. 专用红字发票开票时限

可以得出对于抵扣进项税额的增值税专用发票，须在规定期限内认证和申报，超过180天未认证，不可以申请开具红字发票，而对不需抵扣进项税额的，可不办理认证，也就是说取得增值税专用发票，不抵扣进项税的，即使是超过180天没有认证的，也可以申请开具红字发票，但是在实务中，除非能证明或明显“不需抵扣进项税额”，超过180天未认证，才可申请开具红字发票，实务操作比较难。

国家税务总局公告2014年第73号文件第四条规定，专用发票尚未交付购买方或者购买方拒收的，销售方应于专用发票认证期限内在增值税发票系统升级版中填开并上传《信息表》。

国税函〔2009〕617号文件第一条规定，一般纳税人取得2010年1月1日以后开具的增值税专用发票、公路内河货物运输业统一发票和机动车销售统一发票，应在开具之日起180日内到税务机关办理认证，并在认证通过的次月申报期内，向主管税务机关申报抵扣进项税额。

需要提醒的是，开具增值税普通发票后，发生销货退回、开票有误、应税服务中止以及发票抵扣联、发票联均无法认证等情形但不符合作废条件，或者因销货部分退回及发生销售折让，需要开具红字发票的，可以开具红字发票，没有时间要求。

4. 机动车销售统一发票开具红字的要求

（1）需要开具红字的情形。

①纳税人开具机动车销售统一发票后，发生销货退回、开票有误等情形但不符合发票作废条件或者因发生销售折让，需要开具红字发票的。

②购货单位在办理车辆登记和缴纳车辆购置税手续前丢失《机动车发票》的，应先按照《国家税务总局关于消费者丢失机动车销售发票处理问题的批复》（国税函〔2006〕227号）规定的程序办理补开《机动车发票》的手续，再按已丢失发票存根联的信息开红字发票。

（2）开具红字的流程。

纳税人需要开具红字机动车销售统一发票的，不需要填开《信息表》，在开票系统中直接开具负数发票。

红字机动车销售统一发票需与原蓝字机动车销售统一发票一一对应。

5. 红字发票的填开要注意的问题

（1）已认证抵扣的发票不需要填写对应蓝字发票的代码和发票号，这是由于增值税系统中已比对了购销双方对应的信息；

未认证抵扣的发票由于系统中尚未比对购销双方对应的信息，因此需要填写对应蓝字发票的代码和发票的号码。

（2）申请单上的商品数量和金额必须填写为负数。

（3）申请单上的合计金额不能大于原发票的金额。

（4）作废发票、负数发票不能开具红字发票。

（5）对于带折扣的蓝字发票，升级版系统中有对应的蓝字信息，系统会自动将折扣分摊反映到对应的商品行上。

（6）带有清单的蓝字发票，红字发票申请单的填开界面不显示商品明细。

（7）未上传的红字增值税专用发票信息表，发现有误，可直接在开票系统中作废，无须至大厅处理。

（8）已上传成功的红字增值税专用发票信息表内容填错，应凭纸质《信息表》（加盖公章）、情况说明（加盖公章）及企业电子办税员联系卡至办税服务厅办理《信息表》撤销，然后重新填开《信息表》。

（9）一张信息表只能对应开具一张红字发票，不能重复使用，若红字发票开错了，作废此红字发票，信息表可以重新使用。

（10）开具红字增值税专用发票的，可以在所对应的蓝字发票金额范围内开具多份红字发票。

但红字机动车销售统一发票需与原蓝字机动车销售统一发票一一对应；

（11）一般纳税人开具专用发票后，发生销货退回或销售折让，按照规定开具红字专用发票后，不再将该笔业务的相应记账凭证复印件报送主管税务机关备案。

（12）红字专用发票的记账联是销售方冲回销售收入和增值税销项税额的记账凭证，不应提供给购买方，也就是说，《信息表》由购买方开具后，销货方只需要把红字增值税专用发票的发票联和抵扣联提供给购买方即可。

国家税务总局公告 2015 年第 19 号文件规定，专用发票已交付购买方的，购买方可在增值税发票系统升级版中填开并上传《开具红字增值税专用发票信息表》或《开具红字货物运输业增值税专用发票信息表》（以下简称《信息表》)。《信息表》所对应的蓝字专用发票应经税务机关认证（所购货物或服务不属于增值税扣税项目范围的除外)。经认证结果为“认证相符”并且已经抵扣增值税进项税额的，购买方在填开《信息表》时不填写相对应的蓝字专用发票信息，应暂依《信息表》所列增值税税额从当期进项税额中转出，未抵扣增值税进项税额的可列入当期进项税额，待取得销售方开具的红字专用发票后，与《信息表》一并作为记账凭证。此处规定中的“待取得销售方开具的红字专用发票”指的是购买方从销售方取得的红字专用发票的发票联和抵扣联。

（13）纳税人按照上述文件规定申请的《信息表》无须加盖税务机关的印章。

（14）购货方收到增值税专用发票已经认证抵扣，由于一些原因要开具红字发票，已认证相符的增值税专用发票的发票联和抵扣联不应退还销售方。

国税发〔2006〕156 号文件第二十五条规定，用于抵扣增值税进项税额的专用发票应经税务机关认证相符（国家税务总局另有规定的除外)。认证相符的专用发票应作为购买方的记账凭证，不得退还销售方。

（15）红字增值税专用发票不需要认证。

6. 开具红字专用发票账务处理

账务处理分销售方和销售行为接受方。

（1）销售方。

①销售方或劳务和服务提供方开具红字发票后，纳税人应按会计核算的要求，红字冲销红字发票开具的销项税额；

②如果发生销售退回与折让，应同时红字冲减对应的当期销售收入与销售成本。

（2）销售行为接受方。

①已认证抵扣增值税进项税额的，已列入进项税额，购买方或劳务和服务接受方应暂依信息表所列增值税税额从当期进项税额中转出；

②购买方或劳务和服务接受方未抵扣增值税进项税额的可列入当期进项税额，待取得销售方或劳务提供方开具的红字专用发票后，与信息表一并作为记账凭证，作进项税额转出；

③经认证结果为“无法认证”、“纳税人识别号认证不符”、“专用发票代码、号码认证不符”，以及所购货物或服务不属于增值税扣税项目范围的，购买

方或劳务和服务接受方不列入进项税额，不作进项税额转出，购买方或劳务和服务接受方已列入进项税额，红字冲回进项税额，不作进项税额转出。

7. 开具红字增值税普通发票提示

（1）纳税人需要开具红字增值税普通发票的，不需要填开《信息表》，在开票系统中直接开具负数发票；

（2）纳税人需要开具红字增值税普通发票的，可以在所对应的蓝字发票金额范围内开具多份红字发票。

（八）增值税专票遗失后处理

1. 已开具增值税专用发票遗失处理

国家税务总局公告 2014 年第 19 号第三条规定，一般纳税人丢失已开具专用发票的发票联和抵扣联，如果丢失前已认证相符的，购买方可凭销售方提供的相应专用发票记账联复印件及销售方主管税务机关出具的《丢失增值税专用发票已报税证明单》或《丢失货物运输业增值税专用发票已报税证明单》（以下统称《证明单》），作为增值税进项税额的抵扣凭证；如果丢失前未认证的，购买方凭销售方提供的相应专用发票记账联复印件进行认证，认证相符的可凭专用发票记账联复印件及销售方主管税务机关出具的《证明单》，作为增值税进项税额的抵扣凭证。专用发票记账联复印件和《证明单》留存备查。

（1）一般纳税人丢失已开具专用发票的发票联和抵扣联，如果丢失前已认证相符的，购买方凭销售方提供的相应专用发票记账联复印件及销售方所在地主管税务机关出具的《丢失增值税专用发票已报税证明单》，经购买方主管税务机关审核同意后，可作为增值税进项税额的抵扣凭证；

（2）一般纳税人丢失已开具专用发票的发票联和抵扣联，如果丢失前未认证的，购买方凭销售方提供的相应专用发票记账联复印件到主管税务机关认证，认证相符的凭该专用发票记账联复印件及销售方所在地主管税务机关出具的《丢失增值税专用发票已报税证明单》，经购买方主管税务机关同意后，可作为增值进项税额的抵扣凭证；

（3）一般纳税人丢失已开具专用发票的抵扣联，如果丢失前已认证相符的，可使用专用发票联复印件留存备查；

（4）一般纳税人丢失已开具专用发票的抵扣联，如果丢失前未认证的，可使用专用发票的发票联到主管机关认证，专用发票的发票联复印件留存备查；

（5）一般纳税人丢失已开具专用发票的发票联，可以将专用发票抵扣联作为记账凭证，专用发票抵扣联复印件留存备查。

2. 空白发票遗失处理

纳税人丢失增值税专用发票后，必须按规定程序向当地主管税务机关报告。纳税人应将丢失增值税专用发票的纳税人名称、发票份数、字轨号码等情况，向主管税务机关指定的报刊等媒介刊登公告声明作废，然后填报《发票丢失被盗登记表》，持金税卡到国税主管机关办理电子发票退回或作废手续。具体处理程序还需参照各地主管税务机关的规定。

3. 已开具增值税普通发票遗失处理

（1）纳税人丢失存根联或记账联的，应取得发票联复印件，发票复印件经提供原件的单位注明"此件是我单位提供，与原件相符"，加盖公章后，方可作为原始凭证；

（2）对丢失已开具的增值税普通发票发票联，购买方可凭销售方主管国税机关开具的《丢失增值税普通发票已报税证明单》和记账联复印件到购买方主管国税机关验证相符后，凭记账联复印件及《验证结果通知书》作为记账凭证。具体处理程序还需参照各地主管税务机关的规定。

（九）抵扣凭证及认证实务规定

1. 国税函〔2009〕617 号文件规定，一般纳税人取得 2010 年 1 月 1 日以后开具的增值税专用发票和机动车销售统一发票，应在开具之日起 180 日内到税务机关办理认证，并在认证通过的次月申报期内，向主管税务机关申报抵扣进项税额。

（1）时限是"发票的开具之日起 180 日内到税务机关办理认证"；

（2）180 天期限含节假日；

（3）"180 天期限"仅指认证或勾选期限，如进行税额留抵，则没有期限。

2. 增值税专用发票抵扣可以通过增值税发票查询平台进行勾选、网上扫描认证、到办税服务厅扫描认证三种方式。

3. 取消扫描认证

国家税务总局公告 2016 年第 7 号文件规定，对纳税信用 A 级一般纳税人取消增值税发票认证，A 级纳税人取得销售方使用增值税发票管理新系统开具的增值税专用发票可以不再进行扫描认证，通过增值税发票税控开票软件登录本省增值税发票查询平台，查询、选择用于申报抵扣或者出口退税的增值税发票信息。抵扣时限是，按月申报纳税人为本月 1 日的前 180 日，按季度申报纳税人为本季度首月 1 日的前 180 日。

国家税务总局 2016 年第 23 号和国家税务总局公告 2016 年第 71 号文件规定：

（1）自 2016 年 12 月 1 日起，将取消增值税发票认证的纳税人范围由纳税信用 a 级、b 级的增值税一般纳税人扩大到纳税信用 c 级的增值税一般纳税人，也就是说，可以不再进行扫描认证，登录本省增值税发票查询平台，查询、选择用于申报抵扣或者出口退税的增值税发票信息，未查询到对应发票信息的，仍可进行扫描认证。

（2）自 2012 年 12 月 1 日起，对 2016 年 5 月 1 日新纳入营改增试点、尚未进行纳税信用评级的增值税一般纳税人，2017 年 4 月 30 日前不需要进行增值税发票认证，登录本省增值税发票选择确认平台，查询、选择、确认用于申报抵扣或者出口退税的增值税发票信息，未查询到对应发票信息的，可进行扫描认证。

（3）《国家税务总局关于优化完善增值税发票选择确认平台功能及系统维护有关事项的公告》（国家税务总局公告 2016 年第 57 号）规定，自 2016 年 9 月 1 日起，纳税人每日可登录本省增值税发票选择确认平台，查询、选择、确认用于申报抵扣或者出口退税的增值税发票信息。

上述规定也就是说，在纳税人申报期结束都可以选择、确认发票数据，即每天都可以登录增值税发票选择确认平台勾选确认用于抵扣的增值税专用发票。

【例 310】纳税人申报 2016 年 11 月份增值税，由于申报 11 月的申报期为 12 月 15 日，则结束勾选确认时限在纳税申报期结束（申报期截止日 12 月 15 日（含））前。

需要提醒的是，上述政策仅限使用增值税发票选择确认平台（原增值税发票查询平台）的企业，还在使用“扫描认证”的企业，还是在当月月末扫描认证完毕。

再者需要明确，选择确认是申报对应申报期内及申报期以前没有超过 180 天时限的增值税专用发票，不是申报期所属月份的增值税专用发票。

通俗地说，纳税人申报 2016 年 9 月份增值税，假设申报 9 月的申报期为 10 月 22 日，申报期结束前只能勾选确认开票日期是 9 月份以前（有时限要求的没有超过 180 天要求）的增值税专用发票，不能勾选确认开票日期是 10 月份的增值税专用发票。

4. 属于增值税扣税范围的增值税专用发票，应自开具之日起 180 天内进行认证或勾选。未在规定期限内认证或勾选，不得作为有效的增值税扣税凭证，不得计算进项税额抵扣。

认证相符或进行勾选确认的增值税专用发票，纳税人应在认证相符或勾选确认的次月纳税申报期内申报抵扣，逾期的其进项税额不予抵扣。

特别提醒：实务中必须“认证相符或勾选确认”的增值税专用发票数要与次月申报必须相等。

【例 311】 某一般纳税人 2016 年 6 月取得一份增值税专用发票，发票上注明金额 100 元，税额 6 元，并于当月在增值税发票查询平台对该发票进行了勾选确认。该纳税人应于 7 月申报期内申报。

5. 国家税务总局公告 2011 年第 50 号文件规定，对一般纳税人发生真实交易但由于客观原因造成增值税扣税凭证逾期的，经主管税务机关审核、逐级上报，由国家税务总局认证、稽核比对后，对相符的增值税扣税凭证，允许纳税人继续抵扣其进项税额。

一般纳税人抵扣凭证及抵扣时限等相关规定如表 16 所示。

表 16　　一般纳税人抵扣凭证及抵扣时限等相关规定

<table>
<tr><th>序号</th><th colspan="2">抵扣凭证类型</th><th>适用税率或扣除率</th><th>抵扣税额</th><th>抵扣条件</th><th>抵扣时限</th><th>备注</th></tr>
<tr><td rowspan="3">1</td><td rowspan="3">增值税专用发票</td><td>增值税专用发票</td><td>17%、13%、6%、3%</td><td rowspan="3">按照发票上注明的增值税额抵扣进项税额</td><td rowspan="3">在抵扣时限内抵扣，抵扣前需到主管税务机关办理认证。特别提醒，停止使用货物运输业增值税专用发票相关问题请参考国家税务总局公告 2015 年第 99 号文件。</td><td rowspan="3">在开具之日起 180 日内到税务机关办理认证，并在认证通过的次月申报期内，向主管税务机关申报抵扣进项税额。</td><td rowspan="2">1. 可网上认证或到办税服务厅认证。
2. 货物运输业增值税专用发票最迟可使用至 2016 年 6 月 30 日，7 月 1 日起停止使用。</td></tr>
<tr><td>货物运输业增值税专用发票</td><td>11%、3%</td></tr>
<tr><td>机动车销售统一发票</td><td>17%</td><td>只可到办税大厅认证，不可网上认证。</td></tr>
</table>

续表

序号	抵扣凭证类型	适用税率或扣除率	抵扣税额	抵扣条件	抵扣时限	备注
2	海关进口增值税专用缴款书	17%、13%	按照发票上注明的增值税额抵扣进项税额	从海关取得海关进口增值税专用缴款书，应在抵扣时限内抵扣，抵扣前需到主管税务机关申请稽核比对，稽核结果为相符的方可抵扣	在开具之日起180天内向主管税务机关报送《海关完税凭证抵扣清单》（包括纸质资料和电子数据）申请稽核比对，对稽核结果为相符的海关缴款书，应在税务机关提供稽核结果的当月申报期内申报抵扣，逾期不予抵扣。	可在网上或到办税大厅报送抵扣清单和下载稽核比对结果
3	运输费用结算单据	7%扣除率	按照结算单据上注明的运输费用金额和7%的扣除率计算进项税额。	2012年1月1日前开具的运输费用结算单据和公路内河货物运输业统一发票、2012年1月1日至2013年8月1日前非“营改增”试点地区开具的运输费用结算单据和公路内河货物运输业统一发票、2013年8月1日至2014年1月1日开具的铁路运输费用结算单据可以计算抵扣。	取得公路内河货物运输业统一发票，应在开具之日起180日内到税务机关办理认证，并在认证通过的次月申报期内，向主管税务机关申报抵扣进项税额。 其他运输费用结算单据没有抵扣时限。	取得的2014年1月1日后开具的运输费用结算单据，不得作为增值税扣税凭证。

续表

序号	抵扣凭证类型	适用税率或扣除率	抵扣税额	抵扣条件	抵扣时限	备注
4	农产品收购发票、农产品销售发票	13%扣除率	按照发票上注明的农产品买价和13%的扣除率计算进项税额。	从农业生产者收购农产品，由收购单位自行开具农产品收购发票抵扣；从小规模纳税人购进农产品，取得农产品销售发票抵扣。	没有抵扣时限	不需认证
5	中华人民共和国通用税收缴款书	11%、6%	按照通用缴款书上注明的增值税额抵扣进项税额。	接收境外单位或者个人提供的应税服务（不含加工、修理修配劳务），从税务机关或境内代理人取得中华人民共和国税收通用缴款书，同时需备书面合同、付款证明和境外单位的对账单或者发票。	没有抵扣时限	不需认证
6	通行费发票（不含财政票据）	计算抵扣（计算征收率3%、5%）	1. 高速公路通行费可抵扣进项税额＝高速公路通行费发票上注明的金额÷(1＋3%)×3%； 2. 一级公路、二级公路、桥、闸通行费可抵扣进项税额＝一级公路、二级公路、桥、闸通行费发票上注明的金额÷（1＋5%）×5%	政策期限：2016年5月1日（停止执行时间另行通知）	没有抵扣时限	不需认证

（十）政策规定与实务中操作的差异

1. 不得抵扣支出取得增值税专用发票在实务中也要认证

（1）财税〔2016〕36号文件规定，按规定不得抵扣且未抵扣进项税额的固定资产、无形资产、不动产，发生用途改变，用于允许抵扣进项税额的应税项目，可在用途改变的次月按照下列公式计算可以抵扣的进项税额：

可以抵扣的进项税额 = 固定资产、无形资产、不动产净值/(1 + 适用税率)×适用税率

上述可以抵扣的进项税额应取得合法有效的增值税扣税凭证。

（2）滞留发票一般是指销货方对购货方开具增值税专用发票，而购货方由于种种原因在规定期限内（180日）未将专用发票认证及抵扣的增值税专用发票。

实务中，为降低税收风险，如一些地方税务机关按照规定构建滞留发票风险模型，将对购货方取得的增值税专用发票未在180天内认证（而销售方已抄报税），且税额 >0 的纳税人进行纳税评估，如重庆国税风险管理中心。

（3）实务中，除非能证明或明显“不需抵扣进项税额”，超过180天未认证，才可申请开具红字发票，实务操作比较难。

（4）建议对不属于进项抵扣范围的取得增值税专用发票，根据情况换开增值税普通发票或者先认证后转出：

①增值税专用发票认证可对增值税专用发票进行真伪辨别；

②增值税专用发票认证也不会形成滞留票。

【例312】 国家税务总局微信公众号2016年8月13日发布的《专票滞留有风险，营改增后需注意》文章内容如下所示。

“何谓滞留发票?

滞留发票一般是指销货方对购货方开具增值税专用发票，而购货方由于种种原因在规定期限内（180日）未将专用发票认证及抵扣的增值税专用发票。

换句话讲！你手上拿着对方开给你的增值税专用发票（对方已抄报税）未在规定时间内进行认证，放到“灰尘满面”，“疑点重重”。

为降低税收风险，税务机关会构建滞留发票风险模型，对购货方取得的增值税专用发票未在180天内认证（而销售方已抄报税），且税额 >0 的纳税人进行纳税评估。

疑点分析

1. 账外经营

部分纳税人隐瞒收入，采取购进货物和销售货物均不入账的手段偷逃税款，对取得的进项专用发票不进行认证抵扣，形成滞留发票。

2. 不慎丢失

部分财会人员将进项发票不慎丢失，为避免担责，未向企业财务等有关部门报告，形成滞留发票。

3. 不可抗力

出现地震、洪涝灾害或者持有未认证的增值税专用发票财会人员忽然死亡等客观情况，形成滞留发票。

4. 买卖纠纷

销售方发票虽已开具但因合同纠纷（如购货方未支付货款等）不予交付，造成购货方超期未认证形成滞留发票。

5. 未达要求

购货方虽改为一般纳税人，但在小规模纳税人期间取得的增值税专用发票不能抵扣。

6. 不予抵扣

购进免税货物取得的增值税专用发票不得认证；购进货物用于非应税项目的专用发票不得认证。

7. 用途改变

购货方取得增值税专用发票后，在专票认证前将货物用于非应税项目，如发放职工福利等行为，自行将该发票不予抵扣认证，导致出现滞留发票。

整改措施

1. 第一种行为

税务机关开展税务稽查，企业承担相应的法律后果。

2. 第二种行为

企业登报作废，接受税务机关相关处理，同时承担相应后果。

3. 第三种行为

应在不可抗力消除后，立即上报主管税务机关，待审核完毕后，允许纳税人继续抵扣。

4. 第四种行为

购货方在拿到增值税专用发票的同时，立即上报主管税务机关，待审核完毕后，允许纳税人继续抵扣。

5. 第五种行为

购货方对在小规模纳税人期间取得的专票，要求销货方重新开具普通发票。

6. 第六、第七种行为

购货方先认证后作进项转出。

如何避免

学习税法，了解增值税发票相关政策，对不属于进项抵扣范围的，根据情况换开增值税普通发票或者先认证后转出。

若遇见不可抗力、经济纠纷等情况应及时上报当地税务机关，避免疑点产生。

诚信经营，依法纳税！”

③对于购买固定资产、无形资产、不动产等资产，需要特别提醒的是，由于固定资产、无形资产、不动产使用寿命较长，企业在使用过程中，购买初期可能用于非应税项目不得抵扣进项，而以后有可能转为用于应税项目。根据最新税法规定，在转为应税项目时，不动产可计算抵扣相应的进项税额，而计算抵扣的基础，是购买不动产时已经认证了相应的增值税专用发票，然后进项转出的进项税额。

④取得增值税专用发票后，由于不能抵扣进项税额，也就不能“认证”，如果超过 180 天，发生开票有误或者销售折让、中止、退回等情形的，实务中非常难开红字发票。

需要强调的是，取得增值税专用发票，但按税法不允许抵扣进项税额，不认证不属于违法相关法律法规的规定，但是后续会给企业及企业财税人员带来一些实务操作中的麻烦事情，建议对不属于进项抵扣范围的，应根据情况换开增值税普通发票或者先认证后转出。

2. 建议如无特殊规定小规模纳税人不要取得增值税专用发票

（1）纳税人销售货物或者应税劳务，应当向索取增值税专用发票的购买方开具增值税专用发票，并在增值税专用发票上分别注明销售额和销项税额。

也就是说，除了规定不能开具增值税专用发票的情形，小规模纳税人取得增值税专用发票，不违反相关法律法规的规定，也就不涉及相关的处罚规定，即可以给小规模纳税人开增值税专用发票，或者说小规模纳税人可以取得增值税专用发票。

（2）增值税专用发票要求比较严，容易出错。

国税发〔2006〕156号文件规定专用发票应按下列要求开具：项目齐全，与实际交易相符，字迹清楚，不得压线、错格……

也就是说，出现压线、错格、项目不齐全（纳税人识别号、开户银行及账号等都需要填写），就属于不合规的专用发票，也就属于“不合规的税前扣除的凭证”。

（3）小规模纳税人取得增值税专用发票后，由于不能抵扣进项税额，也就不能“认证”，如果超过180天，发生开票有误或者销售折让、中止、退回等情形的，实务中非常难开红字发票。

（4）增值税纳税人2011年12月1日（含，下同）以后初次购买增值税税控系统专用设备（包括分开票机）支付的费用，可凭购买增值税税控系统专用设备取得的增值税专用发票，在增值税应纳税额中全额抵减（抵减额为价税合计额），不足抵减的可结转下期继续抵减。

综上述，建议如无特殊规定小规模纳税人不要取得增值税专用发票，即使取得增值税专用发票，也应根据情况换开增值税普通发票。

其中“特殊规定”是指：初次购买增值税税控系统专用设备（包括分开票机）支付的费用，可以取得增值税专用发票。

（十一）住宿业小规模纳税人自开专票试点实务

国家税务总局公告2016年第44号公告规定，自2016年8月1日起：

1. 全国范围内，月销售额超过3万元（或季销售额超过9万元）的住宿业小规模纳税人，除了销售其取得的不动产，需要开具增值税专用发票的，仍须向地税机关申请代开以外，提供住宿服务、销售货物或发生其他应税行为，需要开具增值税专用发票的，可以通过增值税发票管理新系统自行开具，主管国税机关不再为其代开。

【例313】 江西省鹰潭市（不在上述全国91个城市名单内）的住宿业增值税小规模纳税人，除了销售其取得的不动产，需要开具增值税专用发票的，仍须向地税机关申请代开以外，提供住宿服务、销售货物或发生其他应税行为，需要开具增值税专用发票的，可以通过增值税发票管理新系统自行开具，主管国税机关不再为其代开。

2. 试点小规模纳税人提供住宿服务、销售货物或者发生其他应税行为，可以通过增值税发票管理新系统自行开具专用发票，不再需要去国税办税服务大厅代开专用发票。

就是说，只要小规模纳税人满足条件，申请了增值税发票管理新系统可自行开具增值税专用发票，其发生的所有业务（除销售其取得的不动产外），只要满足文件规定能对外开具增值税专用发票的，都可以自行开具增值税专用发票。

【例314】合肥住宿业的小规模纳税人（满足销售额条件）提供住宿服务，可以通过增值税发票管理新系统，自行开具适用的征收率为3%的住宿服务增值税专用发票，但是向个人提供住宿服务，就不能开具增值税专用发票（下同）。

同时该小规模纳税人提供会议服务，也可以通过增值税发票管理新系统自行开具适用的征收率为3%的会议服务增值税专用发票。

同时该小规模纳税人提供不动产租赁（或场地租赁）服务，也可以通过增值税发票管理新系统自行开具适用的征收率为5%的不动产租赁（或场地租赁）服务增值税专用发票。

同时该小规模纳税人销售自己使用过的固定资产，适用3%的征收率按照2%缴纳增值税，由于文件规定不能开具增值税专用发票，也就不能通过增值税发票管理新系统自行开具增值税专用发票。

特别强调，试点小规模纳税人自行开具增值税专用发票，适用的征收率不变，也就是说，不考虑其他特殊情况，跟开具增值税普通发票缴纳的税额一样。

3. 试点小规模纳税人销售其取得的不动产，需要开具专用发票的，仍需向地税机关申请代开。

特别提醒，各试点小规模纳税人，由于一些纳税人有不动产租赁，所以核定征收率时核定5%，可能“自行开具增值税专用发票”时能开出征收率5%的，但是销售其取得的不动产也必须向地税局申请代开。

4. 主管税务机关为试点小规模纳税人核定的单份专用发票最高开票限额不超过10 000元，即单份专用发票可开具的最高不含税金额为9 999.99元。

5. 试点小规模纳税人所开具的专用发票应缴纳的税款，应在规定的纳税申报期内，向主管税务机关申报纳税。在填写《增值税纳税申报表》时，应将当期开具专用发票的销售额，按照3%和5%的征收率，分别填写在《增值税纳税申报表》（小规模纳税人适用）第2栏和第5栏“税务机关代开的增值税专用发票不含税销售额”的“本期数”相应栏次中。

6. 试点小规模纳税人应严格按照专用发票管理有关规定领用、保管、开具专用发票，如国税发〔2006〕156号文件第十一条规定：

专用发票应按下列要求开具：

（一）项目齐全，与实际交易相符；

（二）字迹清楚，不得压线、错格；

（三）发票联和抵扣联加盖发票专用章；

（四）按照增值税纳税义务的发生时间开具。

（十二）小规模纳税人超出经营范围如何开具发票

1. 增值税普通发票的开具

（1）与经营范围中业务所适用的征收率一致时。

【例315】经营范围为销售服装，现取得了提供设计服务的收入，两者均适用3%征收率。

①临时性业务：建议向主管税务机关说明情况后，增加相应征收品目，自行开具发票。

需要提醒的是，如果经营范围与超出经营范围的临时性业务均属于原增值税销售货物、加工修理修配劳务的，或均属于营改增范围内业务，且征收率相同的，企业在开票系统中可直接开票。

②经常性业务：建议先联系工商部门变更经营范围，再由主管税务机关增加相应的征收品目及征收率，自行开具发票。

（2）与经营范围中业务适用的征收率不一致时。

【例316】经营范围为销售服装，取得了不动产租赁服务的收入，前者适用3%征收率，后者适用5%征收率。

①临时性业务：建议向主管税务机关说明情况，由主管税务机关增加相应的征收品目及征收率后，自行开具。

③经常性业务：建议先至工商部门变更经营范围，再由主管税务机关增加相应的征收品目及征收率，自行开具。

2. 增值税专用发票的代开

（1）临时性业务：建议携带代开增值税专用发票所需资料至主管税务机关办税服务大厅，向主管税务机关说明情况，由主管税务机关办理代开专票事宜。

（2）经常性业务：建议先联系工商部门变更经营范围，再携带代开增值税专用发票所需资料至主管税务机关办税服务大厅办理代开专票事宜。

（十三）其他注意事项

1. 国家税务总局公告 2016 年第 23 号文件规定，分支机构可以在当地税务机关单独申请领购发票。

财税〔2008〕170 号件规定，金融机构汇总缴纳，分支机构是否有开具增值税发票的情况，决定是否安装税控装置。

对于总分公司之间，谁向税务机关领用发票就以谁的名义开票，就用谁的发票专用章，就以谁的名义购买税控设备。

2. 国家税务总局令第 37 号文件规定，对有使用印有本单位名称发票需求的纳税人，可向国税机关办理申请印制手续。

3. 根据国家税务总局公告 2015 年第 53 号文件精神，开票系统已经可以处理不同业务适用不同税率同时开在一张发票上。

4. 财税〔2012〕15 号文件规定，增值税纳税人 2011 年 12 月 1 日（含）以后初次购买增值税税控系统专用设备（包括分开票机）支付的费用，可凭购买增值税税控系统专用设备取得的增值税专用发票，在增值税应纳税额中全额抵减（抵减额为价税合计额），不足抵减的可结转下期继续抵减。

需要提醒的是，上述政策规定是“价税合计额抵减税款”，所以取得上述增值税税控系统专用设备和技术维护费用的增值税专用发票不能抵扣进项税额。

5. 国家税务总局公告 2011 年第 7 号文件规定，使用多枚发票专用章的纳税人，应在每枚发票专用章正下方刊顺序编码，如“（1）、（2）……”字样。

6. 国家税务总局公告 2011 年第 7 号文件规定，外出经营营改增业务除现行营改增政策明确可以在不动产所在地、服务发生地开具发票的以外，应在机构所在地开具发票。目前营改增文件中，外出经营营改增业务明确可以在不动产所在地、服务发生地开具发票的情形包括：

（1）国家税务总局公告 2016 年第 14 号文件第十条规定，小规模纳税人转让其取得的不动产，不能自行开具增值税发票的，可以向不动产所在地主管税务机关申请代开。

（2）国家税务总局公告2016年第16号文件第十一条规定，小规模纳税人中的单位和个体工商户出租不动产，不能自行开具增值税发票的，可以向不动产所在地主管国税机关申请代开增值税发票。

（3）国家税务总局公告2016年第17号文件第九条规定，小规模纳税人跨县（市、区）提供建筑服务，不能自行开具增值税发票的，可向建筑服务发生地主管国税机关按照其取得的全部价款和价外费用申请代开增值税发票。

7. 一般纳税人都自行开具增值税专用发票。

8. 小规模纳税人发生应税行为，购买方（个人除外）索取增值税专用发票的，可以向主管税务机关申请代开。

9. 税总函〔2016〕145号文件规定，其他个人销售其取得的不动产和出租不动产，购买方或承租方不属于其他个人的，纳税人缴纳增值税后可以向地税局申请代开增值税专用发票。

其他个人发生除上述以外应税项目不可以申请代开增值税专用发票。

10. 国家税务总局公告2015年第84号文件规定收到的增值税电子普通发票可以入账。

增值税电子普通发票的开票方和受票方需要纸质发票的，可以自行打印增值税电子普通发票的版式文件，其法律效力、基本用途、基本使用规定等与国税机关监制的增值税普通发票相同。

【例317】 企业购买货物、服务、无形资产和不动产后要求销售单位开具发票，很多销售单位说已开始使用电子发票，可能仅提供了一个网络地址，企业则可以自行下载打印，自行下载打印（不管黑白还是彩色打印）的发票可以作为记账凭证和税前扣除凭证，打印后也不需要再另加盖发票专用章。

11. 规模纳税人发生某项业务时销售额金额超过500万元，去税务机关代开专用发票后再登记为一般纳税人。

12. 属于不征收增值税的项目，不能开具增值税发票，属于增值税免税项目可以开具增值税普通发票，不可开具增值税专用发票。

13. 国家税务总局网站中全国增值税发票查验系统地址：https：//inv - veri. chinatax. gov. cn/index. html。

14. 机打的增值税普通发票，除非特殊规定不得手写，其中特殊规定如个别地区普通发票中印刷“除付款单位外手写无效”类似字样。

【例 318】 企业取得快递公司的机打发票，但没有填写开具公司名称，财务人员直接以手写的形式填进去，如发票中印刷“除付款单位外手写无效”类似字样，该发票属于不合规发票，不能在企业所得税税前扣除。

专题：纳税义务及扣缴义务发生时间、地点和期限

一、政策规定

（一）增值税纳税义务、扣缴义务发生时间

1. 销售货物或者应税劳务，为收讫销售款项或者取得索取销售款项凭据的当天；先开具发票的，为开具发票的当天。

上述所称收讫销售款项或者取得索取销售款项凭据的当天，按销售结算方式的不同，具体分为：

（1）采取直接收款方式销售货物，不论货物是否发出，均为收到销售款或者取得索取销售款凭据的当天；

（2）采取托收承付和委托银行收款方式销售货物，为发出货物并办妥托收手续的当天；

（3）采取赊销和分期收款方式销售货物，为书面合同约定的收款日期的当天，无书面合同的或者书面合同没有约定收款日期的，为货物发出的当天；

（4）采取预收货款方式销售货物，为货物发出的当天，但生产销售生产工期超过 12 个月的大型机械设备、船舶、飞机等货物，为收到预收款或者书面合同约定的收款日期的当天；

（5）委托其他纳税人代销货物，为收到代销单位的代销清单或者收到全部或者部分货款的当天，未收到代销清单及货款的，为发出代销货物满 180 天的当天；

（6）销售应税劳务，为提供劳务同时收讫销售款或者取得索取销售款的凭据的当天；

（7）纳税人发生视同销售货物行为，为货物移送的当天。

2. 进口货物，为报关进口的当天。

3. 纳税人发生应税行为并收讫销售款项或者取得索取销售款项凭据的当天；先开具发票的，为开具发票的当天。

收讫销售款项，是指纳税人销售服务、无形资产、不动产过程中或者完成后收到款项。

取得索取销售款项凭据的当天，是指书面合同确定的付款日期；未签订书面合同或者书面合同未确定付款日期的，为服务、无形资产转让完成的当天或者不动产权属变更的当天。

4. 纳税人提供建筑服务、租赁服务采取预收款方式的，其纳税义务发生时间为收到预收款的当天。

5. 纳税人从事金融商品转让的，为金融商品所有权转移的当天。

6. 纳税人发生本办法第十四条规定情形的，其纳税义务发生时间为服务、无形资产转让完成的当天或者不动产权属变更的当天。

7. 增值税扣缴义务发生时间为纳税人增值税纳税义务发生的当天。

（二）增值税纳税地点

1. 固定业户应当向其机构所在地或者居住地主管税务机关申报纳税。总机构和分支机构不在同一县（市）的，应当分别向各自所在地的主管税务机关申报纳税；经财政部和国家税务总局或者其授权的财政和税务机关批准，可以由总机构汇总向总机构所在地的主管税务机关申报纳税。

2. 非固定业户应当向应税行为发生地主管税务机关申报纳税；未申报纳税的，由其机构所在地或者居住地主管税务机关补征税款。

3. 其他个人提供建筑服务，销售或者租赁不动产，转让自然资源使用权，应向建筑服务发生地、不动产所在地、自然资源所在地主管税务机关申报纳税。

4. 扣缴义务人应当向其机构所在地或者居住地主管税务机关申报缴纳扣缴的税款。

（三）增值税的纳税期限

增值税的纳税期限分别为 1 日、3 日、5 日、10 日、15 日、1 个月或者 1 个季度。纳税人的具体纳税期限，由主管税务机关根据纳税人应纳税额的大小分别核定。以 1 个季度为纳税期限的规定适用于小规模纳税人、银行、财务公司、信托投资公司、信用社，以及财政部和国家税务总局规定的其他纳税人。不能按照固定期限纳税的，可以按次纳税。

纳税人以1个月或者1个季度为1个纳税期的，自期满之日起15日内申报纳税；以1日、3日、5日、10日或者15日为1个纳税期的，自期满之日起5日内预缴税款，于次月1日起15日内申报纳税并结清上月应纳税款。

扣缴义务人解缴税款的期限，按照前两款规定执行。

二、实务理解及案例

（一）增值税纳税义务、扣缴义务发生时间

1. 增值税纳税义务、扣缴义务发生时间判断过渡期缴纳税款和抵扣进项税额的标准

过渡期是指缴纳营业税还是增值税，以纳税义务发生的时间为准，不是以业务发生时间为准，具体为：

（1）纳税义务发生的时间在营改增前，计算缴纳营业税，缴纳营业税后按照国家税务总局公告2016年第23号文件规定的“纳税人在地税机关已申报营业税未开具发票，2016年5月1日以后需要补开发票的，可于2016年12月31日前开具增值税普通发票（税务总局另有规定的除外）”开具发票。

一般纳税人购进服务、无形资产或者不动产，取得销售方的纳税义务发生的时间在营改增前的“增值税专用发票”等抵扣凭证，也不能抵扣进项税额。

（2）纳税义务发生的时间在营改增后，计算缴纳增值税，即按照财税〔2016〕36号及其他相关文件计算缴纳增值税。

一般纳税人购进服务、无形资产或者不动产，取得销售方的纳税义务发生的时间在营改增后的增值税专用发票等抵扣凭证，可以按照相关规定抵扣进项税额。

【例319】 企业在营改增之前将房屋用于出租，营改增之后合同还未执行到期，纳税义务发生在营改增之后（如合同约定付款日期为2016年9月）的租金收入，应该缴纳增值税。

【例320】 纳税人提供业务管理服务，与客户签订的合同是按季收费，其中二季度管理费有以下几种情况：

①如按照合同等约定在3月末/4月初收取二季度管理费，按照“纳税人发生应税行为并收讫销售款项或者取得索取销售款项凭据的当天”规定，应全额开具营业税发票，不需要按比例划分后分别开具营业税发票和增值税发票。

接受方如果是一般纳税人，即使取得“增值税专用发票”，也不能抵扣进项税额。

②如按照合同等约定在6月末/7月初收取二季度管理费，按照“纳税人发生应税行为并收讫销售款项或者取得索取销售款项凭据的当天”规定，应全额开具增值税发票，不需要按比例划分后分别开具营业税发票和增值税发票。

接受方如果是一般纳税人，可以取得增值税专用发票，按规定抵扣进项税额。

【例321】建筑服务已在营改增前完成，但是按合同规定营改增后收取工程款项，不考虑其他情况，根据“取得索取销售款项凭据的当天，是指书面合同确定的付款日期”规定，应当在收到当月申报缴纳增值税。

【例322】企业购买金融商品时间在2016年4月30日前，但转让在2016年5月20日，因转让金融商品以金融商品所有权转移的当天确认纳税义务发生时间，在2016年5月20日转让金融商品所取得的收入应征收增值税，不征收营业税。

2. 纳税义务发生时间的判断原理

（1）一般情况把握三个时间点，先发生的为纳税义务发生时间点：

①先开具发票的，为开具发票的当天。

②以发生应税行为为前提，收讫销售项的当天。

特殊情况，纳税人提供建筑服务、租赁服务采取预收款方式的，其纳税义务发生时间为收到预收款的当天。

③以发生应税行为前提，取得索取销售项的凭据（一般为合同规定时间，未签订书面合同或未规定完成时间的以不动产权属变更的当天为准）的当天。

（2）特殊情况处理。

①从事金融商品转让的，为金融商品所有权转移的当天。

②发生视同销售行为，为服务、无形资产转让完成的当天或者不动产权属变更的当天。

纳税义务发生时间的判断过程如图12、表17所示。

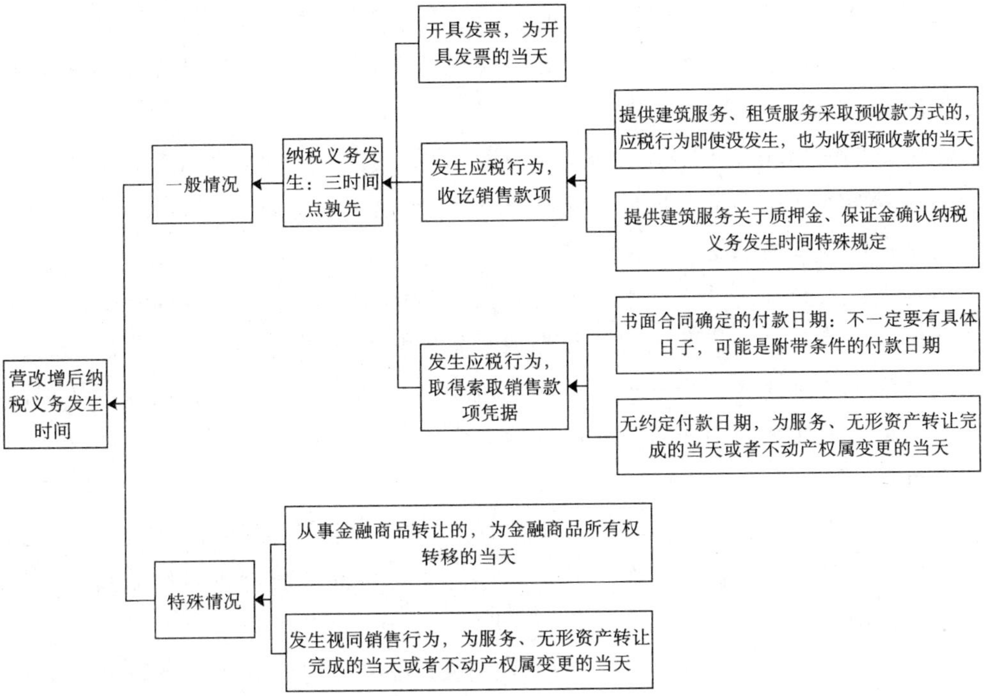

图 12　纳税义务发生时间的判断过程

表 17　　　　纳税义务发生时间的判断过程

	应税行为发生前	应税行为发生过程中	应税行为完成后
已开具发票未收款	√	√	√
未开具已收款	×（建筑服务和租赁服务√）	√	√
未开具发票，按照书面合同约定付款日期收款	×	√	√
未开具发票，未收款但达到书面合同约定付款日期	×	√	√
未开具发票，未收款且无书面合同约定付款日期	×	×	√
金融商品转让	×	×	√
视同销售	×	×	√

注：“√”代表纳税义务发生，“×”代表纳税义务未发生。

【例 323】 纳税人签订贷款合同的，根据“取得索取销售款项凭据的当天，是指书面合同确定的付款日期”规定，应按照合同约定的付息日确定纳税义务发生时间；

提供票据贴现服务的，根据“未签订书面合同或者书面合同未确定付款日期的，为服务、无形资产转让完成的当天或者不动产权属变更的当天”规定，收到票据的当天为纳税义务发生时点；

买入返售金融商品，根据“纳税人从事金融商品转让的，为金融商品所有权转移的当天”规定，买入的当天为纳税义务发生时点；

购买并持有债券（含到期）取得的利息，根据“取得索取销售款项凭据的当天，是指书面合同确定的付款日期”规定，有关募集说明书、投资协议上注明的付息日为纳税义务发生时点；

纳税人买卖股票、债券等有价证券的，根据“纳税人从事金融商品转让的，为金融商品所有权转移的当天”规定，在有关有价证券所有权转移的当天为纳税义务发生时点；

纳税人购买基金、理财产品、信托计划、资产管理计划等各类资产管理产品的，在转让、赎回有关份额时，或有关投资合约到期收回时为纳税义务发生的时点。

（3）增值税纳税义务发生的时间与会计上确认收入、企业所得税上确认收入可能存在不一致，具体账务处理见本书《专题 增值税会计处理》。

【例 324】 纳税人提供建筑服务时，按照工程进度在会计上确认收入，但是合同约定收款日期，对应增值税来说，按合同约定的收款时限确认纳税义务发生时间，提前收到款项的，为收到款项的当天，但是会计上按工程进度确认收入，会存在销售额/收入口径的差异。

3. 先开具发票的，为开具发票的当天

（1）纳税人发生应税行为，由于增值税实行凭增值税专用发票抵扣税款的办法，购买方在取得销售方开具的增值税专用发票后，即使尚未向提供方支付相关款项，仍然可以按照有关规定凭增值税专用发票抵扣进项税额。

因此，如果再以收讫销售款项或者取得索取销售款项凭据的当天作为销售方的纳税义务发生时间，就会造成增值税的征收与抵扣相脱节，即销售方尚未申报纳税，购买方就已经提前抵扣了税款。

此外，为使纳税人开具增值税普通发票与开具专用发票的征税原则保持一致，因此纳税义务发生以“发票为先”，即纳税人发生应税行为时先开具发票的，纳税义务发生时间为开具发票的当天。

需要提醒的是，关注以下两种特殊情况：

（1）开具“未发生销售行为的不征税项目”发票，详见本节“（3）开具‘未发生销售行为的不征税项目’发票”部分。

（2）《成品油零售加油站增值税征收管理办法》（国家税务总局令第2号）规定的特殊情况。

【例325】需要关注的特殊事项，就是企业发生油费支出时，如何获取增值税专用发票。

《成品油零售加油站增值税征收管理办法》（国家税务总局令第2号）第十二条规定，加油站发售加油卡、加油凭证销售成品油的纳税人（以下简称“预售单位”）在售卖加油卡、加油凭证时，应按预收账款方法作相关账务处理，不征收增值税。

预售单位在发售加油卡或加油凭证时可开具普通发票，如购油单位要求开具增值税专用发票，待用户凭卡或加油凭证加油后，根据加油卡或加油凭证回笼纪录，向购油单位开具增值税专用发票。接受加油卡或加油凭证销售成品油的单位与预售单位结算油款时，接受加油卡或加油凭证销售成品油的单位根据实际结算的油款向预售单位开具增值税专用发票。

一般纳税人发生油费支出，在实务中，很多加油站担心“像以往加油站打小票，不能保证是企业真正用了油，有人却拿去换增值税专用发票”，从而存在虚开增值税专用发票的风险，所以一般情况下，单次去加油站加油很难获取增值税专用发票。

所以建议一般纳税人发生油费支出，采用加油卡形式，但是根据上述文件规定“加油站发售加油卡、加油凭证销售成品油的企业，在发售加油卡或加油凭证时可开具普通发票”，也就是说购买加油卡的时候只能开具增值税普通发票，所以企业油费支出要根据加油卡能形成加油的记录，获取增值税专用发票，也就是俗称的“加完油以后开票”。

（2）真实业务发生提前开具增值税发票不算虚开。

以开具发票的当天为纳税义务发生时间的前提，是纳税人发生应税行为，也就是说提前开具增值税发票的前提是有真实发生的应税行为。

【例 326】 一般纳税人购买材料，按照合同约定 2016 年 8 月交货，但该企业 2016 年 5 月就收到供应商开具的增值税专用发票，算不算取得虚开发票？

国家税务总局对《国家税务总局关于纳税人对外开具增值税专用发票有关问题的公告》（国家税务总局公告 2014 年第 39 号）的解读：纳税人对外开具的销售货物的增值税专用发票，纳税人应当拥有货物的所有权，包括以直接购买方式取得货物的所有权，也包括“先卖后买”方式取得货物的所有权。所谓“先卖后买”，是指纳税人将货物销售给下家在前，从上家购买货物在后。

也就是说，“先卖后买”更属于提前开票，开具增值税发票时，开票人还未拥有交易对象的所有权，在上例中“合同约定 2016 年 8 月交货”，表明供应商应当拥有货物的所有权，上述情况提前开票，不属于虚开发票。

需要提醒的是，实务中，上述案例，企业单项 2016 年 5 月没有“收到货”，害怕被定性为“虚开发票”，做所谓不存在的“交货单”，那就真的存在虚开增值税发票的风险。

【例 327】 财税〔2016〕36 号文件规定，纳税人提供建筑服务、租赁服务采取预收款方式的，其纳税义务发生时间为收到预收款的当天。实务中也就存在，纳税人提供建筑服务、租赁服务还未开始，但是采取预收款方式，提前收到预收款项，纳税义务已经发生，在预收到账款时开具发票，也不属于虚开发票。

（3）开票才发生纳税义务是个误区。

①政策规定：增值税纳税义务、扣缴义务发生时间为纳税人发生应税行为并收讫销售款项或者取得索取销售款项凭据的当天；先开具发票的，为开具发票的当天。

也就是说，纳税义务发生时间的规定是“收讫销售款项或者取得索取销售款项凭据的当天”，特殊情况是“先开具发票的，为开具发票的当天”，也就是存在先“收讫销售款项或者取得索取销售款项凭据”后开票的现象，还可能存在“收讫销售款项或者取得索取销售款项凭据”，但是未开票的情况。

【例 328】 餐饮业企业在经营过程中，经常存在消费者在用餐结束后没有索取发票的情况，消费者在用餐结束支付餐费，就“收讫销售款项或者取得索取销售款项凭据”，也就是说纳税义务已经发生，即使没有开票，餐饮企业也要按照相关规定缴纳增值税。

需要提醒的是，一般纳税人取得的不开票收入，需如实进行申报，将相应收入填入《增值税纳税申报表附列资料（一）》第5列至第6列“未开具发票收入”当中。

②纳税义务发生时间应当等于或早于纳税人开具发票时间。

“增值税纳税义务、扣缴义务发生时间为纳税人发生应税行为并收讫销售款项或者取得索取销售款项凭据的当天；先开具发票的，为开具发票的当天”的规定，明确了在取得销售款或取得索取销售款凭据之前就先开具发票的，开具发票时间即为纳税义务的发生时间；在此之后才开具发票的，纳税义务发生时间为开具发票之前的取得销售款或取得索取销售款凭据的当天，即纳税义务发生时间早于开具发票的时间。

国家税务总局《关于增值税纳税义务发生时间有关问题的公告》（2011年第40号公告）规定“纳税人生产经营活动中采取直接收款方式销售货物，已将货物移送对方并暂估销售收入入账，但既未取得销售款或取得索取销售款凭据也未开具销售发票的，其增值税纳税义务发生时间为取得销售款或取得索取销售款凭据的当天；先开具发票的，为开具发票的当天”。

（4）开具“未发生销售行为的不征税项目”发票。

①“未发生销售行为的不征税项目”，用于纳税人收取款项并开具增值税发票，但未发生销售货物、应税劳务、服务、无形资产或不动产的情形。

②“未发生销售行为的不征税项目”下设601“预付卡销售和充值”、602“销售自行开发的房地产项目预收款”、603“已申报缴纳营业税未开票补开票”。

需要提醒的是，没有“其他”项目，也就是说“未发生销售行为的不征税项目”仅指以上三种情况。

601“预付卡销售和充值”编码，主要是单用途卡的售卡方销售单用途卡，或者接受单用途卡持卡人充值取得的预收资金，不缴纳增值税，不得开具增值税专用发票，开具增值税普通发票情形适用。支付机构销售多用途卡取得的等值人民币资金，或者接受多用途卡持卡人充值取得的充值资金，不缴纳增值税，向购卡人、充值人不得开具增值税专用发票，开具增值税普通发票情形适用。

602“销售自行开发的房地产项目预收款”编码，主要是房地产开发企业销售自行开发的房地产项目收到预收款，未达到纳税义务发生的条件，不需要缴纳增值税，但购房者贷款或者提取住房公积金等要求需要开具增值税发票情形适用。

603“已申报缴纳营业税未开票补开票”编码，主要是在地税机关已申报营业税未开具发票，2016年5月1日以后需要补开发票的，可于2016年12月31日前开具增值税普通发票（税务总局另有规定的除外）情形适用。

③使用“未发生销售行为的不征税项目”编码，发票税率栏应填写“不征税”，不得开具增值税专用发票。

4. 收讫销售款项实务理解

收讫销售款项，是指纳税人销售服务、无形资产、不动产过程中或者完成后收到款项。

（1）按照收讫销售款项确认应税行为纳税义务发生时间的，应以发生了应税行为为前提。

除了提供建筑服务、租赁服务采取预收款方式外，在发生应税行为之前收到的款项不属于收讫销售款项，不能按照该时间确认纳税义务发生。

【例329】某公司2016年10月有两笔预收款业务：一是为A公司提供了企业管理咨询服务，预收款8万元；二是为B公司提供了不动产的租赁服务，预收款20万元。

提供的企业管理咨询服务，收到款项不能简单地确认为应税服务，增值税纳税义务发生时间应以提供应税服务为前提。收讫销售款项，指在应税服务开始提供后收到的款项，包括在应税服务发生过程中或者完成后收取的款项。因此，该项管理咨询服务提供前收到的款项，不能以收到款项的当天确认纳税义务发生时间，其增值税纳税义务发生时间应按照财务会计制度的规定，以该项预收性质的价款被确认为收入的时间为准。

至于公司提供给B公司不动产的租赁服务，则不能适用上述规定。因为上述政策特别规定了纳税人提供租赁业劳务的，采取预收款方式的，以收到预收款的当天作为纳税义务发生时间。

【例330】物业管理公司采取预收款方式收取业主物业费确定纳税义务发生时间问题。

物业管理公司预收的物业费，属于在发生应税行为之前收到的款项，不属于收讫销售款项，不能按照该时间确认纳税义务发生。

物业管理公司采取预收款方式收取业主物业费的，按照“取得索取销售款项凭据”判断，应按照发生应税行为的时间，分期确认销售收入；如预收物业费时开具了发票，则应于开具发票的当天确认增值税的销售收入。

（2）收讫销售款项，是指在应税行为发生后收到的款项，包括在应税行为发生过程中或者完成后收取的款项。

（3）收讫销售款项中“在应税行为发生过程中或者完成后收取的款项”的规定，表明不管是否已开票，纳税义务都已经发生。

5. 取得索取销售款项凭据的当天的实务理解

取得索取销售款项凭据的当天，是指书面合同确定的付款日期的当天；未签订书面合同或者书面合同未确定付款日期的，为应税行为完成的当天。

（1）签订了书面合同且书面合同确定了付款日期的，按照书面合同确定的付款日期的当天确认纳税义务发生。

“书面合同确定的付款日期”，并不是说合同要约定的具体付款日期，而是一种附带条件的对付款日期的确定，比如提供设计服务，合同中约定“设计图纸达成一致时”后 10 天内付款。有条件的确定，意思是不一定在合同中明确规定收（付）款的具体时间，但一定给出了收（付）款时间的确认方法，则根据这个方法，可以确定收（付）款的时间。

【例 331】某信息咨询公司在 2017 年 1 月 10 日为客户提供一项咨询服务，价款 100 万元，合同约定 2017 年 2 月 10 日付款，但实际到 2017 年 3 月 10 日才收到款。

根据财税〔2016〕36 号文件附件 1 第四十五条第一款“纳税人发生应税行为并收讫销售款项或者取得索取销售款项凭据的当天；先开具发票的，为开具发票的当天。收讫销售款项，是指纳税人销售服务、无形资产、不动产过程中或者完成后收到款项。取得索取销售款项凭据的当天，是指书面合同确定的付款日期；未签订书面合同或者书面合同未确定付款日期的，为服务、无形资产转让完成的当天或者不动产权属变更的当天”的规定，虽然该信息咨询公司收到款项的时间是 3 月 10 日，但由于 1 月 10 日开始提供咨询劳务，并约定 2 月 10 日付款，所以纳税义务发生时间应为 2 月 10 日，而非 3 月 10 日。

【例 332】A 建筑设计院与 B 建筑公司签订了设计协议，约定由 A 设计院为

B 公司承建的 C 企业楼房提供设计劳务。合同约定，该设计服务总价款为 100 万元，签订合同时，B 公司就要支付 30% 的款项即 30 万元。A 设计院将设计图纸交给 B 公司时，B 公司再支付 30% 的款项 30 万元。B 公司与 C 企业就设计图纸达成一致时，B 公司支付 30% 的款项 30 万元。待房屋通过验收时，B 公司支付余款 10 万元。

分析："设计图纸达成一致时"、"房屋通过验收时" 等说法，虽未明确具体的收（付）款日期，但属于计算收（付）款日期的方法，据此可以合理推定合同的履行期限，将相关时间点认定为书面合同已约定的收（付）款时间，进而确认增值税纳税义务的发生时间。

需要说明，签订了书面合同且书面合同确定了付款日期，即使实际中没有收到款项、未开具发票及未收到款项和未开具发票，也是按照书面合同确定的付款日期的当天确认纳税义务发生。

（2）未签订书面合同或者书面合同未确定付款日期的，按照应税行为完成的当天确认纳税义务发生。

6. 纳税义务发生时间中的特殊规定

（1）采取预收款方式提供建筑服务、租赁服务。

纳税人提供建筑服务、租赁服务采取预收款方式的，其纳税义务发生时间为收到预收款的当天。纳税人提供建筑服务和租赁服务与提供其他应税服务的处理原则有所不同，如果纳税人采取预收款方式的，以收到预收款的当天作为纳税义务发生时间。

【例 333】 关于建筑服务未开始前收到的备料款等预收款征税问题，纳税人提供建筑服务采取预收款方式的，其纳税义务发生时间为收到预收款的当天。因此，建筑企业收到的备料款等预收款，应当在收到当月申报缴纳增值税。

【例 334】 公司将部分办公区域出租，一次性收取了半年租金，该业务应一次性确认收入计缴增值税，不可以分期分摊缴纳。

【例 335】 企业出租设备，租金 5 000 元/月，一次性预收了对方一年的租金共 60 000 元，则应在收到 60 000 元租金的当天确认纳税义务发生，并按 60 000 元确认含税销售额收入，而不能将 60 000 元租金采取按月分摊确认收入的方法，也不能在该业务完成后再确认收入。

但在会计口径和企业所得税确认收入时，将 60 000 元租金采取按月分摊确认各期收入。

【例 336】 试点前 A 市某一般纳税人甲企业在 B 市购买一栋写字楼，2016 年 5 月起将其中一层出租，月租金 10.5 万元，采取预收款方式，5 月一次性收取半年租金 63 万元。该纳税人选择简易计税方法（不考虑其他业务情形），申报纳税流程如下：

①收到预收款当天为纳税义务发生时间，应于收到预收款次月申报期结束前向 B 市主管国税机关申报预缴：应预缴税款 = 630 000/(1 + 5%) × 5% = 30 000（元），同时填报《增值税预缴税款表》，取得 B 市国税机关开具的完税凭证。

②2016 年 6 月申报期，回到 A 市主管国税机关申报纳税，以 B 市国税机关开具的完税凭证作为扣除凭证，将已预缴的 30 000 元从当期应纳税额中扣减，应纳税额 = 630 000/(1 + 5%) × 5% − 30 000 = 0（元）。

（2）金融企业发放贷款后，自结息日起 90 天内发生的应收未收利息按现行规定缴纳增值税，自结息日起 90 天后发生的应收未收利息暂不缴纳增值税，待实际收到利息时按规定缴纳增值税。

上述所称金融企业，是指银行（包括国有、集体、股份制、合资、外资银行以及其他所有制形式的银行）、城市信用社、农村信用社、信托投资公司、财务公司。

（3）建筑服务过程中质押金、保证金的纳税义务发生的时间。被工程发包方从应支付的工程款中扣押的质押金、保证金，未开具发票的，以纳税人实际收到质押金、保证金的当天为纳税义务发生时间。

需要提醒的是，上述政策应用有一个前提“未开具发票的”，就是说“质押金、保证金”没有开具发票，纳税义务发生的时间为实际收到质押金、保证金的当天为纳税义务发生时间，提供建筑服务企业实际收到质押金、保证金同时开具发票；开具发票的，纳税义务发生的时间为开具发票的当天。

【例 337】 建筑企业甲公司为甲方提供建筑服务，合同总价 3 亿元，质押金 0.2 亿元：

（1）合同约定 2016 年 11 月 1 日预收款 0.3 亿元，甲方在支付款项时扣押的质押金 0.2 亿元，实际收到款项 0.1 亿元并开具发票，其中合同约定质押金 0.2 亿元与工程完工后 6 个月后即 2018 年 1 月 1 日收款，不考虑其他情况则：仅 0.1 亿元（0.3 − 0.2）纳税义务发生时间为 2016 年 11 月 1 日，另合同约定质押金0.2亿元纳税义务发生时间为2018年1月1日。

需要提醒的是，如2016年11月1日虽只收到0.1亿元，但开具发票金额为0.3亿元，根据“先开具发票的，为开具发票的当天”的规定，则0.3亿元（含扣押质押金）纳税义务发生的时间都是2016年11月1日。

（2）合同约定2011年12月1日按照相关约定收工程款0.5亿元，甲方在支付款项时扣押的质押金0.2亿元，实际收到款项0.3亿元并开具发票，其中合同约定质押金0.2亿元与工程完工后6个月后即2018年1月1日收款，不考虑其他情况则：仅0.3亿元（0.5－0.2）纳税义务发生时间为2016年12月1日，另合同约定质押金0.2亿元纳税义务发生时间为2018年1月1日。

需要提醒的是，如2016年12月1日虽然只收到0.3亿元，但是开具发票金额为0.5亿元，根据“先开具发票的，为开具发票的当天”的规定，则0.5亿元（含扣押质押金）纳税义务发生的时间都是2016年12月1日。

另国家税务总局公告2016年第15号文件规定：纳税人取得不动产和不动产在建工程的进项税额，60%的部分于取得扣税凭证的当期从销项税额中抵扣；40%的部分为待抵扣进项税额，于取得扣税凭证的当月起第13个月从销项税额中抵扣。

也就是说，对于业主在支付质押金、保证金时取得发票，符合不动产抵扣条件的，按照“60%的部分于取得扣税凭证的当期从销项税额中抵扣；40%的部分为待抵扣进项税额，于取得扣税凭证的当月起第13个月从销项税额中抵扣。”

还有关注，《国家税务总局关于贯彻落实企业所得税法若干税收问题的通知》（国税函［2010］79号）关于“五、关于固定资产投入使用后计税基础确定问题”的规定，企业固定资产投入使用后，由于工程款项尚未结清未取得全额发票的，可暂按合同规定的金额计入固定资产计税基础计提折旧，待发票取得后进行调整。但该项调整应在固定资产投入使用后12个月内进行。

7. 企业所得税申报表不是必须与增值税申报表中收入一致

（1）两者纳税义务发生的时间规定不一致。

其中对于企业所得税来说，除企业所得税法及实施条例另有规定外，企业销售收入的确认，必须遵循权责发生制原则和实质重于形式原则。

对于增值税来说，没有权责发生制原则，是按照增值税条例及实施细则和财税〔2016〕36号文件附件1第四十五条等关于“增值税纳税义务、扣缴义务发生时间”相关规定确认收入。

也就是说，增值税是根据销售结算方式确认纳税义务时间来填报增值税申报表，而企业所得税则是按照销售方式确认收入，两者由于对同一销售对象确认收入口径不同而产生差异，这也是客观原因所致。

【例338】对应企业所得税确认收入口径来说，企业受托加工制造大型机械设备、船舶、飞机，以及从事建筑、安装、装配工程业务或者提供其他劳务等，持续时间超过12个月的，按照纳税年度内完工进度或者完成的工作量确认收入的实现，也就是说从事建筑、安装、装配工程业务，持续时间超过12个月的，按照纳税年度内完工进度或者完成的工作量确认收入的实现。

对应增值税确认纳税义务发生时间口径来说，纳税人提供建筑服务、租赁服务采取预收款方式的，其纳税义务发生时间为收到预收款的当天。

也就是，提供建筑服务采用预收账款方式，可能存在还没有提供建筑服务就已发生增值税纳税义务，在增值税申报表中要按照相关规定申报销售额收入，但是企业所得税申报表还未确认收入。

【例339】对应企业所得税确认收入口径来说，根据《中华人民共和国企业所得税法实施条例》第十九条的规定，企业提供固定资产、包装物或者其他有形资产的使用权取得的租金收入，应按交易合同或协议规定的承租人应付租金的日期确认收入的实现。其中，如果交易合同或协议中规定租赁期限跨年度，且租金提前一次性支付的，根据《中华人民共和国企业所得税法实施条例》第九条规定的收入与费用配比原则，出租人可对上述已确认的收入，在租赁期内，分期均匀计入相关年度收入。

对应增值税确认纳税义务发生时间口径来说，纳税人提供建筑服务、租赁服务采取预收款方式的，其纳税义务发生时间为收到预收款的当天。

也就是说，提前收取的租金，可能存在还没有提供租赁服务就已发生增值税纳税义务，在增值税申报表中要按照相关规定申报销售额收入，但是企业所得税申报表还未确认收入。

【例340】某企业提供不动产租赁，租赁期为2017～2018年两年，不含税租赁费总额为240万元，其采取预收款方式，在每年租赁期开始的第一个月支付来年租金，即2016年12月份支付2017年度不含税租金120万元，2017年12

月份支付 2018 年度不含税租金 120 万元，则：

①对应增值税确认纳税义务发生时间口径来说，企业分别在 2016 年 12 月份和 2017 年 12 月份确认不含税销售额 120 万元。

②对应企业所得税确认收入口径来说，在租赁期内，分期均匀计入相关年度收入，即 2017 年度和 2018 年度，每月确认收入 10 万元。2016～2018 年确认收入类型及金额如表 18 所示。

表 18　　2016～2018 年确认收入类型及金额

收入类型	2016 年	2017 年	2018 年
增值税	2016 年 12 月份确认 120 万元销售额	2017 年 12 月份确认 120 万元销售额	不确认销售额
企业所得税	不确认收入	均匀每月确认收入 10 万元，全年确认收入 120 万元	均匀每月确认收入 10 万元，全年确认收入 120 万元

（2）视同销售的口径不一样，详见本书《专题视同销售》中的第（六）节相关内容。

（3）应关注国家税务总局《进一步加强税收征管若干具体措施》（国税发〔2009〕114 号）文件第七条：加强企业计税收入管理。加强对纳税人以非货币形式取得收入的核实力度。着重对同一申报属期的增值税销售收入和所得税营业收入存在明显差异的纳税人进行分析排查，有重大问题的将追溯到以往年度。

也就是说，如出现两报表收入不一致情形的，建议将形成差异的情况与税务机关充分沟通。

8. 有关纳税义务发生时间的其他实务问题

（1）纳税人跨县（市、区）提供建筑服务预缴税款时间，按照财税〔2016〕36 号文件规定的纳税义务发生时间和纳税期限执行。

（2）房地产开发企业采取预收款方式销售自行开发的房地产项目，应在收到预收款时按照规定的预征率预缴增值税。

房地产开发企业收到预收款时，未达到纳税义务发生时间，不开具发票，应按照销售额的 3% 预缴增值税，填报《增值税预缴税款表》。

【例 341】 房地产公司 2016 年 8 月收到 1 000 万元预收款时，不开具增值税发票，无须在《增值税纳税申报表》第 1 行“按适用税率计税销售额”中填报，应按照销售额的3%预缴增值税，填报《增值税预缴税款表》。

（3）财税〔2016〕36号文件附件1第四十五条规定，增值税纳税义务发生时间为：纳税人发生应税行为并收讫销售款项或者取得索取销售款项凭据的当天；先开具发票的，为开具发票的当天。

可见，纳税人发生应税行为是纳税义务发生的前提。房地产公司销售不动产，以房地产公司将不动产交付给买受人的当天作为应税行为发生的时间。

交付时间，以《商品房买卖合同》上约定的交房时间为准；若实际交房时间早于合同约定时间的，以实际交付时间为准。

（4）纳税人出租不动产，按照相关规定需要预缴税款的，应在取得租金的次月纳税申报期或不动产所在地主管国税机关核定的纳税期限预缴税款。

（二）增值税纳税地点

1. 纳税地点和预缴地点的区别与联系

（1）纳税地点，是指纳税人依据税法规定向征税机关申报纳税的具体地点。它说明纳税人应向哪里的征税机关申报纳税，以及哪里的征税机关有权进行税收管辖的问题。

我国税法上规定的纳税地点主要是机构所在地、居住地、经济活动发生地、财产所在地、报关地等。

（2）纳税人跨地区提供建筑服务、销售和出租不动产的，应在建筑服务发生地、不动产所在地预缴增值税。

【例342】纳税人提供建筑服务应自行开具增值税发票（含增值税普通发票和增值税专用发票），小规模纳税人不能自行开具增值税专用发票的可向机构所在地主管国税机关申请代开增值专用发票。小规模纳税人跨县（市、区）提供建筑服务，不能自行开具增值税发票的，可向建筑服务发生地主管国税机关按照其取得的全部价款和价外费用申请代开增值税发票。

（3）纳税人（固定业户）跨地区提供建筑服务、销售和出租不动产的在建筑服务发生地、不动产所在地预缴增值税后，申报纳税义务仍要回机构所在地履行。

2. 固定业户在其机构所在地的主管税务机关申报纳税

（1）根据税收属地管辖原则，固定业户应当向其机构所在地的主管税务机关申报纳税。

（2）如果固定业户设有分支机构，且不在同一县（市）的，应当分别向各自所在地的主管税务机关申报纳税。也就是说，不与固定业户在同一县（市）的总机构和分支机构都属于固定业户，都应按照规定办理税务登记，向其机构所在地或者居住地主管税务机关申报纳税，需要单独成为增值税纳税人。

【例 343】单独成为增值税纳税人的分支机构，可以在当地税务机关单独申请领购发票。谁向税务机关领用发票就以谁的名义开票，就用谁的发票专用章，就以谁的名义购买税控设备。

（3）对于建筑企业的总机构是否在建筑服务发生地设立分支机构并办理正式税务登记作为一个独立的增值税纳税人，由纳税人自主决定；未设立分支机构的，可以持外管证在建筑服务发生地办理报验登记，两者在增值税的征收管理上存在一定的区别。

3. 总分机构汇总纳税

（1）总分机构汇总纳税审批权限。

总机构和分支机构不在同一省、自治区、直辖市的，经财政部和国家税务总局批准，可以由总机构汇总向总机构所在地的主管税务机关申报纳税。

总机构和分支机构不在同一县（市），但在同一省、自治区、直辖市范围内的，经省、自治区、直辖市财政厅（局）、国家税务局审批同意，可以由总机构汇总向总机构所在地的主管税务机关申报纳税。

（2）总分机构汇总纳税主要思路。

《财政部　国家税务总局关于重新印发〈总分机构试点纳税人增值税计算缴纳暂行办法〉的通知》（财税〔2013〕74 号），该办法主要是解决营改增试点期间总、分支机构试点纳税人缴纳增值税问题，同时结合一些地方相关规定，主要按以下步骤进行计算：

一是公司的各分公司、子公司均按照现行规定在所在地预缴增值税，应预缴的增值税 = 应征增值税销售额 × 预征率；

二是公司总部将全部收入汇总后计算销项税额，减除汇总的全部进项税额后形成总的增值税应纳税额；

三是将计算出的总增值税应纳税额，按照应征增值税销售额的比例分配，计算公司总部、各分公司、子公司各自应纳税额；

四是计算得出各分公司、子公司各自的应纳税额，扣减各自的预缴增值税，按规定在当地缴纳增值税；

财税〔2013〕74 号文件中，没有规定该步骤，个别省市地区规定，需要按照第三步和第四步执行。

五是将各分公司、子公司汇总的增值税应纳税额作为已交税金予以扣减后，形成总部的增值税应纳税额。

（3）其他实务事项。

①营改增中的铁路运输、航空运输、邮政、电信企业，应按照税务总局其他相关文件汇总计算缴纳增值税。

②总分支机构实行增值税“统一核算、汇总申报、分别纳税”的，总分支机构之间移送货物、提供加工修理修配劳务、提供服务等，如当地无特殊规定，一般情况下使用统一的内部调拨单据，不开具发票。

③总分机构开具发票信息和获取进项税发票的信息，如当地无特殊规定，应该是按照总分机构各自信息开具发票和获取进项税发票。

4. 非固定业户应当向应税行为发生地的主管税务机关申报纳税；未申报纳税的，由其机构所在地或者居住地的主管税务机关补征税款。

其中固定业户与非固定业户是实践中一直沿用的概念，主要是看纳税人的增值税纳税义务状况，是否在主管税务机关登记注册。

5. 其他个人提供建筑服务，销售或者租赁不动产，转让自然资源使用权，应向建筑服务发生地、不动产所在地、自然资源所在地税务机关申报纳税，既维持各地原来的财政收入不变，也方便了纳税人。

（1）需要提醒的是，上述规定仅限于其他个人，即自然人。对单位及个体工商户发生上述应税行为，按规定应在建筑劳务发生地、不动产所在地税务机关预缴税款，并到机构所在地申报纳税。

（2）其他个人提供建筑服务，销售或者租赁不动产，转让自然资源使用权，纳税地点为建筑服务发生地、不动产所在地、自然资源所在地税务机关，不存在先预缴后申报的概念。

6. 扣缴义务人应当向其机构所在地或者居住地的主管税务机关申报缴纳其扣缴的税款。

（三）增值税的纳税期限

1. 纳税期限是纳税人、扣缴义务人据以计算解缴税款的期间，一般分为两种：一种是按次计算，以纳税人，扣缴义务人从事生产经营活动的次数作为纳税期限；第二种是按期计算，以发生纳税义务、扣缴义务的一定期间作为纳税期限。具体的纳税期限，通常是在办理税务登记以后由税务机关根据其税务登记的情况在税收法律、行政法规规定的范围内分别核定。就大多数纳税人而言，纳税期限一般为一个月或一个季度，少数经营规模和应纳税额较大的纳税人，可以将一日、三日、五日或十五日作为一个纳税期限；不能按照固定期限纳税的，可以按次纳税。

2. 纳税期限和纳税申报期限是两个概念，纳税申报期限是指法律、行政法规规定的或者税务机关根据法律、行政法规的规定确定的纳税人、扣缴义务人向税务机关申报应纳或者应解缴税款的期限。

纳税人以 1 个月或者 1 个季度为 1 个纳税期的，自期满之日起 15 日内申报纳税；以 1 日、3 日、5 日、10 日或者 15 日为 1 个纳税期的，自期满之日起 5 日内预缴税款，于次月 1 日起 15 日内申报纳税并结清上月应纳税款。

需要提醒的是，由于营改增、金三期及纳税申报期内有法定的节假日，往往总局或各地会临时调整纳税申报期限，需要纳税人关注当期的“纳税申报期限”，如《国家税务总局关于全面推开营改增试点有关税收征收管理事项的公告》（国家税务总局公告 2016 年第 23 号）规定，2016 年 5 月 1 日新纳入营改增试点范围的纳税人，2016 年 6 月增值税纳税申报期延长至 2016 年 6 月 27 日。

3. 银行、财务公司、信托投资公司、信用社以 1 个季度为 1 个纳税期。

4. 需要注意的是，《国家税务总局关于合理简并纳税人申报缴税次数的公告》（国家税务总局公告 2016 年第 6 号）规定，2016 年 4 月 1 日起，增值税小规模纳税人原则上实行按季申报缴纳增值税。

5. 根据《中华人民共和国税收征收管理法》第二十七条和《中华人民共和国税收征收管理法实施细则》（中华人民共和国国务院令第 362 号）第三十七条规定：纳税人、扣缴义务人按照规定的期限办理纳税申报，或者报送代扣代缴、代收代缴税款报告表确有困难需要延期的，应当在申请延期的申报期限之内向税务机关提出书面延期申请，经税务机关核准，可以延期申报。

6. 修改和撤销申报

（1）在申报成功后发现往期申报数据有误或当前征期申报已经缴纳税款的，可以提请修改申报表数据项，一般是咨询当地税务人员，需要由税务人员为企业办理修改业务。

修改申报申请可以进行多次修改，但同一税种当前状态显示为“受理中”的报表暂时不能再次进行修改，当状态显示为“已受理”或“不予受理”，该税种方可再次进行修改。为避免不必要麻烦，建议仔细核对信息后再进行修改。

（2）如出现申报数据有误，并且该笔申报正在法定申报征期内，需要修改业务项并且没有缴纳税款的，可以自行在申报系统里使用撤销申报。

撤销申报申请时要注意次数，有的地方规定在同一征期内只能撤销一次。

7. 扣缴义务人解缴税款的期限，按照前两款规定执行。

（四）预付卡纳税义务及纳税时间实务操作

1. 政策规定

《国家税务总局关于营改增试点若干征管问题的公告》（国家税务总局公告2016年第53号）规定：“三、单用途商业预付卡（以下简称‘单用途卡’）业务按照以下规定执行：

（一）单用途卡发卡企业或者售卡企业（以下统称‘售卡方’）销售单用途卡，或者接受单用途卡持卡人充值取得的预收资金，不缴纳增值税。售卡方可按照本公告第九条的规定，向购卡人、充值人开具增值税普通发票，不得开具增值税专用发票。

单用途卡，是指发卡企业按照国家有关规定发行的，仅限于在本企业、本企业所属集团或者同一品牌特许经营体系内兑付货物或者服务的预付凭证。

发卡企业，是指按照国家有关规定发行单用途卡的企业。售卡企业，是指集团发卡企业或者品牌发卡企业指定的，承担单用途卡销售、充值、挂失、换卡、退卡等相关业务的本集团或同一品牌特许经营体系内的企业。

（二）售卡方因发行或者销售单用途卡并办理相关资金收付结算业务取得的手续费、结算费、服务费、管理费等收入，应按照现行规定缴纳增值税。

（三）持卡人使用单用途卡购买货物或服务时，货物或者服务的销售方应按照现行规定缴纳增值税，且不得向持卡人开具增值税发票。

（四）销售方与售卡方不是同一个纳税人的，销售方在收到售卡方结算的销售款时，应向售卡方开具增值税普通发票，并在备注栏注明‘收到预付卡结算款’，不得开具增值税专用发票。

售卡方从销售方取得的增值税普通发票，作为其销售单用途卡或接受单用途卡充值取得预收资金不缴纳增值税的凭证，留存备查。

四、支付机构预付卡（以下称‘多用途卡’）业务按照以下规定执行：

（一）支付机构销售多用途卡取得的等值人民币资金，或者接受多用途卡持卡人充值取得的充值资金，不缴纳增值税。支付机构可按照本公告第九条的规定，向购卡人、充值人开具增值税普通发票，不得开具增值税专用发票。

支付机构，是指取得中国人民银行核发的《支付业务许可证》，获准办理‘预付卡发行与受理’业务的发卡机构和获准办理‘预付卡受理’业务的受理机构。

多用途卡，是指发卡机构以特定载体和形式发行的，可在发卡机构之外购买货物或服务的预付价值。

（二）支付机构因发行或者受理多用途卡并办理相关资金收付结算业务取得的手续费、结算费、服务费、管理费等收入，应按照现行规定缴纳增值税。

（三）持卡人使用多用途卡，向与支付机构签署合作协议的特约商户购买货物或服务，特约商户应按照现行规定缴纳增值税，且不得向持卡人开具增值税发票。

（四）特约商户收到支付机构结算的销售款时，应向支付机构开具增值税普通发票，并在备注栏注明‘收到预付卡结算款’，不得开具增值税专用发票。

支付机构从特约商户取得的增值税普通发票，作为其销售多用途卡或接受多用途卡充值取得预收资金不缴纳增值税的凭证，留存备查。

……

九、《国家税务总局关于全面推开营改增试点有关税收征收管理事项的公告》（国家税务总局公告2016年第23号）附件《商品和服务税收分类与编码（试行）》中的分类编码调整以下内容，纳税人应将增值税税控开票软件升级到最新版本（v2.0.11）：

（十一）增加6‘未发生销售行为的不征税项目’，用于纳税人收取款项但未发生销售货物、应税劳务、服务、无形资产或不动产的情形。

‘未发生销售行为的不征税项目’下设601‘预付卡销售和充值’、602‘销售自行开发的房地产项目预收款’、603‘已申报缴纳营业税未开票补开票’。

使用‘未发生销售行为的不征税项目’编码，发票税率栏应填写‘不征税’，不得开具增值税专用发票。”

2. 单用途卡模式实务操作（销售方与售卡方不是同一个纳税人）

单用途卡模式实务操作流程（销售方与售卡方不是同一个纳税人）如图 13 所示。

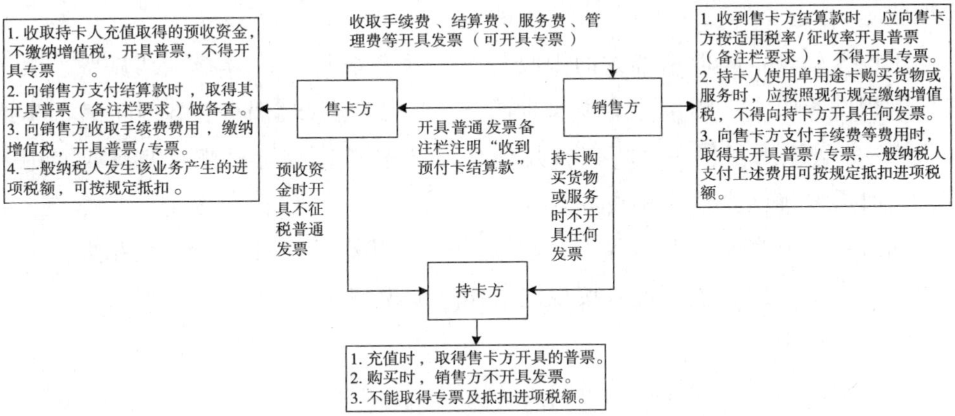

图 13 单用途卡模式实务操作流程（销售方与售卡方不是同一个纳税人）

（1）售卡方涉税实务处理。

第一环节：销售单用途卡，或者接受单用途卡持卡人充值取得的预收资金。

①税务处理：按照“未发生销售行为的不征税项目”要求开具增值税普通发票，项目名称为“预付卡销售和充值”，发票税率栏填写“不征税”，不缴纳增值税，亦不符合确认收入的条件，不征企业所得税。

②账务处理。

借：银行存款

　　贷：其他应付款——预付卡

第二环节：与销售方结算销售款。

①税务处理：支付给销售方结算的销售款时，应向销售方索取增值税普通发票（不是增值税专用发票），开票时备注栏需要注明“收到预付卡结算款”，作为其销售单用途卡或接受单用途卡充值取得预收资金不缴纳增值税的凭证，留存备查，同时不需要确认企业所得税收入，也就是说取得销售方开具的增值税普通发票不是成本及费用的凭证。

②账务处理。

借：其他应付款——预付卡

贷：银行存款

凭证后附销售方开具备注栏注明“收到预付卡结算款”的增值税普通发票。

第三环节：收取销售方的因收付结算业务取得的手续费、结算费、服务费、管理费等收入。

①税务处理：收取销售方的因收付结算业务取得的手续费、结算费、服务费、管理费等收入，需按“企业管理服务”、“经纪代理服务”适用税率6%或征收率3%等缴纳增值税，可以按规定、按要求开具增值税普通发票或专用发票，同时需要确认企业所得税收入。

同时售卡方属于一般纳税人，收取上述费用需要按照一般计税方法缴纳增值税，其产生的进项税额可以按规定抵扣进项税额。

②账务处理。

一般纳税人账务处理：

借：其他应付款——预付卡/银行账款（单独支付）

贷：营业收入

应缴税费——应缴增值税（销项税额）

小规模纳税人账务处理：

借：其他应付款——预付卡/银行账款（单独支付）

贷：营业收入

应缴税费——应缴增值税

（2）持卡方涉税实务处理。

第一环节：购买单用途充值支付预收款。

①税务处理：取得售卡方开具的增值税普通发票，不能要求对方开具增值税专用发票。

②账务处理。

借：其他应收款——预付卡

贷：银行存款

第二环节：持卡人使用单用途卡购买货物或服务。

①税务处理：销售方不得向持卡人开具增值税发票，持卡人取得购买货物或服务的相关清单，作为原始凭证附件以备账务处理。

②账务处理。

借：固定资产、库存商品、应付职工薪酬管理费用明细等科目（按照购买货物或服务用途进行会计处理）

贷：其他应收款——预付卡

按照上述相关规定的操作，不管是在第一环节还是第二环节，不管是在持卡人充值时还是购买货物及服务时，都无法获取增值税专用发票，无法抵扣进项税额。

（3）销售方涉税实务处理。

第一环节：销售方向购卡方销售货物或服务

①税务处理：持卡人使用单用途卡购买货物或服务时，货物或者服务的销售方应按照现行规定缴纳增值税，虽按规定缴纳增值税但不得向持卡人开具增值税发票。同时，根据国税函〔2008〕875 号文件规定，销售方需确认销售商品或服务收入并结转成本。

实务细节处理，如“向购卡方销售货物或服务”和“收取售卡方结算的销售款”不在同一个纳税申报期或者款项不同步，则可以按照未开票确认收入进行涉税处理和申报。

②账务处理。

一般纳税人处理。

借：应收账款——预付卡

贷：营业收入

应缴税费——应缴增值税（销项税额）

借：营业成本

贷：库存商品等科目

小规模纳税人处理。

借：应收账款——预付卡

贷：营业收入

应缴税费——应缴增值税

借：营业成本

贷：库存商品等科目

第二环节：销售方收取售卡方结算的销售款。

①税务处理：销售方在收到售卡方结算的销售款时，应向售卡方开具增值税普通发票，并在备注栏注明“收到预付卡结算款”，不得开具增值税专用发票。

②账务处理。

借：银行存款

　　贷：应收账款——预付卡

售卡方从销售方取得的手续费收入可能直接从预付卡资金中扣除，也可能直接取得手续费收入，作如下账务处理：

借：其他应付款——预付卡

　　贷：主营业务收入

　　　　应缴税费——应缴增值税（销项税额）

第三环节：向售卡方支付销售单用途卡并办理相关资金收付结算业务取得的手续费、结算费、服务费、管理费等费用。

①税务处理：取得售卡方按规定开具的增值税普通发票和专用发票，计入相关成本费用科目。

②账务处理。

借：销售费用明细科目

　　贷：银行存款/应收账款——预付卡

3. 单用途卡模式涉税实务操作（售卡方与销售方为同一纳税人）

单用途卡模式涉税实务操作流程（售卡方与销售方为同一纳税人）如图14所示。

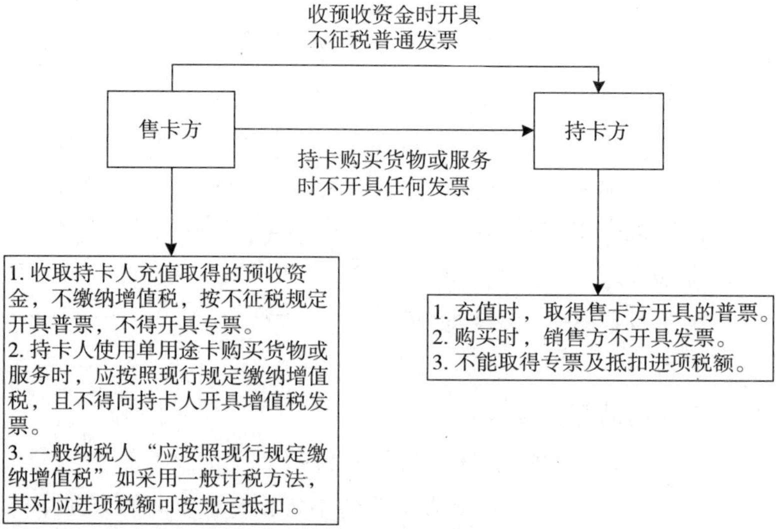

图14　单用途卡模式涉税实务操作流程（售卡方与销售方为同一纳税人）

（1）售卡方涉税实务处理。

第一环节：销售单用途卡，或者接受单用途卡持卡人充值取得的预收资金。

①税务处理：按照“未发生销售行为的不征税项目”要求开具增值税普通发票，项目名称为“预付卡销售和充值”，发票税率栏填写“不征税”，不缴纳增值税，亦不符合确认收入的条件，不征企业所得税。

②账务处理。

借：银行存款

　　贷：其他应付款——预付卡

第二环节：售卡方向购卡方销售货物或服务。

①税务处理：持卡人使用单用途卡购买货物或服务时，货物或者服务的销售方应按照现行规定缴纳增值税，虽按规定缴纳增值税且不得向持卡人开具增值税发票。同时，根据国税函〔2008〕875 号规定，售卡方需确认销售商品或服务收入并结转成本。

实务细节处理，如“向购卡方销售货物或服务”和“收取售卡方结算的销售款”不在同一个纳税申报期或者款项不同步，可以按照未开票确认收入进行涉税处理和申报。

②账务处理。

一般纳税人处理。

借：应收账款——预付卡

　　贷：营业收入

　　　　应缴税费——应缴增值税（销项税额）

借：营业成本

　　贷：库存商品等科目

小规模纳税人处理。

借：应收账款——预付卡

　　贷：营业收入

　　　　应缴税费——应缴增值税

借：营业成本

　　贷：库存商品等科目

售卡方与销售方为同一纳税人的情形下，不涉及售卡方与销售方之间资金结算、发票开具及支付手续费等，其他税费处理与“售卡方与销售方非同一纳税人”相同。

（2）持卡方涉税实务处理。

第一环节：购买单用途充值支付预收款。

①税务处理：取得售卡方开具的增值税普通发票，不能要求对方开具增值税专用发票。

②账务处理。

借：其他应收款——预付卡

　　贷：银行存款

第二环节：持卡人使用单用途卡购买货物或服务。

①税务处理：销售方不得向持卡人开具增值税发票，持卡人取得购买货物或服务的相关清单，作为原始凭证附件以备账务处理。

②账务处理。

借：固定资产、库存商品、应付职工薪酬管理费用明细等科目（按照购买货物或服务用途进行会计处理）

　　贷：其他应收款——预付卡

按照上述相关规定的操作，不管是在第一环节还是第二环节，不管是在持卡人充值时还是购买货物及服务时，都无法获取增值税专用发票，无法抵扣进项税额。

4. 支付机构预付卡涉税实务操作

支付机构预付卡涉税实务操作流程如图 15 所示。

（1）支付机构涉税实务处理。

第一环节：销售多用途卡，或者接受多用途卡持卡人充值取得的预收资金。

①税务处理：按照“未发生销售行为的不征税项目”要求开具增值税普通发票，项目名称为“预付卡销售和充值”，发票税率栏填写“不征税”，不缴纳增值税，亦不符合确认收入的条件，不征企业所得税。

②账务处理。

借：银行存款

　　贷：其他应付款——预付卡

第二环节：与特约商户结算销售款。

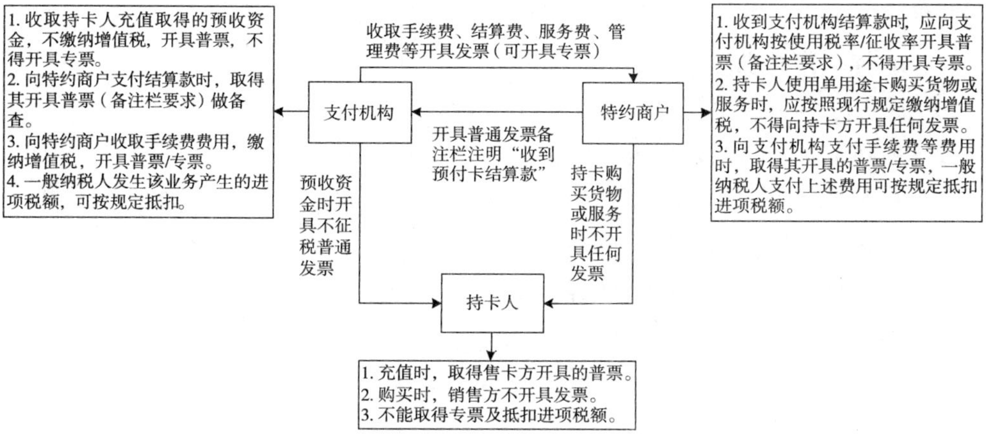

图 15　支付机构预付卡涉税实务操作流程

①税务处理：支付给特约商户结算的销售款，应向特约商户索取增值税普通发票（不是增值税专用发票），开票时备注栏需要注明“收到预付卡结算款”，作为其销售多用途卡或接受多用途卡充值取得预收资金不缴纳增值税的凭证，留存备查，同时不需要确认企业所得税收入，也就是说取得特约商户开具的增值税普通发票不是成本及费用的凭证。

②账务处理。

借：其他应付款——预付卡

　　贷：银行存款

凭证后附特约商户开具备注栏注明“收到预付卡结算款”的增值税普通发票。

第三环节：收取特约商户的因收付结算业务取得的手续费、结算费、服务费、管理费等收入。

①税务处理：收取特约商户的因收付结算业务取得的手续费、结算费、服务费、管理费等收入，需按“企业管理服务”、“经纪代理服务”适用税率6%或征收率3%等缴纳增值税，可以按规定、按要求开具增值税普通发票或专用发票，同时需要确认企业所得税收入。

同时支付机构属于一般纳税人，收取上述费用需要按照一般计税方法缴纳增值税，其产生的进项税额可以按规定抵扣进项税额。

②账务处理。

借：其他应付款——预付卡/银行账款（单独支付）

贷：营业收入

应缴税费——应缴增值税（销项税额）

第四环节：备付金账户沉淀资金会产生利息收入。

①税务处理：支付机构需将客户购买或充值预付卡的备付金存管于专门的银行资金账户并与特约商户进行结算，该备付金账户沉淀资金会产生利息收入，该备付金利息收入为支付机构所有。根据《营改增试点有关事项的规定》（财税〔2016〕36号附件二）规定，存款利息收入不征增值税。

另根据《中华人民共和国企业所得税法》第六条规定，企业以货币形式和非货币形式从各种来源取得的收入，为收入总额，包括利息收入，也就是说该备付金账户沉淀资金会产生利息收入，需要缴纳企业所得税。

②账务处理。

借：银行存款

贷：营业收入

（2）持卡方涉税实务处理。

第一环节：购买多用途充值支付预收款。

①税务处理：取得售卡方开具的增值税普通发票，不能要求对方开具增值税专用发票。

②账务处理。

借：其他应收款——预付卡

贷：银行存款

第二环节：持卡人使用多用途卡购买货物或服务。

①税务处理：特约商户不得向持卡人开具增值税发票，持卡人取得购买货物或服务的相关清单，作为原始凭证附件以备账务处理。

②账务处理。

借：固定资产、库存商品、应付职工薪酬管理费用明细等科目（按照购买货物或服务用途进行会计处理）

贷：其他应收款——预付卡

按照上述相关规定的操作，不管是在第一环节还是第二环节，不管是在持卡人充值时还是购买货物及服务时，都无法获取增值税专用发票，无法抵扣进项税额。

（3）特约商户涉税实务处理。

第一环节：特约商户向购卡方销售货物或服务。

①税务处理：持卡人使用多用途卡购买货物或服务时，货物或者服务的特约商户应按照现行规定缴纳增值税，虽按规定缴纳增值税但不得向持卡人开具增值税发票。同时，根据国税函〔2008〕875号文件规定，特约商户需确认销售商品或服务收入并结转成本。

实务细节处理，如“向购卡方销售货物或服务”和“收取支付机构结算的销售款”不在同一个纳税申报期或者款项不同步，则可以按照未开票确认收入进行涉税处理和申报。

②账务处理。

一般纳税人处理。

借：应收账款——预付卡

　　贷：营业收入

　　　　应缴税费——应缴增值税（销项税额）

借：营业成本

　　贷：库存商品等科目

小规模纳税人处理。

借：应收账款——预付卡

　　贷：营业收入

　　　　应缴税费——应缴增值税

借：营业成本

　　贷：库存商品等科目

第二环节：特约商户收取支付机构结算的销售款时。

①税务处理：特约商户在收到支付机构结算的销售款时，应向支付机构开具增值税普通发票，并在备注栏注明“收到预付卡结算款”，不得开具增值税专用发票。

②账务处理。

借：银行存款

　　贷：应收账款——预付卡

支付机构从特约商户取得的手续费收入可能直接从预付卡资金中扣除，也可能直接取得手续费收入，作如下账务处理：

借：其他应付款——预付卡

　贷：主营业务收入

　　应缴税费——应缴增值税（销项税额）

第三环节：向支付机构支付销售多用途卡并办理相关资金收付结算业务取得的手续费、结算费、服务费、管理费等费用。

①税务处理：取得支付机构按规定开具的增值税普通发票和专用发票，计入相关成本费用科目。

②账务处理。

借：销售费用明细科目

　贷：银行存款/应收账款——预付卡

5. 单用途商业预付卡的范围

《单用途商业预付卡管理办法（试行）》（中华人民共和国商务部令 2012 年第 9 号）第二条规定，从事零售业、住宿和餐饮业、居民服务业（具体行业分类表见附件 1）的企业法人在中华人民共和国境内开展单用途商业预付卡业务适用本办法。

本办法所称单用途商业预付卡（以下简称单用途卡）是指前款规定的企业发行的，仅限于在本企业或本企业所属集团或同一品牌特许经营体系内兑付货物或服务的预付凭证，包括以磁条卡、芯片卡、纸券等为载体的实体卡和以密码、串码、图形、生物特征信息等为载体的虚拟卡。

其中《单用途商业预付卡行业分类表》如表 19 所示：

表 19　　单用途商业预付卡行业分类

零售业	综合零售	百货、超市、杂货店、便利店
	专门零售	食品、饮料、烟草制品、纺织、服装、日用品、文化体育用品及器材、医药及医疗器材、汽车及零配件、摩托车及零配件、机动车燃料、家用电器及电子产品、五金、家具、室内装饰材料
	无店铺及其他零售业	互联网零售、邮购、电视零售、旧货零售、生活用燃料零售

续表

住宿和餐饮业	住宿业	旅游饭店、一般饭店
	餐饮业	正餐服务、快餐服务、饮料和冷饮服务、餐饮配送服务
居民服务业	居民服务业	家庭服务、洗染服务、理发及美容服务、洗浴服务、保健服务、婚姻服务
	修理业	汽车摩托车修理与维护、计算机和办公设备维修、家用电器维修、其他日用产品修理业
	其他服务业	清洁服务

根据上述政策规定，例示加油卡、ETC 通行卡、燃气卡都不属于单用途商业预付卡的范围，还是按照以前的方式处理。

专题：增值税税收减免

一、政策规定

纳税人发生应税行为适用免税、减税规定的，可以放弃免税、减税，依照本办法的规定缴纳增值税。放弃免税、减税后，36个月内不得再申请免税、减税。

纳税人发生应税行为同时适用免税和零税率规定的，纳税人可以选择适用免税或者零税率。

二、实务理解及案例

（一）增值税税收优惠概述

现行的增值税税收优惠主要包括：直接免税、减征税款、即征即退（税务机关负责）、先征后返（财政部门负责）等形式。

1. 完善应税行为增值税税收减免事项分类，将原“免征增值税”类别中的扣减增值税项目单独列为一类，分为“免征增值税”、“增值税即征即退”、“扣减增值税”三类，其中：

（1）免征增值税是指对提供应税服务的某个环节或者全部环节直接免征增值税，纳税人用于免征增值税项目的购进货物或者应税服务，进项税额不得抵扣。

适用免征增值税规定的销售行为或应税行为不得开具增值税专用发票，但是可以按规定开具增值税普通发票，增值税普通发票中的“税率栏”和“税额栏”为“***”。

免征增值税也就不存在缴纳城市维护建设税和教育费附加的问题。

【例344】 纳税人提供技术转让、技术开发免征增值税，其中技术转让、技术开发是指《销售服务、无形资产、不动产注释》中“转让技术”、“研发服务”范围内的业务活动。技术咨询，是指就特定技术项目提供可行性论证、技术预测、专题技术调查、分析评价报告等业务活动。

纳税人提供技术转让、技术开发免征增值税，不得开具增值税专用发票，但是可以按规定开具增值税普通发票。

（2）增值税即征即退是由税务机关先足额征收增值税，再将已征的全部或部分增值税税款由税务部门定期退还给纳税人。纳税人可以开具增值税专用发票，并照常计算销项税额、进项税额和应纳税额。

【例 345】 一般纳税人提供管道运输服务，对其增值税实际税负超过3%的部分实行增值税即征即退政策。

某管道运输企业为一般纳税人，2017 年 4 月取得管道运输不含税收入 100 万元，当月购进材料，取得增值税专用发票，注明金额 40 万元，当月抵扣进项税额，应纳增值税 $=100\times11\%-40\times17\%=4.2$（万元），管道运输业对其增值税实际税负超过3%的部分实行增值税即征即退政策，即增值税即征即退 $4.2-100\times3\%=1.2$（万元）。

根据《财政部　国家税务总局关于增值税、营业税、消费税实行先征后返等办法有关城建税和教育费附加政策的通知》（财税〔2005〕72 号）规定：“经研究，现对增值税、营业税、消费税（以下简称‘三税’）实行先征后返、先征后退、即征即退办法有关的城市维护建设税和教育费附加政策问题明确如下：对‘三税’实行先征后返、先征后退、即征即退办法的，除另有规定外，对随‘三税’附征的城市维护建设税和教育费附加，一律不予退（返）还”。

（3）扣减增值税是对纳税人当期应纳税额按一定标准限额进行扣减，纳税人可以开具增值税专用发票，并照常计算销项税额、进项税额和应纳税额。

缴纳城市维护建设税和教育费附加也是按照扣减增值税后的增值税税款为基数计算缴纳。

【例 346】 增值税纳税人购买增值税税控系统专用设备支付的费用以及缴纳的技术维护费可在增值税应纳税额中全额抵减。

需要提醒的是，减征的是税款，如一般纳税人当期只有选择简易征收计税方法的应纳税额或者小规模纳税人的应纳税款，其应纳税额也可按规定抵减“购买增值税税控系统专用设备支付的费用以及缴纳的技术维护费”。

2. 不征增值税和免征增值税的区别

（1）不征增值税是单位及个人经营活动行为不属于增值税的征收范围，免征增值税的前提是企业经营活动行为属于增值税的征收范围，但是享受免征的税收优惠政策，所以要按规定进行备案。

（2）不征增值税不得开具增值税发票，开具财政票据或其他凭证；免征增值税可以按规定开具增值税普通发票（但不得开具增值税专用发票）。

（3）不征增值税对应的进项税额可以按规定抵扣；免征增值税对应的进项税额不得抵扣。

【例 347】存款利息属于不征增值税的范围，属于存款用户，不需要存款单位（如银行等金融机构）开具增值税发票。

统借统还业务中，企业集团或企业集团中的核心企业以及集团所属财务公司按不高于支付给金融机构的借款利率水平或者支付的债券票面利率水平，向企业集团或者集团内下属单位收取的利息免征增值税，可以开具增值税发票，作为企业所得税税前扣除凭证。

【例 348】一般纳税人根据国家指令无偿提供的铁路运输服务、航空运输服务，属于《营业税改增值税试点实施办法》第十四条规定的用于公益事业的服务，属于不征增值税范围，但是其对应购买资产及成本费用产生的进项税额可以按规定抵扣。

一般纳税人提供技术转让、技术开发和与之相关的技术咨询、技术服务，享受免征增值税的税收优惠政策，其对应购买资产及成本费用产生的进项税额不得抵扣。

3. 免征增值税和减征税款的区别

免征增值税是对销售的货物、加工修理修配和应税行为进行“免征”，因增值税属于价外税，也就说没有税额。

减征税款是对计算出的“应纳税额”进行免征，其应税行为还是按照增值税是价外税进行处理。

4. 纳税人发生应税行为同时适用免税和零税率规定的，纳税人可以选择适用免税或者零税率。

5. 除特殊规定外，增值税的免税项目所耗用的进项税额不予抵扣或退税。对其已抵扣过的进项税额，应作进项转出处理。

6. 增值税纳税人兼营减税、免税、应税项目的，应当分别核算减税、免税项目的销售额；未分别核算销售额的，不得减税、免税。

7. 试点纳税人发生应税行为适用免税、减税规定的，可以放弃免税、减税，依照本办法的规定缴纳增值税。放弃免税、减税后，36 个月内不得再申请免税、减税。

（1）放弃免税权的一般纳税人发生应税行为可以开具增值税专用发票。

（2）纳税人一经放弃免税权，其发生的全部应税行为均应按照适用税率征税，不得选择某一免税项目放弃免税权，也不得根据不同的对象选择部分应税行为放弃免税权。

（3）纳税人在免税期内购进用于免税项目的货物、劳务、服务、无形资产和不动产所取得的增值税扣税凭证，一律不得抵扣。

（4）纳税人办理免征增值税税收优惠备案确认后，自愿放弃免税权的，应当以书面形式提交放弃免税声明，报主管国税机关备案。纳税人自提交备案资料的次月起，按照现行有关规定计算缴纳增值税。

（二）增值税起征点的规定

1. 个人发生应税行为的销售额未达到增值税起征点的，免征增值税；达到起征点的，全额计算缴纳增值税。

增值税起征点不适用于登记为一般纳税人的个体工商户。

2. 增值税起征点幅度如下：

（1）按期纳税的，为月销售额 5 000 ~ 20 000 元（含本数）。

（2）按次纳税的，为每次（日）销售额 300 ~ 500 元（含本数）。

起征点的调整由财政部和国家税务总局规定。省、自治区、直辖市财政厅（局）和国家税务局应当在规定的幅度内，根据实际情况确定本地区适用的起征点，并报财政部和国家税务总局备案。

3. 增值税起征点仅适用于《营业税改增值税试点实施办法》规定的个人，包括个体工商户和其他个人，但不适用于登记为一般纳税人的个体工商户，即增值税起征点仅适用于按照小规模纳税人纳税的个体工商户和其他个人。

特别提醒，一般纳税人的个体工商户不适用增值税起征点。

4. 增值税起征点所称的销售额是指纳税人销售服务、无形资产或者不动产的销售额（不包括销售货物和提供加工修理修配劳务的销售额），销售额不包括其应纳税额。

采用销售额和应纳税额合并定价方法的，按照下列公式计算销售额：

销售额 = 含税销售额 ÷ (1 + 征收率)

5. 增值税起征点所称的销售额包括不动产销售额。

6. 纳税人达到增值税起征点的，应全额计算缴纳增值税，不应仅就超过增值税起征点的部分计算缴纳增值税。

【例 349】 纳税人提供应税服务的起征点为 20 000 元，某个体工商户（小规模纳税人）本月取得不动产租赁服务收入 20 000 元（含税），该个体工商户本月应缴纳多少增值税？

分析：因为提供应税服务的起征点为 20 000 元，该个体工商户本月交通运输服务不含税收入为 20 000 ÷ (1 + 5%) = 19 047.62（元）。不动产租赁服务取得的收入未达到起征点，因此对该部分收入无须缴纳增值税。

7. 起征点不同于免征额，纳税人销售额未达到国务院财政、税务主管部门规定的起征点的，免征增值税；达到起征点或以上的，全额计算缴纳增值税，同时如有其他税收优惠的，按其他相关规定执行。

8. 个体工商户小规模纳税人未达起征点，应写入《增值税纳税申报表（小规模纳税人适用）》第 11 栏“未达起征点销售额”。

9. 财税〔2016〕60 号文件规定，在中华人民共和国境内提供娱乐服务的单位和个人为文化事业建设费的缴纳义务人，未达到增值税起征点的缴纳义务人，免征文化事业建设费。

文化事业建设费申报表填写：填写申报表第 2 栏“免征收入”。

10. 个人保险代理人汇总代开增值税发票时，按月销售额确定增值税起征点，不按次确定。

11. 《国家税务总局关于再次明确不得将不达增值税起征点的小规模纳税人纳入增值税发票系统升级版推行范围的通知》（税总函〔2015〕199 号）规定各地国税机关在增值税发票系统升级版推行工作中，对于不达增值税起征点的小规模纳税人，目前不得纳入增值税发票系统升级版推行范围。

12. 起征点以下的小规模纳税人，无法自行开具增值税发票的，可以向机构所在地国税机关或不动产所在地国税机关申请代开增值税普通发票，不需要缴纳增值税。

但根据代开发票记录，属于同一申请代开发票的单位或个人，在一个纳税期内累计开票金额达到按月起征点的，应在达到起征点的当次一并计算征税。

（三）3 万元小微企业免征增值税政策

1. 小微企业免征增值税政策内容

（1）对增值税小规模纳税人中月销售额未达到 2 万元的企业或非企业性单位，免征增值税。

（2）2017 年 12 月 31 日前，对月销售额 2 万元（含本数）至 3 万元的增值税小规模纳税人，免征增值税。

综上述，2017 年 12 月 31 日前，对月销售额 3 万元（按季纳税 9 万元）的增值税小规模纳税人，免征增值税，2018 年 1 月 1 日后，如无新的政策规定，对月销售额 2 万元（按季纳税 6 万元）的增值税小规模纳税人，免征增值税。

2. 小微企业免征增值税政策纳税人范围

增值税小规模纳税人中月销售额未达到 2 万元（2017 年 12 月 31 日前是 3 万元标准）的企业、非企业性单位和个人，免征增值税。

也就是说，营改增后，只有小规模纳税人才享受该项政策，一般纳税人不享受该项政策，其中小规模纳税人中包括个人，即包括小规模纳税人的个体工商户和自然人。

【例 350】 江西省招标咨询集团有限公司由江西省国资委监管，主要从事招标代理、融资租赁、工程咨询、造价等业务，为此组建了评标委员会，聘用专家进行评审。由于产生的评审费金额小且人数多，无法签订服务合同，因此公司一直以专家劳务费或服务费的形式按月或按季度将个人金额汇总到地税局代开发票。

对评审专家月评审费在 3 万元以下（不含税）的可按规定适用小微企业免征增值税政策。

3. "3 万元标准" 的理解

（1）"3 万元标准" 是不含税额。销售额为纳税人销售货物或者提供应税劳务或者提供应税服务向购买方收取的全部价款和价外费用。小规模纳税人的销售额不包括其应纳税额。销售额包括征税销售额（即不含税销售额）和免税销售（含出口免税销售额）。月销售额不超过 3 万元（按季纳税 9 万元），即月销售额小于或等于 3 万元（按季纳税 9 万元）。

需要提醒的是，进行含税价和不含税价之间的换算，需要考虑小规模纳税人在营改增后适用的征收率分别为3%和5%。

【例351】 个人出租非住房，可以享受3万以下小微企业暂免增值税的优惠政策，小规模纳税人出租不动产适用的征收率，即含税月租金在31 500元[30 000×(1+5%)]（含本数）以下，免征增值税。

【例352】 餐饮业小规模纳税人，按季度申报缴纳增值税，小微企业暂免增值税的优惠政策的标准是季度销售额不超过9万元，不考虑其他因素，即餐饮业收入（含税）在92 700元[90 000×(1+3%)]（含本数）以下，免征增值税。

（2）"月销售额"内容。"月销售额"是指纳税人实际申报的当月全部不含税销售额，包括应税销售额、固定资产销售额、免税销售额、出口免税销售额四大类。

适用增值税差额征收政策的增值税小规模纳税人，以差额前的销售额确定是否可以享受3万元（按季纳税9万元）以下免征增值税政策。

【例353】 旅行社小规模纳税人（按季度申报缴纳增值税），2017年第一季度取得全部价款旅行收入13万元，扣除向旅游服务购买方收取并支付给其他单位的门票费6万元，余额7万元，纳税人能否享受3万元（按季纳税9万元）以下免征增值税政策，应根据未扣除支付给其他单位前的全部价款确认，即按照13万元来确定是否享受小微企业暂免增值税的优惠政策，也就是说2017年第一季度不能享受小微企业暂免增值税的优惠政策。

（3）销售额标准是以"月"或者"季度"为单位，即小规模纳税人哪个月份或季度，销售额不超过3万元或9万元，哪个月份或季度就暂免增值税，无论其他月份或季度的销售额。

【例354】 物业公司小规模纳税人（按季度申报缴纳增值税），2017年第一季度取得物业管理服务不含税收入8.8万元，第二季度取得物业管理服务不含税收入9.5万元，则第一季度享受小微企业暂免增值税的优惠政策，第二季度不能享受小微企业暂免增值税的优惠政策。

（4）销售额含代开增值税专用发票和普通发票销售额。根据《国家税务总局关于小微企业免征增值税和营业税有关问题的公告》（国家税务总局公告2014年第57号）规定，对于增值税小规模纳税人代开增值税专用发票缴纳的税款，在将增值税专用发票全部联次追回或者按规定开具红字专用发票后，可以向主管税务机关申请退还。

【例 355】某增值税小规模纳税人所属期 10 月代开增值税专用发票不含税收入 10 000 元，预缴税款 300 元；代开普通发票不含税收入 5 000 元，预缴税款 150 元；自行开具普通发票以及未开具发票不含税收入 20 000 元。该纳税人 10 月销售额为 10 000 + 5 000 + 20 000 = 35 000（元）。

说明：该企业当月销售额大于 3 万元，不能享受小微企业免税政策。

【例 356】某增值税小规模纳税人所属期 10 月代开增值税专用发票不含税收入 10 000 元，预缴税款 300 元；自行开具普通发票以及未开具发票不含税收入 15 000 元。该纳税人 10 月销售额为 10 000 + 15 000 = 25 000（元）。

（1）该纳税人当月销售额小于 3 万元，可以享受小微企业免税政策，如未将增值税专用发票全部联次追回或者按规定开具红字专用发票后，其代开增值税专用发票的收入不能减免，即该纳税人当月实际享受的免税销售额为 15 000 元。

（2）该纳税人当月销售额小于 3 万元，可以享受小微企业免税政策，如将增值税专用发票全部联次追回或者按规定开具红字专用发票后，其代开增值税专用发票的收入也能减免，即该纳税人当月实际享受的免税销售额为 25 000 元。

【例 357】某增值税小规模纳税人所属期 10 月代开增值税普通发票不含税收入 10 000 元，预缴税款 300 元；自行开具普通发票以及未开具发票不含税收入 15 000 元。该纳税人 10 月销售额为 10 000 + 15 000 = 25 000（元）。

说明：该纳税人当月销售额小于 3 万元，可以享受小微企业免税政策，其代开增值税普通发票的收入也可以享受减免，已缴纳的代开增值税普通发票税款可以抵减以后的应纳税额；无法抵减或抵减不完的，可以向主管税务机关申请退还。

（5）小规模纳税人兼营货物和应税服务的销售额是分别核算的。根据国家税务总局公告 2016 年第 23 号文件规定，增值税小规模纳税人应分别核算销售货物、提供加工、修理修配劳务的销售额，和销售服务、无形资产的销售额。增值税小规模纳税人销售货物、提供加工、修理修配劳务月销售额不超过 3 万元（按季纳税 9 万元），销售服务、无形资产月销售额不超过 3 万元（按季纳税 9 万元）的，自 2016 年 5 月 1 日起至 2017 年 12 月 31 日，可分别享受小微企业暂免征收增值税优惠政策。

【例 358】从事酒店客房洗漱用品批发的小规模纳税人，同时还兼营酒店客房床上用品的清洗业务。根据国家税务总局公告2016年第23号文件规定，自2016年5月1日起至2017年12月31日，可分别享受小微企业暂免征收增值税优惠政策，因此，如果该小规模纳税人提供洗漱用品批发取得的销售收入和提供床上用品清洗服务取得的服务收入分别不超过3万元（按季纳税9万元）的，可分别享受小微企业暂免增值税的优惠政策，该小规模纳税人按季度纳税，则：

（1）2016年10～12月，提供洗漱用品批发取得的销售不含税收入8.9万元，提供床上用品清洗服务取得的服务不含税收入8.5万元，虽两项收入加起来19.4万元，超过9万元，但是分别核算，则洗漱用品批发取得的销售收入和床上用品清洗服务取得的服务收入全部暂免增值税；

（2）2016年10～12月，提供洗漱用品批发取得的销售不含税收入9.3万元，提供床上用品清洗服务取得的服务不含税收入8.5万元，由于洗漱用品批发取得的销售收入超过9万元，不能享受小微企业暂免增值税的优惠政策，但床上用品清洗服务取得的服务收入不超过9万元，可以享受小微企业暂免增值税的优惠政策，该部分收入8.5万元暂免增值税。

4. 其他个人享受暂免增值税的优惠政策开票问题

国家税务总局公告2014年第57号文件规定，对于增值税小规模纳税人代开增值税专用发票缴纳的税款，在将增值税专用发票全部联次追回或者按规定开具红字专用发票后，可以向主管税务机关申请退还。

根据上述文件规定，其他个人享受暂免增值税的优惠政策，也可以按照规定去税务机关代开增值税普通发票，如果提供按照规定可以代开增值税专用发票的应税行为（如其他个人提供房屋租赁应税行为），代开增值税专用发票就不能享受暂免增值税的优惠政策。

5. 按次申报纳税的纳税人，需要咨询当地税务机关的口径，从财政部和总局文件中，没有明确规定，按次申报纳税的纳税人不能享受免征增值税优惠政策规定的税收优惠政策，如东莞国税规定按次申报纳税的纳税人不能享受免征增值税优惠政策。

6. 符合免征增值税优惠政策的小微企业不需要办理任何免税手续，由企业自行申报免税。

7. 营改增后个人出租房屋享受小微企业免征增值税优惠政策

（1）房产租赁服务“营改增”后，对于个人出租其取得的房产（不含住房)，应按照5%的征收率计算应纳税额；对个人出租住房，应按照5%的征收率减按1.5%计算应纳税额。对于月销售额不超过3万元的个人，继续享受免征增值税政策。

（2）含税价换算不含税价，个人出租房屋采用的适用征收率为5%。

（3）其他个人一次性收取租金的处理。根据《国家税务总局关于营改增试点若干征管问题的公告》（国家税务总局公告2016年第53号）规定，其他个人采取一次性收取租金的形式出租不动产，取得的租金收入可在租金对应的租赁期内平均分摊，分摊后的月租金收入不超过3万元的，可享受小微企业免征增值税优惠政策。

（4）其他个人预收租金的处理。根据国家税务总局公告2016年第23号公告规定，其他个人采取预收款形式出租不动产，取得的预收租金收入，可在预收款对应的租赁期内平均分摊，分摊后的月租金收入不超过3万元的，可享受小微企业免征增值税优惠政策。

【例359】 王某从2017年10月1日起出租住房一套，一次性收取一年租金24万元，根据国家税务总局公告2016年第23号文件规定，其他个人采取预收款形式出租不动产，取得的预收租金收入，可在预收款对应的租赁期内平均分摊，分摊后的月租金收入不超过3万元的，可享受小微企业免征增值税优惠政策。王某一次性预收一年租金24万元，平均分摊到12个月，月均为2万元，未超过3万元，可以享受小微企业免征增值税优惠政策。

根据现行规定，小微企业免征增值税优惠政策，执行期限为2017年12月31日止。为此，对于租赁期较长，在2017年12月31日之后对应的租金收入，应该按规定计算缴纳增值税。

【例360】 其他个人于2016年1月1日将不动产对外出租，收取预收款300万元，租赁期为10年，则2016年1月1日至2017年12月31日两年对应的租金收入免征增值税，2018年1月1日至2025年12月31日8年对应的租金收入按规定计算缴纳增值税。

（5）其他个人出租房屋采用一次性收取租金或预收租金的形式，一次性去税务机关代开发票时，可能总额超过3万元，但是，是按照“租金在租赁期内平均分摊后是否超过3万元”，判读是否享受小微企业免征增值税优惠政策。

对出租不动产申请代开发票的小规模企业和个体工商户，不属于国家税务总局公告2016年第23号中第六条第（四）款规定和国家税务总局公告2016年第53号第二条的其他个人范畴。因此，不得使用平均分摊计算月租金的方式享受小微企业免征增值税优惠政策，仍然按照其一个申报期限内的收入额合计，确定是否享受免征政策。

（6）个体工商户出租住房，申请代开增值税普通发票的，当月代开金额在3万元以下的，国税机关为其免税代开增值税普通发票；超过3万元的，按1.5%征收率代开发票并征收税款。

个体工商户出租住房，申请代开增值税专用发票的，不管是否超过3万元，都按1.5%征收率预缴税款后代开发票。

（7）个体工商户出租非住房（如商铺、写字楼等），申请代开增值税普通发票的，当月代开金额在3万元以下的，国税机关为其免税代开增值税普通发票；超过3万元的，按5%征收率代开发票并征收税款。

个体工商户出租非住房，申请代开增值税专用发票的，按5%征收率预缴税款后代开发票。

（8）小规模企业出租不动产，申请代开增值税普通发票的，当月代开金额在3万元以下的，国税机关为其免税代开增值税普通发票；超过3万元的，按5%征收率代开发票并征收税款。

小规模企业出租不动产，申请代开增值税专用发票的，按5%征收率预缴税款后代开发票。

8. 小规模纳税人外出经营建筑服务需要代开普通发票，如何享受小微企业免征增值税优惠政策

本着有利于纳税人、有利于国家小微企业政策落实的原则，对于小规模纳税人跨（县、区）提供建筑服务的，在建筑服务发生地取得的全部价款和价外费用，按月不超过3万元（按季纳税9万元）的，暂不在建筑服务发生地预缴税款，回机构所在地主管税务机关进行纳税申报，按照申报销售额来确定是否享受小微企业免征增值税政策。

9.《增值税减免税申报明细表》由享受增值税减免税优惠政策的一般纳税人和小规模纳税人填写。仅享受月销售额不超过3万元（按季纳税9万元）免征增值税政策或未达起征点的增值税小规模纳税人不需填报本表，即小规模纳税人当期增值税纳税申报表主表第12栏“其他免税销售额”、“本期数”，和第

16 栏“本期应纳税额减征额”、“本期数”均无数据时，不需填报本表。

10. 个人保险代理人汇总代开增值税发票时，按月销售额确定增值税起征点，不按次确定。在 2017 年 12 月 31 日前，代理收入按月未达 3 万元（按季未达 9 万元）的，免征增值税，不得为其代开增值税专用发票，只能代开增值税普通发票。

11. 城建税和教育费附加是根据实际缴纳的增值税和消费税的税额计算缴纳的，因此，享受 3 万元免税政策，对应增值税实际缴纳金额为 0，那么城建税和教育费附加的计税依据也就为 0，也就是说不需要缴纳城建税和教育费附加。

12. 根据财税〔2016〕25 号文件规定，在中华人民共和国境内提供广告服务的广告媒介单位和户外广告经营单位，应按规定缴纳文化事业建设费。增值税小规模纳税人中月销售额不超过 2 万元（按季纳税 6 万元）的企业和非企业性单位提供的应税服务，免征文化事业建设费。自 2015 年 1 月 1 日起至 2017 年 12 月 31 日，对按月纳税的月销售额不超过 3 万元（含 3 万元），以及按季纳税的季度销售额不超过 9 万元（含 9 万元）的缴纳义务人，免征文化事业建设费。

根据上述文件规定，提供娱乐服务的增值税小规模纳税人（包括企业和非企业性单位、个体工商户和其他个人），以及提供广告服务的增值税小规模纳税人中的广告媒介单位和户外广告经营单位，如果符合上述免征规定，都可以免征文化事业建设费。

（四）营改增税收优惠过渡政策

1. 针对此次新纳入试点的应税行为，为保证政策的平稳过渡，延续了原营业税税收优惠政策，同时对原不属于营业税范畴的部分应税行为，营改增后也纳入免税优惠管理。

【例 361】 人民银行对金融机构的贷款取得的利息收入，金融同业往来利息收入等。

2. 增值税优惠政策除已规定期限的项目和有关个人销售住房优惠政策外，其他均在营改增试点期间执行。如果试点纳税人在纳入营改增试点之日前已经按照有关政策规定享受了营业税税收优惠，在剩余税收优惠政策期限内，按照本规定享受有关增值税优惠。

需要提醒的是，上述规定仅仅指的是“营业税税收优惠政策”，营改增后在剩余税收优惠政策期限内，可以继续延续享受有关增值税优惠，并不是指营改增前后征收范围的变化延续，如转让金融理财产品，营改增前是否缴纳营业税，各地都有不同标准，营改增后，财税〔2016〕36号文件规定，转让金融理财产品属于增值税的征收范围，也就是说营改增前购买的金融产品，营改增后转让，需要按照相关规定缴纳增值税。

3. 营业税的相关减免税政策在实施营改增后，如无特殊规定，营改增后的增值税减免税政策应当按照财税〔2016〕36号文件的规定执行，无相关文件规定的暂不予执行。

（五）税控专用设备费及技术服务费抵减增值税

1.《财政部　国家税务总局关于增值税税控系统专用设备和技术维护费用抵减增值税税额有关政策的通知》（财税〔2012〕15号）规定，增值税纳税人2011年12月1日（含，下同）以后初次购买增值税税控系统专用设备（包括分开票机）支付的费用，可凭购买增值税税控系统专用设备取得的增值税专用发票，在增值税应纳税额中全额抵减（抵减额为价税合计额），不足抵减的可结转下期继续抵减。

增值税纳税人2011年12月1日以后缴纳的技术维护费（不含补缴的2011年11月30日以前的技术维护费），可凭技术维护服务单位开具的技术维护费发票，在增值税应纳税额中全额抵减，不足抵减的可结转下期继续抵减。

技术维护费按照价格主管部门核定的标准执行。

2. 抵减增值税和进项税额抵扣不是同一概念。抵减增值税是指全部费用（价税合计）在企业照常计算销项税额、进项税额和应纳税额（简易计税）时，一起抵减应纳税额，进项税额抵扣指的是抵扣购进货物及服务产生的进项税额。

3. 非初次购买增值税税控系统专用设备支付的费用不可以抵减增值税。

4. 一般纳税人和小规模纳税人购买增值税税控系统专用设备的费用及支付的技术服务费都可以抵减增值税。

5. 购买税控设备包括总分机，总分机一并购买，分机也能全额抵减。

6. 增值税税控系统包括：增值税防伪税控系统、货物运输业增值税专用发票税控系统、机动车销售统一发票税控系统和公路、内河货物运输业发票税控系统。

增值税防伪税控系统的专用设备包括金税卡、IC卡、读卡器或金税盘和报税盘；货物运输业增值税专用发票税控系统专用设备包括税控盘和报税盘；机动车销售统一发票税控系统和公路、内河货物运输业发票税控系统专用设备包括税控盘和传输盘。

【例362】防伪税控系统全面升级更新报税盘可全额抵减。

【例363】纳税人购买增值税税控系统专用的电脑和打印机，电脑、打印机属于通用设备，不属于可全额抵减的范围，但一般纳税人购买电脑、打印机如用于增值税项目且取得专用发票的，专用发票上注明的增值税额可以申报进项税额抵扣。

【例364】支付的电子申报系统的技术服务费，能全额抵减增值税。

7. 购买税控系统设备抵减增值税的发票要求

（1）纳税人（含小规模）购置升级版的税控设备，必须取得增值税专用发票，才可以全额抵减增值税；取得增值税普通发票不可以抵减。

（2）纳税人（含小规模）支付税控系统的技术维护费，取得发票为普通发票，可以全额抵减增增值税。

8. 一般纳税人支付的购买增值税税控系统专用设备的费用及支付的技术服务费在增值税应纳税额中全额抵减的，其增值税专用发票不作为增值税抵扣凭证，其进项税额不得从销项税额中抵扣。

9. 对于用于抵税的购买税控系统专用设备取得的增值税专用发票由于并不直接起着抵扣进项税额的作用，未明确是否需经认证。因此，对于其是否还需要经税务机关认证，各地规定并不相同，执行中以主管税务机关口径为准，以下地方政策仅供参考：

《深圳市国家税务局关于增值税税控系统专用设备和技术维护费用抵减增值税税额有关问题的公告》（深圳市国家税务局公告2012年第6号）第一条规定，增值税纳税人初次购买专用设备，取得填开日期在2011年12月1日（含，下同）以后的增值税专用发票（退票重开的增值税专用发票除外），可在增值税应纳税额中全额抵减。专用设备费用的增值税专用发票不需认证。本公告下发前已认证抵扣初次购买专用设备税款的纳税人，应在申报全额抵减专用设备费用的当期，同时对该专用设备的税额作进项转出。

《四川省国家税务局关于增值税防伪税控系统专用设备和技术维护费抵减增值税税额有关问题的公告》（四川省国家税务局公告2012年第3号）第一条规

定，一般纳税人初次购买税控系统专用设备取得的增值税专用发票，经主管国税机关认证后方可作为抵减增值税应纳税额的有效凭证。逾期未认证的增值税专用发票经主管国税机关核实确属未抵减增值税应纳税额的，也准予作为抵减增值税应纳税额的有效凭证。

《山东省国家税务局关于明确增值税税控系统专用设备和技术维护费用抵减增值税税额有关问题的通知》（鲁国税函〔2012〕61 号）第二条规定，2011 年 12 月 1 日以后纳税人首次购买增值税税控系统专用设备所发生的费用，在申报抵减应缴纳的增值税税款时，主管国税机关应查验其专用发票抵扣联原件，对已认证抵扣增值税的，则需从价税合计额中予以扣除。

10. 一般纳税人购买增值税税控系统专用设备的费用及支付的技术服务费取得增值税专用发票，已经抵扣了进项税额，想改为抵减增值税的，应先在《增值税纳税申报表（适用于一般纳税人）第 14 栏“进项税额转出”填写已抵扣的税额，另在《增值税纳税申报表附列资料（二）》（本期进项税额明细）中的第 23 栏填写“其他应作进项税额转出的情形”，反映除上述进项税额转出情形外，其他应在本期转出的进项税额。

同时在申报表第 23 栏“应纳税额减征额”填写抵减的数额。

11. 购买增值税税控系统专用设备的费用及支付的技术服务费抵减增值税，按以下要求填写申报表：

（1）一般纳税人申报。

【例 365】 2016 年 5 月，纳税人申请购领增值税专用发票获批，购领税控设备和支付当年服务费金额合计 820 元，本月应纳税额 500 元。

①将本期发生的 820 元增值税税控系统专用设备费及技术维护费填入《增值税纳税申报表附列资料（四）》第 1 行第 2、3 列；本期实际抵减税额 500 元填入第 1 行第 4 列（因本期应纳税额 500 元，小于本期应抵减税额 820 元，因此本期实际抵减税额为 500 元）；未抵完的余额 320 元填入第 1 行第 5 列（见图 16）。

②将本期发生的 820 元增值税税控系统专用设备费及技术维护费分别填入《增值税减免税申报明细表》第 1、2 行第 2、3 列；本期实际抵减税额 500 元分别填入第 1、2 行第 4 列；未抵完的余额 320 元分别填入第 1、2 行第 5 列（见图 17）。

增值税纳税申报表附列资料（四）

（税额抵减情况表）

税款所属时间： 年 月日至 年月日

纳税人名称：(公章)　　　　金额单位：元至角分

序号	抵减项目	期初余额	本期发生额	本期应抵减税额	本期实际抵减税额	期末余额
		1	2	3=1+2	4≤3	5=3-4
1	增值税税控系统专用设备费及技术维护费	0	820	820	500	320
2	分支机构预征缴纳税款					
3	建筑服务预征缴纳税款					
4	销售不动产预征缴纳税款					
5	出租不动产预征缴纳税款					

图 16　增值税纳税申报表附列资料（四）

增值税减免税申报明细表

税款所属时间：自　年　月　日至　年　月　日

纳税人名称（公章）：　　　　金额单位：元至角分

一、减税项目						
减税性质代码及名称	栏次	期初余额	本期发生额	本期应抵减税额	本期实际抵减税额	期末余额
		1	2	3=1+2	4≤3	5=3-4
合计	1	0	820	500	500	320
增值税税控系统专用设备的费用及技术服务费	2	0	820	500	500	320

图 17　增值税减免税申报明细表

③将本期应纳税额 500 元填入《增值税纳税申报表》主表第 19 行“本月数”栏；本期实际抵减税额 500 元填入第 23 行“本月数”栏（见图 18）。

增值税纳税申报表

（一般纳税人适用）

根据国家税收法律法规及增值税相关规定制定本表。纳税人不论有无销售额，均应按税务机关核定的纳税期限填写本表，并向当地税务机关申报。

税款计算	销项税额	11				
	进项税额	12				
	上期留抵税额	13				—
	进项税额转出	14				
	免、抵、退应退税额	15			—	—
	按适用税率计算的纳税检查应补缴税额	16			—	—
	应抵扣税额合计	17=12+13-14-15+16		—		—
	实际抵扣税额	18（如17<11，则为17，否则为11）				
	应纳税额	19=11-18	500			
	期末留抵税额	20=17-18				—
	简易计税办法计算的应纳税额	21				
	按简易计税办法计算的纳税检查应补缴税额	22			—	—
	应纳税额减征额	23	500			
	应纳税额合计	24=19+21-23	0			

图 18　增值税纳税申报表

2016 年 6 月，该纳税人应纳税额 700 元。

①将上期未抵完的 320 元增值税税控系统专用设备费及技术维护费填入《增值税纳税申报表附列资料（四）》第 1 行第 1、3 列；本期实际抵减税额 320 元填入第 1 行第 4 列（因本期应纳税额 700 元，大于本期应抵减税额 320 元，因此本期实际抵减税额为 320 元）（见图 19）。

增值税纳税申报表附列资料（四）
（税额抵减情况表）
税款所属时间：　年　月　日至　年　月　日

纳税人名称：(公章)　　　　　　金额单位：元至角分

序号	抵减项目	期初余额	本期发生额	本期应抵减税额	本期实际抵减税额	期末余额
		1	2	3=1+2	4≤3	5=3-4
1	增值税税控系统专用设备费及技术维护费	320	0	0	320	0
2	分支机构预征缴纳税款					
3	建筑服务预征缴纳税款					
4	销售不动产预征缴纳税款					
5	出租不动产预征缴纳税款					

图 19　增值税纳税申报表附列资料（四）

②将上期未抵完的 320 元增值税税控系统专用设备费及技术维护费分别填入《增值税减免税申报明细表》第 1、2 行第 1 列；本期应抵减、实际抵减税额 320 元分别填入第 1、2 行第 3、4 列（见图 20）。

增值税减免税申报明细表
税款所属时间：自　年　月　日至　年　月　日

纳税人名称（公章）：　　　　　　金额单位：元至角分

一、减税项目							
减税性质代码及名称	栏次	期初余额	本期发生额	本期应抵减税额	本期实际抵减税额	期末余额
		1	2	3=1+2	4≤3	5=3-4
合计	1	320	0	0	320	0
增值税税控系统专用设备的费用及技术服务费	2	320	0	0	320	0

图 20　增值税减免税申报明细表

③将本期应纳税额 700 元填入《增值税纳税申报表》主表第 19 行“本月数”栏；本期实际抵减税额 320 元填入第 23 行“本月数”栏；抵减后应纳税额 380 元填入第 24 行“本月数”栏（见图 21）。

（2）小规模纳税人将抵减金额填入《增值税纳税申报表（适用于小规模纳税人）》第 16 栏“本期应纳税额减征额”。当本期减征额小于或等于第 15 栏

增值税纳税申报表

（一般纳税人适用）

根据国家税收法律法规及增值税相关规定制定本表。纳税人不论有无销售额，均应按税务机关核定的纳税期限填写本表，并向当地税务机关申报。

税款计算	销项税额	11				
	进项税额	12				
	上期留抵税额	13				—
	进项税额转出	14				
	免、抵、退应退税额	15			—	—
	按适用税率计算的纳税检查应补缴税额	16			—	—
	应抵扣税额合计	17=12+13-14-15+16		—		—
	实际抵扣税额	18（如17<11，则为17，否则为11）				
	应纳税额	19=11-18	700			
	期末留抵税额	20=17-18				—
	简易计税办法计算的应纳税额	21				
	按简易计税办法计算的纳税检查应补缴税额	22			—	—
	应纳税额减征额	23	320			
	应纳税额合计	24=19+21-23	380			

图 21 增值税纳税申报表

“本期应纳税额”时，按本期减征额实际填写；当本期减征额大于第 15 栏“本期应纳税额”时，按第 15 栏填写，本期减征额不足抵减部分结转下期继续抵减。

12. 购买增值税税控系统专用设备的费用及支付的技术服务费抵减税额，如果当期没有抵减完，没有抵减期限。

13. 是以购买增值税税控系统专用设备的费用及支付的技术服务费抵减税额后的应缴增值税税额为基数，缴纳城建税及教育费附加。

14. 购买增值税税控系统专用设备的费用及支付的技术服务费抵减税额的会计分录。

《财政部关于印发“营改增试点有关企业会计处理规定”的通知》（财会〔2012〕13 号）中“四、增值税税控系统专用设备和技术维护费用抵减增值税额的会计处理”规定：

（1）一般纳税人的会计处理。按税法有关规定，一般纳税人初次购买增值税税控系统专用设备支付的费用以及缴纳的技术维护费允许在增值税应纳税额中全额抵减的，应在“应缴税费——应缴增值税”科目下增设“减免税款”专栏，用于记录该企业按规定抵减的增值税应纳税额。

企业购入增值税税控系统专用设备，按实际支付或应付的金额，借记“固定资产”科目，贷记“银行存款”、“应付账款”等科目。按规定抵减的增值税应纳税额，借记“应缴税费——应缴增值税（减免税款）”科目，贷记“递延收益”科目。按期计提折旧，借记“管理费用”等科目，贷记“累计折旧”科目，同时，借记“递延收益”科目，贷记“管理费用”等科目。

企业发生技术维护费，按实际支付或应付的金额，借记“管理费用”等科目，贷记“银行存款”等科目。按规定抵减的增值税应纳税额，借记“应缴税费——应缴增值税（减免税款）”科目，贷记“管理费用”等科目。

（2）小规模纳税人的会计处理。按税法有关规定，小规模纳税人初次购买增值税税控系统专用设备支付的费用以及缴纳的技术维护费允许在增值税应纳税额中全额抵减的，按规定抵减的增值税应纳税额应直接冲减“应缴税费——应缴增值税”科目。

企业购入增值税税控系统专用设备，按实际支付或应付的金额，借记“固定资产”科目，贷记“银行存款”、“应付账款”等科目。按规定抵减的增值税应纳税额，借记“应缴税费——应缴增值税”科目，贷记“递延收益”科目。按期计提折旧，借记“管理费用”等科目，贷记“累计折旧”科目，同时，借记“递延收益”科目，贷记“管理费用”等科目。

企业发生技术维护费，按实际支付或应付的金额，借记“管理费用”等科目，贷记“银行存款”等科目。按规定抵减的增值税应纳税额，借记“应缴税费——应缴增值税”科目，贷记“管理费用”等科目。

“应缴税费——应缴增值税”科目期末如为借方余额，应根据其流动性在资产负债表中的“其他流动资产”项目或“其他非流动资产”项目列示；如为贷方余额，应在资产负债表中的“应缴税费”项目列示。

（六）增值税税收优惠政策（见表20）

表20　　增值税税收优惠政策

序号	是否营改增	政策名称	优惠条款	减免项目名称	关键点提示
1	营改增	《财政部　国家税务总局关于将铁路运输和邮政业纳入营改增试点的通知》（财税〔2013〕106号）	附件3第一条第（十三）款第1项	失业人员从事个体经营增值税优惠	在2013年12月31日未享受满3年的，可继续享受至3年期满为止

续表

序号	是否营改增	政策名称	优惠条款	减免项目名称	关键点提示
2	营改增	《财政部　国家税务总局关于将铁路运输和邮政业纳入营改增试点的通知》（财税〔2013〕106号）	附件3第一条第（十三）款第2项	失业人员再就业增值税优惠	在2013年12月31日未享受满3年的，可继续享受至3年期满为止
3	营改增	《财政部　国家税务总局关于全面推开营改增试点的通知》（财税〔2016〕36号）	附件1第五十条	小微企业免征增值税优惠	“小微企业”仅指小规模纳税人
4	营改增	《财政部　国家税务总局关于全面推开营改增试点的通知》（财税〔2016〕36号）	附件2第一条第（九）款第2项	公路经营企业中的一般纳税人选择适用简易计税方法减按3%计算应纳增值税	选择适用简易计税方法的适用条件
5	营改增	《财政部　国家税务总局关于全面推开营改增试点的通知》（财税〔2016〕36号）	附件2第一条第（九）款第6项	个人出租住房应按照5%的征收率减按1.5%计算应纳增值税	个人包含了个体工商户
6	营改增	《财政部　国家税务总局关于全面推开营改增试点的通知》（财税〔2016〕36号）	附件3第一条第（一）款	托儿所、幼儿园提供的保育和教育服务免征增值税优惠	
7	营改增	《财政部　国家税务总局关于全面推开营改增试点的通知》（财税〔2016〕36号）	附件3第一条第（二）款	养老机构提供的养老服务免征增值税优惠	
8	营改增	《财政部　国家税务总局关于全面推开营改增试点的通知》（财税〔2016〕36号）	附件3第一条第（三）款	残疾人福利机构提供的育养服务免征增值税优惠	
9	营改增	《财政部　国家税务总局关于全面推开营改增试点的通知》（财税〔2016〕36号）	附件3第一条第（四）款	婚姻介绍服务免征增值税优惠	
10	营改增	《财政部　国家税务总局关于全面推开营改增试点的通知》（财税〔2016〕36号）	附件3第一条第（五）款	殡葬服务免征增值税优惠	殡葬服务采用正列举

续表

序号	是否营改增	政策名称	优惠条款	减免项目名称	关键点提示
11	营改增	《财政部　国家税务总局关于全面推开营改增试点的通知》（财税〔2016〕36号）	附件3第一条第（六）款	残疾人员本人为社会提供的服务免征增值税优惠	为社会提供的所有服务都免征增值税
12	营改增	《财政部　国家税务总局关于全面推开营改增试点的通知》（财税〔2016〕36号）	附件3第一条第（七）款	医疗机构提供的医疗服务免征增值税优惠	医疗机构、医疗服务界定范围
13	营改增	《财政部　国家税务总局关于全面推开营改增试点的通知》（财税〔2016〕36号）	附件3第一条第（八）款	从事学历教育的学校提供的教育服务免征增值税优惠	从事学历教育的学校的条件范围和教育服务的范围
14	营改增	《财政部　国家税务总局关于全面推开营改增试点的通知》（财税〔2016〕36号）	附件3第一条第（九）款	学生勤工俭学提供的服务免征增值税优惠	
15	营改增	《财政部　国家税务总局关于全面推开营改增试点的通知》（财税〔2016〕36号）	附件3第一条第（十）款	农业机耕、排灌、病虫害防治、植物保护、农牧保险以及相关技术培训业务，家禽、牲畜、水生动物的配种和疾病防治免征增值税优惠	
16	营改增	《财政部　国家税务总局关于全面推开营改增试点的通知》（财税〔2016〕36号）	附件3第一条第（十一）款	纪念馆、博物馆、文化馆、文物保护单位管理机构、美术馆、展览馆、书画院、图书馆在自己的场所提供文化体育服务取得的第一道门票收入免征增值税优惠	仅是“第一道门票收入”免征增值税优惠
17	营改增	《财政部　国家税务总局关于全面推开营改增试点的通知》（财税〔2016〕36号）	附件3第一条第（十二）款	寺院、宫观、清真寺和教堂举办文化、宗教活动的门票收入免征增值税优惠	仅是“门票收入”免征增值税优惠

续表

序号	是否营改增	政策名称	优惠条款	减免项目名称	关键点提示
18	营改增	《财政部　国家税务总局关于全面推开营改增试点的通知》(财税〔2016〕36号)	附件3第一条第(十三)款	行政单位之外的其他单位收取的符合条件的政府性基金和行政事业性收费免征增值税优惠	免征主体是“行政单位之外的其他单位”
19	营改增	《财政部　国家税务总局关于全面推开营改增试点的通知》(财税〔2016〕36号)	附件3第一条第(十四)款	个人转让著作权免征增值税优惠	
20	营改增	《财政部　国家税务总局关于全面推开营改增试点的通知》(财税〔2016〕36号)	附件3第一条第(十五)款	个人销售自建自用住房免征增值税优惠	政策规定的是“自建自用住房”
21	营改增	《财政部　国家税务总局关于全面推开营改增试点的通知》(财税〔2016〕36号)	附件3第一条第(十六)款	2018年12月31日前，公共租赁住房经营管理单位出租公共租赁住房免征增值税优惠	公共租赁住房的范围
22	营改增	《财政部　国家税务总局关于全面推开营改增试点的通知》(财税〔2016〕36号)	附件3第一条第(十七)款	台湾航运公司、航空公司从事海峡两岸海上直航、空中直航业务在大陆取得的运输收入免征增值税优惠	
23	营改增	《财政部　国家税务总局关于全面推开营改增试点的通知》(财税〔2016〕36号)	附件3第一条第(十八)款	提供的直接或者间接国际货物运输代理服务	国际货物运输代理的范围
24	营改增	《财政部　国家税务总局关于全面推开营改增试点的通知》(财税〔2016〕36号)	附件3第一条第(十九)款第1项	金融机构农户小额贷款取得的利息收入免征增值税优惠	
25	营改增	《财政部　国家税务总局关于全面推开营改增试点的通知》(财税〔2016〕36号)	附件3第一条第(十九)款第2项	国家助学贷款取得的利息收入免征增值税优惠	

续表

序号	是否营改增	政策名称	优惠条款	减免项目名称	关键点提示
26	营改增	《财政部　国家税务总局关于全面推开营改增试点的通知》（财税〔2016〕36号）	附件3第一条第（十九）款第3项	国债、地方政府债利息收入免征增值税优惠	
27	营改增	《财政部　国家税务总局关于全面推开营改增试点的通知》（财税〔2016〕36号）	附件3第一条第（十九）款第4项	人民银行对金融机构的贷款的利息收入免征增值税优惠	
28	营改增	《财政部　国家税务总局关于全面推开营改增试点的通知》（财税〔2016〕36号）	附件3第一条第（十九）款第5项	住房公积金管理中心用住房公积金在指定的委托银行发放的个人住房贷款取得的利息收入免征增值税优惠	
29	营改增	《财政部　国家税务总局关于全面推开营改增试点的通知》（财税〔2016〕36号）	附件3第一条第（十九）款第6项	外汇管理部门在从事国家外汇储备经营过程中，委托金融机构发放的外汇贷款取得的利息收入免征增值税优惠	
30	营改增	《财政部　国家税务总局关于全面推开营改增试点的通知》（财税〔2016〕36号）	附件3第一条第（十九）款第7项	统借统还业务取得的利息收入免征增值税优惠	统借统还的条件范围
31	营改增	《财政部　国家税务总局关于全面推开营改增试点的通知》（财税〔2016〕36号）	附件3第一条第（二十）款	被撤销金融机构以货物、不动产、无形资产、有价证券、票据等财产清偿债务免征增值税优惠	仅指“被撤销金融机构”，不含下属企业
32	营改增	《财政部　国家税务总局关于全面推开营改增试点的通知》（财税〔2016〕36号） 《财政部　国家税务总局关于进一步明确全面推开营改增试点金融业有关政策的通知》财税〔2016〕46号	（财税〔2016〕36号）附件3第一条第（二十一）款 财税〔2016〕46号第二条	保险公司开办的一年期以上人身保险产品（含其他年金保险）取得的保费收入免征增值税优惠	

续表

序号	是否营改增	政策名称	优惠条款	减免项目名称	关键点提示
33	营改增	《财政部 国家税务总局关于全面推开营改增试点的通知》（财税〔2016〕36号）	附件3第一条第（二十二）款第1项	合格境外投资者（简称QFII）委托境内公司在我国从事证券买卖业务取得的收入免征增值税优惠	
34	营改增	《财政部 国家税务总局关于全面推开营改增试点的通知》（财税〔2016〕36号）	附件3第一条第（二十二）款第2项	香港市场投资者（包括单位和个人）通过沪港通买卖上海证券交易所上市A股取得的收入免征增值税优惠	
35	营改增	《财政部 国家税务总局关于全面推开营改增试点的通知》（财税〔2016〕36号）	附件3第一条第（二十二）款第3项	香港市场投资者（包括单位和个人）通过基金互认买卖内地基金份额取得的收入免征增值税优惠	
36	营改增	《财政部 国家税务总局关于全面推开营改增试点的通知》（财税〔2016〕36号）	附件3第一条第（二十二）款第4项	证券投资基金（封闭式证券投资基金、开放式证券投资基金）管理人运用基金买卖股票、债券取得的收入免征增值税优惠	
37	营改增	《财政部 国家税务总局关于全面推开营改增试点的通知》（财税〔2016〕36号）	附件3第一条第（二十二）款第5项	个人从事金融商品转让业务取得的收入免征增值税优惠	个人包含了个体工商户
38	营改增	《财政部 国家税务总局关于全面推开营改增试点的通知》（财税〔2016〕36号）	附件3第一条第(二十三)款	金融同业往来利息收入免征增值税优惠	同业往来的条件范围，参考财税〔2016〕70号文件

续表

序号	是否营改增	政策名称	优惠条款	减免项目名称	关键点提示
39	营改增	《财政部　国家税务总局关于全面推开营改增试点的通知》（财税〔2016〕36号）	附件3第一条第(二十四)款	符合条件的担保机构从事中小企业信用担保或者再担保业务取得的收入免征增值税优惠	
40	营改增	《财政部　国家税务总局关于全面推开营改增试点的通知》（财税〔2016〕36号）	附件3第一条第(二十五)款	国家商品储备管理单位及其直属企业承担商品储备任务，从中央或者地方财政取得的利息补贴收入和价差补贴收入免征增值税优惠	
41	营改增	《财政部　国家税务总局关于全面推开营改增试点的通知》（财税〔2016〕36号）	附件3第一条第(二十六)款	提供技术转让、技术开发和与之相关的技术咨询、技术服务	“与之相关的技术咨询、技术服务”条件范围
42	营改增	《财政部　国家税务总局关于全面推开营改增试点的通知》（财税〔2016〕36号）	附件3第一条第(二十七)款	合同能源管理项目免征增值税优惠	合同能源管理的条件范围
43	营改增	《财政部　国家税务总局关于全面推开营改增试点的通知》（财税〔2016〕36号）	附件3第一条第(二十八)款	科普单位的门票收入，以及县级及以上党政部门和科协开展科普活动的门票收入免征增值税优惠	仅是“门票收入”免征增值税优惠
44	营改增	《财政部　国家税务总局关于全面推开营改增试点的通知》（财税〔2016〕36号）	附件3第一条第(二十九)款	政府举办的从事学历教育的高等、中等和初等学校（不含下属单位），举办进修班、培训班取得的全部归该学校所有的收入免征增值税优惠	全部归该学校所有的限制，还有核算要求

续表

序号	是否营改增	政策名称	优惠条款	减免项目名称	关键点提示
45	营改增	《财政部　国家税务总局关于全面推开营改增试点的通知》（财税〔2016〕36号）	附件3第一条第（三十）款	政府举办的职业学校设立的企业从事“现代服务”、“生活服务”业务活动取得的收入免征增值税优惠	企业的条件限制：主要为在校学生提供实习场所、并由学校出资自办、由学校负责经营管理、经营收入归学校所有的企业
46	营改增	《财政部　国家税务总局关于全面推开营改增试点的通知》（财税〔2016〕36号）	附件3第一条第（三十一）款	家政服务企业由员工制家政服务员提供家政服务取得的收入免征增值税优惠	员工制家政服务员的3个条件
47	营改增	《财政部　国家税务总局关于全面推开营改增试点的通知》（财税〔2016〕36号）	附件3第一条第（三十二）款	福利彩票、体育彩票的发行收入免征增值税优惠	代销单位代销福利、体育彩票取得的手续费收入应按规定征收增值税
48	营改增	《财政部　国家税务总局关于全面推开营改增试点的通知》（财税〔2016〕36号）	附件3第一条第（三十三）款	军队空余房产租赁收入免征增值税优惠	
49	营改增	《财政部　国家税务总局关于全面推开营改增试点的通知》（财税〔2016〕36号）	附件3第一条第（三十四）款	为了配合国家住房制度改革，企业、行政事业单位按房改成本价、标准价出售住房取得的收入免征增值税优惠	
50	营改增	《财政部　国家税务总局关于全面推开营改增试点的通知》（财税〔2016〕36号）	附件3第一条第（三十五）款	将土地使用权转让给农业生产者用于农业生产免征增值税优惠	
51	营改增	《财政部　国家税务总局关于全面推开营改增试点的通知》（财税〔2016〕36号）	附件3第一条第（三十六）款	涉及家庭财产分割的个人无偿转让不动产、土地使用权免征增值税优惠	“家庭财产分割”的范围采用正列举

续表

序号	是否营改增	政策名称	优惠条款	减免项目名称	关键点提示
52	营改增	《财政部　国家税务总局关于全面推开营改增试点的通知》（财税〔2016〕36号）	附件3第一条第(三十七)款	土地所有者出让土地使用权和土地使用者将土地使用权归还给土地所有者免征增值税优惠	
53	营改增	《财政部　国家税务总局关于全面推开营改增试点的通知》（财税〔2016〕36号）	附件3第一条第(三十八)款	县级以上地方人民政府或自然资源行政主管部门出让、转让或收回自然资源使用权（不含土地使用权）免征增值税优惠	
54	营改增	《财政部　国家税务总局关于全面推开营改增试点的通知》（财税〔2016〕36号）	附件3第一条第（三十九）款第1项	企业安置随军家属免征增值税优惠	
55	营改增	《财政部　国家税务总局关于全面推开营改增试点的通知》（财税〔2016〕36号）	附件3第一条第（三十九）款第2项	随军家属从事个体经营免征增值税优惠	
56	营改增	《财政部　国家税务总局关于全面推开营改增试点的通知》（财税〔2016〕36号）	附件3第一条第（四十）款第1项	军转干部从事个体经营免征增值税优惠	
57	营改增	《财政部　国家税务总局关于全面推开营改增试点的通知》（财税〔2016〕36号）	附件3第一条第（四十）款第2项	企业安置军转干部免征增值税优惠	
58	营改增	《财政部　国家税务总局关于全面推开营改增试点的通知》（财税〔2016〕36号）	附件3第二条第（一）款	管道运输服务增值税即征即退	增值税实际税负，是指纳税人当期提供应税服务实际缴纳的增值税额占纳税人当期提供应税服务取得的全部价款和价外费用的比例
59	营改增	《财政部　国家税务总局关于全面推开营改增试点的通知》（财税〔2016〕36号）	附件3第二条第（二）款	有形动产融资租赁服务增值税即征即退	

续表

序号	是否营改增	政策名称	优惠条款	减免项目名称	关键点提示
60	营改增	《财政部　国家税务总局关于全面推开营改增试点的通知》（财税〔2016〕36号）	附件3第三条第（一）款第1项	退役士兵从事个体经营扣减增值税优惠	
61	营改增	《财政部　国家税务总局关于全面推开营改增试点的通知》（财税〔2016〕36号）	附件3第三条第（一）款第2项	企业招用退役士兵扣减增值税优惠	
62	营改增	《财政部　国家税务总局关于全面推开营改增试点的通知》（财税〔2016〕36号）	附件3第三条第（二）款第1项	重点群体从事个体经营扣减增值税优惠	
63	营改增	《财政部　国家税务总局关于全面推开营改增试点的通知》（财税〔2016〕36号）	附件3第三条第（二）款第2项	招录重点群体就业扣减增值税优惠	
64	营改增	《财政部　国家税务总局关于全面推开营改增试点的通知》（财税〔2016〕36号）	附件3第五条	个人将购买2年以上（含2年）的住房对外销售免征增值税优惠	2年以上（含2年）时间的范围判定
65	营改增	《财政部　国家税务总局关于全面推开营改增试点的通知》（财税〔2016〕36号）	附件4第二条	工程项目在境外的建筑服务免征增值税优惠	强调“工程项目在境外”
66	营改增	《财政部　国家税务总局关于全面推开营改增试点的通知》（财税〔2016〕36号）	附件4第二条	工程项目在境外的工程监理服务免征增值税优惠	强调“工程项目在境外”
67	营改增	《财政部　国家税务总局关于全面推开营改增试点的通知》（财税〔2016〕36号）	附件4第二条	工程、矿产资源在境外的工程勘察勘探服务免征增值税优惠	强调“工程、矿产资源在境外”
68	营改增	《财政部　国家税务总局关于全面推开营改增试点的通知》（财税〔2016〕36号）	附件4第二条	会议展览地点在境外的会议展览服务免征增值税优惠	强调“会议展览地点在境外”

续表

序号	是否营改增	政策名称	优惠条款	减免项目名称	关键点提示
69	营改增	《财政部　国家税务总局关于全面推开营改增试点的通知》（财税〔2016〕36号）	附件4第二条	存储地点在境外的仓储服务免征增值税优惠	强调“存储地点在境外”
70	营改增	《财政部　国家税务总局关于全面推开营改增试点的通知》（财税〔2016〕36号）	附件4第二条	标的物在境外使用的有形动产租赁服务免征增值税优惠	强调“标的物在境外”
71	营改增	《财政部　国家税务总局关于全面推开营改增试点的通知》（财税〔2016〕36号）	附件4第二条	在境外提供的广播影视节目（作品）的播映服务免征增值税优惠	强调“服务提供地址在境外”
72	营改增	《财政部　国家税务总局关于全面推开营改增试点的通知》（财税〔2016〕36号）	附件4第二条	在境外提供的文化体育服务、教育医疗服务、旅游服务免征增值税优惠	强调“在境外提供”
73	营改增	《财政部　国家税务总局关于全面推开营改增试点的通知》（财税〔2016〕36号）	附件4第二条	为出口货物提供的邮政服务、收派服务、保险服务免征增值税优惠	强调“为出口货物”
74	营改增	《财政部　国家税务总局关于全面推开营改增试点的通知》（财税〔2016〕36号）	附件4第二条	为出口货物提供的保险服务免征增值税优惠，包括出口货物保险和出口信用保险	强调“为出口货物”
75	营改增	《财政部　国家税务总局关于全面推开营改增试点的通知》（财税〔2016〕36号）	附件4第二条	向境外单位提供的完全在境外消费电信服务免征增值税优惠	强调“向境外单位”和“完全在境外消费”
76	营改增	《财政部　国家税务总局关于全面推开营改增试点的通知》（财税〔2016〕36号）	附件4第二条	向境外单位提供的完全在境外消费知识产权服务免征增值税优惠	强调“向境外单位”和“完全在境外消费”

续表

序号	是否营改增	政策名称	优惠条款	减免项目名称	关键点提示
77	营改增	《财政部 国家税务总局关于全面推开营改增试点的通知》（财税〔2016〕36号）	附件4第二条	向境外单位提供的完全在境外消费物流辅助服务（仓储服务、收派服务除外）免征增值税优惠	强调“向境外单位”和“完全在境外消费”
78	营改增	《财政部 国家税务总局关于全面推开营改增试点的通知》（财税〔2016〕36号）	附件4第二条	向境外单位提供的完全在境外消费鉴证咨询服务免征增值税优惠	强调“向境外单位”和“完全在境外消费”
79	营改增	《财政部 国家税务总局关于全面推开营改增试点的通知》（财税〔2016〕36号）	附件4第二条	向境外单位提供的完全在境外消费专业技术服务免征增值税优惠	强调“向境外单位”和“完全在境外消费”
80	营改增	《财政部 国家税务总局关于全面推开营改增试点的通知》（财税〔2016〕36号）	附件4第二条	向境外单位提供的完全在境外消费商务辅助服务免征增值税优惠	强调“向境外单位”和“完全在境外消费”
81	营改增	《财政部 国家税务总局关于全面推开营改增试点的通知》（财税〔2016〕36号）	附件4第二条	向境外单位提供的完全在境外消费广告投放地在境外的广告服务免征增值税优惠	强调“向境外单位”、“完全在境外消费”和“广告投放地在境外”
82	营改增	《财政部 国家税务总局关于全面推开营改增试点的通知》（财税〔2016〕36号）	附件4第二条	向境外单位提供的完全在境外消费销售无形资产免征增值税优惠	强调“向境外单位”和“完全在境外消费”
83	营改增	《财政部 国家税务总局关于全面推开营改增试点的通知》（财税〔2016〕36号）	附件4第二条	以无运输工具承运方式提供的国际运输服务免征增值税优惠	强调“以无运输工具承运方式”和“国际运输服务”

续表

序号	是否营改增	政策名称	优惠条款	减免项目名称	关键点提示
84	营改增	《财政部　国家税务总局关于全面推开营改增试点的通知》(财税〔2016〕36号)	附件4第二条	为境外单位之间的货币资金融通及其他金融业务提供的直接收费金融服务，且该服务与境内的货物、无形资产和不动产无关免征增值税优惠	强调“境外单位之间”和“与境内的货物、无形资产和不动产无关”
85	营改增	《财政部　国家税务总局关于部分营业税和增值税政策到期延续问题的通知》(财税〔2016〕83号)	第三条	自2016年1月1日起，中国邮政集团公司及其所属邮政企业为金融机构代办金融保险业务取得的代理收入，在营改增试点期间免征增值税	
86	营改增	《财政部　国家税务总局关于部分营业税和增值税政策到期延续问题的通知》(财税〔2016〕84号)	第四条	自2016年1月1日至2016年4月30日，新疆国际大巴扎物业服务有限公司和新疆国际大巴扎文化旅游产业有限公司从事与新疆国际大巴扎项目有关的营业税应税业务，自2016年5月1日至2016年12月31日，对上述营改增应税业务，免征增值税	

续表

序号	是否营改增	政策名称	优惠条款	减免项目名称	关键点提示
87	营改增	《财政部　国家税务总局关于继续执行高校学生公寓和食堂有关税收政策的通知》（财税〔2016〕82号）	第二条	对按照国家规定的收费标准向学生收取的高校学生公寓住宿费收入，自2016年5月1日起，在营改增试点期间免征增值税	
88	营改增	《财政部　国家税务总局关于继续执行高校学生公寓和食堂有关税收政策的通知》（财税〔2016〕82号）	第三条	对高校学生食堂为高校师生提供餐饮服务取得的收入，自2016年5月1日起，在营改增试点期间免征增值税	
89	营改增	《财政部　国家税务总局关于进一步明确全面推开营改增试点金融业有关政策的通知》（财税〔2016〕46号）	第二条	保险公司开办的一年期以上人身保险产品取得的保费收入免征增值税优惠	
90	营改增	《财政部　国家税务总局关于进一步明确全面推开营改增试点有关再保险、不动产租赁和非学历教育等政策的通知》（财税〔2016〕68号）	第一条第（二）款	试点纳税人提供再保险服务（境内保险公司向境外保险公司提供的再保险服务除外），实行与原保险服务一致的增值税政策。再保险合同对应多个原保险合同的，所有原保险合同均适用免征增值税政策时，该再保险合同适用免征增值税政策。否则，该再保险合同应按规定缴纳增值税	

续表

序号	是否营改增	政策名称	优惠条款	减免项目名称	关键点提示
91	营改增	《财政部　国家税务总局关于进一步明确全面推开营改增试点有关再保险、不动产租赁和非学历教育等政策的通知》（财税〔2016〕68号）	第一条第（一）款	境内保险公司向境外保险公司提供的完全在境外消费的再保险服务，免征增值税	
92	营改增	《财政部　国家税务总局关于科技企业孵化器税收政策的通知》（财税〔2016〕89号）	第一条	在营改增试点期间，对科技企业孵化器（含众创空间）向孵化企业出租场地、房屋以及提供孵化服务的收入，免征增值税。其中“孵化服务”是指为孵化企业提供的属于营业税“服务业”税目中“代理业”、“租赁业”和“其他服务业”中的咨询和技术服务范围内的服务，改征增值税后是指为孵化企业提供的“经纪代理”、“经营租赁”、“研发和技术”、“信息技术”和“鉴证咨询”等服务	
93	营改增	《财政部　国家税务总局关于营改增试点若干政策的通知》（财税〔2016〕39号）	第五条	美国abs船级社在非营利宗旨不变、中国船级社在美国享受同等免税待遇的前提下，在中国境内提供的船检服务免征增值税	

续表

序号	是否营改增	政策名称	优惠条款	减免项目名称	关键点提示
94	营改增	《财政部 国家税务总局关于营改增试点若干政策的通知》（财税〔2016〕39号）	第六条	青藏铁路公司提供的铁路运输服务免征增值税	
95	营改增	《财政部 国家税务总局关于营改增试点若干政策的通知》（财税〔2016〕39号）	第七条	中国邮政集团公司及其所属邮政企业提供的邮政普遍服务和邮政特殊服务，免征增值税	
96	营改增	《财政部 国家税务总局关于营改增试点若干政策的通知》（财税〔2016〕39号）	第八条	2016年12月31日前，中和农信项目管理有限公司和中国扶贫基金会举办的农户自立服务社（中心）以及中和农信项目管理有限公司独资成立的小额贷款公司从事农户小额贷款取得的利息收入，免征增值税	
97	营改增	《财政部 国家税务总局关于营改增试点若干政策的通知》（财税〔2016〕39号）	第九条	中国信达资产管理股份有限公司、中国华融资产管理股份有限公司、中国长城资产管理公司和中国东方资产管理公司及各自经批准分设于各地的分支机构（以下称资产公司），在收购、承接和处置剩余政策性剥离不良资产和改制银行剥离不良资产过程中开展的符合规定的业务，免征增值税	

续表

序号	是否营改增	政策名称	优惠条款	减免项目名称	关键点提示
98	营改增	《财政部　国家税务总局关于营改增试点若干政策的通知》（财税〔2016〕39号）	第十条	全国社会保障基金理事会、全国社会保障基金投资管理人运用全国社会保障基金买卖证券投资基金、股票、债券取得的金融商品转让收入，免征增值税	
99	营改增	《财政部　国家税务总局关于营改增试点若干政策的通知》（财税〔2016〕39号）	第十一条	符合规定的国际航运保险业务免征增值税	
100	营改增	《国家税务总局关于全面推开营改增试点有关税收征收管理事项的公告》（国家税务总局公告2016年第23号）	第六条第三、四款	小微企业免征增值税优惠	“小微企业”仅指小规模纳税人
101	营改增	《国家税务总局关于营改增试点若干征管问题的公告》（国家税务总局公告2016年第53号）	第二条	小微企业免征增值税优惠	“小微企业”仅指小规模纳税人
102		《财政部　国家税务总局　中国人民银行关于配售出口黄金有关税收规定的通知》（财税〔2000〕3号）	第二条	黄金交易免征增值税优惠	
103		《财政部　国家税务总局　中宣部关于继续实施文化体制改革中经营性文化事业单位转制为企业若干税收政策的通知》（财税〔2014〕84号）	第一条第(三)、(四)项	转制文化企业免征增值税优惠	

续表

序号	是否营改增	政策名称	优惠条款	减免项目名称	关键点提示
104		《财政部　国家税务总局　中宣部关于下发红旗出版社有限责任公司等中央所属转制文化企业名单的通知》（财税〔2011〕3号）		文化事业单位转制免征增值税优惠	
105		《财政部　国家税务总局　中宣部关于下发人民网股份有限公司等81家中央所属转制文化企业名单的通知》（财税〔2011〕27号）		文化事业单位转制免征增值税优惠	
106		《财政部　国家税务总局　中宣部关于下发世界知识出版社等35家中央所属转制文化企业名单的通知》（财税〔2011〕）120号		文化事业单位转制免征增值税优惠	
107		《财政部　国家税务总局关于4家资产管理公司接收资本金项下的资产在办理过户时有关税收政策问题的通知》（财税〔2003〕21号）	第二条	金融资产管理公司免征增值税优惠	
108		《财政部　国家税务总局关于北京中科进出口公司销售给高等学校科研单位和北京图书馆的进口图书报刊资料免征增值税问题的通知》（财税字〔1998〕69号）		进口图书、报刊资料免征增值税优惠	
109		《财政部　国家税务总局关于被撤销金融机构有关税收政策问题的通知》（财税〔2003〕141号）	第二条第4款	被撤销金融机构转让财产免征增值税优惠	

续表

序号	是否营改增	政策名称	优惠条款	减免项目名称	关键点提示
110		《财政部 国家税务总局关于铂金及其制品税收政策的通知》(财税2003〕86号)	第一、二、四条	铂金增值税即征即退	
111		《财政部 国家税务总局关于不带动力的手扶拖拉机和三轮农用运输车增值税政策的通知》(财税2002〕89号)		农业生产资料免征增值税优惠	
112		《财政部 国家税务总局关于部分货物适用增值税低税率和简易办法征收增值税政策的通知》(财税2009〕9号)	第二条(一)、(二)项	已使用固定资产减征增值税	1."已使用固定资产"的范围;2.放弃减征可开具增值税专用发票
113		《财政部 国家税务总局关于促进残疾人就业税收优惠政策的通知》(财税2007〕92号	第一、三条	安置残疾人就业增值税即征即退	残疾人的条件范围
114		《财政部 国家税务总局关于促进节能服务产业发展增值税 营业税和企业所得税政策问题的通知》(财税2010〕110号)	第一条第(二)项	合同能源管理项目免征增值税优惠	合同能源管理的条件范围
115		《财政部 国家税务总局关于大型水电企业增值税政策的通知》(财税2014〕10号)		水力发电增值税即征即退	
116		《财政部 国家税务总局关于动漫产业增值税和营业税政策的通知》(财税2013〕98号	第一条	动漫企业增值税即征即退	
117		《财政部 国家税务总局关于豆粕等粕类产品征免增值税政策的通知》(财税2001〕30号)		饲料产品免征增值税优惠	

续表

序号	是否营改增	政策名称	优惠条款	减免项目名称	关键点提示
118		《财政部 国家税务总局关于飞机维修增值税问题的通知》(财税2000〕102号)		飞机维修劳务增值税即征即退	
119		《财政部 国家税务总局关于风力发电增值税政策的通知》(财税2015〕74号)		风力发电增值税即征即退	
120		《财政部 国家税务总局关于光伏发电增值税政策的通知》(财税2013〕66号)		光伏发电增值税即征即退	
121		《财政部 国家税务总局关于黄金期货交易有关税收政策的通知》(财税2008〕5号)		"黄金期货交易免征增值税优惠"和"黄金期货交易增值税即征即退"	
122		《财政部 国家税务总局关于黄金税收政策问题的通知》(财税2002〕142号)	第一、二条	黄金交易免征增值税优惠	
123		《财政部 国家税务总局关于继续免征国产抗艾滋病病毒药品增值税的通知》(财税2011〕128号)		抗艾滋病药品免征增值税优惠	
124		《财政部 国家税务总局关于继续实行农村饮水安全工程建设运营税收优惠政策的通知》(财税2016〕19号)	第四条	农村饮水安全工程免征增值税优惠	
125		《财政部 国家税务总局关于继续执行边销茶增值税政策的通知》(财税2011〕89号	第一条	边销茶免征增值税优惠	

续表

序号	是否营改增	政策名称	优惠条款	减免项目名称	关键点提示
126		《财政部　国家税务总局关于供热企业增值税、房产税、城镇土地使用税优惠政策的通知》（〔财税 2016〕94 号）	第一条	自 2016 年 1 月 1 日至 2018 年供暖期结束，对供热企业向居民个人（以下统称居民）供热而取得的采暖费收入免征增值税	
127		《财政部　国家税务总局关于简并增值税征收率政策的通知》（财税 2014〕57 号）	第一条	已使用固定资产减征增值税	1. “已使用固定资产”的范围；2. 放弃减征可开具增值税专用发票
128		《财政部　国家税务总局关于将电信业纳入营改增试点的通知》（财税 2014〕43 号）	第六条	电信业服务免征增值税优惠	
129		《财政部　国家税务总局关于教育税收政策的通知》（财税 2004〕39 号）	第一条第 7 项	特殊教育校办企业增值税优惠	
130		《财政部　国家税务总局关于进一步支持小微企业增值税和营业税政策的通知》（财税 2014〕71 号）		小微企业免征增值税优惠	“小微企业”仅指小规模纳税人
131		《财政部　国家税务总局关于粮食企业增值税征免问题的通知》财税字〔1999〕198 号	第二条第（二）款	救灾救济粮免征增值税优惠	
132		《财政部　国家税务总局关于粮食企业增值税征免问题的通知》财税字〔1999〕198 号	第一、五条	粮食免征增值税优惠	
133		《财政部　国家税务总局关于粮食企业增值税征免问题的通知》财税字〔1999〕198 号	第五条	政府储备食用植物油免征增值税优惠	

续表

序号	是否营改增	政策名称	优惠条款	减免项目名称	关键点提示
134		《财政部　国家税务总局关于免征部分鲜活肉蛋产品流通环节增值税政策的通知》(财税 2012〕75 号)		鲜活肉蛋产品免征增值税优惠	鲜活肉蛋产品的范围
135		《财政部　国家税务总局关于免征储备大豆增值税政策的通知》(财税 2014〕38 号)		储备大豆免征增值税优惠	
136		《财政部　国家税务总局关于免征滴灌带和滴灌管产品增值税的通知》(财税 2007〕83 号)		滴灌带和滴灌管产品免征增值税优惠	
137		《财政部　国家税务总局关于免征农村电网维护费增值税问题的通知》财税字〔1998〕47 号)		农村电网维护费免征增值税优惠	
138		《财政部　国家税务总局关于免征蔬菜流通环节增值税有关问题的通知》(财税 2011〕137 号)		蔬菜免征增值税优惠	
139		《财政部　国家税务总局关于农民专业合作社有关税收政策的通知》(财税 2008〕81 号	第一、二、三条	农民专业合作社免征增值税优惠	
140		《财政部　国家税务总局关于农业生产资料征免增值税政策的通知》(财税 2001〕113 号		农业生产资料免征增值税优惠	
141		《财政部　国家税务总局关于软件产品增值税政策的通知》(财税 2011〕100 号)		软件产品增值税即征即退	

续表

序号	是否营改增	政策名称	优惠条款	减免项目名称	关键点提示
142		《财政部　国家税务总局关于上海期货交易所开展期货保税交割业务有关增值税问题的通知》(财税 2010〕108 号		上海期货保税交割免征增值税优惠	
143		《财政部　国家税务总局关于饲料产品免征增值税问题的通知》(财税 2001〕121 号		饲料产品免征增值税优惠	
144		《财政部　国家税务总局关于铁路货车修理免征增值税的通知》(财税 2001〕54 号)		铁路货车修理免征增值税优惠	
145		《财政部　国家税务总局关于推广税控收款机有关税收政策的通知》(财税 2004〕167 号		购置增值税税控系统专用设备抵减和技术维护费用增值税	
146		《财政部　国家税务总局关于污水处理费有关增值税政策的通知》(财税 2001〕97 号		污水处理费免征增值税优惠	
147		《财政部　国家税务总局关于新型墙体材料增值税政策的通知》(财税 2015〕73 号)		新型墙体材料增值税即征即退	
148		《财政部　国家税务总局关于熊猫普制金币免征增值税政策的通知》(财税 2012〕97 号		熊猫普制金币免征增值税优惠	
149		《财政部　国家税务总局关于修改〈中华人民共和国增值税暂行条例实施细则〉和〈中华人民共和国营业税暂行条例实施细则〉的决定》中华人民共和国财政部令第 65 号)	第一条	小微企业免征增值税优惠	“小微企业”仅指小规模纳税人

续表

序号	是否营改增	政策名称	优惠条款	减免项目名称	关键点提示
150		《财政部　国家税务总局关于血站有关税收问题的通知》财税字〔1999〕264号)	第二条	血站免征增值税优惠	
151		《财政部　国家税务总局关于延续宣传文化增值税和营业税优惠政策的通知》（财税 2013〕87号）	第二条	图书批发、零售环节免征增值税优惠	
152		《财政部　国家税务总局关于医疗卫生机构有关税收政策的通知》（财税 2000〕42号）	第一条第(三)款、第二条第(一)款	医疗卫生机构免征增值税优惠	
153		《财政部　国家税务总局关于印发〈资源综合利用产品和劳务增值税优惠目录〉的通知》（财税 2015〕78号）		资源综合利用产品及劳务增值税即征即退	
154		《财政部　国家税务总局关于有机肥产品免征增值税的通知》（财税 2008〕56号）		有机肥免征增值税优惠	
155		《财政部　国家税务总局关于原油和铁矿石期货保税交割业务增值税政策的通知》（财税 2015〕35号）		原油和铁矿石期货保税交割业务增值税政策	
156		《财政部　国家税务总局关于暂免征收部分小微企业增值税和营业税的通知》（财税 2013〕52号）		小微企业免征增值税优惠	“小微企业”仅指小规模纳税人
157		《财政部　国家税务总局关于增值税税控系统专用设备和技术维护费用抵减增值税税额有关政策的通知》（财税 2012〕15号）		购置增值税税控系统专用设备抵减和技术维护费用增值税	1. 初次购买；2. 专用设备的范围；3. 直接抵减应纳税额

续表

序号	是否营改增	政策名称	优惠条款	减免项目名称	关键点提示
158		《财政部　国家税务总局关于支持农村饮水安全工程建设运营税收政策的通知》(财税2012〕30号)	第四条	农村饮水安全工程免征增值税优惠	
159		《财政部　国家税务总局关于中国东方资产管理公司处置港澳国际（集团）有限公司有关资产税收政策问题的通知》(财税2003〕212号)	第二条第4项、第三条第4项、第四条第4项	金融资产管理公司免征增值税优惠	
160		《财政部　国家税务总局关于中国国际图书贸易总公司销售给高等学校教育科研单位和北京图书馆的进口图书报刊资料免征增值税问题的通知》财税字〔1998〕68号)		进口图书、报刊资料免征增值税优惠	
161		《财政部　国家税务总局关于中国教育图书进出口公司销售给高等学校教育科研单位和北京图书馆的进口图书报刊资料免征增值税问题的通知》财税字〔1998〕67号)		进口图书、报刊资料免征增值税优惠	
162		《财政部　国家税务总局关于中国经济图书进出口公司、中国出版对外贸易总公司销售给大专院校和科研单位的进口书刊资料免征增值税的通知》财税字〔1999〕255号		进口图书、报刊资料免征增值税优惠	
163		《财政部　国家税务总局关于中国科技资料进出口总公司销售进口图书享受免征国内销售环节增值税政策的通知》(财税2004〕69号)		进口图书、报刊资料免征增值税优惠	

续表

序号	是否营改增	政策名称	优惠条款	减免项目名称	关键点提示
164		《财政部 国家税务总局关于中国联合网络通信集团有限公司转让 CDMA 网及其用户资产企业合并资产整合过程中涉及的增值税 营业税 印花税和土地增值税政策问题的通知》（财税 2011〕13 号）	第一、二条	资产重组免征增值税优惠	资产重组的条件范围
165		《财政部 国家税务总局关于中国图书进出口总公司销售给科研教学单位的进口书刊资料免征增值税问题的通知》财税字〔1997〕66 号）		进口图书、报刊资料免征增值税优惠	
166		《财政部 国家税务总局关于中国信达等 4 家金融资产管理公司税收政策问题的通知》（财税 2001〕10 号）		金融资产管理公司免征增值税优惠	
167		《财政部 国家税务总局关于中国信达资产管理股份有限公司等 4 家金融资产管理公司有关税收政策问题的通知》（财税 2013〕56 号）		金融资产管理公司免征增值税优惠	
168		《财政部 国家税务总局关于中国邮政储蓄银行改制上市有关税收政策的通知》（财税 2013〕53 号）	第三条	资产重组免征增值税优惠	资产重组的条件范围
169		《财政部 国家税务总局 关于中国邮政集团公司邮政速递物流业务重组改制有关税收问题的通知》（财税 2011〕116 号）	第一条	资产重组免征增值税优惠	资产重组的条件范围

续表

序号	是否营改增	政策名称	优惠条款	减免项目名称	关键点提示
170		《财政部　国家税务总局　外经贸部关于外国政府和国际组织无偿援助项目在华采购物资免征增值税问题的通知》（财税 2002〕2 号 《财政部　国家税务总局关于外国政府和国际组织无偿援助项目在华采购物资免征增值税的补充通知》（（财税 2005〕13 号）		无偿援助项目免征增值税优惠	
171		《财政部　海关总署　国家税务总局关于横琴、平潭开发有关增值税和消费税政策的通知》（财税 2014〕51 号）	第二条	横琴、平潭企业销售货物免征增值税优惠	
173		《财政部　海关总署　国家税务总局关于继续实施支持文化企业发展若干税收政策的通知》（财税 2014〕85 号）	第二条	有线电视基本收视费免征增值税优惠	
172		《财政部 海关总署　国家税务总局关于继续实施支持文化企业发展若干税收政策的通知》（财税 2014〕85 号）	第一条	电影产业免征增值税优惠	
174		《财政部　海关总署　国家税务总局关于调整钻石及上海钻石交易所有关税收政策的通知》（财税 2006〕65 号）		钻石交易免征增值税优惠	
175		《财政部　海关总署　国家税务总局关于支持芦山地震灾后恢复重建有关税收政策问题的通知》（财税 2013〕58 号）	第四、五条	抗震救灾和灾后恢复重建增值税优惠	

续表

序号	是否营改增	政策名称	优惠条款	减免项目名称	关键点提示
176		《财政部　海关总署　国家税务总局关于支持鲁甸地震灾后恢复重建有关税收政策问题的通知》（财税2015〕27号）	第四条第1项第五条第1、2项	抗震救灾和灾后恢复重建增值税优惠	
177		《财政部　国家税务总局关于促进残疾人就业增值税优惠政策的通知》（（财税2016〕52号）	第八条	残疾人个人提供的加工、修理修配劳务，免征增值税	
178		《财政部　国家税务总局关于继续实行农村饮水安全工程建设运营税收优惠政策的通知》（财税〔2016〕19号）	第四条	对饮水工程运营管理单位向农村居民提供生活用水取得的自来水销售收入，免征增值税	
179		《国家税务总局关于拍卖行取得的拍卖收入征收增值税、营业税有关问题的通知》（国税发〔1999〕40号）	第一条	拍卖货物免征增值税优惠	
180		《中华人民共和国增值税暂行条例》中华人民共和国国务院令第538号	第十七条	小微企业免征增值税优惠	“小微企业”仅指小规模纳税人
181		《中华人民共和国增值税暂行条例》中华人民共和国国务院令第538号	第十五条第（二）、（七）款	避孕药品和用具免征增值税优惠	
182		《中华人民共和国增值税暂行条例》（中华人民共和国国务院令第538号）	第十五条第（六）款	残疾人专用物品免征增值税优惠	
183		《中华人民共和国增值税暂行条例》（中华人民共和国国务院令第538号）	第十五条第（三）款	古旧图书免征增值税优惠	

续表

序号	是否营改增	政策名称	优惠条款	减免项目名称	关键点提示
184		《中华人民共和国增值税暂行条例》（中华人民共和国国务院令第538号）	第十五条第（一）款	自产农产品免征增值税优惠	1. 农产品范围，如竹制或竹芒藤柳混合坯具，人工合成牛坯胎属于农产品 2. 农民合作社政策 3. “公司+农户”经营模式

注：由于时间有限及政策变化，以上184项增值税优惠政策仅供参考。

（七）增值税税收优惠政策关键点提示

1. 托儿所、幼儿园提供的保育和教育服务免征增值税

需要提醒的是，民办托儿所、幼儿园免征增值税的收入是指，在报经当地有关部门备案并公示的收费标准范围内收取的教育费、保育费。

需要提醒的是，不管是公办托儿所还是民办托儿所，超过规定收费标准的收费，以开办实验班、特色班和兴趣班等为由另外收取的费用以及与幼儿入园挂钩的赞助费、支教费等超过规定范围的收入，不属于免征增值税的收入。

2. 养老机构提供的养老服务免征增值税

养老机构是指依照《养老机构设立许可办法》（民政部令第48号）设立并依法办理登记的为老年人提供集中居住和照料服务的各类养老机构；养老服务，是指上述养老机构按照民政部《养老机构管理办法》（民政部令第49号）的规定，为收住的老年人提供的生活照料、康复护理、精神慰藉、文化娱乐等服务。

3. 殡葬服务免征增值税

殡葬服务，是指收费标准由各地价格主管部门会同有关部门核定，或者实行政府指导价管理的遗体接运（含抬尸、消毒）、遗体整容、遗体防腐、存放（含冷藏）、火化、骨灰寄存、吊唁设施设备租赁、墓穴租赁及管理等服务。

需要提醒的是，提供上述列举的服务才可以按照殡葬服务享受增值税免税优惠，未列举的服务不得享受免征增值税优惠，如建坟不属于殡葬服务，就不得享受免征增值税优惠。

【例366】 符合规定的墓穴租赁，即收费标准由各地价格主管部门会同有关部门核定，或者实行政府指导价管理的墓穴租赁可以免征增值税。

4. 残疾人员本人为社会提供的服务免征增值税

残疾人员本人为社会提供的服务免征增值税，没有对“为社会提供的服务”的服务种类和接受服务的对象进行限制，如残疾人员本人为社会提供的服务属于免征增值税范畴。

5. 医疗机构提供的医疗服务免征增值税

财税〔2016〕36号文件附件3第一条第（七）款对医疗机构、医疗服务进行了界定，医疗机构，是指依据国务院《医疗机构管理条例》（国务院令第149号）及卫生部《医疗机构管理条例实施细则》（卫生部令第35号）的规定，经登记取得《医疗机构执业许可证》的机构，以及军队、武警部队各级各类医疗机构。具体包括：各级各类医院、门诊部（所）、社区卫生服务中心（站）、急救中心（站）、城乡卫生院、护理院（所）、疗养院、临床检验中心，各级政府及有关部门举办的卫生防疫站（疾病控制中心）、各种专科疾病防治站（所），各级政府举办的妇幼保健所（站）、母婴保健机构、儿童保健机构，各级政府举办的血站（血液中心）等医疗机构。

6. 从事学历教育的学校提供的教育服务免征增值税

（1）“从事学历教育的学校”是指：普通学校以及经地、市级以上人民政府或者同级政府的教育行政部门批准成立、国家承认其学员学历的各类学校。

学校均包括符合规定的从事学历教育的民办学校，但不包括职业培训机构等国家不承认学历的教育机构。

（2）经有关部门审核批准并按规定标准收取的学费、住宿费、课本费、作业本费、考试报名费收入，以及学校食堂提供餐饮服务取得的伙食费收入。

（3）从事学历教育的学校提供除上述列举的收入享受增值税免税优惠，未列举的服务不得享受免征增值税优惠，如学校以各种名义收取的赞助费、择校费等，不属于免征增值税的范围。

【例367】 社会举办的英语培训学校、职业技能培训学校等教育培训学校不享受免征增值税优惠。

7. 学生勤工俭学提供的服务免征增值税

需要提醒的是，根据《国家税务总局关于个人所得税若干业务问题的批复》（国税函〔2002〕146 号）规定，在校学生因参与勤工俭学活动（包括参与学校组织的勤工俭学活动）而取得的属于个人所得税法规定的应税所得项目的所得，应依法缴纳个人所得税。

8. 纪念馆、博物馆、文化馆、文物保护单位管理机构、美术馆、展览馆、书画院、图书馆在自己的场所提供文化体育服务取得的第一道门票收入免征增值税。

需要提醒的是，免征增值税仅限于第一道门票收入。

9. 对农业机耕、排灌、病虫害防治、植物保护、农牧保险以及相关技术培训业务，家禽、牲畜、水生动物的配种和疾病防治服务免征增值税。

农业机耕，是指在农业、林业、牧业中使用农业机械进行耕作（包括耕耘、种植、收割、脱粒、植物保护等）的业务；排灌，是指对农田进行灌溉或者排涝的业务；病虫害防治，是指从事农业、林业、牧业、渔业的病虫害测报和防治的业务；农牧保险，是指为种植业、养殖业、牧业种植和饲养的动植物提供保险的业务；相关技术培训，是指与农业机耕、排灌、病虫害防治、植物保护业务相关以及为使农民获得农牧保险知识的技术培训业务；家禽、牲畜、水生动物的配种和疾病防治业务的免税范围，包括与该项服务有关的提供药品和医疗用具的业务。

10. 寺院、宫观、清真寺和教堂举办文化、宗教活动的门票收入免征增值税。

需要提醒的是，免征增值税仅限于第一道门票收入。

11. 行政单位之外的其他单位收取的符合下列条件的政府性基金和行政事业性收费，免征增值税。

（1）由国务院或者财政部批准设立的政府性基金，由国务院或者省级人民政府及其财政、价格主管部门批准设立的行政事业性收费；

（2）收取时开具省级以上（含省级）财政部门监（印）制的财政票据；

（3）所收款项全额上缴财政。

【例 368】 防疫站提供健康证而收取的费用若属于上述规定的政府性基金和行政事业性收费，则免征增值税。

12. 纳税人提供的直接或者间接国际货物运输代理服务免征增值税。

（1）提供间接国际货物运输代理服务也免征增值税。

（2）纳税人提供直接或者间接国际货物运输代理服务，向委托方收取的全部国际货物运输代理服务收入，以及向国际运输承运人支付的国际运输费用，必须通过金融机构进行结算。

（3）纳税人为大陆与香港、澳门、台湾地区之间的货物运输提供的货物运输代理服务参照国际货物运输代理服务有关规定执行。

（4）委托方索取发票的，纳税人应当就国际货物运输代理服务收入向委托方全额开具增值税普通发票。

13. 统借统还业务中，企业集团或企业集团中的核心企业以及集团所属财务公司按不高于支付给金融机构的借款利率水平或者支付的债券票面利率水平，向企业集团或者集团内下属单位收取的利息免征增值税。

统借方向资金使用单位收取的利息，高于支付给金融机构借款利率水平或者支付的债券票面利率水平的，应全额缴纳增值税。

统借统还业务，是指：

（1）企业集团或者企业集团中的核心企业向金融机构借款或对外发行债券取得资金后，将所借资金分拨给下属单位（包括独立核算单位和非独立核算单位，下同），并向下属单位收取用于归还金融机构或债券购买方本息的业务。

需要提醒的是，统借统还业务的主体必须是企业集团，也就是说必须按照《企业集团登记管理暂行规定》相关规定取得《企业集团登记证》，可以是企业集团也可以是企业集团中的核心企业，向金融机构借款或对外发行债券取得资金。

（2）企业集团向金融机构借款或对外发行债券取得资金后，由集团所属财务公司与企业集团或者集团内下属单位签订统借统还贷款合同并分拨资金，并向企业集团或者集团内下属单位收取本息，再转付企业集团，由企业集团统一归还金融机构或债券购买方的业务。

需要提醒的是，统借方向资金使用单位收取的利息，利率的要求是不高于支付给金融机构的借款利率水平或者支付的债券票面利率水平，实务中，企业如果有多项贷款，“不高于支付给金融机构的借款利率水平”不是按照多项贷款利率的平均利率，要做到每笔贷款单独核算，向下属单位收取本息的利率要求需要对应每笔贷款的利率。

14. 被撤销金融机构以货物、不动产、无形资产、有价证券、票据等财产清偿债务免征增值税。

（1）上述免征增值税政策的主体仅限于“被撤销金融机构”，被撤销金融机构，是指经人民银行、银监会依法决定撤销的金融机构及其分设于各地的分支机构，包括被依法撤销的商业银行、信托投资公司、财务公司、金融租赁公司、城市信用社和农村信用社。

（2）除另有规定外，被撤销金融机构所属、附属企业，不享受被撤销金融机构增值税免税政策。

（3）《财政部　国家税务总局关于被撤销金融机构有关税收政策问题的通知》（财税〔2003〕141 号）规定，对被撤销金融机构财产用来清偿债务时，免征被撤销金融机构转让货物、不动产、无形资产、有价证券、票据等应缴纳的增值税城市维护建设税、教育费附加和土地增值税。

15. 对个人（包括个体工商户及其他个人）从事外汇、有价证券、非货物期货和其他金融商品买卖业务取得的收入免征增值税。

16. 对国家商品储备管理单位及其直属企业承担商品储备任务，从中央或者地方财政取得的利息补贴收入和价差补贴收入免征增值税。国家商品储备管理单位及其直属企业，是指接受中央、省、市、县四级政府有关部门（或者政府指定管理单位）委托，承担粮（含大豆）、食用油、棉、糖、肉、盐（限于中央储备）6 种商品储备任务，并按有关政策收储、销售上述 6 种储备商品，取得财政储备经费或者补贴的商品储备企业。利息补贴收入，是指国家商品储备管理单位及其直属企业因承担上述商品储备任务从金融机构贷款，并从中央或者地方财政取得的用于偿还贷款利息的贴息收入。价差补贴收入包括销售价差补贴收入和轮换价差补贴收入。销售价差补贴收入，是指按照中央或者地方政府指令销售上述储备商品时，由于销售收入小于库存成本而从中央或者地方财政获得的全额价差补贴收入。轮换价差补贴收入，是指根据要求定期组织政策性储备商品轮换而从中央或者地方财政取得的商品新陈品质价差补贴收入。

17. 纳税人提供技术转让、技术开发和与之相关的技术咨询、技术服务免征增值税。

需要提醒的是，与技术转让、技术开发相关的技术咨询、技术服务，是指转让方（或者受托方）根据技术转让或者开发合同的规定，为帮助受让方（或者委托方）掌握所转让（或者委托开发）的技术，而提供的技术咨询、技术服务业务，且这部分技术咨询、技术服务的价款与技术转让或者技术开发的价款应当在同一张发票上开具，也就是说单独提供技术咨询、技术服务不免征增值税。

18. 符合条件的合同能源管理服务

对同时符合下列条件的合同能源管理服务免征增值税：

（1）节能服务公司实施合同能源管理项目相关技术，应当符合国家质量监督检验检疫总局和国家标准化管理委员会发布的《合同能源管理技术通则》（GB/T24915－2010）规定的技术要求。

（2）节能服务公司与用能企业签订节能效益分享型合同，其合同格式和内容，符合《中华人民共和国合同法》和《合同能源管理技术通则》（GB/T24915－2010）等规定。

19.《财政部　国家税务总局关于金融机构同业往来等增值税政策的补充通知》（财税〔2016〕70号）第一条对金融同业往来利息收入范围作了进一步解释，具体包括同业存款、同业借款、同业代付、买断式买入返售金融商品、持有金融债券和同业存单。

财税〔2016〕46号文件第一条规定，金融机构开展质押式买入返售金融商品和持有政策性金融债券业务取得的利息收入，属于财税〔2016〕36号附件3《过渡政策的规定》第一条第（二十三）款所称的金融同业往来利息收入。

20. 政府举办的从事学历教育的高等、中等和初等学校（不含下属单位），举办进修班、培训班取得的全部归该学校所有的收入免征增值税。

（1）从事学历教育的高等、中等和初等学校的下属单位，举办进修班、培训班取得的收入不免征增值税。

（2）全部归该学校所有，是指举办进修班、培训班取得的全部收入进入该学校统一账户，并纳入预算全额上缴财政专户管理，同时由该学校对有关票据进行统一管理和开具。

（3）举办进修班、培训班取得的收入进入该学校下属部门自行开设账户的，不予免征增值税。

21. 政府举办的职业学校设立的主要为在校学生提供实习场所、并由学校出资自办、由学校负责经营管理、经营收入归学校所有的企业，从事《销售服务、无形资产或者不动产注释》中“现代服务”（不含融资租赁服务、广告服务和其他现代服务)、“生活服务”(不含文化体育服务、其他生活服务和桑拿、氧吧)业务活动取得的收入免征增值税。

22. 对家政服务企业由员工制家政服务员提供家政服务取得的收入免征增值税。

家政服务企业,是指在企业营业执照的规定经营范围中包括家政服务内容的企业。员工制家政服务员,是指同时符合下列 3 个条件的家政服务员:

(1) 依法与家政服务企业签订半年及半年以上的劳动合同或者服务协议,且在该企业实际上岗工作。

(2) 家政服务企业为其按月足额缴纳了企业所在地人民政府根据国家政策规定的基本养老保险、基本医疗保险、工伤保险、失业保险等社会保险。对已享受新型农村养老保险和新型农村合作医疗等社会保险或者下岗职工原单位继续为其缴纳社会保险的家政服务员,如果本人书面提出不再缴纳企业所在地人民政府根据国家政策规定的相应的社会保险,并出具其所在乡镇或者原单位开具的已缴纳相关保险的证明,可视同家政服务企业已为其按月足额缴纳了相应的社会保险。

(3) 家政服务企业通过金融机构向其实际支付不低于企业所在地适用的经省级人民政府批准的最低工资标准的工资。

23. 福利彩票、体育彩票的发行收入免征增值税。

需要提醒的是,福利、体育彩票取得的发行销售收入免征增值税,但代销单位代销福利、体育彩票取得的手续费收入应按规定征收增值税。

24. 涉及家庭财产分割的个人无偿转让不动产、土地使用权免征增值税。

家庭财产分割,包括下列情形:离婚财产分割;无偿赠与配偶、父母、子女、祖父母、外祖父母、孙子女、外孙子女、兄弟姐妹;无偿赠与对其承担直接抚养或者赡养义务的抚养人或者赡养人;房屋产权所有人死亡,法定继承人、遗嘱继承人或者受遗赠人依法取得房屋产权。

需要提醒的是,属于上述列举的家庭财产分割情形内,无偿转让不动产、土地使用权免征增值税,不在上述列举的家庭财产情形内,无偿转让不动产、土地使用权不免征增值税。

25. 土地所有者出让土地使用权和土地使用者将土地使用权归还给土地所有者免征增值税。

【例 369】农村集体土地因拆迁建设，收到的拆迁补偿款应免征增值税。

《中华人民共和国宪法》第十条及《中华人民共和国土地法》第八条均规定“农村和城市郊区的土地，除由法律规定属于国家所有的以外，属于集体所有；宅基地和自留地、自留山，也属于集体所有”。鉴于相关法律规定农村和城市郊区的土地属于集体所有，因此村集体（村委会）经政府相关部门审批出让农村集体土地而取得的土地补偿收入，应依照财税〔2016〕36 号文件中“对土地所有者出让土地使用权免征增值税”的规定执行。

26. 随军家属就业

（1）为安置随军家属就业而新开办的企业，自领取税务登记证之日起，其提供的应税服务 3 年内免征增值税。享受税收优惠政策的企业，随军家属必须占企业总人数的 60%（含）以上，并有军（含）以上政治和后勤机关出具的证明。

（2）从事个体经营的随军家属，自办理税务登记事项之日起，其提供的应税服务 3 年内免征增值税。随军家属必须有师以上政治机关出具的可以表明其身份的证明。

按照上述规定，每一名随军家属可以享受一次免税政策。

27. 军队转业干部就业

（1）从事个体经营的军队转业干部，经主管税务机关批准，自领取税务登记证之日起，其提供的应税服务 3 年内免征增值税。

（2）为安置自主择业的军队转业干部就业而新开办的企业，凡安置自主择业的军队转业干部占企业总人数 60%（含）以上的，经主管税务机关批准，自领取税务登记证之日起，其提供的应税服务 3 年内免征增值税。

28. 退役士兵创业就业扣减增值税

（1）对自主就业退役士兵从事个体经营的，在 3 年内按每户每年 8 000 元为限额依次扣减其当年实际应缴纳的增值税、城市维护建设税、教育费附加、地方教育附加和个人所得税。限额标准最高可上浮 20%，各省、自治区、直辖市人民政府可根据本地区实际情况在此幅度内确定具体限额标准，并报财政部和国家税务总局备案。

（2）对商贸企业、服务型企业、劳动就业服务企业中的加工型企业和街道社区具有加工性质的小型企业实体，在新增加的岗位中，当年新招用自主就业退役士兵，与其签订1年以上期限劳动合同并依法缴纳社会保险费的，在3年内按实际招用人数予以定额依次扣减增值税、城市维护建设税、教育费附加、地方教育附加和企业所得税优惠。定额标准为每人每年4 000元，最高可上浮50%，各省、自治区、直辖市人民政府可根据本地区实际情况在此幅度内确定具体定额标准，并报财政部和国家税务总局备案。

（3）上述所称自主就业退役士兵是指依照《退役士兵安置条例》（国务院、中央军委令第608号）的规定退出现役并按自主就业方式安置的退役士兵。

（4）上述税收优惠政策的执行期限为2016年5月1日至2016年12月31日，纳税人在2016年12月31日未享受满3年的，可继续享受至3年期满为止。

按照《财政部　国家税务总局　民政部关于调整完善扶持自主就业退役士兵创业就业有关税收政策的通知》（财税〔2014〕42号）规定享受营业税优惠政策的纳税人，自2016年5月1日起按照上述规定享受增值税优惠政策，在2016年12月31日未享受满3年的，可继续享受至3年期满为止。

财税〔2013〕106号附件3第一条第（十二）款城镇退役士兵就业免征增值税政策，自2014年7月1日起停止执行。在2014年6月30日未享受满3年的，可继续享受至3年期满为止。

29. 重点群体创业就业扣减增值税

（1）对持《就业创业证》（注明“自主创业税收政策”或“毕业年度内自主创业税收政策”）或2015年1月27日前取得《就业失业登记证》（注明“自主创业税收政策”或附着《高校毕业生自主创业证》）的人员从事个体经营的，在3年内按每户每年8 000元为限额依次扣减其当年实际应缴纳的增值税、城市维护建设税、教育费附加、地方教育附加和个人所得税。限额标准最高可上浮20%，各省、自治区、直辖市人民政府可根据本地区实际情况在此幅度内确定具体限额标准，并报财政部和国家税务总局备案。

上述人员是指：（1）在人力资源社会保障部门公共就业服务机构登记失业半年以上的人员。（2）零就业家庭、享受城市居民最低生活保障家庭劳动年龄内的登记失业人员。（3）毕业年度内高校毕业生。高校毕业生是指实施高等学历教育的普通高等学校、成人高等学校毕业的学生；毕业年度是指毕业所在自然年，即1月1日至12月31日。

（2）对商贸企业、服务型企业、劳动就业服务企业中的加工型企业和街道社区具有加工性质的小型企业实体，在新增加的岗位中，当年新招用在人力资源社会保障部门公共就业服务机构登记失业半年以上且持《就业创业证》或2015年1月27日前取得《就业失业登记证》的（注明“企业吸纳税收政策”）人员，与其签订1年以上期限劳动合同并依法缴纳社会保险费的，在3年内按实际招用人数予以定额依次扣减增值税、城市维护建设税、教育费附加、地方教育附加和企业所得税优惠。定额标准为每人每年4 000元，最高可上浮30%，各省、自治区、直辖市人民政府可根据本地区实际情况在此幅度内确定具体定额标准，并报财政部和国家税务总局备案。

本条所称服务型企业是指从事《销售服务、无形资产、不动产注释》中“不动产租赁服务”、“商务辅助服务”（不含货物运输代理和代理报关服务）、“生活服务”（不含文化体育服务）范围内业务活动的企业以及按照《民办非企业单位登记管理暂行条例》（国务院令第251号）登记成立的民办非企业单位。

（3）享受上述优惠政策的人员应按规定申领《就业创业证》，由就业和创业地人力资源社会保障部门在《就业创业证》上注明“自主创业税收政策”、“毕业年度内自主创业税收政策”或“企业吸纳税收政策”字样，同时符合自主创业和企业吸纳税收政策条件的，可同时加注；主管税务机关在《就业创业证》上加盖戳记，注明减免税所属时间。

（4）上述税收优惠政策的执行期限为2016年5月1日至2016年12月31日，纳税人在2016年12月31日未享受满3年的，可继续享受至3年期满为止。

按照税〔2014〕39号规定享受营业税优惠政策的纳税人，自2016年5月1日起按照上述规定享受增值税优惠政策，在2016年12月31日未享受满3年的，可继续享受至3年期满为止。

财税〔2013〕106号附件3第一条第（十三）款失业人员就业增值税优惠政策，自2014年1月1日起停止执行。在2013年12月31日未享受满3年的，可继续享受至3年期满为止。

30. 增值税即征即退政策中增值税实际税负计算

增值税实际税负，是指纳税人当期提供应税服务实际缴纳的增值税税额占纳税人当期提供应税服务取得的全部价款和价外费用的比例。

需要提醒的是，上述规定中“当期提供应税服务取得的全部价款和价外费用”是含税的销售额概念。

31. 个人住房对外销售优惠政策（见表21）

表21　　个人住房对外销售优惠政策

项目	不足2年的住房对外销售	购买2年以上（含2年）的住房对外销售
北京市 上海市 广州市 深圳市	按简易计税5%征收率全额征收增值税	非普通住房，以销售收入减去购买住房价款后的差额按照5%的征收率缴纳增值税
		免征增值税
其他地区	按简易计税5%征收率全额征收增值税	普通住房对外销售的，免征增值税

需要提醒的是，个人将购买2年以上的住房对外销售的免征增值税，有关房屋购买时间的规定如下：

根据《国家税务总局　财政部　建设部关于加强房地产税收管理的通知》（国税发〔2005〕89号）规定，个人购买住房以取得的房屋产权证或契税完税证明上注明的时间作为其购买房屋的时间。

根据《国家税务总局关于房地产税收政策执行中几个具体问题的通知》（国税发〔2005〕172号）（以下简称《通知》）第二条规定，《通知》第三条第四款中规定的“契税完税证明上注明的时间”是指契税完税证明上注明的填发日期。

第三条规定，纳税人申报时，同时出具房屋产权证和契税完税证明且两者所注明的时间不一致的，按照“孰先”的原则确定购买房屋的时间，即房屋产权证上注明的时间早于契税完税证明上注明的时间的，以房屋产权证注明的时间为购买房屋的时间；契税完税证明上注明的时间早于房屋产权证上注明的时间的，以契税完税证明上注明的时间为购买房屋的时间。

第五条规定，根据国家房改政策购买的公有住房，以购房合同的生效时间、房款收据的开具日期或房屋产权证上注明的时间，按照“孰先”的原则确定购买房屋的时间。

32. 需要把握优惠政策中的关键字眼

【例370】境内的单位和个人提供工程项目在境外的建筑服务免征增值税，强调的是“工程项目在境外”的建筑服务，无论接受方是境内单位还是境外单位。

专题：增值税纳税申报

纳税申报是指纳税人按照税法规定的期限和内容向税务机关提交有关纳税事项书面报告的法律行为，是纳税人履行纳税义务、承担法律责任的主要依据，是税务机关税收管理信息的主要来源和税务管理的一项重要制度。

按《中华人民共和国税收征收管理法》纳税人未按照规定的期限办理纳税申报和报送纳税资料的，或者扣缴义务人未按照规定的期限向税务机关报送代扣代缴、代收代缴税款报告表和有关资料的，由税务机关责令限期改正，可以处二千元以下的罚款；情节严重的，可以处二千元以上一万元以下的罚款。

一、一般纳税人增值税纳税申报表填写

一般纳税人纳税申报表及其附列资料的组成

1.《增值税纳税申报表（一般纳税人适用）》（本书简称《主表》），反映纳税人本期纳税申报收入、税款缴纳总体情况，与申报附列资料相对应。

2.《增值税纳税申报表附列资料（一）》（本期销售情况明细，本书简称《附列资料（一）》）。

3.《增值税纳税申报表附列资料（二）》（本期进项税额明细，本书简称《附列资料（二）》）。

4.《增值税纳税申报表附列资料（三）》（服务、不动产和无形资产扣除项目明细，本书简称《附列资料（三）》）。

需要提醒的，本表由一般纳税人销售货物、服务、不动产和无形资产，在确定货物、服务、不动产和无形资产销售额时，按照有关规定可以从取得的全部价款和价外费用中扣除价款的，需填报《附列资料（三）》，其他情况不填写《附列资料（三）》。

5.《增值税纳税申报表附列资料（四）》（税额抵减情况表，本书简称《附列资料（四）》）。

本表反映纳税人发生增值税税控系统专用设备费用和技术维护费抵减应纳税额；营改增纳税人，服务、不动产和无形资产按规定汇总计算缴纳增值税的总机构出租不动产预征缴纳税款抵减应纳增值税税额；建筑服务、销售不动产、出租不动产企业预缴增值税抵减应纳税额时填写，未发生上述业务的纳税人不填写本表。

6.《增值税纳税申报表附列资料（五）》（不动产分期抵扣计算表，本书简称《附列资料（五）》）。

本表由分期抵扣不动产进项税额的纳税人填写，其他纳税人不填写。

7.《固定资产（不含不动产）进项税额抵扣情况表》。

本表反映纳税人购进固定资产抵扣进项税额情况。

8.《本期抵扣进项税额结构明细表》（本书简称《进项结构明细表》）。

9.《增值税减免税申报明细表》（本书简称《减免税明细表》）。

本表由享受增值税减免税优惠政策的纳税人填写。

（一）一般纳税人增值税纳税申报表填报概述

填写增值税申报表不是一项简单的工作，需要强调的是，增值税申报表不仅仅是申报的，同时需要理解政策为前提，仔细研读增值税申报表能回答很多实务问题。

1. 必须熟悉增值税的政策

增值税的政策是填写申报表的基础，很多企业在实务中不重视申报表的填写，仅仅要求把申报表填写正确即可，或者对填写申报表的岗位人员的业务素质及政策掌握没有要求，经常遇见填写申报表的岗位人员不需要参加营改增学习的现象。

【例 371】 纳税人取得的进项发票要做一些准备工作才能进项税额抵扣，不是说有“进项发票”就能抵扣：

增值税一般纳税人取得增值税专用发票、货物运输业增值税专用发票、机动车销售统一发票，应在开具之日起 180 日内到税务机关或通过网络上传办理认证，并在认证通过的次月申报期内，向主管税务机关申报抵扣进项税额。海关进口增值税专用缴款书实行“先比对后抵扣”管理，应在开具之日起 180 日内向主管税务机关报送或通过网络上传《海关完税凭证抵扣清单》（电子数据）申请稽核比对。未在规定期限内办理认证、申报抵扣或者申请稽核比对的，不得作为合法的增值税扣税凭证，不得计算进项税额抵扣。

纳税信用A、B级增值税一般纳税人取得销售方使用新系统开具的增值税发票（包括增值税专用发票、货物运输业增值税专用发票、机动车销售统一发票，下同），可以不再进行扫描认证，登录本省增值税发票查询平台，查询、选择用于申报抵扣或者出口退税的增值税发票信息，未查询到对应发票信息的，仍可进行扫描认证。

2016年5月1日新纳入营改增试点的增值税一般纳税人，2016年5月至7月期间不需进行增值税发票认证，登录本省增值税发票查询平台，查询、选择用于申报抵扣或者出口退税的增值税发票信息，未查询到对应发票信息的，可进行扫描认证。2016年8月起按照纳税信用级别分别适用发票认证的有关规定。

【例372】 建筑企业一般纳税人的一般计税方法项目的支付的分包款，只是在跨地区经营预缴时差额扣除，在计算缴纳应纳税额时，是抵扣进项税额，则申报时按照进项税额抵扣进行申报，填报申报表《附列资料（二）》（进项税额明细表）；简易计税方法项目的支付分包款，在计算缴纳应纳税额是销售额差额扣除，则申报时按照差额扣除进行申报，填报申报表《附列资料（三）》（服务、不动产和无形资产扣除项目明细表）。

【例373】 按照政策规定，金融商品转让，按照卖出价扣除买入价后的余额为销售额。转让金融商品出现的正负差，按盈亏相抵后的余额为销售额。若相抵后出现负差，可结转下一纳税期与下期转让金融商品销售额相抵，但年末时仍出现负差的，不得转入下一个会计年度。

也就是说，年初第一次申报，金融商品转让填报申报表《附列资料（三）》中“服务、不动产和无形资产扣除项目”中第2列“期初余额”为0。

2. 需要学习填报说明和梳理增值税申报表的结构

实务中很多财务人员填写申报表时，没有仔细学习过填报说明，也没有对增值税申报表的结构梳理，仅仅是凭印象填报，出现数据逻辑不通和填报错误。

【例374】 一般纳税人收入填报逻辑：

（1）一般纳税人开具增值税专用发票（含税控机动车销售统一发票）的，需将相应开票收入填入《附列资料（一）》第1列至第2列“开具增值税专用发票”当中。

（2）一般纳税人开具除增值税专用发票之外的发票，需将相应开票收入填入《附列资料（一）》第3列至第4列“开具其他发票”当中。

（3）一般纳税人取得的不开票收入，需如实进行申报，将相应收入填入《附列资料（一）》第5列至第6列“未开具发票收入”当中。

注意：纳税人当月开票收入和申报收入实行一窗式比对，纳税人申报收入小于当月开票收入的，一窗式比对不通过，纳税人无法自行清卡，需要到税务机关前台手工操作。

【例375】主表的填报税明：第5栏“按简易办法计税销售额”：填写纳税人本期按简易计税方法计算增值税的销售额。其中服务、不动产和无形资产按规定汇总计算缴纳增值税的分支机构，其当期按预征率计算缴纳增值税的销售额也填入本栏。

【例376】《附列资料（二）》的填报税明：第8栏“其他”：反映按规定本期可以申报抵扣的其他扣税凭证情况。

实务中，一般纳税人支付的道路、桥、闸通行费，暂凭取得的通行费发票（不含财政票据）上注明的收费金额按照公式计算可抵扣的进项税额填写第8栏“其他”，同时还需要填写《进项结构明细表》第30栏。

【例377】《附列资料（二）》的填报税明：第26栏“本期认证相符且本期未申报抵扣”：反映本期认证相符，但按税法规定暂不予抵扣及不允许抵扣，而未申报抵扣的增值税专用发票情况。

实务中，一般纳税人取得增值税专用发票，但是其支出不允许进项税额抵扣，从实务的角度，需要按规定认证，就可填到第26栏“本期认证相符且本期未申报抵扣”，账务上按照不能抵扣进行处理。当然发生上述情形，很多时候是按照进项税额转出处理。

【例378】企业销售业务需要填报《附列资料（一）》，有差额征税业务，同时还需要填报《附列资料（三）》，同时需要关注两表之间数据和逻辑关系。

【例379】企业发生的进项税额需要填报《附列资料（二）》和《进项结构明细表》，有固定资产（不含不动产）抵扣进项税额还需要填写《固定资产（不含不动产）进项税额抵扣情况表》，有分期抵扣不动产进项税额还要填写《附列资料（五）》（不动产分期抵扣计算表），同时需要关注各表之间数据和逻辑关系。

【例380】《附列资料（四）》（税额抵减情况表）仅仅是发生增值税税控系统专用设备费用和技术维护费和发生预征缴纳税款的纳税人填写。

【例 381】《附列资料（五）》由分期抵扣不动产进项税额的纳税人填写，没有分期抵扣不动产进项税额的纳税人不需要填写。

3. 仔细研读申报表会回答很多实务的问题

【例 382】填写主表中“税款计算”部分，计算应纳税额合计时，第 11 栏“销项税额”是企业发生一般计税方法申报期内所有的销项税额，第 12 栏“进项税额”企业发生申报期内所有的可抵扣的进项税额，并没有要求企业有多个一般计税方法项目或业务需要分开核算申报计算应纳税额，也就是说对同一个一般纳税人来说，计算一般计税方法的应纳税额是，当期“所有销项税额”抵扣当期“所有销项税额”和“前期留抵税额”。

【例 383】发生增值税税控系统专用设备费用和技术维护费抵减增值税应纳税额，填写《附列资料（四）》，同时体现在主表的第 24 行“应纳税额减征额”，另第 24 栏“应纳税额合计” = 第 19 栏 + 第 21 栏 – 第 23 栏，其中第 21 栏为“简易计税办法计算的应纳税额”，也就是说增值税税控系统专用设备费用和技术维护费可以抵扣简易计税办法计算的应纳税额。

（二）一般纳税人增值税纳税申报表填报逻辑示意图（见图 22）

（三）主表填写的注意事项和特殊事项申报

1. “销售额”栏次的填写

（1）填写纳税人本期计算缴纳增值税的销售额，包含：在财务上不作销售但按税法规定应缴纳增值税的视同销售和价外费用的销售额；外贸企业作价销售进料加工复出口货物的销售额；税务、财政、审计部门检查后按一般计税方法计算调整的销售额。

需要提醒的是，不仅仅会计报表中“营业收入”科目对应的销售额，还有投资收益、营业外收入、财务费用中利息收入、以前年度损益调整及当前损益等科目对应的销售额。

（2）销售额根据不同项目，分别填写到“按适用税率计税销售额”、“按简易办法计税销售额”、“免、抵、退办法出口销售额”、“免税销售额”。

（3）一般纳税人申报表主表中的销售额都为不含税销售额。

（4）营改增的纳税人，服务、不动产和无形资产有扣除项目的，本栏应填写扣除之前的不含税销售额。

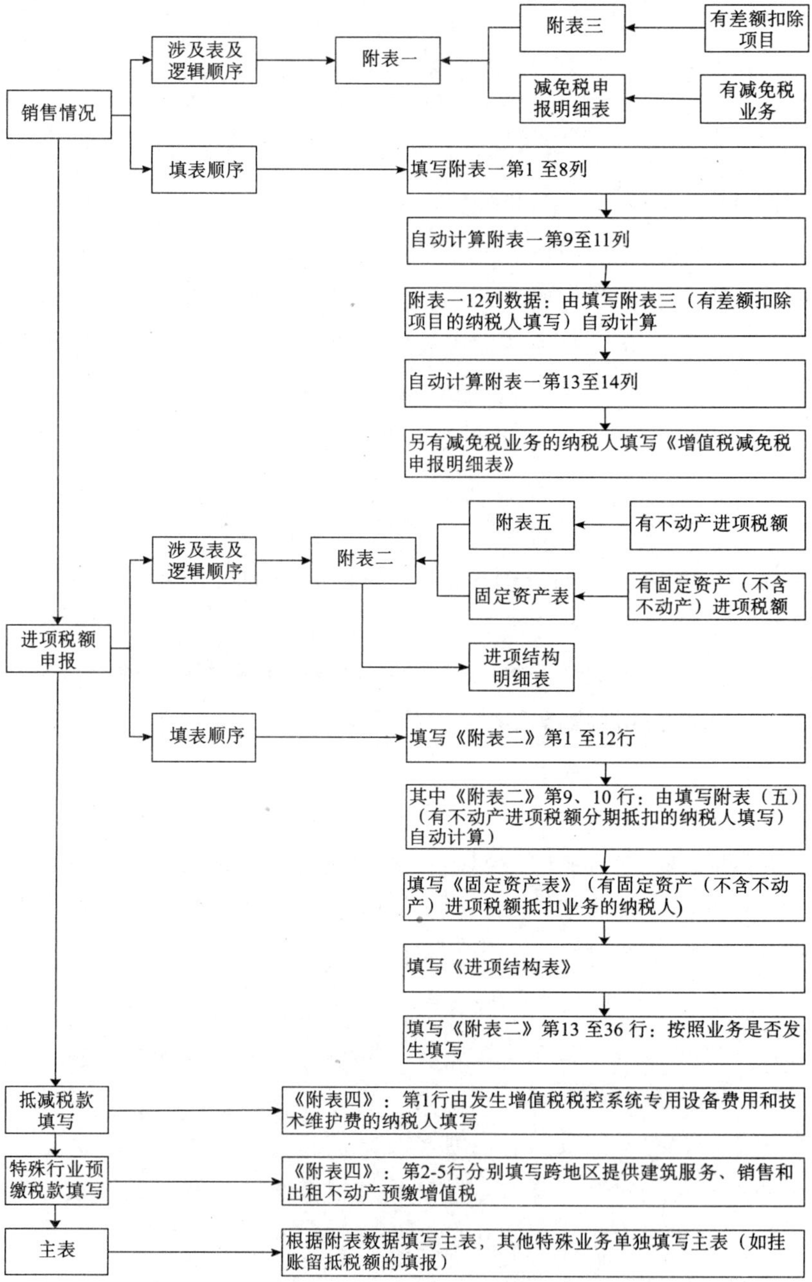

图 22　一般纳税人增值税纳税申报表填报逻辑示意图

（5）主表的销售额根据《附列资料（一）》中的销售额进行填写，实务填报时，申报系统会自动计算。

（6）服务、不动产和无形资产的销售额不填写到主表第3栏“应税劳务销售额”中，应填写到主表第1栏“按适用税率计税销售额”中。

“应税劳务销售额”栏填写应税加工、修理、修配劳务的不含税销售额。

（7）“纳税检查调整的销售额”栏填写纳税人因税务、财政、审计部门检查，并按一般计税方法在本期计算调整的销售额，没有发生不需要填写。

但享受增值税即征即退政策的货物、劳务和服务、不动产、无形资产，经纳税检查属于偷税的，不填入“即征即退项目”列，而应填入“一般项目”列。

（8）营改增后的销售服务、无形资产或者不动产，不需要在在《主表》第3栏“应税劳务销售额”中单独反映，该栏次填写的加工修理修配的增值税劳务的销售额。

2. “税款计算”栏次填写

（1）“税款计算”栏次计算逻辑示意图（见图23）

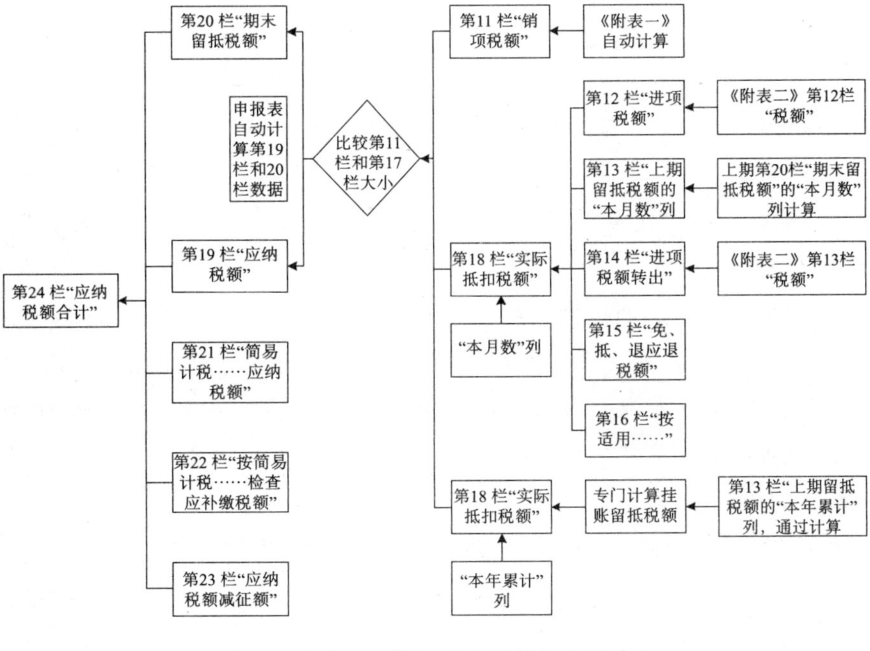

图23　“税款计算”栏次计算逻辑示意图

（2）“挂账留抵税额”业务处理

原一般纳税人兼有销售服务、无形资产或者不动产的，截止到纳入营改增试点之日前的增值税期末留抵税额，不得从销售服务、无形资产或者不动产的销项税额中抵扣，也称为“挂账留抵税额”。

主表中的13栏“上期留抵税额”、第18栏“实际抵扣税额”、第20栏“期末留抵税额”的“一般项目”列“本年累计”专用于挂账留抵税额的填写。

【例384】接【例372】申报表填报

第一种情况：一般纳税人试点前原期末留抵税额10万元，则如下填报：

主表中的第13栏“上期留抵税额”的“一般项目”列“本年累计”填报10万元。

主表中的第18栏“实际抵扣税额”的“一般项目”列“本年累计”填报10万元。

主表中的第20栏“期末留抵税额”的“一般项目”列“本年累计”填报0万元。

第二种情况：一般纳税人试点前原期末留抵税额30万元，则如下填报：

主表中的第13栏“上期留抵税额”的“一般项目”列“本年累计”填报30万元。

主表中的第18栏“实际抵扣税额”的“一般项目”列“本年累计”填报21.45万元。

主表中的第20栏“期末留抵税额”的“一般项目”列“本年累计”填报8.55万元。

（3）销售使用过的固定资产申报处理

主表第23栏“应纳税额减征额”填写纳税人本期按照税法规定减征的增值税应纳税额，包含按照规定可在增值税应纳税额中全额抵减的增值税税控系统专用设备费用以及技术维护费，纳税人销售使用过的固定资产、销售旧货销售额1%减征的部分。

一般纳税人销售自己使用过的固定资计算缴纳增值税申报：

第一种情形：销售自己使用过的固定资产依3%减按2%征收增值税，只能开具增值税普通发票。

纳税人应在发生上述简易征收事项的当期，按要求填列《附列资料（一）》

（本期销售情况明细）第 11 行“3% 征收率的货物及加工修理修配劳务”。

同时将减征部分填入主表第 23 栏“应纳税额减征额”的“一般项目”列“本月数”列。

政策规定“适用简易办法按 3% 征收率减按 2% 征收增值税政策”，则减征部分 = 含税销售额 ÷（1 + 3%）×（3% − 2%）= 含税销售额 ÷（1 + 3%）× 1%

第二种情形：销售自己使用过的固定资产依 3% 征收增值税，即放弃“减按 2%”减税并可以开具增值税专用发票。

纳税人应在发生上述简易征收事项的当期，按要求填列《附列资料（一）》（本期销售情况明细）第 11 行“3% 征收率的货物及加工修理修配劳务”。

特别提醒，不需要填写将减征部分填入主表第 23 栏“应纳税额减征额”。

【例 385】一般纳税人销售自己使用过的固定资产（符合条件），含税销售额 618 元，不考虑其他情况。

①由于购买属于个人等原因，未开具增值税发票，会选择“依 3% 减按 2% 征收增值税”则：

应纳税额 = 含税销售额 ÷（1 + 3%）× 2%

= 618 ÷（1 + 3%）× 2% = 12 元

减征部分 = 含税销售额 ÷（1 + 3%）×（3% − 2%）

= 618 ÷（1 + 3%）×（3% − 2%）= 6 元

申报表填写

按要求填列《附列资料（一）》（本期销售情况明细）第 11 行“3% 征收率的货物及加工修理修配劳务”，如表 22：

表 22

增值税纳税申报表附列资料（一）
（本期销售情况明细）
税款所属时间：　年　月　日至　年　月　日

纳税人名称：（公章）　　　　金额单位：元至角分

项目及栏次				开具增值税专用发票		开具其他发票		未开具发票		纳税检查调整		合计			服务、不动产和无形资产扣除项目本期实际扣除金额	扣除后	
				销售额	销项（应纳）税额	销售额	销项（应纳）税额	销售额	销项（应纳）税额	销售额	销项（应纳）税额	销售额	销项（应纳）税额	价税合计		含税（免税）销售额	销项（应纳）税额
				1	2	3	4	5	6	7	8	9=1+3+5+7	10=2+4+6+8	11=9+10	12	13=11-12	14=13÷（100%+税率或征收率）×税率或征收率
二、简易计税方法计税	全部征税项目	3%征收率的货物及加工修理修配劳务	11					600.00	18.00	——	——	600.00	18.00	——	——	——	——
		3%征收率的服务、不动产和无形资产	12							——	——						
		预征率 %	13a							——	——						
		预征率 %	13b							——	——						
		预征率 %	13c							——	——						
	其中：即征即退项目	即征即退货物及加工修理修配劳务	14	——	——	——	——	——	——	——	——			——	——	——	——
		即征即退服务、不动产和无形资产	15	——	——	——	——	——	——	——	——						

同时将减征部分6元填入主表第23栏“应纳税额减征额”的“一般项目”列“本月数”列。

②由于购买者需要开具增值税专用发票按规定抵扣进项税额，选择了放弃免税，则：

应纳税额 = 含税销售额 ÷ (1 + 3%) × 3%

= 618 ÷ (1 + 3%) × 3% = 18 元

申报表填写

只需要按要求填列《附列资料（一）》（本期销售情况明细）第11行“3%征收率的货物及加工修理修配劳务”，如表23：

表 23

增值税纳税申报表附列资料（一）

（本期销售情况明细）

税款所属时间： 年 月 日至 年 月 日

纳税人名称：（公章） 金额单位：元至角分

项目及栏次				开具增值税专用发票		开具其他发票		未开具发票		纳税检查调整		合计			服务、不动产和无形资产扣除项目本期实际扣除金额	扣除后	
				销售额	销项(应纳)税额	销售额	销项(应纳)税额	销售额	销项(应纳)税额	销售额	销项(应纳)税额	销售额	销项(应纳)税额	价税合计		含税(免税)销售额	销项(应纳)税额
				1	2	3	4	5	6	7	8	9=1+3+5+7	10=2+4+6+8	11=9+10	12	13=11-12	14=13÷(100%+税率或征收率)×税率或征收率
二、简易计税方法计税	全部征税项目	3%征收率的货物及加工修理修配劳务	11	600.00	18.00					——	——	600.00	18.00	——	——	——	——
		3%征收率的服务、不动产和无形资产	12							——	——						
		预征率 %	13a							——	——						
		预征率 %	13b							——	——						
		预征率 %	13c							——	——						
	其中：即征即退项目	即征即退货物及加工修理修配劳务	14	——	——	——	——	——	——	——	——			——	——	——	——
		即征即退服务、不动产和无形资产	15	——	——	——	——	——	——	——	——						

3. 申报表中的“实务问题”

①一般计税方法的留抵税额不能抵扣简易计算办法计算的应纳税额。

如一般计税方法存在留抵税额，即主表中的第20栏“期末留抵税额”的“一般项目”列“本月数”列有数，同时第19栏“应纳税额”为0。

同时从“税款计算”栏次的计算逻辑可以看到出来，最后第24栏“应纳税额合计” = 第19栏 + 第21栏 - 第23栏，第20栏“期末留抵税额”根本就没有参与计算，也就说一般计税方法的留抵税额（第20栏“期末留抵税额”）不能抵扣简易计算办法计算的应纳税额（第21栏“简易计税办法计算的应纳税额”）。

②一般计税方法计算的纳税检查应补缴的增值税税额可用留抵税额抵扣。

主表中的第16栏“按适用税率计算的纳税检查应补缴税额”：填写税务、财政、审计部门检查，按一般计税方法计算的纳税检查应补缴的增值税税额。

同时从“税款计算”栏次的计算逻辑可以看到出来，第 24 栏“应抵扣税额合计” = 第 12 栏 + 第 13 栏 - 第 14 栏 - 第 15 栏 + 第 16 栏，其中第 13 栏“上期留抵税额”填报的上期留抵税额。

4. 税款缴纳的填写

（1）主表第 28 栏“①分次预缴税额”填写纳税人本期已缴纳的准予在本期增值税应纳税额中抵减的税额，数据来源于《附列资料（四)》。

营改增的纳税人，分以下几种情况填写：

①服务、不动产和无形资产按规定汇总计算缴纳增值税的总机构，其可以从本期增值税应纳税额中抵减的分支机构已缴纳的税款，按当期实际可抵减数填入本栏，不足抵减部分结转下期继续抵减。

②销售建筑服务并按规定预缴增值税的纳税人，其可以从本期增值税应纳税额中抵减的已缴纳的税款，按当期实际可抵减数填入本栏，不足抵减部分结转下期继续抵减。

③销售不动产并按规定预缴增值税的纳税人，其可以从本期增值税应纳税额中抵减的已缴纳的税款，按当期实际可抵减数填入本栏，不足抵减部分结转下期继续抵减。

④出租不动产并按规定预缴增值税的纳税人，其可以从本期增值税应纳税额中抵减的已缴纳的税款，按当期实际可抵减数填入本栏，不足抵减部分结转下期继续抵减。

（2）主表第 34 栏“本期应补（退）税额”反映纳税人本期应纳税额中应补缴或应退回的数额。按表中所列公式计算填写。

5. 汇总申报业务的填写

①总机构申报表的填写

实行总分支机构汇总申报的企业，总机构填写完整的增值税申报表。总机构根据传递表系统汇总的，包含所有总分支机构销售额、进项税额、分支机构分配的应纳税额，进行填写申报表。总机构需要填写完整的的申报表。

所有总分支机构取得的进项税额，由总机构汇总填写在《附列资料（二)》第 1 栏“认证相符的增值税专用发票”中。按季申报的总机构，汇总的进项税额包含该季度所有总分支机构认证（或登录发票查询平台勾选确认）的专用发票进行税额之和。

分支机构根据销售占比分配的税款，由总机构填写在主表第28栏“①分次预缴税额”。实行定率预缴的总分支机构，分支机构定率预征的税款也填报在该栏。

①分支机构申报表的填写

分支机构只需要填写《附列资料（一）》、《附列资料（二）》、《主表》。

第一部分：销售额的填写

分支机构实行按销售额占比分配的税款，倒推出的销售额填写在《附列资料（一）》“一般计税方法”相应税率栏次中。

分支机构实行定率预征计算的税款，倒推出的销售额填写在《附列资料（一）》“一般计税方法”相应税率栏次中。

“营改增”分支机构实行定率预征的，销售额填写在《附列资料（一）》第13a行“预征率%”。部分实行汇总计算缴纳增值税的铁路运输试点纳税人销售额填写在《附列资料（一）》第13b、13c行“预征率%”。

第二部分：进项税额的填写

分支机构认证（（或登录发票查询平台勾选确认）的专用发票进项税额填写在《附列资料（二）》第1栏“认证相符的增值税专用发票”中，并填写到《附列资料（二）》第17栏“简易计税方法征税项目用”作进项税额转出。

【例386】北京市国税局网站《营改增纳税申报指引（十七）：金融服务总机构汇总纳税》中“按季申报的企业汇总缴纳增值税”案例。

A公司为一般纳税人，营业税为汇总缴纳企业，现为批准汇总缴纳增值税的总机构，下设B、C两个分支机构。

2016年5月发生业务如下：

（1）A公司取得应税收入10 600元，开具增值税专用发票注明销售额10 000元，税额600元；购进货物支付价款1 170元，取得符合抵扣条件的增值税专用发票注明销售额1 000元，税额170元。

（2）B公司和C公司分别取得收入5 300元和3 180元，未开具发票。

2016年6月发生业务如下：

（1）A公司取得应税收入21 200元，开具增值税专用发票注明销售额20 000元，税额1 200元；接受咨询服务支付价款5 300元，取得符合抵扣条件的增值税专用发票注明销售额5 000元，税额300元。

（2）B公司和C公司分别取得收入2 120元和4 240元，未开具发票。

报表填写：

（1）A公司汇总全部分支机构的收入计算销项税额：

增值税发票开票金额 = 10 000 + 20 000 = 30 000元，销项税额 = 30 000 × 6% = 1 800元

未开具发票销售额 = 5 300 ÷（1 + 6%）+ 3 180 ÷（1 + 6%）+ 2 120 ÷（1 + 6%）+ 4 240 ÷（1 + 6%）= 14 000元，销项税额 = 14 000 × 6% = 840元。

（2）A公司汇总全部分支机构取得的进项税额

符合抵扣条件的进项金额 = 1 000 + 5 000 = 6 000元，进项税额 = 170 + 300 = 470元。

（3）A公司汇总计算应纳税额

应纳税额 = 1 800 + 840 − 470 = 2 170元。

（4）按收入占比分别计算A、B、C分支机构的入库税额

A公司应纳税额 = 2 170 ×（10 600 + 21 200）÷（10 600 + 5 300 + 3 180 + 21 200 + 2 120 + 4 240）= 1 479.54元

B公司应纳税额 = 2 170 ×（5 300 + 2 120）÷（10 600 + 5 300 + 3 180 + 21 200 + 2 120 + 4 240）= 345.23元

C公司应纳税额 = 2 170 ×（3 180 + 4 240）÷（10 600 + 5 300 + 3 180 + 21 200 + 2 120 + 4 240）= 345.23元

（5）A公司在机构所在地国税机关汇总填写申报表并交纳税款（见表24～表28）。

表24

增值税纳税申报表附列资料（一）
（本期销售情况明细）
税款所属时间：2016 年 5 月 1 日至 2016 年 6 月 30 日

纳税人名称：（公章）　　　　金额单位：元至角分

项目及栏次				开具增值税专用发票		开具其他发票		未开具发票		纳税检查调整		合计			服务、不动产和无形资产扣除项目本期实际扣除金额	扣除后	
				销售额	销项（应纳）税额	销售额	销项（应纳）税额	销售额	销项（应纳）税额	销售额	销项（应纳）税额	销售额	销项（应纳）税额	价税合计		含税（免税）销售额	销项（应纳）税额
				1	2	3	4	5	6	7	8	9=1+3+5+7	10=2+4+6+8	11=9+10	12	13=11−12	14=13÷（100%+税率或征收率）×税率或征收率
一、一般计税方法计税	全部征税项目	17%税率的货物及加工修理修配劳务	1											——	——	——	——
		17%税率的服务、不动产和无形资产	2														
		13%税率	3											——	——	——	——
		11%税率	4														
		6%税率	5	30000	1800	0	0	14000	840	0	0	44000	2640	46640	0	46640	2640
	其中：即征即退项目	即征即退货物及加工修理修配劳务	6	——	——	——	——	——	——	——	——			——	——	——	——
		即征即退服务、不动产和无形资产	7	——	——	——	——	——	——	——	——						

表 25

（本期进项税额明细）				
税款所属时间：2016 年 5 月 1 日至 2016 年 6 月 30 日				
纳税人名称：（公章）				金额单位：元至角分
一、申报抵扣的进项税额				
项目	栏次	份数	金额	税额
（一）认证相符的增值税专用发票	1=2+3	2	6000	470
其中：本期认证相符且本期申报抵扣	2	2	6000	470
前期认证相符且本期申报抵扣	3			
（二）其他扣税凭证	4=5+6+7+8			
其中：海关进口增值税专用缴款书	5			
农产品收购发票或者销售发票	6			
代扣代缴税收缴款凭证	7		——	
其他	8			
（三）本期用于购建不动产的扣税凭证	9			
（四）本期不动产允许抵扣进项税额	10	——	——	
（五）外贸企业进项税额抵扣证明	11	——	——	
当期申报抵扣进项税额合计	12=1+4-9+10+11	2	6000	470

表 26

本期抵扣进项税额结构明细表			
税款所属时间：2016 年 5 月 1 日至 2016 年 6 月 30 日			
纳税人名称：（公章）			金额单位：元至角分
项目	栏次	金额	税额
合计	1=2+4+5+11+16+18+27+29+30	6000	470
一、按税率或征收率归集（不包括购建不动产、通行费）的进项			
17%税率的进项	2	1000	170
其中：有形动产租赁的进项	3		
13%税率的进项	4		
11%税率的进项	5		
其中：运输服务的进项	6		
电信服务的进项	7		
建筑安装服务的进项	8		
不动产租赁服务的进项	9		
受让土地使用权的进项	10		
6%税率的进项	11	5000	300
其中：电信服务的进项	12		
金融保险服务的进项	13		
生活服务的进项	14		

表 27 增值税纳税申报表附列资料（四）

（税额抵减情况表）

序号	抵减项目	期初余额	本期发生额	本期应抵减税额	本期实际抵减税额	期末余额
		1	2	3 = 1 + 2	4≤3	5 = 3 - 4
2	分支机构预征缴纳税款	0	690.46	690.46	690.46	0

表 28

增值税纳税申报表

（一般纳税人适用）

项目		栏次	一般项目		即征即退项目	
			本月数	本年累计	本月数	本年累计
销售额	（一）按适用税率计税销售额	1	44 000			
	其中：应税货物销售额	2				
	应税劳务销售额	3				
	纳税检查调整的销售额	4				
	（二）按简易办法计税销售额	5				
	其中：纳税检查调整的销售额	6				
	（三）免、抵、退办法出口销售额	7			—	—
	（四）免税销售额	8			—	—
	其中：免税货物销售额	9			—	—
	免税劳务销售额	10			—	—
税款计算	销项税额	11	2 640			
	进项税额	12	470			
	上期留抵税额	13				—
	进项税额转出	14				
	免、抵、退应退税额	15			—	—
	按适用税率计算的纳税检查应补缴税额	16			—	—
	应抵扣税额合计	17 = 12 + 13 − 14 − 15 + 16	470	—		—
	实际抵扣税额	18（如 17 < 11，则为 17，否则为 11）	470			
	应纳税额	19 = 11 − 18	2 170			
	期末留抵税额	20 = 17 − 18				—
	简易计税办法计算的应纳税额	21				
	按简易计税办法计算的纳税检查应补缴税额	22			—	—
	应纳税额减征额	23				
	应纳税额合计	24 = 19 + 21 − 23	2 170			

续表

项目		栏次	一般项目		即征即退项目	
			本月数	本年累计	本月数	本年累计
税款缴纳	期初未缴税额（多缴为负数）	25				
	实收出口开具专用缴款书退税额	26			—	—
	本期已缴税额	27 = 28 + 29 + 30 + 31	690.46			
	①分次预缴税额	28	690.46	—		—
	②出口开具专用缴款书预缴税额	29		—	—	—
	③本期缴纳上期应纳税额	30				
	④本期缴纳欠缴税额	31				
	期末未缴税额（多缴为负数）	32 = 24 + 25 + 26 − 27	1 479.54			
	其中：欠缴税额（≥0）	33 = 25 + 26 − 27		—		—
	本期应补（退）税额	34 = 24 − 28 − 29	1 479.54	—		—
	即征即退实际退税额	35	—	—		
	期初未缴查补税额	36			—	—
	本期入库查补税额	37			—	—
	期末未缴查补税额	38 = 16 + 22 + 36 − 37			—	—

6. 即征即退

纳税人按规定享受增值税即征即退政策的货物、劳务和服务、不动产、无形资产的征（退）税数据填写在附表一“即征即退项目”栏次中和主表“即征即退项目”列中。未发生即征即退业务的纳税人无需填写相关内容。即征即退业务的纳税人取得的进项税额需要在“一般项目”和“即征即退项目”中进行分摊。

【例 387】（摘自汕头市国家税务局网站“（五）税收优惠业务申报指引·即征即退业务”）纳税人提供管道运输服务享受增值税即征即退政策（适用于增值税即征即退服务的纳税人）

2016 年 5 月，一般纳税人 A 企业提供管道运输服务取得不含税收入 100 000 元，并开具增值税专用发票，该纳税人无上期留抵税额，本期认证一张税率为 11% 内容为运费票面不含税金额为 50 000 元的增值税专用发票，取得即征即退进项税额为 5 500 元，期初未缴税额 0 元。

2016 年 6 月收到增值税即征即退税款 2 500 元。

【政策规定】

1.《财政部　国家税务总局关于全面推开营业税改征增值税试点的通知》（财税〔2016〕36号）附件1《营业税改征增值税试点实施办法》第十五条第（二）款规定：纳税人提供交通运输、邮政、基础电信、建筑、不动产租赁服务，销售不动产，转让土地使用权，税率为11%。

2.《财政部　国家税务总局关于全面推开营业税改征增值税试点的通知》（财税〔2016〕36号）附件3《营业税改征增值税试点过渡政策的规定》第二条第（一）款：一般纳税人提供管道运输服务，对其增值税实际税负超过3%的部分实行增值税即征即退政策。

【注意事项】

该案例中一般纳税人A企业提供管道运输服务取得的增值税收入实际税负超过3%的部分实行增值税即征即退政策。

【数据计算】

1. 即征即退销项税额＝不含税销售收入×适用税率

＝100 000×11%＝11 000（元）

2. 即征即退进项税额＝支付的全部价款（不含税）×适用税率

＝50 000×11%＝5 500（元）

3. 即征即退应纳税额＝即征即退销项税额－即征即退进项税额

＝11 000－5 500＝5 500（元）

4. 即征即退退税额＝即征即退实际税负超过3%的部分＝5 500－（100 000×3%）＝5 500－3 000＝2 500元

【表样填写】

（见表29～表32）

（一）在2016年6月申报期申报5月所属期增值税时：

1. 将提供管道运输服务开具增值税专用发票的100 000元不含税销售额和11 000元税额填入《增值税纳税申报表附列资料（一）（本期销售情况明细）》第4栏第1、9列和第2、10列，以及第7栏第9和10列。

2. 将本期认证通过的1份增值税专用发票的金额50 000元和税额5 500元填入《增值税纳税申报表附列资料（二）（本期进项税额明细）》第1、2和12栏“金额”列和“税额”列。

表 29

增值税纳税申报表附列资料（一） （本期销售情况明细）											
项目及栏次				开具增值税专用发票		合计			服务、不动产和无形资产扣除项目本期实际扣除金额	扣除后	
				销售额	销项（应纳）税额	销售额	销项(应纳)税额	价税合计		含税(免税)销售额	销项(应纳)税额
				1	2	9=1+3+5+7	10=2+4+6+8	11=9+10	12	13=11-12	14=13÷（100%+税率或征收率）×税率或征收率
一、一般计税方法计税	全部征税项目	17%税率的货物及加工修理修配劳务	1					——	——	——	——
		17%税率的服务、不动产和无形资产	2								
		13%税率	3					——	——	——	——
		11%税率	4	100000	11000	100000	11000	111000		111000	11000
		6%税率	5								
	其中：即征即退项目	即征即退货物及加工修理修配劳务	6	——	——			——	——	——	——
		即征即退服务、不动产和无形资产	7	——	——	100000	11000	111000	0	111000	11000

表 30

（本期进项税额明细） 一、申报抵扣的进项税额				
项目	栏次	份数	金额	税额
（一）认证相符的增值税专用发票	1=2+3	1	50 000	5 500
其中：本期认证相符且本期申报抵扣	2	1	50 000	5 500
前期认证相符且本期申报抵扣	3			
（二）其他扣税凭证	4=5+6+7+8			
其中：海关进口增值税专用缴款书	5			
农产品收购发票或者销售发票	6			
代扣代缴税收缴款凭证	7		——	
其他	8			
（三）本期用于购建不动产的扣税凭证	9			
（四）本期不动产允许抵扣进项税额	10	——	——	
（五）外贸企业进项税额抵扣证明	11	——	——	
当期申报抵扣进项税额合计	12=1+4-9+10+11		50 000	5 500

3. 将本期购进运输服务的进项金额 50 000 元和税额 5 500 元填入《本期抵扣进项税额结构明细表》第 1、5 和 6 栏“金额”和“税额”列。

表 31

本期抵扣进项税额结构明细表			
项目	栏次	金额	税额
合计	1=2+4+5+11+16+18+27+29+30	50 000	5 500
一、按税率或征收率归集（不包括购建不动产、通行费）的进项			
17%税率的进项	2		
其中：有形动产租赁的进项	3		
13%税率的进项	4		
11%税率的进项	5	50 000	5 500
其中：运输服务的进项	6	50 000	5 500

4. 将即征即退不含税销售收入 100 000 元和销项税额 11 000 元填入《增值税纳税申报表（一般纳税人适用）》第 1、11 栏“即征即退项目”列“本月数”；进项税额 5 500 元填入第 12、17、18 栏“即征即退项目”列“本月数”；应纳税额 5 500 元填入第 19、24、32、34 栏“即征即退项目”列“本月数”。

表 32

附件1

增值税纳税申报表

（一般纳税人适用）

项目		栏次	一般项目		即征即退项目	
			本月数	本年累计	本月数	本年累计
销售额	（一）按适用税率计税销售额	1			100 000	
	其中：应税货物销售额	2				
	应税劳务销售额	3				
	纳税检查调整的销售额	4				
税款计算	销项税额	11			11 000	
	进项税额	12			5 500	
	上期留抵税额	13				—
	进项税额转出	14				
	免、抵、退应退税额	15			—	—
	按适用税率计算的纳税检查应补缴税额	16			—	—
	应抵扣税额合计	17=12+13-14-15+16		—	5 500	—
	实际抵扣税额	18（如17<11，则为17，否则为11）			5 500	
	应纳税额	19=11-18			5 500	
	期末留抵税额	20=17-18				—
	简易计税办法计算的应纳税额	21				
	按简易计税办法计算的纳税检查应补缴税额	22			—	—
	应纳税额减征额	23				
	应纳税额合计	24=19+21-23			5 500	
税款	④本期缴纳欠缴税额	31				
	期末未缴税额（多缴为负数）	32=24+25+26-27			5 500	
	其中：欠缴税额（≥0）	33=25+26-27		—		—
	本期应补(退)税额	34＝24-28-29		--	5 500	--

（二）在 2016 年 7 月申报期申报 6 月所属期增值税时，暂不考虑其他业务。

1. 2016 年 5 月所属期应纳税额 5 500 元，在 6 月申报期内已缴纳，填入《增值税纳税申报表（一般纳税人适用）》《增值税纳税申报表（一般纳税人适用）》第 25、27、30 栏“即征即退项目”列“本月数”；将实际收到的即征即退退税款 2 500 元填入第 35 栏“即征即退项目”列“本月数”。

（四）销售情况申报的注意事项及特殊事项

1. 销售额情况的填写（见表 33 ~ 表 35）

表 33

附件1

增值税纳税申报表

（一般纳税人适用）

税款缴纳	期初未缴税额（多缴为负数）	25			5 500	
	实收出口开具专用缴款书退税额	26			——	——
	本期已缴税额	27=28+29+30+31			5 500	
	①分次预缴税额	28		——		——
	②出口开具专用缴款书预缴税额	29		——	——	——
	③本期缴纳上期应纳税额	30			5 500	
	④本期缴纳欠缴税额	31				
	期末未缴税额（多缴为负数）	32=24+25+26-27				
	其中：欠缴税额（≥0）	33=25+26-27		——		——
	本期应补(退)税额	34＝24-28-29		——		——
	即征即退实际退税额	35	——	——	2 500	

（1）填写的《附列资料（一）》

当期取得的收入根据适用不同的税率/征收率确定的销售额和销项税额，分别填写到对应的“开具增值专用发票”、“开具其他发票”、“未开具发票”列中。

具体是：

①一般纳税人开具增值税专用发票（含税控机动车销售统一发票）的，需将相应开票收入填入《附列资料（一）》第 1 列至第 2 列“开具增值税专用发票”当中。

【例 388】一般纳税人提供不动产租赁服务，按规定选择了简易计税方法，在申报期开具一张增值税专用发票，注明的金额为 3 000 000 元，税额为 150 000元。不考虑其他情况，则报表填写：

表 34

增值税纳税申报表附列资料（一）

（本期销售情况明细）

税款所属时间： 年 月 日至 年 月 日

纳税人名称：（公章） 金额单位：元至角分

项目及栏次				开具增值税专用发票		开具其他发票		未开具发票		纳税检查调整		合计			服务、不动产和无形资产扣除项目本期实际扣除金额	扣除后	
				销售额	销项(应纳)税额	销售额	销项(应纳)税额	销售额	销项(应纳)税额	销售额	销项(应纳)税额	销售额	销项(应纳)税额	价税合计		含税(免税)销售额	销项(应纳)税额
				1	2	3	4	5	6	7	8	9=1+3+5+7	10=2+4+6+8	11=9+10	12	13=11-12	14=13÷(100%+税率或征收率)×税率或征收率
二、简易计税方法计税	全部征税项目	6%征收率	8							——	——			——	——	——	——
		5%征收率的货物及加工修理修配劳务	9a	3 000 000	150 000					——	——	3 000 000	150 000	——	——	——	——
		5%征收率的服务、不动产和无形资产	9b							——	——						
		4%征收率	10							——	——			——	——	——	——
		3%征收率的货物及加工修理修配劳务	11							——	——			——	——	——	——
		3%征收率的服务、不动产和无形资产	12							——	——						

②一般纳税人开具除增值税专用发票之外的发票，需将相应开票收入填入《附列资料（一）》第 3 列至第 4 列“开具其他发票”当中。

③一般纳税人取得的不开票收入，需如实进行申报，将相应收入填入《附列资料（一）》第 5 列至第 6 列“未开具发票收入”当中。

【例 389】一般纳税人提供餐饮服务，在申报期内，开具增值税普通发票注明的金额为 300 000 元，税额为 180 000 元；未开具发票不含税销售额 200 000 元，销项税额为 120 000 元。不考虑其他情况，则报表填写：

表 35

增值税纳税申报表附列资料（一）

（本期销售情况明细）

税款所属时间：　年　月　日至　年　月　日

纳税人名称：（公章）　　　　金额单位：元至角分

项目及栏次				开具增值税专用发票		开具其他发票		未开具发票		纳税检查调整		合计			服务、不动产和无形资产扣除项目本期实际扣除金额	扣除后	
				销售额	销项(应纳)税额	销售额	销项(应纳)税额	销售额	销项(应纳)税额	销售额	销项(应纳)税额	销售额	销项(应纳)税额	价税合计		含税(免税)销售额	销项(应纳)税额
				1	2	3	4	5	6	7	8	9=1+3+5+7	10=2+4+6+8	11=9+10	12	13=11-12	14=13÷(100%+税率或征收率)×税率或征收率
一、一般计税方法计税	全部征税项目	17%税率的货物及加工修理修配劳务	1											——	——	——	——
		17%税率的服务、不动产和无形资产	2														
		13%税率	3											——	——	——	——
		11%税率	4														
		6%税率	5	3 000 000	180 000			2 000 000	120 000			5 000 000	300 000	5 300 000		5 300 000	300 000

实务中，如以后纳税申报期，对未开票收入开具增值税发票，为了避免重复缴税，在以后纳税申报期进行申报时，应该按照开具增值税发票的类型分别填写《附列资料（一）》第 1 列至第 4 列，同时将属于已经申报了“未开票收入销售额和销项（应纳）税额”，在附列资料（一）》第 5 列至第 6 列“未开具发票收入”填写负数。

需要提醒的是，《中华人民共和国发票管理办法》（国务院令第 587 号）第十九条规定，销售商品、提供服务以及从事其他经营活动的单位和个人，对外发生经营业务收取款项，收款方应当向付款方开具发票；特殊情况下，由付款方向收款方开具发票。《中华人民共和国发票管理办法实施细则》（国家税务总局令第 25 号）第二十六条，填开发票的单位和个人必须在发生经营业务确认营业收入时开具发票。未发生经营业务一律不准开具发票。

④视同销售情况也根据适用的计税方法和是否开具发票、开具发票种类，分别填写到对应的“开具增值专用发票”、“开具其他发票”、“未开具发票”列中。

【例 390】一般纳税人将外购的电子设备无偿赠送给客户，电子设备购买时取得增值税专票，注明的金额为 30 000 元，税额为 5 100 元。

根据增值税暂行条例实施细则第四条规定，单位或者个体工商户将自产、委托加工或者购进的货物无偿赠送其他单位或者个，需要视同销售货物。

将外购的电子设备无偿赠送给客户，需要视同销售，视同销售的销售额为 30 000 元，税额为 5 100 元，未开具增值税发票，需要提醒的是视同销售采用一般计税方法，其进项税额可以按规定抵扣，即取得购买时的增值税专用发票需要认证申报进项税额。

其中视同销售部分的报表填写（见表 36、表 37）：

表 36

增值税纳税申报表附列资料（一）

（本期销售情况明细）

税款所属时间：　年　月　日至　年　月　日

纳税人名称：（公章）　　　　金额单位：元至角分

项目及栏次				开具增值税专用发票		开具其他发票		未开具发票		纳税检查调整		合计			服务、不动产和无形资产扣除项目本期实际扣除金额	扣除后	
				销售额	销项（应纳）税额	销售额	销项（应纳）税额	销售额	销项（应纳）税额	销售额	销项（应纳）税额	销售额	销项（应纳）税额	价税合计		含税（免税）销售额	销项（应纳）税额
				1	2	3	4	5	6	7	8	9=1+3+5+7	10=2+4+6+8	11=9+10	12	13=11-12	14=13÷（100%+税率或征收率）×税率或征收率
一、一般计税方法计税	全部征税项目	17%税率的货物及加工修理修配劳务	1					30 000	5 100			30 000	5 100	——	——	——	——
		17%税率的服务、不动产和无形资产	2														
		13%税率	3											——	——	——	——
		11%税率	4														
		6%税率	5														

【例 391】一般纳税人将自有不动产进去投资于其他公司，按照投资协议，确认该不动产市场价值为 4 000 000 元，将自有不动产需要按规定缴纳增值税，该纳税人同时向被投资公司开具了增值税专用发票，发票上注明的金额为 4 000 000 元，税额为 440 000 元不考虑其他情况，则报表填写：

表 37

增值税纳税申报表附列资料（一）

（本期销售情况明细）

税款所属时间：　年　月　日至　年　月　日

纳税人名称：（公章）　　　　金额单位：元至角分

项目及栏次				开具增值税专用发票		开具其他发票		未开具发票		纳税检查调整		合计			服务、不动产和无形资产扣除项目本期实际扣除金额	扣除后	
				销售额	销项（应纳）税额	销售额	销项（应纳）税额	销售额	销项（应纳）税额	销售额	销项（应纳）税额	销售额	销项（应纳）税额	价税合计		含税（免税）销售额	销项（应纳）税额
				1	2	3	4	5	6	7	8	9=1+3+5+7	10=2+4+6+8	11=9+10	12	13=11-12	14=13÷（100%+税率或征收率）×税率或征收率
一、一般计税方法计税	全部征税项目	17%税率的货物及加工修理修配劳务	1											——	——	——	——
		17%税率的服务、不动产和无形资产	2														
		13%税率	3											——	——	——	——
		11%税率	4	4 000 000	440 000							4 000 000	440 000	4 440 000	0	4 000 000	440 000
		6%税率	5														

⑤开具“未发生销售行为的不征税项目”发票，如新政策规定和当地特殊政策规定，填写《附列资料（一）》中第“四、免税”的第18和19行的“开具其他发票栏次”中（第3、4列）。

⑥实务中，当月开票收入和申报收入实行一窗式比对，纳税人申报收入小于当月开票收入的，一窗式比对不通过，纳税人无法自行清卡，需要到税务机关前台手工操作。

2. 简易计税方法征税业务的申报表填写

（1）一般纳税人适用简易计税方法的业务，当期取得的收入根据适用不同征收率确定的销售额和应纳税额，分别填写到对应的“开具增值专用发票”、“开具其他发票”、“未开具发票”列中。

（2）一般服务、不动产和无形资产有扣除项目，扣除部分填写《附列资料（三）》，具体参考本章节的《差额征税业务的申报表填写》。

（3）主表填写

①简易计税的不含税销售收入，填入主表第5栏“按简易办法计税销售额”，其中一般服务、不动产和无形资产有扣除项目的，本栏应填写扣除之前的不含税销售额。

本栏“一般项目”列“本月数”≥《附列资料（一）》第9列第8至13b行之和－第9列第14、15行之和；本栏“即征即退项目”列“本月数”≥《附列资料（一）》第9列第14、15行之和。

②简易计税的应纳税额，填入主表第21栏“简易计税办法计算的应纳税额”实际申报时，该栏数据一般是自动计算。

③按照主表计算公式，简易计税的应纳税额包含在主表的第24行“应纳税额减征额”，另第24栏“应纳税额合计”＝第19栏＋第21栏－第23栏。

3. 差额征税业务的申报表填写

（1）差额征税业务申报的思路

根据差额征税的销项（应纳）税额＝（含税销售额－扣除额）×税率或征收率/（1＋税率或征收率）的公式，差额征税业务申报的思路：

先确定申报扣除之前含税销售额，即按规定申报扣除之前的本期服务、不动产和无形资产价税合计额（即《附列资料（一）》第1－11列）。

后确定扣除额（含税），即按规定申报扣除额（即填报《附列资料（三）》）。

最后计算确认含税（免税）销售额（即《附列资料（一）》第13列）和销项（应纳）税额（即《附列资料（一）》第14列）。

（2）差额征税业务的填写步骤

第一步：取得全额销售额和税额根据适用不同的税率/征收率确定的销售额和销项税额，分别填写到对应的“开具增值专用发票”、“开具其他发票”、“未开具发票”列中，即确认不同的税率/征收率对应的《附列资料（一）》第11列。

第二步：自动计算《附列资料（三）》第1列。本列各行次等于《附列资料（一）》第11列对应行次，其中本列第3行和第4行之和等于《附列资料（一）》第11列第5栏。企业销售服务、不动产和无形资产按规定汇总计算缴纳增值税的分支机构，本列各行次之和等于《附列资料（一）》第11列第13a、13b行之和。

《附列资料（三）》第1列“本期服务、不动产和无形资产价税合计额（免税销售额）”：营改增的服务、不动产和无形资产属于征税项目的，填写扣除之前的本期服务、不动产和无形资产价税合计额；营改增的服务、不动产和无形资产属于免抵退税或免税项目的，填写扣除之前的本期服务、不动产和无形资产免税销售额。

第三步：按照企业发生差额的实际情况，填写《附列资料（三）》“服务、不动产和无形资产扣除项目”列。

第四步：按公式计算《附列资料（一）》第12至14列，其中《附列资料（一）》第12列相应栏次的数值等于《附列资料（三）》第5列相应栏次的数值。

【例392】 A企业是从事旅游服务的一般纳税人（适用税率为6%），2016年11月共取得旅游收入116.60万元并开具了增值税普通发票。该笔旅游收入包含了向其他单位支付的住宿费21万元、餐饮费10万元、交通费12万元、门票费10万元。

不考虑上期留抵、扣除项目的期初余额及其他情况。

应用取得的含税收入116.60万元减去可扣除项目金额合计53万元后的余额作为销售额。销售额应为116.60 − 53 = 63.6万元。

则不含税销售额 = (116.60 − 21 − 10 − 12 − 10) ÷ (1 + 6%) = 60万元，

销项税额 $=60\times6\%=3.6$ 万元。

第一步：根据开具增值税普通发票的含税收入 116.60 万元计算得出不含税收入 110.00 万元以及税额 6.6 万元，分别填入《增值税纳税申报表（一般纳税人适用）》附列资料（一）第 5 栏第 3、4 列（见表 38）。

表 38

增值税纳税申报表附列资料（一）

（本期销售情况明细）

税款所属时间： 年 月 日至 年 月 日

纳税人名称：（公章） 金额单位：元至角分

项目及栏次				开具增值税专用发票		开具其他发票		未开具发票		纳税检查调整		合计			服务、不动产和无形资产扣除项目本期实际扣除金额	扣除后	
				销售额	销项（应纳）税额	销售额	销项（应纳）税额	销售额	销项（应纳）税额	销售额	销项（应纳）税额	销售额	销项（应纳）税额	价税合计		含税（免税）销售额	销项（应纳）税额
				1	2	3	4	5	6	7	8	9=1+3+5+7	10=2+4+6+8	11=9+10	12	13=11-12	14=13÷（100%+税率或征收率）×税率或征收率
一、一般计税方法计税	全部征税项目	17%税率的货物及加工修理修配劳务	1											——	——	——	——
		17%税率的服务、不动产和无形资产	2														
		13%税率	3											——	——	——	——
		11%税率	4														
		6%税率	5			1 100 000	66 000					1 100 000	66 000	1 166 000			

第二步：自动计算《附列资料（三）》第 1 列，即《附列资料（三）》第 3 行第 1 列为 116.60 万元（见表 39）。

表 39

增值税纳税申报表附列资料（三）

（服务、不动产和无形资产扣除项目明细）

税款所属时间： 年 月 日至 年 月 日

纳税人名称：（公章） 金额单位：元至角分

项目及栏次		本期服务、不动产和无形资产价税合计额（免税销售额）	服务、不动产和无形资产扣除项目				
			期初余额	本期发生额	本期应扣除金额	本期实际扣除金额	期末余额
		1	2	3	4=2+3	5(5≤1且5≤4)	6=4-5
17%税率的项目	1						
11%税率的项目	2						
6%税率的项目（不含金融商品转让）	3	1 166 000	0	530 000	530 000	530 000	0

第三步：将扣除项目金额填入《增值税纳税申报表（一般纳税人适用）》附列资料（一）第 5 栏第 12 列（见表 40）。第四步：按公式计算《附列资料（一）》第 12 至 14 列，其中《附列资料（一）》第 12 列相应栏次的数值等于《附列资料（三）》第 5 列相应栏次的数值（见表 40）。

表 40

增值税纳税申报表附列资料（一）

（本期销售情况明细）

税款所属时间：　年　月　日至　年　月　日

纳税人名称：（公章）　　　　金额单位：元至角分

项目及栏次				开具增值税专用发票		开具其他发票		未开具发票		纳税检查调整		合计			服务、不动产和无形资产扣除项目本期实际扣除金额	扣除后	
				销售额	销项（应纳）税额	销售额	销项（应纳）税额	销售额	销项（应纳）税额	销售额	销项（应纳）税额	销售额	销项（应纳）税额	价税合计		含税（免税）销售额	销项（应纳）税额
				1	2	3	4	5	6	7	8	9=1+3+5+7	10=2+4+6+8	11=9+10	12	13=11-12	14=13÷（100%+税率或征收率）×税率或征收率
一、一般计税方法计税	全部征税项目	17%税率的货物及加工修理修配劳务	1											——	——	——	——
		17%税率的服务、不动产和无形资产	2														
		13%税率	3											——	——	——	——
		11%税率	4														
		6%税率	5			1 100 000	66 000					1 100 000	66 000	1 166 000	530 000	636 000	36 000

【例 393】 接上例取得旅游收入 116.60 万元并开具了增值税专用发票，由于此笔业务是通过系统差额征税的功能开具的发票，通过录入含税销售额 159 万元（或含税评估额）和扣除额 53 万元，系统自动计算税额和不含税金额。销项税额 =（116.60 − 53）÷（1 + 6%）× 6% = 3.6 万元，不含税金额应为 116.60 − 3.6 = 113 万元，税率用 *** 代替。

该张专用发票不含税金额与税额之间不存在税率的勾稽关系，因此应通过本月"合计销售额"与"开具其他发票销售额"、"未开具发票销售额"金额的差去计算得出本期应填写的"专用发票的销售额"与"销项税"。假设在本例中开具其他发票销售额与未开具发票销售额金额都为 0。

第一步：根据开具增值税专用发票的含税收入 116.60 万元计算得出不含税收入 110.00 万元以及税额 6.6 万元，分别填入《增值税纳税申报表（一般纳税人适用）》附列资料（一）第 5 栏第 1、2 列。

第二、三步详见上例。

第四步：按公式计算《附列资料（一）》第 12 至 14 列，其中《附列资料（一）》第 12 列相应栏次的数值等于《附列资料（三）》第 5 列相应栏次的数值。

【例 394】 建筑企业在本区为 A 项目提供工程服务（清包工方式，该企业选择简易计税方法），含税销售额 154.50 万元，给对方开具了增值税专用发票；同时，将部分 A 项目分包给建筑企业甲，支付分包款 103 万元（含税），取得了增值税普通发票。

不考虑上期留抵、扣除项目的期初余额及其他情况。

应用取得的含税收入 154.50 万元减去可扣除项目金额合计 103 万元后的余

额作为销售额。销售额应为 154.50 − 103 = 51.5 万元。

则不含税销售额 = (154.50 − 103) ÷ (1 + 3%) = 50 万元，

销项税额 = 50 × 3% = 1.5 万元。

第一步：根据开具增值税专用发票的含税收入 154.50 万元计算得出不含税收入 150.00 万元以及税额 4.5 万元，分别填入《增值税纳税申报表（一般纳税人适用）》附列资料（一）第 5 栏第 3、4 列（见表 41）。

表 41

纳税人名称：（公章）　　　　金额单位：元至角分

项目及栏次				开具增值税专用发票		开具其他发票		未开具发票		纳税检查调整		合计			服务、不动产和无形资产扣除项目本期实际扣除金额	扣除后	
				销售额	销项（应纳）税额	销售额	销项（应纳）税额	销售额	销项（应纳）税额	销售额	销项（应纳）税额	销售额	销项(应纳)税额	价税合计		含税(免税)销售额	销项(应纳)税额
				1	2	3	4	5	6	7	8	9=1+3+5+7	10=2+4+6+8	11=9+10	12	13=11-12	14=13÷（100%+税率或征收率）×税率或征收率
二、简易计税方法计税	全部征税项目	3%征收率的货物及加工修理修配劳务	11							——	——			——	——	——	——
		3%征收率的服务、不动产和无形资产	12	1 500 000	45 000					——	——	1 500 000	45 000	1 545 000			
		预征率　%	13a							——	——						
		预征率　%	13b							——	——						
		预征率　%	13c							——	——						
	其中：即征即退项目	即征即退货物及加工修理修配劳务	14	——	——	——	——	——	——	——	——			——	——	——	——
		即征即退服务、不动产和无形资产	15	——	——	——	——	——	——	——	——						

第二步：自动计算《附列资料（三）》第 1 列，即《附列资料（三）》第 3 行第 1 列为 103 万元。

第三步：将扣除项目金额填入《增值税纳税申报表（一般纳税人适用）》附列资料（一）第 5 栏第 12 列（见表 42）。

表 42

增值税纳税申报表附列资料（三）

（服务、不动产和无形资产扣除项目明细）

税款所属时间：　年　月　日至　年　月　日

纳税人名称：(公章)　　　　金额单位：元至角分

项目及栏次		本期服务、不动产和无形资产价税合计额（免税销售额）	服务、不动产和无形资产扣除项目				
			期初余额	本期发生额	本期应扣除金额	本期实际扣除金额	期末余额
		1	2	3	4=2+3	5(5≤1且5≤4)	6=4-5
3%征收率的项目	6	1 545 000	0	1 030 000	1 030 000	1 030 000	0
免抵退税的项目	7						
免税的项目	8						

第四步：按公式计算《附列资料（一）》第 12 至 14 列，其中《附列资料（一）》第 12 列相应栏次的数值等于《附列资料（三）》第 5 列相应栏次的数值（见表 43）。

表 43

增值税纳税申报表附列资料（一）

（本期销售情况明细）

税款所属时间：　年　月　日至　年　月　日

纳税人名称：（公章）　　　　　　　　金额单位：元至角分

项目及栏次				开具增值税专用发票		开具其他发票		未开具发票		纳税检查调整		合计			服务、不动产和无形资产扣除项目本期实际扣除金额	扣除后	
				销售额	销项（应纳）税额	销售额	销项（应纳）税额	销售额	销项（应纳）税额	销售额	销项（应纳）税额	销售额	销项（应纳）税额	价税合计		含税（免税）销售额	销项（应纳）税额
				1	2	3	4	5	6	7	8	9=1+3+5+7	10=2+4+6+8	11=9+10	12	13=11−12	14=13÷（100%+税率或征收率）×税率或征收率
二、简易计税方法计税	全部征税项目	3%征收率的货物及加工修理修配劳务	11							——	——			——	——	——	——
		3%征收率的服务、不动产和无形资产	12	1 500 000	45 000					——	——	1 500 000	45 000	1 545 000	1 030 000	515 000	15 000
		预征率　%	13a							——	——						
		预征率　%	13b							——	——						
		预征率　%	13c							——	——						

（五）进项税额申报的注意事项及特殊事项

1. 进项税额的填报（见表 44 ~ 表 46）

（1）主表第 12 栏“进项税额”：填写纳税人本期申报抵扣的进项税额。

本栏“一般项目”列“本月数” + “即征即退项目”列“本月数” = 《附列资料（二）》第 12 栏“税额”。

（2）《附列资料（二）》第 12 栏“税额”是《附列资料（二）》中“一、申报抵扣的进项税额”部分各栏次的计算结果，即：

第 12 栏“税额” = 第 1 栏“（一）认证相符的增值税专用发票” + 第 4 栏“（二）其他扣税凭证” − 第 9 栏“（三）本期用于购建不动产的扣税凭证” + 第 10 栏“（四）本期不动产允许抵扣进项税额” + 第 11 栏“（五）外贸企业进项税额抵扣证明”

特别需要提醒的是，由于购建不动产采用分期抵扣进项税额政策，也是需要取得抵扣凭证，即已经填报在《附列资料（二）》第 1 栏和第 4 栏，同时单独需要填报在《附列资料（二）》第 9 栏，但是允许抵扣不是“（三）本期用于购建不动产的扣税凭证”，而是计算“（四）本期不动产允许抵扣进项税额”，所以先减去第 9 栏数据，后再加上第 10 栏数据。

（3）第 1 栏“（一）认证相符的增值税专用发票”，反映纳税人取得的认证相符本期申报抵扣的增值税专用发票情况，如包括本期认证相符但是不能抵扣进项税额的增值税专用发票，则同时需要根据不能抵扣实际情况填报《附列资料（二）》中“二、进项税额转出额”对应的栏次。

适用取消增值税专用发票认证规定的纳税人，当期申报抵扣的增值税发票数据，填报在《附列资料（二）》（本期进项税额明细）第 2 栏“其中：本期认证相符且本期申报抵扣”。

（4）第4栏“（二）其他扣税凭证”：反映本期申报抵扣的除增值税专用发票之外的其他扣税凭证的情况。具体包括：海关进口增值税专用缴款书、农产品收购发票或者销售发票（含农产品核定扣除的进项税额）、代扣代缴税收完税凭证和其他符合政策规定的抵扣凭证。

填报需要提醒的，第8栏“其他”填报内容：反映按规定本期可以申报抵扣的其他扣税凭证情况。具体包括：

①纳税人按照规定不得抵扣且未抵扣进项税额的固定资产、无形资产、不动产，发生用途改变，用于允许抵扣进项税额的应税项目，可在用途改变的次月将按公式计算出的可以抵扣的进项税额，填入“税额”栏。

②一般纳税人支付的道路、桥、闸通行费，暂凭取得的通行费发票（不含财政票据）上注明的收费金额按照公式计算可抵扣的进项税额填写。

（5）分期抵扣不动产进项税额的纳税人，需要填报《附列资料（五）》（不动产分期抵扣计算表）。

《附列资料（二）》第9栏“税额”列＝《附列资料（五）》第2列“本期不动产进项税额增加额”。

《附列资料（二）》第10栏本栏“税额”＝《附列资料（五）》第3列“本期可抵扣不动产进项税额”。

（6）有固定资产的进项税额的纳税人，需要填报《固定资产（不含不动产）进项税额抵扣情况表》。

（7）《进项结构明细表》填报注意事项

（1）“按税率或征收率归集（不包括购建不动产、通行费）的进项”，反映纳税人按税法规定符合抵扣条件，在本期申报抵扣的不同税率（或征收率）的进项税额，不包括用于购建不动产的允许一次性抵扣和分期抵扣的进项税额，以及纳税人支付的道路、桥、闸通行费，取得的增值税扣税凭证上注明或计算的进项税额。

①本表中的各个“其他”栏次并不等于其对应的税率（或征收率）项。

【例395】第11栏“6%税率的进项”≥第12栏“其中：电信服务的进项”＋第13栏“金融保险服务的进项”＋第14栏“生活服务的进项”＋第15栏“取得无形资产的进项”。企业发生审计费支出，取得税率6%的增值税专用发票，只需要填写第 11 栏“6% 税率的进项”，不需要填写对应的“其中项”。

实务中，很多企业财务人员把没有在“其中项”体现的，都归集到第 14 栏“生活服务的进项”，由于一般纳税人“购进的旅客运输服务、贷款服务、餐饮服务、居民日常服务和娱乐服务”进项税额不得从销项税额中抵扣，所以会产生税务风险。

②取得税率栏为 *** 的增值税专用发票，需要判断其适用的税率填到对应税率（或征收率）进项税额明细栏次。

【例 396】 纳税人取得通过增值税发票管理新系统中差额征税开票功能开具的增值税专用发票，按照实际购买的服务、不动产或无形资产对应的税率或征收率，将扣税凭证上注明的税额填入对应栏次。

一般纳税人接受劳务派遣服务（含安保服务，下同），提供劳务派遣服务采用差额简易计税方法对应的征收率 5%，所有取得劳务派遣服务税率栏为 *** 的增值税专用发票，应该填《进项结构明细表》第 16 栏“5% 征收率的进项”。

【例 397】 一般纳税人接受个人出租住房服务，个人出租住房按照 5% 征收率减按 1.5% 计算应纳税额，如去税务机关代开税率栏为 *** 的增值税专用发票，应该填《进项结构明细表》第 27 栏“减按 1.5% 征收率的进项”。

③纳税人执行农产品增值税进项税额核定扣除办法的，按照农产品增值税进项税额扣除率所对应的税率，将计算抵扣的进项税额填入相应栏次。

需要提醒的是，“按照农产品增值税进项税额扣除率所对应的税率”填入《进项结构明细表》的相应栏次。

（2）《进项结构明细表》第 29 栏反映纳税人用于购建不动产允许一次性抵扣的进项税额。购建不动产允许一次性抵扣的进项税额，是指纳税人用于购建不动产时，发生的允许抵扣且不适用分期抵扣政策的进项税额。

根据国家税务总局 2016 年第 15 号公告，不需进行分 2 年抵扣的不动产（可一次性全额抵扣）主要是指：房地产开发企业销售自行开发的房地产项目、融资租入的不动产、施工现场修建的临时建筑物、构筑物。

（3）第 30 栏反映纳税人支付道路、桥、闸通行费，取得的增值税扣税凭证上注明或计算的进项税额。

(4)《进项结构明细表》第 1 栏“税额”列 = 《附列资料（二）》第 12 栏“税额”列 - 《附列资料（二）》第 10 栏“税额”列 - 《附列资料（二）》第 11 栏“税额”列。

(5)《进项结构明细表》填报需要平时做好备查账的准备工作，或者设计“应缴税费——应缴增值税（进项税额）”科目的子科目。

2. 进项税额转出的填报

(1) 主表第 14 栏“进项税额转出”：填写纳税人已经抵扣，但按税法规定本期应转出的进项税额。

本栏“一般项目”列“本月数” + “即征即退项目”列“本月数” = 《附列资料（二）》第 13 栏“税额”。

(2)《附列资料（二）》第 13 栏“税额”是《附列资料（二）》中“二、进项税额转出额”各栏次的计算结果，即第 13 栏“本期进项税额转出额”金额

(3)《附列资料（二）》）第 14 至 23 栏“二、进项税额转出额”各栏，分别反映纳税人已经抵扣但按规定应在本期转出的进项税额明细情况。具体参考填报税明。

3. 取得不能抵扣增值税专用发票认证后申报

(1) 按认证抵扣申报同时进项税额转出。

第一步：根据取得扣税凭证种类，填报《附列资料（二）》对应第 1 至 8 栏次，同时按税率或征收率归集填报《进项结构明细表》。

第二步：根据不能抵扣性质，填报《附列资料（二）》对应第 13 至 23 栏。

【例 398】某建筑企业为一般纳税人，2016 年 11 月购买材料，取得增值税专用发票注明金额 100 000 元，进项税额 17 000 元，该批材料用于适用简易计税方法的老建筑项目，该笔进项税额不得抵扣，应直接计入成本，不考虑其他情况纳税申报如下：

第一步：根据取得扣税凭证种类，属于增值税专用发票，填报《附列资料（二）》对应第 1 栏“（一）认证相符的增值税专用发票”和 2 栏次“其中：本期认证相符且本期申报抵扣”。

表 44

增值税纳税申报表附列资料（二） （本期进项税额明细）				
纳税人名称：（公章）				金额单位：元至角分
一、申报抵扣的进项税额				
项目	栏次	份数	金额	税额
（一）认证相符的增值税专用发票	1=2+3			17 000
其中：本期认证相符且本期申报抵扣	2			17 000
前期认证相符且本期申报抵扣	3			

同时按税率17%填报《进项结构明细表》第1栏“合计”和第2栏“17%税率的进项”，需要提醒的是，上述进项税额不属于“有形动产租赁的进项”，也就是说不需要填写第3栏“其中：有形动产租赁的进项”。

表 45

本期抵扣进项税额结构明细表 税款所属时间：　年　月　日至　年　月　日			
纳税人名称：（公章）			金额单位：元至角分
项目	栏次	金额	税额
合计	1=2+4+5+11+16+18+27+29+30		17 000
一、按税率或征收率归集（不包括购建不动产、通行费）的进项			
17%税率的进项	2		17 000
其中：有形动产租赁的进项	3		

第二步：根据不能抵扣性质，属于用于简易计税进项税额转出，填报《附列资料（二）》对应第13栏“本期进项税额转出额”和17栏“简易计税方法征税项目用”。

表 46

二、进项税额转出额		
项目	栏次	税额
本期进项税额转出额	13=14至23之和	17 000
其中：免税项目用	14	
集体福利、个人消费	15	
非正常损失	16	
简易计税方法征税项目用	17	17 000

实务中为了保证账表一致，会计处理也按照进项税额转出处理：

借：原材料或相关科目　　100 000

　　应缴税费——应缴增值税（进项税额）　　17 000

　　贷：银行存款或相关科目　　117 000

借：原材料或相关科目　　17 000

贷：应缴税费——应缴增值税（进项税额转出）　　　　17 000

【例 399】一般纳税人 2016 年 11 月销售部门员工出差，取得一张增值税专用发票注明金额 3 000 元，进项税额 180 元，其中住宿费 2 000 元，对应进项税额 120 元，餐饮费 1 000 元，对应进项税额 60 元，其中取得住宿费可以按规定抵扣进项税额，不考虑其他情况纳税申报如下：

第一步：根据取得扣税凭证种类，属于增值税专用发票，填报《附列资料（二）》对应第 1 栏“（一）认证相符的增值税专用发票”和 2 栏次“其中：本期认证相符且本期申报抵扣”（见表 47）。

表 47

增值税纳税申报表附列资料（二） （本期进项税额明细）				
纳税人名称：（公章）				金额单位：元至角分
一、申报抵扣的进项税额				
项目	栏次	份数	金额	税额
（一）认证相符的增值税专用发票	1=2+3			180
其中：本期认证相符且本期申报抵扣	2			180
前期认证相符且本期申报抵扣	3			

同时按税率 6% 填报《进项结构明细表》（见表 48）第 1 栏“合计”和第 11 栏“6% 税率的进项”，需要提醒的是，上述进项税额不属于第 12－15 栏中的第 11 栏其中项，也就是说不需要填写第 12－15 栏。

表 48

本期抵扣进项税额结构明细表 税款所属时间：　年　月　日至　年　月　日			
纳税人名称：（公章）			金额单位：元至角分
项目	栏次	金额	税额
合计	1=2+4+5+11+16+18+27+29+30		180
一、按税率或征收率归集（不包括购建不动产、通行费）的进项			
6%税率的进项	11		180
其中：电信服务的进项	12		
金融保险服务的进项	13		
生活服务的进项	14		
取得无形资产的进项	15		

第二步：根据不能抵扣性质，其中餐饮费 1 000 元，对应进项税额 60 元属于“其他应作进项税额转出的情形”，填报《附列资料（二）》对应第 13 栏“本期进项税额转出额”和 23 栏“其他应作进项税额转出的情形”（见表 49）。

表 49

二、进项税额转出额		
项目	栏次	税额
本期进项税额转出额	13=14至23之和	180
其中：免税项目用	14	
上期留抵税额退税	22	
其他应作进项税额转出的情形	23	180

实务中为了保证账表一致，会计处理也按照进项税额转出处理：

借：销售费用——差旅费用（住宿费）　2 000

　　销售费用——差旅费用（餐饮费）　1 000

　　应缴税费——应缴增值税（进项税额）　180

　　贷：银行存款或相关科目　3 180

借：销售费用——差旅费用（餐饮费）　60

　　贷：应缴税费——应缴增值税（进项税额转出）　60

（2）本期认证相符且本期未申报抵扣申报，即填报《附列资料（二）》第26栏“本期认证相符且本期未申报抵扣”。

《附列资料（二）》的第26栏“本期认证相符且本期未申报抵扣”填报说明：反映本期认证相符，但按税法规定暂不予抵扣及不允许抵扣，而未申报抵扣的增值税专用发票情况。

【例400】接上例【例399】，不考虑其他情况纳税申报如下：

填报《附列资料（二）》第26栏“本期认证相符且本期未申报抵扣”（见表50）。

表 50

三、待抵扣进项税额				
项目	栏次	份数	金额	税额
（一）认证相符的增值税专用发票	24	——	——	——
期初已认证相符但未申报抵扣	25			
本期认证相符且本期未申报抵扣	26			17 000

4. 农产品进项税额抵扣申报

（1）凭票抵扣模式。

①取得的增值税专用发票，按照取得的增值税专用发票上注明的增值税额抵扣进税额，填报《附列资料（二）》对应第1栏“（一）认证相符的增值税专用发票”和第2栏次“其中：本期认证相符且本期申报抵扣”，同时按税率或征收率归集填报《进项结构明细表》。

②取得的海关进口增值税专用缴款书，按照取得的海关进口增值税专用缴款书上注明的增值税额抵扣进税额，填报《附列资料（二）》对应第4栏“（二）其他扣税凭证”和第5栏次“其中：海关进口增值税专用缴款书”，同时按税率或征收率归集填报《进项结构明细表》。

③农产品收购发票、农业生产者（含个人）开具的免税发票和小规模纳税人开具的3%征收率的三种增值税普通发票按照13%计算的进项税额，填列在增值税纳税申报表附列资料（二）的第6栏“农产品收购发票或者销售发票”申报抵扣，同时填报《进项结构明细表》第4栏“13%税率的进项”。

（2）执行农产品增值税进项税额核定扣除办法的申报。

①填写《附列资料（二）》第6栏“农产品收购发票或者销售发票”

第6栏“农产品收购发票或者销售发票”：执行农产品增值税进项税额核定扣除办法的，填写当期允许抵扣的农产品增值税进项税额，不填写“份数”“金额”。

②填报《进项结构明细表》：执行农产品增值税进项税额核定扣除办法的，按照农产品增值税进项税额扣除率所对应的税率，将计算抵扣的进项税额填入相应栏次。

5. 不动产分期抵扣填报

纳税人当期发生购建不动产的业务，按照政策规定分2年抵扣增值税进项税额的，应填写《附列资料（五）》对应栏次和《附列资料（二）》对应栏次。特别强调一定要熟悉《附列资料（五）》填报说明，就是各列的填报口径。

（1）不动产分期抵扣填报要点。

①购建不动产的扣税凭证，填入《附列资料（二）》第9栏“（三）本期用于购建不动产的扣税凭证”，同时等于《附列资料（五）》第2列“本期不动产进项税额增加额”。

②通过计算填报《附列资料（五）》第3列“本期可抵扣不动产进项税额”得出本期不动产允许抵扣进项税额。

先按照填报说明填报《附列资料（五）》，其中《附列资料（五）》第3列“本期可抵扣不动产进项税额”=《附列资料（二）》第10栏“本期不动产允许抵扣进项税额”。

（2）正常取得扣税凭证填报情形。

适用分期抵扣的不动产进项税额，60%的部分于取得扣税凭证的当期从销项税额中抵扣；40%的部分为待抵扣进项税额，于取得扣税凭证的当月起第13个月从销项税额中抵扣。

第一步：取得扣税凭证当月填报

①根据取得扣税凭证种类，填报《附列资料（二）》对应第1至8栏次，同时将总额填报第9栏“（三）本期用于购建不动产的扣税凭证”。

②当期填写《附列资料（五）》，详见本专题的《附列资料（五）》不动产分期抵扣计算表实务填报》。

③计算得出《附列资料（二）》第10栏“本期不动产允许抵扣进项税额”。

《附列资料（五）》第3列“本期可抵扣不动产进项税额”＝《附列资料（二）》第10栏“本期不动产允许抵扣进项税额”。

第二步：取得扣税凭证当月起第13个月填报

40%的部分不动产进项税额填报：《附列资料（五）》第3列“本期可抵扣不动产进项税额”＝《附列资料（二）》第10栏“本期不动产允许抵扣进项税额”。

【例401】 A企业为增值税一般纳税人，2016年12月份购进了办公大楼一座，用于公司办公，计入固定资产，并于次月开始计提折旧。该纳税人取得了增值税专用发票并认证相符。专用发票上注明的金额为1 000万元，增值税税额为110万元，不考虑其他情况就本事项填报。

第一步：2016年12月份申报期的处理

①取得了增值税专用发票正常填报《附列资料（二）》对应栏次（见表51）。

表51

增值税纳税申报表附列资料（二）（本期进项税额明细）				
税款所属时间：年 月 日至 年 月 日				
纳税人名称：（公章）				金额单位：元至角分
一、申报抵扣的进项税额				
项目	栏次	份数	金额	税额
（一）认证相符的增值税专用发票	1=2+3		10 000 000	1 100 000
其中：本期认证相符且本期申报抵扣	2		10 000 000	1 100 000
前期认证相符且本期申报抵扣	3			
（三）本期用于购建不动产的扣税凭证	9		10 000 000	1 100 000
（四）本期不动产允许抵扣进项税额	10	——	——	
（五）外贸企业进项税额抵扣证明	11	——	——	
当期申报抵扣进项税额合计	12=1+4-9+10+11			

②当期填写《附列资料（五）》（见表52）

表 52

增值税纳税申报表附列资料（五）					
（不动产分期抵扣计算表）					
税款所属时间： 年 月 日至 年 月 日					
纳税人名称：（公章）					金额单位：元至角分
期初待抵扣不动产进项税额	本期不动产进项税额增加额	本期可抵扣不动产进项税额	本期转入的待抵扣不动产进项税额	本期转出的待抵扣不动产进项税额	期末待抵扣不动产进项税额
1	2	3≤1+2+4	4	5≤1+4	6=1+2-3+4-5
	1 100 000	660 000			440 000

计算本期可以抵扣的进项税额 = 110 × 60% = 66 万元，填入《附列资料（五）》第 3 列“本期可抵扣不动产进项税额”。

该大楼待抵扣的进项税额 44 万填入《附列资料（五）》第 6 列“期末待抵扣不动产进项税额”。

③计算得出《附列资料（二）》第 10 栏“本期不动产允许抵扣进项税额”（见表 53）。

表 53

增值税纳税申报表附列资料（二）				
（本期进项税额明细）				
税款所属时间： 年 月 日至 年 月 日				
纳税人名称：（公章）				金额单位：元至角分
一、申报抵扣的进项税额				
项目	栏次	份数	金额	税额
（一）认证相符的增值税专用发票	1=2+3		10 000 000	1 100 000
其中：本期认证相符且本期申报抵扣	2		10 000 000	1 100 000
前期认证相符且本期申报抵扣	3			
（三）本期用于购建不动产的扣税凭证	9		10 000 000	1 100 000
（四）本期不动产允许抵扣进项税额	10	——	——	660 000
（五）外贸企业进项税额抵扣证明	11	——	——	
当期申报抵扣进项税额合计	12=1+4-9+10+11			

《附列资料（五）》第 3 列“本期可抵扣不动产进项税额” = 《附列资料（二）》第 10 栏“本期不动产允许抵扣进项税额”。

第二步：2017 年 12 月该不动产进项的处理

①上期“期末待抵扣不动产进项税额”转入本月《附列资料（五）》第 1 列“期初待抵扣不动产进项税额”。

②剩余的 40% 不动产进项税额 44 万元填入《附列资料（五）》第 3 列“本期可抵扣不动产进项税额”（见表 54）。

表 54

增值税纳税申报表附列资料（五）					
（不动产分期抵扣计算表）					
税款所属时间： 年 月 日至 年 月 日					
纳税人名称：（公章）					金额单位：元至角分
期初待抵扣不动产进项税额	本期不动产进项税额增加额	本期可抵扣不动产进项税额	本期转入的待抵扣不动产进项税额	本期转出的待抵扣不动产进项税额	期末待抵扣不动产进项税额
1	2	3≤1+2+4	4	5≤1+4	6=1+2-3+4-5
440 000	0	440 000			0

③计算得出《附列资料（二）》第 10 栏“本期不动产允许抵扣进项税额”。

《附列资料（五）》第 3 列“本期可抵扣不动产进项税额” = 《附列资料（二）》第 10 栏“本期不动产允许抵扣进项税额”（见表 55）。

表 55

增值税纳税申报表附列资料（二）				
（本期进项税额明细）				
税款所属时间： 年 月 日至 年 月 日				
纳税人名称：（公章）				金额单位：元至角分
一、申报抵扣的进项税额				
项目	栏次	份数	金额	税额
（一）认证相符的增值税专用发票	1=2+3			
其中：本期认证相符且本期申报抵扣	2			
前期认证相符且本期申报抵扣	3			
（三）本期用于购建不动产的扣税凭证	9			
（四）本期不动产允许抵扣进项税额	10	——	——	440 000
（五）外贸企业进项税额抵扣证明	11	——	——	
当期申报抵扣进项税额合计	12=1+4-9+10+11			

（3）购进时已全额抵扣进项税额的货物和服务，转用于不动产在建工程的，其已抵扣进项税额的 40% 部分，应于转用的当期从进项税额中扣减。

第一步：转用的当期进项税额转出，即填写在《附列资料（二）》第 23 栏“其他应作进项税额转出的情形”，与此同时计入待抵扣进项税额，填写在《附列资料（五）》第 4 列“本期转入的待抵扣不动产进项税额”。

需要说明的是，“购进时已全额抵扣进项税额的货物和服务”适用上述情况，如购进时还未抵扣进项税额的货物和服务，可以按照“正常取得扣税凭证填报情形”进行涉税处理和填报。

【例 402】 一般纳税人 2016 年 11 月份购入一批钢材，取得增值税专用发票未认证，该一般纳税人于 2016 年 12 月将该批钢材耗用于新建的综合办公大楼在建工程，则可以按照“正常取得扣税凭证填报情形”进行涉税处理和填报，即 2016

年12月（所在申报期）抵扣60%进项税额，另2017年12月（所在申报期）抵扣40%进项税额，不需要在2016年12月（所在申报期）进项税额转出。

第二步：发生不动产进项税额转入的当月起第13个月申报期填报。

40%的部分不动产进项税额填报：《附列资料（五）》第3列“本期可抵扣不动产进项税额”=《附列资料（二）》第10栏“本期不动产允许抵扣进项税额”。

【例403】 2016年10月，一般纳税人购入一批外墙瓷砖，取得增值税专用发票并认证相符，专用发票上注明的金额为200万元，增值税税额为34万元；因纳税人购进该批瓷砖时未决定是否用于不动产（可能用于销售），因此在购进的当期全额抵扣进项税额，该一般纳税人于2016年12月将该批瓷砖耗用于新建的综合办公大楼在建工程，不考虑其他情况，具体填报如下：

第一步：转用的当期进项税额转出

进项税额转出额＝34万元×40%＝13.6万元

①进项税额转出额填写在《附列资料（二）》第23栏“其他应作进项税额转出的情形”（见表56）。

表56

二、进项税额转出额		
项目	栏次	税额
本期进项税额转出额	13=14至23之和	136 000
其中：免税项目用	14	
集体福利、个人消费	15	
非正常损失	16	
简易计税方法征税项目用	17	
免抵退税办法不得抵扣的进项税额	18	
纳税检查调减进项税额	19	
红字专用发票信息表注明的进项税额	20	
上期留抵税额抵减欠税	21	
上期留抵税额退税	22	
其他应作进项税额转出的情形	23	136 000

②与此同时，将该部分进项税额转出计入待抵扣进项税额，填写在《附列资料（五）》第4列“本期转入的待抵扣不动产进项税额”（见表57）。

表57

增值税纳税申报表附列资料（五）

（不动产分期抵扣计算表）

税款所属时间：　年　月　日至　年　月　日

纳税人名称：（公章）　　　　金额单位：元至角分

期初待抵扣不动产进项税额	本期不动产进项税额增加额	本期可抵扣不动产进项税额	本期转入的待抵扣不动产进项税额	本期转出的待抵扣不动产进项税额	期末待抵扣不动产进项税额
1	2	3≤1+2+4	4	5≤1+4	6=1+2-3+4-5
			136 000		136 000

第二步：发生不动产进项税额转入的当月起第 13 个月申报期填报。

①上期“期末待抵扣不动产进项税额”转入本月《附列资料（五）》第 1 列“期初待抵扣不动产进项税额”。

②剩余的 40% 不动产进项税额 13.6 万元填入《附列资料（五）》第 3 列“本期可抵扣不动产进项税额”（见表 58）。

表 58

增值税纳税申报表附列资料（五）					
（不动产分期抵扣计算表）					
税款所属时间： 年 月 日至 年 月 日					
纳税人名称：（公章）					金额单位：元至角分
期初待抵扣不动产进项税额	本期不动产进项税额增加额	本期可抵扣不动产进项税额	本期转入的待抵扣不动产进项税额	本期转出的待抵扣不动产进项税额	期末待抵扣不动产进项税额
1	2	3≤1+2+4	4	5≤1+4	6=1+2-3+4-5
136 000		136 000			0

③计算得出《附列资料（二）》第 10 栏“本期不动产允许抵扣进项税额”。

《附列资料（五）》第 3 列“本期可抵扣不动产进项税额”=《附列资料（二）》第 10 栏“本期不动产允许抵扣进项税额”（见表 59）。

表 59

一、申报抵扣的进项税额				
项目	栏次	份数	金额	税额
（一）认证相符的增值税专用发票	1=2+3			
其中：本期认证相符且本期申报抵扣	2			
前期认证相符且本期申报抵扣	3			
（三）本期用于购建不动产的扣税凭证	9			
（四）本期不动产允许抵扣进项税额	10	——	——	136 000
（五）外贸企业进项税额抵扣证明	11	——	——	
当期申报抵扣进项税额合计	12=1+4-9+10+11			

（4）不动产进项税额转入。

不动产在建工程发生非正常损失，或者改变用途，专用于简易计税方法计税项目、免征增值税项目、集体福利或者个人消费的，其对应全额或部分进项税额已抵扣的进项税额应于当期全部转出。

第一步：计算全额转出的进项税额和待抵扣进项税额转出额

详见本书《专题：不动产分期抵扣》中的“（七）不动产发生进项税额转出”。

需要提醒的是，如果在“取得扣税凭证当月起或用途发生变化当月起 13 个月”后，即待抵扣进项税额全部抵扣完毕，发生上述情况，只要直接按照相关公式计算进项税额转出额，直接进项税额转出申报，也就不需要待抵扣进项税额转出的申报。

第二步：申报表填报

①全额转出的进项税额，填写在《附列资料（二）》中“二、进项税额转出额”的进项税额转出相应的栏次；

②待抵扣进项税额转出额，填写在《附列资料（五）》第5列“本期转出的待抵扣不动产进项税额”。

③转出后剩余的“待抵扣进项税额转出额”，还按照正常“取得扣税凭证当月起或用途发生变化当月起13个月”申报。

【例404】增值税一般纳税人2017年2月，买了一幢办公用楼，金额1 000万元，进项税额110万元。2018年1月，纳税人就将办公楼改造成员工食堂，用于集体福利，此时不动产的净值为950万元，不考虑其他情况。

第一步：计算全额转出的进项税额和待抵扣进项税额转出额

按照政策规定，正常情况下，纳税人购入该项不动产，应在2017年2月抵扣66万元，2018年2月（第13个月）再抵扣剩余的44万元。由于纳税人在2018年2月将该项不动产用于集体福利，因此需要按照政策规定进行相应的处理。2017年2月，该不动产的净值为950万元，不动产净值率就是95%，不得抵扣的进项税额为104.50万元（95% * 110万元），大于已抵扣的进项税额66万元，按照政策规定，这时应将已抵扣的66万元进项税额转出，并在待抵扣进项税额中扣减不得抵扣进项税额与已抵扣进项税额的差额104.50 - 66 = 38.5万元。

第二步：申报表填报

①全额转出的进项税额66万元，由于将办公楼改造成员工食堂，用于集体福利，该进项税额转出填写在《附列资料（二）》中“二、进项税额转出额”的第15栏“集体福利、个人消费”（见表60）。

表60

二、进项税额转出额		
项目	栏次	税额
本期进项税额转出额	13=14至23之和	660 000
其中：免税项目用	14	
集体福利、个人消费	15	660 000
非正常损失	16	
简易计税方法征税项目用	17	
免抵退税办法不得抵扣的进项税额	18	

②待抵扣进项税额转出额38.5万元，填写在《附列资料（五）》第5列“本期转出的待抵扣不动产进项税额”（见表61）。

表61

增值税纳税申报表附列资料（五） （不动产分期抵扣计算表）					
纳税人名称：（公章）					金额单位：元至角分
期初待抵扣不动产进项税额	本期不动产进项税额增加额	本期可抵扣不动产进项税额	本期转入的待抵扣不动产进项税额	本期转出的待抵扣不动产进项税额	期末待抵扣不动产进项税额
1	2	3≤1+2+4	4	5≤1+4	6=1+2-3+4-5
440 000				385 000	55 000

③转出后剩余的“待抵扣进项税额转出额”5.5万元，还按照正常“取得扣税凭证当月起或用途发生变化当月起13个月”即2 018年2月申报（见表62）。

表62

增值税纳税申报表附列资料（五） （不动产分期抵扣计算表）					
纳税人名称：（公章）					金额单位：元至角分
期初待抵扣不动产进项税额	本期不动产进项税额增加额	本期可抵扣不动产进项税额	本期转入的待抵扣不动产进项税额	本期转出的待抵扣不动产进项税额	期末待抵扣不动产进项税额
1	2	3≤1+2+4	4	5≤1+4	6=1+2-3+4-5
55 000		55 000			0

（5）不动产进项税额转入。

按照规定不得抵扣进项税额的不动产，发生用途改变，用于允许抵扣进项税额项目的，按照相关规定计算的可抵扣进项税额，60%的部分于改变用途的次月从销项税额中抵扣，40%的部分为待抵扣进项税额，于改变用途的次月起第13个月从销项税额中抵扣。

第一步：按照相关规定计算的可抵扣进项税额并申报

①按照相关规定计算的可抵扣进项税额填入《附列资料（二）》中“一、申报抵扣的进项税额”的第8栏“其他”，同时将“税额”填报第9栏“（三）本期用于购建不动产的扣税凭证”。

②当期填写《附列资料（五）》，详见本专题的《附列资料（五）》不动产分期抵扣计算表实务填报》。

③计算得出《附列资料（二）》第10栏“本期不动产允许抵扣进项税额”。

《附列资料（五）》第 3 列“本期可抵扣不动产进项税额”＝《附列资料（二）》第 10 栏“本期不动产允许抵扣进项税额”。

第三步：改变用途的次月起第 13 个月填报

40% 的部分不动产进项税额填报：《附列资料（五）》第 3 列“本期可抵扣不动产进项税额”＝《附列资料（二）》第 10 栏“本期不动产允许抵扣进项税额”。

（六）《附列资料（四）》实务填报

1. 填报范围

由销售货物、服务、不动产和无形资产有扣除项目的营改增纳税人填写，其他纳税人不填写。

2. 表内结构

（1）按照国家有关政策规定营改增后差额征收增值税的，因同一申报期对应销售货物、服务、不动产和无形资产价税合计额（免税销售额）不足以抵减允许扣除项目金额，可以结转到下期抵减。

（2）表内结构。

①第 4 列“本期应扣除金额”＝第 2 列“期初余额”＋第 3 列“本期发生额”

②第 5 列“本期实际扣除金额”取第 1 列“本期服务、不动产和无形资产价税合计额（免税销售额）”和第 4 列“本期应扣除金额”两者最小。

其中：第 1 列的各行次等于《附列资料（一）》第 11 列对应行次，其中本列第 3 行和第 4 行之和等于《附列资料（一）》第 11 列第 5 栏。

③第 6 列“期末余额”填写服务、不动产和无形资产扣除项目本期期末结存的金额，除特殊情况以外，结转到下期的第 2 列“期初余额”。

特殊情况，金融商品转让，按照卖出价扣除买入价后的余额为销售额。转让金融商品出现的正负差，按盈亏相抵后的余额为销售额。若相抵后出现负差，可结转下一纳税期与下期转让金融商品销售额相抵，但年末时仍出现负差的，不得转入下一个会计年度。

（3）根据销售货物、服务、不动产和无形资产有扣除项目的种类，选择各行次填报。

【例 405】 建筑业一般纳税人提供一项建筑工程老项目（《建筑工程施工许可证》注明合同开工日期为 2016 年 3 月 25 日）的建筑服务，选择简易计税方法，2016 年 12 月份按照相关规定确认含税销售额 206 万元，并开具了增值说专用发票，2016 年 12 月份取得该项目分包商开具分包款 259 万元，取得增值税普票发票，不考虑其他情况，《附列资料（四）》填报如表 63 所示：

表 63

增值税纳税申报表附列资料（三） （服务、不动产和无形资产扣除项目明细） 税款所属时间： 年 月 日至 年 月 日							
纳税人名称：(公章)							金额单位：元至角分
项目及栏次		本期服务、不动产和无形资产价税合计额（免税销售额）	服务、不动产和无形资产扣除项目				
			期初余额	本期发生额	本期应扣除金额	本期实际扣除金额	期末余额
		1	2	3	4=2+3	5(5≤1且5≤4)	6=4-5
3%征收率的项目	6	2 060 000	0	2 590 000	2 590 000	2 060 000	530 000
免抵退税的项目	7						
免税的项目	8						

3. 填报口径

销售货物、服务、不动产和无形资产有扣除项目，是指含税销售额价按规定扣除规定的项目后余额为销售额，也就是说先含税销售额扣除后，再换成不含税价，所以本表所有的数据填报口径都是“含税”。

（七）《附列资料（四）》实务填报

1. 填报范围

发生增值税税控系统专用设备费用和技术维护费和发生预征缴纳税款的纳税人填写，未发生上述业务的纳税人不填写本表。

2. 具体填报，详见填报说明。

（八）《附列资料（五）》实务填报

1. 填报范围

分期抵扣不动产进项税额的纳税人才填写，未发生分期抵扣不动产进项税额的纳税人不填写本表。

2. 填报口径

（1）第 1 列“期初待抵扣不动产进项税额”，填写纳税人上期期末待抵扣不动产进项税额。

等于上期《附列资料（五）》第 6 列“期末待抵扣不动产进项税额”，同时“13 个月”前各个申报期也必须填报“待抵扣不动产进项税额”，与企业备查账数据“待抵扣不动产进项税额”一致。

(2) 第2列"本期不动产进项税额增加额"：填写本期取得的符合税法规定的不动产进项税额。

填报的本期"新增"的按照分期抵扣全额"不动产进项税额"，本列的数据等于《附列资料（二）》第9栏"（三）本期用于购建不动产的扣税凭证"。

(3) 第3列"本期可抵扣不动产进项税额"：填写符合税法规定可以在本期抵扣的不动产进项税额。

需要通过计算填报第3列"本期可抵扣不动产进项税额"，该数据 = 取得扣税凭证的当期不动产进项税额的60%部分 + 已到13个月期限的待抵扣进项税额（不动产进项税额的40%部分），同时等于《附列资料（二）》第10栏"本期不动产允许抵扣进项税额"。

(4) 第4列"本期转入的待抵扣不动产进项税额"：填写按照税法规定本期应转入的待抵扣不动产进项税额。

包括：①购进时已全额抵扣进项税额的货物和服务，转用于不动产在建工程的，其已抵扣进项税额的40%部分，应于转用的当期从进项税额中扣减，计入待抵扣进项税额，并于转用的当月起第13个月从销项税额中抵扣，即"40%的部分为待抵扣进项税额"填入本列。

②按照规定不得抵扣进项税额的不动产，发生用途改变，用于允许抵扣进项税额项目的，按照规定计算的可抵扣进项税额，60%的部分于改变用途的次月从销项税额中抵扣，40%的部分为待抵扣进项税额，于改变用途的次月起第13个月从销项税额中抵扣，即"40%的部分为待抵扣进项税额"填入本列。

③特别提醒的是，本列填写按照税法规定本期应转入的待抵扣不动产进项税额，不包括不动产进项税额中"正常取得取得扣税凭证的当期，转入待抵扣进项税额40%的部分"，其于取得扣税凭证的当月起第13个月从销项税额中抵扣。

(5) 第5列"本期转出的待抵扣不动产进项税额"：填写按照税法规定本期应转出的待抵扣不动产进项税额。

即已抵扣进项税额的不动产，发生非正常损失，或者改变用途，专用于简易计税方法计税项目、免征增值税项目、集体福利或者个人消费的，按照相关公式计算不得抵扣的进项税额，其中需要转出对应的"待抵扣不动产进项税额"部分。

（6）第6列“期末待抵扣不动产进项税额”：填写本期期末尚未抵扣的不动产进项税额，按表中公式填写。

（九）《固定资产（不含不动产）进项税额抵扣情况表》实务填报

1. 填报范围

发生固定资产的进项税额纳税人填写，未发生上述业务的纳税人不填写本表。

2. 填报口径

本表按增值税专用发票、海关进口增值税专用缴款书分别填写。

（十）《进项结构明细表》实务填报

1. 填报范围

《附列资料（二）》第12栏“税额”列 - 《附列资料（二）》第10栏“税额”列 - 《附列资料（二）》第11栏“税额”列 >0 的纳税人填报。

2. 填报口径

（1）用于购建不动产的允许分期抵扣的进项税额不需要填报本表。

（2）外贸企业进项税额抵扣证明不需要填报本表。

（3）《本期抵扣进项税额结构明细表》中“一、按税率或征收率归集（不包括购建不动产、通行费）的进项”，反映纳税人按税法规定符合抵扣条件，在本期申报抵扣的不同税率（或征收率）的进项税额，不包括用于购建不动产的允许一次性抵扣和分期抵扣的进项税额，以及纳税人支付的道路、桥、闸通行费，取得的增值税发票上注明或计算的进项税额。

（4）纳税人执行农产品增值税进项税额核定扣除办法的，按照农产品增值税进项税额扣除率所对应的税率，将计算抵扣的进项税额填入相应栏次。

（5）纳税人取得通过增值税发票管理新系统中差额征税开票功能开具的增值税专用发票，按照实际购买的服务、不动产或无形资产对应的税率或征收率，将扣税凭证上注明的税额填入对应栏次。

（6）填报提醒，按税率或征收率归集（不包括购建不动产、通行费）的进项各栏的“其中项”之和，并不等于其对应的按税率或征收率归集（不包括购建不动产、通行费）的进项各栏的数据，即：

第2栏≥第3栏；

第5栏≥第6栏+第7栏+第8栏+第9栏+第10栏；

第 11 栏≥第 12 栏 + 第 13 栏 + 第 14 栏 + 第 15 栏；

第 16 栏≥第 17 栏；

第 18 栏≥第 19 栏 + 第 20 栏 + 第 21 栏 + 第 22 栏 + 第 23 栏 + 第 24 栏 + 第 25 栏 + 第 26 栏。

（7）第 29 栏反映纳税人用于购建不动产允许一次性抵扣的进项税额。购建不动产允许一次性抵扣的进项税额，是指纳税人用于购建不动产时，发生的允许抵扣且不适用分期抵扣政策的进项税额。

根据国家税务总局 2016 年第 15 号公告，不需进行分 2 年抵扣的不动产（可一次性全额抵扣）主要是指：房地产开发企业销售自行开发的房地产项目、融资租入的不动产、施工现场修建的临时建筑物、构筑物。

（8）第 30 栏反映纳税人支付道路、桥、闸通行费，取得的增值税扣税凭证上注明或计算的进项税额。

（十一）《增值税减免税申报明细表》实务填报

1. 填报范围

由享受增值税减免税优惠政策的增值税一般纳税人填写，未享受增值税减免税优惠政策纳税人不填写本表。

2. 填报口径。

（1）“一、减税项目”由本期按照税收法律、法规及国家有关税收规定享受减征（包含税额式减征、税率式减征）增值税优惠的纳税人填写。

（2）“二、免税项目”由本期按照税收法律、法规及国家有关税收规定免征增值税的纳税人填写。

（3）第 7 栏“出口免税”填写纳税人本期按照税法规定出口免征增值税的销售额，但不包括适用免、抵、退税办法出口的销售额。

（4）“二、免税项目”中第 4 列“免税销售额对应的进项税额”填写本期用于增值税免税项目的进项税额。一般纳税人按下列情况填写：

①纳税人兼营应税和免税项目的，按当期免税销售额对应的进项税额填写；

②纳税人本期销售收入全部为免税项目，且当期取得合法扣税凭证的，按当期取得的合法扣税凭证注明或计算的进项税额填写；

③当期未取得合法扣税凭证的，纳税人可根据实际情况自行计算免税项目对应的进项税额；无法计算的，本栏次填“0”。

（5）“二、免税项目”中第5列“免税额”，不是直接按照“免税销售额×适用税率”，应按照下列公式计算：

一般纳税人公式：第5列“免税额”≤第3列“扣除后免税销售额”×适用税率－第4列“免税销售额对应的进项税额”，且本列各行数应大于或等于0。

二、小规模纳税人增值税纳税申报表填写

（一）小规模纳税人纳税申报表

1.《增值税纳税申报表（小规模纳税人适用）》（以下称小规模申报主表），本表“货物及劳务”与“服务、不动产和无形资产”各项目应分别填写。

2.《增值税纳税申报表（小规模纳税人适用）附列资料》（以下称小规模申报附列资料），本附列资料由销售服务有扣除项目的纳税人填写，其他纳税人不填写。

各栏次均不包含免征增值税项目的金额，小规模纳税人销售应税行为，有扣除项目的，根据不同的征收率分别填写附表，计算出扣除后的不含税销售额，并填写到主表相应的栏次中。

3.《增值税减免税申报明细表》（以下称《减免税明细表》）。

仅享受小微企业免征增值税政策或未达起征点的小规模纳税人不需填写减免税申报明细表，即小规模纳税人小规模申报主表第12栏“其他免税销售额”“本期数”无数据时，不需填写该表。有其他免税销售额需要填写减免税申报明细表。

4. 小规模纳税人不需填报的表格

（1）不需再填报《增值税纳税申报表附列资料四》（税额抵减情况表）。因为国家税务总局公告〔2016〕13号已删除该附表。

（2）不需要填报《营改增税负分析测算明细表》。因《营改增税负分析测算明细表》，由从事建筑、房地产、金融或生活服务等经营业务的增值税一般纳税人在办理增值税纳税申报时填报。

（二）小规模纳税人纳税申报表填报实务关注点

1. 小规模申报主表的“一、计税依据”部分填报实务关注点

（1）小规模纳税人申报主表中的销售额为不含税销售额。

（2）销售应税行为有扣除项目的，为扣除后的不含税销售额。

（3）小规模纳税人销售额根据适用征收率和项目不同，分别填写在不同的栏次中。

（4）销售货物货物和销售服务、不动产和无形资产的销售额分别填写在不同的列中，实务中特别提醒，千万不要填错列，影响申报和享受税收优惠政策。

（5）第1栏“应征增值税不含税销售额（3%征收率）”，填写内容不包括应税行为适用5%征收率的不含税销售额、销售使用过的固定资产和销售旧货的不含税销售额、免税销售额、出口免税销售额、查补销售额。

（6）第5栏“应征增值税不含税销售额（5%征收率）”“服务、不动产和无形资产”列填写小规模纳税人销售、出租不动产，以及提供劳务派遣服务选择差额纳税的销售额。

需要提醒的是，全面营改增后，小规模纳税人适用税率不仅仅是3%。

（7）“税控器具开具的普通发票不含税销售额”，填写通过增值税发票管理新系统或税控收款机开具的普通发票换算的不含税销售额。

（8）“税务机关代开的增值税专用发票不含税销售额”，填写税务机关代开的增值税专用发票销售额（不含税）合计。

（9）第7栏“销售使用过的固定资产不含税销售额”，填写销售自己使用过的固定资产（不含不动产，下同）和销售旧货的不含税销售额，销售额＝含税销售额/(1＋3%)。

需要提醒的是，销售自己使用过的固定资产和销售旧货计算应纳税额＝含税销售额/(1＋3%)×2%，申报时，应同时将减征部分填入主表第16栏“本期应纳税额减征额”的“货物及劳务”列。

政策规定“适用简易办法按3%征收率减按2%征收增值税政策”，则减征部分＝含税销售额÷(1＋3%)×(3%－2%)＝含税销售额÷(1＋3%)×1%

（10）享受小微企业暂免征收增值税优惠政策，不填写第1－8栏。

（11）第10栏“小微企业免税销售额”，填写符合小微企业免征增值税政策的免税销售额，不包括符合其他增值税免税政策的销售额。个体工商户和其他个人不填写本栏次。

（12）第11栏“未达起征点销售额”，填写个体工商户和其他个人未达起征点（含支持小微企业免征增值税政策）的免税销售额，不包括符合其他增值税免税政策的销售额。本栏次由个体工商户和其他个人填写。

（13）第12栏“其他免税销售额”，填写销售免征增值税的货物及劳务、应税行为的销售额，不包括符合小微企业免征增值税和未达起征点政策的免税销售额。

需要提醒的是，本栏有数的企业需要填写《减免税明细表》。

2. 小规模申报主表的“二、税款计算”部分填报实务关注点

（1）第15栏“本期应纳税额”，填写本期按征收率计算缴纳的应纳税额。

需要提醒的是，享受小微企业暂免征收增值税优惠政策不填写本栏。

（2）第16栏“本期应纳税额减征额”，填写纳税人本期按照税法规定减征的增值税应纳税额。包含可在增值税应纳税额中全额抵减的增值税税控系统专用设备费用以及技术维护费，可在增值税应纳税额中抵免的购置税控收款机的增值税税额。

当本期减征额小于或等于第15栏“本期应纳税额”时，按本期减征额实际填写；当本期减征额大于第15栏“本期应纳税额”时，按本期第15栏填写，本期减征额不足抵减部分结转下期继续抵减。

（3）第17栏“本期免税额”，填写纳税人本期增值税免税额，免税额根据第9栏“免税销售额”和征收率计算。

需要提醒的是，填写的是增值税免税额，不是免税销售额。

（4）第18栏“小微企业免税额”，填写符合小微企业免征增值税政策的增值税免税额，免税额根据第10栏“小微企业免税销售额”和征收率计算。

（5）第21栏“本期预缴税额”，填写纳税人本期预缴的增值税额，但不包括查补缴纳的增值税额。

需要提醒的是，小规模纳税人预缴的税款（包含在地税预缴的税款和异地国税预缴的税款）填写在“本期预缴税额”栏，同时以预缴税款抵减应纳税额，应以完税凭证作为合法有效凭证。

（三）小规模申报附列资料填报实务关注点

1. 关注的两条实务

（1）按照国家有关政策规定营改增后差额征收增值税的，因同一申报期对应销售货物、服务、不动产和无形资产价税合计额（免税销售额）不足以抵减允许扣除项目金额，可以结转到下期抵减。

（2）销售货物、服务、不动产和无形资产有扣除项目，是指含税销售额价按规定扣除规定的项目后余额为销售额，也就是说先含税销售额扣除后，再换成不含税价，所以本表所有的数据填报口径都是“含税”。

2. 小规模申报附列资料填报逻辑

第一步：算出“本期扣除额”

“本期扣除额”取“全部含税收入”和“本期应扣除金额”两者最小，其中：

（1）适用3%征收率“全部含税收入”就是第5栏，适用5%征收率“全部含税收入”就是第13栏；

（2）“本期应扣除金额”就是“期初余额”和“本期发生额”的之和，具体为适用3%征收率“全部含税收入”就是第1栏“期初余额”+第2栏“本期发生额”；适用5%征收率“全部含税收入”就是第9栏“期初余额”+第10栏“本期发生额”。

第二步：算出第3栏“不含税销售额”，具体计算公式：

“不含税销售额”=（“全部含税收入”-“本期扣除额”）÷（1+征收率%）

分别与《增值税纳税申报表（小规模纳税人适用）》第1栏“应征增值税不含税销售额（3%征收率）”“本期数”“服务、不动产和无形资产”栏数据一致和第4栏“应征增值税不含税销售额（5%征收率）”“本期数”“服务、不动产和无形资产”栏数据一致。

【例406】 小规模纳税人提供劳务派遣服务计税和申报

小规模纳税人提供劳务派遣服务，可以按照财税〔2016〕36号文件的有关规定，以取得的全部价款和价外费用为销售额，按照简易计税方法依3%的征收率计算缴纳增值税；也可以选择差额纳税，以取得的全部价款和价外费用，扣除代用工单位支付给劳务派遣员工的工资、福利和为其办理社会保险及住房公积金后的余额为销售额，按照简易计税方法依5%的征收率计算缴纳增值税。

选择差额纳税的纳税人，向用工单位收取用于支付给劳务派遣员工工资、福利和为其办理社会保险及住房公积金的费用，不得开具增值税专用发票，可以开具普通发票。

第一种情况：选择简易计税方法差额征税

（1）发票开具

方式一：通过增值税发票管理新系统中正常开票功能，以取得的全部价款和价外费用，依5%征收率全额开具增值税普通发票。

方式二：通过增值税发票管理新系统中正常开票功能，以取得的全部价款和价外费用，扣除代用工单位支付给劳务派遣员工的工资、福利和为其办理社会保险及住房公积金后的余额，依5%征收率到国税机关申请代开增值税专用发票；代用工单位支付给劳务派遣员工的工资、福利和为其办理社会保险及住房公积金，依5%征收率开具增值税普通发票。

（2）申报要求

在《小规模附列资料》中，将支付的“给劳务派遣员工工资、福利和为其办理社会保险及住房公积金的费用”填入“应税行为（5%征收率）扣除额计算”第10栏“本期发生额”；将自开和代开的增值税普通发票、增值税专用发票开具的价税合计填入“应税行为（5%征收率）计税销售额计算”第13栏“全部含税收入（适用5%征收率）”。

在《小规模申报主表》中，将《小规模附列资料》“应税行为（5%征收率）计税销售额计算”第16栏“不含税销售额”填入第4行“（二）应征增值税不含税销售额（5%征收率）”“本期数”“服务、不动产和无形资产”列；将代开的增值税专用发票开具的金额填报申报表第5行“税务机关代开的增值税专用发票不含税销售额”“本期数”“服务、不动产和无形资产”列；将自开和代开的增值税普通发票开具的金额填报申报表第6行“税控器具开具的普通发票不含税销售额”“本期数”“服务、不动产和无形资产”列。

第二种情况：选择简易计税方法

（1）发票开具

方式一：通过增值税发票管理新系统中正常开票功能，以取得的全部价款和价外费用，依3%征收率全额开具增值税普通发票。

方式二：通过增值税发票管理新系统中正常开票功能，以取得的全部价款和价外费用，依3%征收率到国税机关申请代开增值税专用发票。

（2）申报要求

在《小规模申报主表》中，将自开和代开的增值税普通发票、增值税专用发票开具的金额合计填入第1行“（一）应征增值税不含税销售额（3%征收率)”“本期数”“服务、不动产和无形资产”列；将代开的增值税专用发票开具的金额填入申报表第 2 行“税务机关代开的增值税专用发票不含税销售额”“本期数”“服务、不动产和无形资产”列；将自开和代开的增值税普通发票开具的金额填入申报表第 3 行“税控器具开具的普通发票不含税销售额”“本期数”“服务、不动产和无形资产”列。

（四）《增值税减免税申报明细表》实务填报

1. 填报范围

由享受增值税减免税优惠政策的小规模纳税填写，未享受增值税减免税优惠政策纳税人不填写本表。

填报提醒，仅享受小微企业免征增值税政策或未达起征点的小规模纳税人不需填写减免税申报明细表，即小规模纳税人当期增值税纳税申报表主表第 12 栏“其他免税销售额”“本期数”和第 16 栏“本期应纳税额减征额”“本期数”均无数据时，不需填报本表。

2. 填报口径

（1）“一、减税项目”由本期按照税收法律、法规及国家有关税收规定享受减征（包含税额式减征、税率式减征）增值税优惠的纳税人填写。

（2）“二、免税项目”由本期按照税收法律、法规及国家有关税收规定免征增值税的纳税人填写，仅享受小微企业免征增值税政策或未达起征点的小规模纳税人不需填写，即小规模纳税人申报表主表第 12 栏“其他免税销售额”“本期数”无数据时，不需填写本栏。

（3）小规模纳税人不填写第 7 栏“出口免税”。

（4）小规模纳税人不填写“二、免税项目”中第 4 列。

（5）“二、免税项目”中第 5 列“免税额”，不是直接按照“免税销售额×适用税率”，应按照下列公式计算：

小规模纳税人公式：第 5 列“免税额”=第 3 列“扣除后免税销售额”×征收率。

专题：城市维护建设税、教育费附加和文化事业建设费

一、城市维护建设税和教育费附加

（一）基本规定

1. 概念

（1）城市维护建设税是对从事工商经营，缴纳消费税、增值税和营业税的单位和个人征收的一种税，征税对象是在征税范围内从事工商经营，并缴纳消费税、增值税、营业税的单位和个人。

（2）教育费附加是对缴纳增值税、消费税和营业税的单位和个人，就其实际缴纳的税额为计算依据征收的一种附加费。

需要提醒的是，2016年5月1日全面营改增后，营业税退出历史舞台。

2. 征税对象

凡缴纳增值税和消费税的单位和个人，都是城市维护建设税和教育费附加的纳税人，都应当按规定缴纳城市维护建设税和教育费附加。

增值税、消费税的代扣代缴义务人，应在代扣增值税和消费税的同时，代扣城市维护建设税和教育费附加。

【例407】境内单位向非居民企业支付特许权使用费需要代扣代缴哪些税款？

答："营改增"以后，境内企业对非居民企业支付特许权使用费时，除了需要代扣代缴企业所得税以外，属于"营改增"范围的服务费支出，还要代扣代缴增值税、城建税和教育费附加。

3. 计税依据

城市维护建设税和教育费附加是以纳税人实际缴纳的增值税和消费税的税额为计税依据。

对于提供应税服务实行免抵退税办法的，经国家税务局正式审核批准的当期免抵的增值税税额应纳入城市维护建设税和教育费附加的计征范围，分别按规定的税（费）率征收城市维护建设税和教育费附加。

4. 税率

（1）城市维护建设税税率，采用的地区差别比例税率，共分3档（见表64）。

表64　　不同城市维护建设税税率

档次	纳税人所在地	税率
(1)	市区	7%
(2)	县城、镇	5%
(3)	不在市、县、城、镇	1%

（2）教育费附加的征收率为3%。

5. 申报缴纳

随同增值税和消费税申报缴纳，城市维护建设税和教育费附加的征收、管理、纳税环节等事项，比照增值税和消费税有关规定办理。

6. 减免税

城市维护建设税和教育费附加与增值税和消费税同减同免。具体为：

（1）对由于减免增值税和消费税而发生的退税，同时退还已纳的城市维护建设税和教育费附加；

（2）对出口产品退还增值税、消费税的，不退还已纳的城市维护建设税和教育费附加。

（3）对增值税和消费税实行先征后返、先征后退、即征即退办法的，除另有规定外，对随增值税和消费税附征的城市维护建设税和教育费附加，一律不予退（返）还。

7. 纳税地点

城市维护建设税和教育费附加的纳税地点，原则上与增值税和消费税规定相一致。

中国人民银行、各专业银行和保险公司应缴纳的城市维护建设税和教育费附加，均由取得业务收入的核算单位在当地缴纳。

8. 中国铁路总公司及其分支机构缴纳城市维护建设税 教育费附加问题

《财政部　国家税务总局关于铁路运输企业汇总缴纳增值税的通知》（财税〔2013〕111 号）附件 1 中所列中国铁路总公司的分支机构预征 1% 增值税所应缴纳的城市维护建设税和教育费附加，由中国铁路总公司按季向北京市国家税务局缴纳。

9. 税收优惠政策补充

《财政部、国家税务总局关于扩大有关政府性基金免征范围的通知》（财税〔2016〕12 号）规定：将免征教育费附加、地方教育附加、水利建设基金的范围，由现行按月纳税的月销售额或营业额不超过 3 万元（按季度纳税的季度销售额或营业额不超过 9 万元）的缴纳义务人，扩大到按月纳税的月销售额或营业额不超过 10 万元（按季度纳税的季度销售额或营业额不超过 30 万元）的缴纳义务人。

需要提醒的是，上述政策也适用一般纳税人，国家税务总局已经在目前使用的“金三”征管系统中进行了统一设置，符合减免条件的会在系统中自动减免。

10. 国税机关代开发票环节征收地方税费规定

《国家税务总局关于规范国税机关代开发票环节征收地方税费工作的通知》（税总发〔2016〕127 号）规定，委托国税机关代征的，国税机关应当在代开发票环节征收增值税，并同时按规定代征城市维护建设税、教育费附加、地方教育附加、个人所得税（有扣缴义务人的除外）以及跨地区经营建筑企业项目部的企业所得税。

有条件的地区，经省国税机关、地税机关协商，国税机关在代开发票环节可为地税机关代征资源税、印花税及其他非税收入，代征范围需及时向社会公告。

（二）实务操作理解

1. 城市维护建设税和教育费附加除了计税依据外，原则上征收、管理、纳税环节等事项与增值税和消费税规定相同。

2. 城市维护建设税和教育费附加的计税依据，强调的是纳税人实际缴纳的增值税和消费税的税额，对于企业来说，“营改增”后，还需要缴纳城市维护建设税和教育费附加，只是“营改增”后计税依据由“营业税”变成“增值税”实际缴纳税额，是实际缴纳的“增值税”税额。

【例 408】建筑业一般纳税人 2016 年 10 月取得新项目建筑服务收入 111 万元（含税），当月外购材料 10 万元，购入设备 20 万元，发生分包支出 50 万元，以上支出均为不含税金额，且按规定取得抵扣凭证。假设城市维护建设税适用税率为 7%、教育费附加征收率为 3%，地方教育费附加征收率为 2%。不考虑其他情况。

（1）该纳税人 2016 年 10 月应纳税额 = 111 ÷（1 + 11%）× 11% − 10 × 17% − 20 × 17% − 50 × 11% = 11 − 1.7 − 3.4 − 5.5 = 0.4 万元。

（2）应缴城市维护建设税 = 0.4 万元 × 7% = 280 元

应缴教育费附加 = 0.4 万元 × 3% = 120 元

应缴地方教育费附加 = 0.4 万元 × 2% = 80 元

特别提醒，城市维护建设税和教育费附加除的计税依据，不是纳税人缴纳的开具发票的税额（上例中开具发票税额 111 万元），也不是一般纳税人的销项税额，是实际缴纳的增值税和消费税的税额（上例中应纳税额 0.4 万元）。

【例 409】旅游公司为增值税小规模纳税人（按季度申报），2017 年 1 − 3 月收取单位和个人缴纳的旅游费用 100 万元，其中支付给旅游目的地的地接公司住宿费、餐饮费、交通费、门票费 90 万元，地接公司开具了增值税发票，旅游公司本月购进电脑、打印机等办公设备等 3 万元，假设城市维护建设税适用税率为 7%、教育费附加征收率为 3%，地方教育费附加征收率为 2%。

（1）应纳税额 =（100 − 90）/1.03 × 3% = 0.29 万元。

需要提醒的是，购进电脑、打印机等办公设备等 3 万元不能销售额差额扣除。

（2）发票开具

旅游公司可自行开具全额的增值税普通发票，也可向当地国税机关代开增值税专用发票，代开的增值税专用发票上注明的税率为“ *** ”，金额为 99.71 万元，税额为 0.29 万元，备注档自动打印“差额征税”和“代开”字样，购买方取得国税机关代开的增值税专用发票后可以做为进项税额抵扣。

（3）应缴城市维护建设税 = 0.29 万元 × 7% = 203 元

应缴教育费附加 = 0.29 万元 × 3% = 87 元

应缴地方教育费附加 = 0.29 万元 × 2% = 58 元

特别提醒，城市维护建设税和教育费附加除的计税依据，不是纳税人缴纳的开具发票的税额，是实际缴纳的增值税和消费税的税额（上例中应纳税额 0.29 万元）。

3. 把握城市维护建设税和教育费附加减免与增值税和消费税的减免之间的关系。

（1）与增值税和消费税同减同免。

【例 410】 享受小微企业免征增值税优惠政策，不缴纳增值税，也不需要缴纳城市维护建设税和教育费附加。

【例 411】 按季申报的小规模纳税人 2017 年 1～3 月发生以下业务：

（1）销售自制的包装食品，价税合计销售额 5.15 万元，不含税销售额为 5.15/(1+3%)=5 万元

（2）销售餐饮服务，价税合计销售额 9.27 万元，不含税销售额为 9.27/(1+3%)=9 万元

小规模纳税人应分别核算销售货物，提供加工、修理修配劳务的销售额，和销售服务、无形资产的销售额。增值税小规模纳税人销售货物，提供加工、修理修配劳务月销售额不超过 3 万元（按季纳税 9 万元），销售服务、无形资产月销售额不超过 3 万元（按季纳税 9 万元）的，自 2016 年 5 月 1 日起至 2017 年 12 月 31 日，可分别享受小微企业暂免征收增值税优惠政策，也就是该小规模纳税人 2017 年 1－3 月不需要缴纳增值税，同时也不需要缴纳城市维护建设税和教育费附加。

（2）对增值税和消费税实行先征后返、先征后退、即征即退办法的，除另有规定外，对随增值税和消费税附征的城市维护建设税和教育费附加，一律不予退（返）还。

（3）应税服务出口退税，不退还已纳的城市维护建设税和教育费附加。

4. 海关对进口产品代征的增值税、消费税不征收城市维护建设税和教育费附加。

5. 国家税务总局公告 2016 年第 45 号公告规定，个人保险代理人为保险企业提供保险代理服务应当缴纳的增值税和城市维护建设税、教育费附加、地方教育附加，税务机关可以根据《国家税务总局关于发布〈委托代征管理办法〉的公告》（国家税务总局公告 2013 年第 24 号）的有关规定，委托保险企业代征。

需要提醒的是，上述政策规定“代征”，并非扣缴义务人。

（三）异地预缴增值税有关城建税和教育费附加政策

1. 政策规定

财税〔2016〕74 号文件规定，自 2016 年 5 月 1 日起：

（1）纳税人跨地区提供建筑服务、销售和出租不动产的，应在建筑服务发生地、不动产所在地预缴增值税时，以预缴增值税税额为计税依据，并按预缴增值税所在地的城建税适用税率和教育费附加征收率就地计算缴纳城建税和教育费附加。

（2）预缴增值税的纳税人在其机构所在地申报缴纳增值税时，以其实际缴纳的增值税税额为计税依据，并按机构所在地的城建税适用税率和教育费附加征收率就地计算缴纳城建税和教育费附加。

2. 政策实务理解

（1）政策适用范围：提供建筑服务、销售和出租不动产的，在建筑服务发生地、不动产所在地预缴增值税才适用该政策。

（2）提供建筑服务、销售和出租不动产的，在建筑服务发生地、不动产所在地预缴增值税时，同时需要缴纳以预缴的增值税为基数的城建税和教育费附加（含地方教育附加，下同）。

（3）异地预缴增值税缴纳城建税及教育费附加。

在建筑服务发生地、不动产所在地预缴增值税时，以预缴增值税税额为计税依据，以所在地的城建税适用税率和教育费附加征收率，计算缴纳城建税和教育费附加。

应纳城建税和教育费附加 = 预缴增值税税额 × 异地的城建税适用税率和教育费附加征收率。

（4）机构所在地申报缴纳增值税缴纳城建税及教育费附加。

在其机构所在地申报缴纳增值税时，以其实际缴纳的增值税税额为计税依据，以机构所在地的城建税适用税率和教育费附加征收率，计算缴纳城建税和教育费附加。

应纳城建税和教育费附加 = 申报缴纳增值税税额 × 机构所在地的城建税适用税率和教育费附加征收率。

特别提醒，申报缴纳增值税税额是计算应纳税额抵减预缴增值税税额后的税额。

（5）如果异地的城建税适用税率和教育费附加征收率和机构所在地的城建税适用税率和教育费附加征收率存在差异，不需要补缴和不能申请退城建税及教育费附加。

（6）不存在预缴的城建税及教育费附加在机构所在地抵税费的问题。

由于跨地区提供建筑服务、销售和出租不动产的，应在建筑服务发生地、不动产所在地预缴的增值税，可以在当期增值税应纳税额中抵减，抵减不完的，结转下期继续抵减，则在机构所在地缴纳增值税时，已经将预缴的增值税抵减了，也就是算的时候也就“抵减了预缴的城建税及教育费附加”。

（7）多预缴的城建税及教育费附加没有退税机制。

异地经营在建筑服务发生地、不动产所在地预缴的增值税，如果大于企业实际要缴纳增值税，由于在预缴的增值税已经同时预缴的城建税及教育费附加，也就是多“预缴的城建税及教育费附加”，现在没有政策规定可以申请退回预缴的城建税及教育费附加。

【例 412】北京市丰台区某建筑企业一般纳税人，2016 年 8 月发生了如下业务：在陕西榆林地区米脂县提供建筑物服务，合同注明的开工日期为 2016 年 7 月 20 日，合同总金额 1 110 000 元（含税），给对方开具了增值税专用发票。A 将部分业务分包给建筑企业 B，支付分包款 444 000 元，取得的增值税专用发票，注明税额 44 000 元。除了分包款以外 5 月 A 取得 2 张 17% 税率的增值税专用发票，注明税额 17 000 元。除上述外 A 当月无其他业务，选择一般计税方法。

①跨区提供建筑服务的，应在建筑服务发生地主管国税机关（米脂县）预缴增值税，向机构所在地主管国税机关（丰台区）申报缴纳增值税。

②纳税人跨区提供建筑服务，应在建筑服务发生地陕西榆林地区米脂县机关预缴增值税、城建税及教育费附加。

③该项目纳税人选择了一般计税方法，应以取得的全部价款和价外费用扣除支付的分包款后的余额 666 000 元（1 110 000 − 444 000），按照 2% 的预征率计算应预缴税款。则：

在米脂县应预缴税款 = (1 110 000 − 444 000) ÷ (1 + 11%) × 2%

= 12 000（元）

在米脂县缴纳城建税 = 12 000 × 5% = 600（元）

在米脂县缴纳教育费附加 = 12 000 × 3% = 360（元）

在米脂县缴纳地方教育费附加 = 12 000 × 2% = 240（元）

④在向机构所在地主管国税机关（丰台区）缴纳增值税不扣除分包款，分包款按进项税额抵扣，以不含税销售额 1 000 000 元全额按 11% 税率申报纳税。

在丰台区申报销项税额 = 1 110 000 ÷（1 + 11%）× 11% = 110 000（元），

应纳税额 = 销项税额 - 进项税额 = 110 000 - 44 000 - 17 000 = 49 000（元），由于已预缴 12 000 元，本期在丰台区还应缴纳的税额 = 49 000 - 12 000 = 37 000（元）。

在丰台区缴纳城建税 = 37 000 × 7% = 2 590（元）

在丰台区缴纳教育费附加 = 37 000 × 3% = 1 110（元）

在丰台区缴纳地方教育费附加 = 37 000 × 2% = 74（元）

特别提醒：①在丰台区缴纳城建税及教育费附加不是“49 000 元”，是抵减预缴增值税税款后的“37 000 元”。

②在丰台地区不需要补缴因在米脂县与丰台区城建税征收率差的城建税，即不需要补缴 12 000 ×（7% ~5%）城建税。

二、文化事业建设费

（一）文化事业建设费缴纳义务人

1. 在中华人民共和国境内提供广告服务的广告媒介单位和户外广告经营单位，还有提供娱乐服务的单位和个人

（1）广告媒介单位和户外广告经营单位，是指发布、播映、宣传、展示户外广告和其他广告的单位，以及从事广告代理服务的单位。

根据上述政策中对“提供广告服务的广告媒介单位和户外广告经营单位”规定，也就是说自 2016 年 5 月 1 日起，个人和个体工商户提供广告服务，不需要再缴纳文化事业建设费。

（2）根据财税〔2016〕36 号文件规定，广告服务，是指利用图书、报纸、杂志、广播、电视、电影、幻灯、路牌、招贴、橱窗、霓虹灯、灯箱、互联网等各种形式为客户的商品、经营服务项目、文体节目或者通告、声明等委托事项进行宣传和提供相关服务的业务活动，包括广告代理和广告的发布、播映、宣传、展示等。

需要提醒的是，广告设计、造型设计、服装设计、环境设计、平面设计、包装设计、动漫设计、网游设计、展示设计、网站设计、机械设计、工程设计、创意策划、文印晒图属于设计服务，提供上述服务的单位不需要缴纳文化事业建设费。

【例 413】广告策划、设计、制作等不属于财税〔2016〕36 号文件规定的广告服务的行为，因此，企业提供广告策划、设计、制作服务不必缴纳文化事业建设费。

2. 境外的广告媒介单位和户外广告经营单位在境内提供广告服务，在境内未设有经营机构的，以广告服务接受方为文化事业建设费的扣缴义务人。

3. 提供娱乐服务的单位和个人

根据财税〔2016〕36 号文件规定，娱乐服务，是指为娱乐活动同时提供场所和服务的业务，具体包括：歌厅、舞厅、夜总会、酒吧、台球、高尔夫球、保龄球、游艺（包括射击、狩猎、跑马、游戏机、蹦极、卡丁车、热气球、动力伞、射箭、飞镖）。

4. 文件依据

（1）《财政部　国家税务总局关于营业税改征增值税试点有关文化事业建设费政策及征收管理问题的通知》（财税〔2016〕25 号）；

（2）《财政部　国家税务总局关于营业税改征增值税试点有关文化事业建设费政策及征收管理问题的补充通知》（财税〔2016〕60 号）。

（二）应缴费额计算

1. 缴纳文化事业建设费的单位应按照提供广告服务和娱乐服务取得的计费销售额和 3% 的费率计算应缴费额，计算公式如下：

应缴费额 = 计费销售额 × 3%

（1）计费销售额，为缴纳义务人提供广告服务和娱乐服务取得的全部含税价款和价外费用，特别提醒的是计费销售额是含税价款，包括价外费用也是含税价款。

【例 414】一般纳税人提供娱乐服务，2016 年 12 月份提供的娱乐服务不含税销售额为 120 万元，税额 7.2 万元，则：

应缴费额 = 计费销售额 × 3%

= (120 + 7.2) × 3% = 3.816（万元）

需要提醒的是，文化事业建设费的缴费基数不是不含税销售额120万元。

【例415】小规模纳税人酒吧，按季申报缴纳增值税，2017年第1季度经营酒吧总收入80万元，不考虑其他情况，则：

2017年第1季度应纳增值税税额 $=80/(1+3\%)\times3\%=2.33$（万元）

2017年第1季度文化事业建设费应缴费额 $=80\times3\%=2.40$（万元）

（2）提供广告服务缴纳义务人的计费销售额，为缴纳义务人提供广告服务取得的全部含税价款和价外费用，减除支付给其他广告公司或广告发布者的含税广告发布费后的余额。

缴纳义务人减除价款的，应当取得增值税专用发票或国家税务总局规定的其他合法有效凭证（包括增值税普通发票），否则，不得减除。

【例416】A广告公司一般纳税人2016年12月完成一项106万元（含税）的广告业务，并向广告主开具了增值税专用发票，当月支付给广告发布者B公司（一般纳税人）发布费31.8万元，取得增值税专用发票，支付给C广告公司（小规模纳税人）发布费5.15万元，取得增值税专用发票，不考虑其他情况：

其缴纳文化事业建设费的计费销售额为69.05万元（$106-31.8-5.15$）

应缴费额 = 计费销售额 $\times3\%$

$=69.05\times3\%=2.0715$（万元）

需要提醒的是，上述案例中支付给C广告公司（小规模纳税人）发布费5.15万元，虽C广告公司是小规模纳税人，提供广告服务适用征收率为3%，A广告公司是一般纳税人，提供广告服务适用税率为6%，但是不需要考虑不含税的换算，不需要考虑税率及征收率“差”，因为文化事业建设费的缴费基数是含税销售额。

如不考虑其他情况，A广告公司一般纳税人应纳税额 = 销项税额 - 进项税额 $=106/(1+6\%)\times6\%-31.8/(1+6\%)\times6\%-5.15/(1+3\%)\times3\%$

$=6-1.8-0.15$

$=4.05$（万元）

【例417】D广告公司小规模纳税人2016年12月完成一项10.3万元（含税）的广告业务，并向广告主申请代开增值税专用发票，当月支付给E广告公司（小规模纳税人）发布费4.12万元，取得增值税普通发票，不考虑其他情况：

其缴纳文化事业建设费的计费销售额为6.18（$10.3-4.12$）万元

应缴费额 = 计费销售额 ×3%

= 69.05 ×3% = 0.1854（万元）

需要提醒的是，缴纳文化事业建设费减除价款时，不是说一定要增值税专用发票，取得增值税普通发票等其他合法有效凭证，也是符合扣减凭证要求的。

2. 按规定扣缴文化事业建设费的，扣缴义务人应按下列公式计算应扣缴费额：

应扣缴费额 = 支付的广告服务含税价款 × 费率

（三）税收优惠政策

1. 提供娱乐服务的单位和个人未达到增值税起征点的缴纳义务人，免征文化事业建设费。

个人发生应税行为的销售额未达到增值税起征点的，免征增值税；达到起征点的，全额计算缴纳增值税。增值税起征点不适用于登记为一般纳税人的个体工商户。

2. 增值税小规模纳税人中月销售额不超过 2 万元（按季纳税 6 万元）的企业和非企业性单位提供的应税服务，免征文化事业建设费。

自 2015 年 1 月 1 日起至 2017 年 12 月 31 日，对按月纳税的月销售额不超过 3 万元（含 3 万元），以及按季纳税的季度销售额不超过 9 万元（含 9 万元）的缴纳义务人，免征文化事业建设费。

需要提醒的是：

（1）上述优惠政策只适用小规模纳税人。

（2）适用增值税差额征收政策的增值税小规模纳税人，以差额前的销售额确定是否可以享受 3 万元（按季纳税 9 万元）以下免征增值税政策。

（3）增值税小规模纳税人应分别核算销售货物、提供加工、修理修配劳务的销售额，和销售服务、无形资产的销售额。增值税小规模纳税人销售货物、提供加工、修理修配劳务月销售额不超过 3 万元（按季纳税 9 万元），销售服务、无形资产月销售额不超过 3 万元（按季纳税 9 万元）的，自 2016 年 5 月 1 日起至 2017 年 12 月 31 日，可分别享受小微企业暂免征收增值税优惠政策。

2016 年 7 月纳税申报时，申报的 2016 年 5 月、6 月增值税应税销售额中，销售货物、提供加工、修理修配劳务的销售额不超过 6 万元，销售服务、无形资产的销售额不超过 6 万元的，可分别享受小微企业暂免征收增值税优惠政策。

（四）征管问题

1. 财税〔2016〕25 号文件第八条规定，营改增后的文化事业建设费，由国家税务局征收。

2. 文化事业建设费的缴纳义务发生时间和缴纳地点，与缴纳义务人的增值税纳税义务发生时间和纳税地点相同。

文化事业建设费的扣缴义务发生时间，为缴纳义务人的增值税纳税义务发生时间。

文化事业建设费的扣缴义务人应当向其机构所在地或者居住地主管税务机关申报缴纳其扣缴的文化事业建设费。

3. 文化事业建设费的缴纳期限与缴纳义务人的增值税纳税期限相同。

（五）会计处理

计算文化事业建设费时：

借：营业税金及附加

　　贷：应交税费——应缴文化事业建设费

上交文化事业建设费时：

借：应交税费——应缴文化事业建设费

　　贷：银行存款

1. 小规模纳税人会计处理

【例 418】 某广告公司 2016 年 8 月收到客户广告发布费 10.3 万元（含税），款已收到；支付给媒体方广告费 6 万元，并取得了增值税普通发票，款已支付。

（1）收到广告发布费时。

借：银行存款	103 000	
贷：主营业务收入——广告服务收入		100 000
应交税费——应交增值税		3 000

（2）支付媒体方广告费时。

借：主营业务成本	60 000	
贷：银行存款		60 000

（3）计算城市维护建设税和教育费附加计算及会计分录（略）。

（4）计算文化事业建设费时。

应缴费额为（103 000 − 60 000）×3% =1 290（元）。

借：营业税金及附加　　1 290
　　贷：应交税费——应缴文化事业建设费　　1 290

（5）上交文化事业建设费时。

借：应交税费——应缴文化事业建设费　　1 290
　　贷：银行存款　　1 290

2. 一般纳税人会计处理

【例 419】 广告公司 2016 年 8 月收到客户广告发布费 106 万元（含税），并开具了增值税专用发票，款已收到；支付给媒体方广告费 63.6 万元（含税），并取得了增值税专用发票，款已支付。

（1）收到广告发布费时。

借：银行存款　　1 060 000
　　贷：主营业务收入——广告服务收入　　1 000 000
　　　　应交税费——应交增值税（销项税额）　　60 000

（2）支付媒体方广告费时。

借：主营业务成本　　600 000
　　应交税费——应交增值税（进项税额）　　36 000
　　贷：银行存款　　636 000

（3）由于企业还有其他进项税额抵扣，计算增值税、城市维护建设税和教育费附加计算及会计分录略。

（4）计算文化事业建设费时。

应缴费额为 $(106-63.6)\times3\%=1.272$（万元）

借：营业税金及附加　　12 720
　　贷：应交税费——应缴文化事业建设费　　12 720

（5）上交文化事业建设费时。

借：应交税费——应缴文化事业建设费　　12 720
　　贷：银行存款　　12 720

专题：零税率应税服务退免税

一、零税率应税服务范围

（一）国际运输服务

1. 国际运输服务的定义

国际运输服务，是指：

（1）在境内载运旅客或者货物出境。

（2）在境外载运旅客或者货物入境。

（3）在境外载运旅客或者货物。

《国家税务总局关于发布〈适用增值税零税率应税服务退（免）税管理办法〉的公告》（国家税务总局公告 2014 年第 11 号）规定：

（1）起点或终点在境外的运单、提单或客票等所对应的各航段或路段的运输服务，属于国际运输服务。

【例 420】 企业提供国际货物运输服务，终点在境外，一单业务分段运输，一段是境内运输，一段是跨境运输，全程均算作国际运输服务享受零税率政策。

（2）起点或终点在港澳台的运单、提单或客票等所对应的各航段或路段的运输服务，属于港澳台运输服务。

（3）从境内载运旅客或货物至国内海关特殊监管区域及场所、从国内海关特殊监管区域及场所载运旅客或货物至国内其他地区或者国内海关特殊监管区域及场所，不属于增值税零税率运输服务适用范围。

需要提醒的是，上述第（1）和（2）点中“起点或终点”，中间是“或”字，也就说是只有起点、只有终点或起点和终点都在境外或港澳台的运单、提单或客票等所对应的各航段或路段的运输服务，都属于国际运输服务。

2. 国际运输的收入的确认

国家税务总局公告 2014 年第 11 号公告规定：

（1）以铁路运输方式载运旅客的，为按照铁路合作组织清算规则清算后的实际运输收入；

（2）以铁路运输方式载运货物的，为按照铁路运输进款清算办法，对“发站”或“到站（局）”名称包含“境”字的货票上注明的运输费用以及直接相关的国际联运杂费清算后的实际运输收入；

（3）以航空运输方式载运货物或旅客的，如果国际运输或港澳台运输各航段由多个承运人承运的，为中国航空结算有限责任公司清算后的实际收入；如果国际运输或港澳台运输各航段由一个承运人承运的，为提供航空运输服务取得的收入；

（4）其他实行免抵退税办法的增值税零税率应税服务，为提供增值税零税率应税服务取得的收入。

3. 国际运输服务应取得的资质条件

国家税务总局公告2014年第11号文件规定：

（1）提供国际运输服务。

以水路运输方式的，应提供《国际船舶运输经营许可证》；

以航空运输方式的，应提供经营范围包括“国际航空客货邮运输业务”的《公共航空运输企业经营许可证》或经营范围包括“公务飞行”的《通用航空经营许可证》；以公路运输方式的，应提供经营范围包括“国际运输”的《道路运输经营许可证》和《国际汽车运输行车许可证》；

以铁路运输方式的，应提供经营范围包括“许可经营项目：铁路客货运输”的《企业法人营业执照》或其他具有提供铁路客货运输服务资质的证明材料；

提供航天运输服务的，应提供经营范围包括“商业卫星发射服务”的《企业法人营业执照》或其他具有提供商业卫星发射服务资质的证明材料。

（2）提供港澳台运输服务。

以公路运输方式提供内地往返香港、澳门的交通运输服务的，应提供《道路运输经营许可证》及持《道路运输证》的直通港澳运输车辆的物权证明；

以水路运输方式提供内地往返香港、澳门交通运输服务的，应提供获得港澳线路运营许可船舶的物权证明；

以水路运输方式提供大陆往返台湾交通运输服务的，应提供《台湾海峡两岸间水路运输许可证》及持《台湾海峡两岸间船舶营运证》船舶的物权证明；

以航空运输方式提供港澳台运输服务的，应提供经营范围包括“国际、国内（含港澳）航空客货邮运输业务”的《公共航空运输企业经营许可证》或者经营范围包括“公务飞行”的《通用航空经营许可证》；

以铁路运输方式提供内地往返香港的交通运输服务的，应提供经营范围包括“许可经营项目：铁路客货运输”的《企业法人营业执照》或其他具有提供铁路客货运输服务资质的证明材料。

（3）采用程租、期租和湿租方式租赁交通运输工具用于国际运输服务和港澳台运输服务的，应提供程租、期租和湿租合同或协议。

4. 办理国际运输退免税申请

国家税务总局公告2014年第11号文件和《国家税务总局关于出口退（免）税有关问题的公告》（国家税务总局公告2015年第29号）规定：

提供国际运输服务、港澳台运输服务的，需填报《增值税零税率应税服务（国际运输/港澳台运输）免抵退税申报明细表》，并提供下列原始凭证的原件及复印件：

（1）以水路运输、航空运输、公路运输方式的，提供增值税零税率应税服务的载货、载客舱单或其他能够反映收入原始构成的单据凭证。以航空运输方式且国际运输和港澳台运输各航段由多个承运人承运的，还需提供《航空国际运输收入清算账单申报明细表》。

（2）以铁路运输方式的，属于客运的，应当提供《国际客运（含香港直通车）旅客、行李包裹运输清算函件明细表》；属于货运的，应当提供《中国铁路总公司国际货物运输明细表》，或者提供列明本企业清算后的国际联运运输收入的《清算资金通知清单》。

（3）采用程租、期租、湿租服务方式租赁交通运输工具从事国际运输服务和港澳台运输服务的，还应提供程租、期租、湿租的合同或协议复印件。向境外单位和个人提供期租、湿租服务，按规定由出租方申报退（免）税的，可不提供第（1）项中的原始凭证。

上述（1）、（2）项原始凭证（不包括《航空国际运输收入清算账单申报明细表》和《铁路国际客运收入清算函件申报明细表》），经主管税务机关批准，增值税零税率应税服务提供者可只提供电子数据，原始凭证留存备查。

（二）航天运输服务

1. 航天运输服务的资质条件

国家税务总局公告2014年第11号文件规定，提供航天运输服务的，应提供经营范围包括“商业卫星发射服务”的《企业法人营业执照》或其他具有提供商业卫星发射服务资质的证明材料。

2. 办理国际运输退免税申请

国家税务总局公告2014年第11号文件规定，提供航天运输服务的，需填报《增值税零税率应税服务（航天运输）免抵退税申报明细表》，并提供下列资料及原始凭证的原件及复印件：

（1）签订的提供航天运输服务的合同；

（2）从与之签订航天运输服务合同的单位取得收入的收款凭证；

（3）《提供航天运输服务收讫营业款明细清单》。

（三）向境外单位提供的完全在境外消费的应税服务

1. 向境外单位提供的完全在境外消费的应税服务具体包括：

（1）研发服务。

（2）合同能源管理服务。

（3）设计服务。

（4）广播影视节目（作品）的制作和发行服务。

（5）软件服务。

（6）电路设计及测试服务。

（7）信息系统服务。

（8）业务流程管理服务。

（9）离岸服务外包业务。

离岸服务外包业务，包括信息技术外包服务（ITO）、技术性业务流程外包服务（BPO）、技术性知识流程外包服务（KPO），其所涉及的具体业务活动，按照《销售服务、无形资产、不动产注释》相对应的业务活动执行。

（10）转让技术。

2. 向境外单位提供的完全在境外消费的应税服务，必须同时满足以下三个条件：

（1）应税服务是“向境外单位提供的”。

【例 421】一般纳税人向境外单位的境内子公司提供设计服务，就不属于“向境外单位提供”设计服务，不适用零税率，需要按照设计服务适用的税率6%计算缴纳增值税。

（2）“完全在境外消费”。

①服务的实际接受方在境外，且与境内的货物和不动产无关。

【例 422】境内企业咨询公司与德国某集团签订业务流程管理服务合同，如果实际是为该集团在我国境内的子公司提供的业务流程管理服务，则该咨询服务不属于完全在境外消费的咨询服务。

②无形资产完全在境外使用，且与境内的货物和不动产无关。

【例 423】境内公司向印度某公司转让一项有关高铁轨道铺设的专利技术，用于某公司在印度建设的高铁项目，则该专利技术属于完全在境外消费的无形资产。

③财政部和国家税务总局规定的其他情形。

（3）所列示的应税服务范围。

其所涉及的具体业务活动，按照财税〔2016〕36 号文件附件 1《销售服务、无形资产、不动产注释》相对应的业务活动执行。

3. 境内单位和个人发生的与香港、澳门、台湾有关的应税行为，除另有规定外，参照上述规定执行。

4. 跨境应税行为适用增值税政策的范围不包括销售不动产。

二、零税率征管规定

（一）零税率与免税政策的选择

1. 纳税人提供应税服务同时适用免税和零税率规定的，优先适用零税率。

2. 境内的单位和个人销售适用增值税零税率的服务或无形资产的，可以放弃适用增值税零税率，选择免税或按规定缴纳增值税。放弃适用增值税零税率后，36 个月内不得再申请适用增值税零税率。

3. 按照国家有关规定应取得相关资质的国际运输服务项目，纳税人取得相关资质的，适用增值税零税率政策，未取得的，适用增值税免税政策。

4. 境内的单位和个人提供适用增值税零税率的服务或者无形资产，如果属于适用简易计税方法的，实行免征增值税办法。如果属于适用增值税一般计税方法的，生产企业实行免抵退税办法，外贸企业外购服务或者无形资产出口实行免退税办法，外贸企业直接将服务或自行研发的无形资产出口，视同生产企业连同其出口货物统一实行免抵退税办法。

也就是说，增值税零税率政策仅适用于一般纳税人，不适用于小规模纳税人，但是增值税免税政策适用于一般纳税人和小规模纳税人。

【例 424】 小规模纳税人采用的是简易计税方法，向境外单位提供的完全在境外消费的研发服务，实行免征增值税办法。

【例 425】 一般纳税人提供动漫设计选择了简易计税方法，向境外单位提供的完全在境外消费的动漫设计服务，实行免征增值税办法。

如一般纳税人提供动漫设计选择了一般计税方法，向境外单位提供的完全在境外消费的动漫设计服务，实行免抵退税办法。

5. 增值税零税率仅仅适用于跨境应税行为，境内发生的应税行为不可能适用零税率，而增值税免税政策不限于跨境应税行为，也适用于境内发生的应税行为。

6. 增值税零税率不仅是本交易环节（或流通环节）的增值额部分不用缴纳增值税，而且，以前各交易环节（或流通环节）的累积增值额也不用缴纳增值税，具体通过允许抵扣进项税额来实现，就是说销售环节销项税额为零，但是允许其进项税额抵扣。

增值税免税政策仅仅是本交易环节（或流通环节）的增值额部分不用缴纳增值税，进项税额不允许抵扣，计入交易成本，如已抵扣进项税额，需作转出进项税额处理，就是说销售环节销项税额为零，同时不允许其进项税额抵扣。

（二）其他规定

1. 境内的单位和个人销售适用增值税零税率的服务或无形资产，按月向主管退税的税务机关申报办理增值税退（免）税手续。

2. 实行增值税退（免）税办法的增值税零税率应税服务不得开具增值税专用发票。

3. 注意 3 种特殊申报退（免）税的申请人

（1）程租服务。境内的单位或个人提供程租服务，如果租赁的交通工具用于国际运输服务和港澳台运输服务，由出租方按规定申请适用增值税零税率。

（2）期租、湿租服务。境内的单位和个人向境内单位或个人提供期租、湿租服务，如果承租方利用租赁的交通工具向其他单位或个人提供国际运输服务和港澳台运输服务，由承租方适用增值税零税率。境内的单位或个人向境外单位或个人提供期租、湿租服务，由出租方适用增值税零税率。

（3）无运输工具运输服务。境内单位和个人以无运输工具承运方式提供的国际运输服务，由境内实际承运人适用增值税零税率；无运输工具承运业务的经营者适用增值税免税政策。

三、免抵退税计算

（一）计算方法的选择

1. 境内的单位和个人提供适用增值税零税率的服务或者无形资产，属于适用增值税一般计税方法的，生产企业实行免抵退税办法。

2. 境内的单位和个人提供适用增值税零税率的服务或者无形资产，属于适用增值税一般计税方法的，外贸企业直接将服务或自行研发的无形资产出口，视同生产企业连同其出口货物统一实行免抵退税办法。

3. 境内的单位和个人提供适用增值税零税率的服务或者无形资产，属于适用增值税一般计税方法的，外贸企业外购服务或者无形资产出口实行免退税办法。

4. 实行免抵退税办法的零税率应税服务提供者如同时有货物劳务（劳务指对外加工修理修配劳务，下同）出口的，可结合现行出口货物免抵退税计算公式一并计算。

（二）增值税“免抵退”税的含义

为简化税收的征收管理，避免既有出口又有内销业务的生产企业一方面内销部分向国家纳税，另一方面出口部分国家又对其在生产环节已经负担的进项税进行退还，对出口享受免税并退税的生产企业采用了“免抵退”的办法。其中：

“免税”是指免征本企业出口销售环节的增值税，即出口销售环节销项税额为零；

“抵税”是指生产企业出口的自产货物所耗用的各种材料应予退还的进项税额先不退，而是用这部分应退的进项税额来抵顶内销货物的应纳税额；

“退税”是指生产企业出口的自产货物在当期内应抵顶的进项税额（即出

口应退还的进项税额）大于内销货物的应纳税额时，对没有抵完的部分予以退税，如果出口应退还的进项税额抵顶内销货物的应纳税额抵完了，就不退了。

（三）免抵退税具体计算公式

1. 零税率应税服务当期免抵退税额的计算

当期零税率应税服务免抵退税额 = 当期零税率应税服务免抵退税计税价格 × 外汇人民币牌价 × 适用零税率应税服务退税率

零税率应税服务免抵退税计税价格为提供零税率应税服务取得的全部价款。

（1）外币换算的选择。

财税〔2016〕36 号文件附件 1 规定，纳税人按照人民币以外的货币结算销售额的，应当折合成人民币计算，折合率可以选择销售额发生的当天或者当月 1 日的人民币汇率中间价。纳税人应当在事先确定采用何种折合率，确定后 12 个月内不得变更。

【例 426】 某企业确定与国外客户签订的服务收入为 320 000 美元。

（1）选择销售额发生的当天的人民币汇率中间价。

当月 20 日收到国外客户汇入服务收入 320 000 美元，20 日美元汇率中间牌价为 6.6595 的，实际收到外汇换算为人民币 2 131 040 元（320 000 × 6.6595），当时不存在汇兑差。

（2）选择销售额发生的当月 1 日的人民币汇率中间价。

按照当月 1 日的汇率 6.6784 计算换算为人民币入账，入账金额为 2 137 088（320 000 × 6.1053）元。当月 20 日收到国外客户汇入服务收入 320 000 美元，20 日美元汇率中间牌价为 6.6595 的，实际收到外汇换算为人民币 2 131 040（320 000 × 6.6595）元，汇兑差额为 6 048（2 137 088 − 2 131 040）元，应计入财务费用当期损益科目，并取得收汇凭证。

（2）服务和无形资产的退税率为其按照财税〔2016〕36 号文件附件 1 第十五条第（一）至（三）项规定适用的增值税税率。

【例 427】 向境外单位提供的完全在境外消费的研发服务，退税率为 6%。

2. 当期应退税额和当期免抵税额的计算

（1）当期期末留抵税额 ≤ 当期免抵退税额时。

当期应退税额 = 当期期末留抵税额

当期免抵税额 = 当期免抵退税额 − 当期应退税额

（2）当期期末留抵税额 > 当期免抵退税额时。

当期应退税额 = 当期免抵退税额

当期免抵税额 = 0

"当期期末留抵税额"为当期《主表》的"期末留抵税额"。

（四）增值税零税率退免税计算原理（见表65）

表65　　增值税零税率退免税计算原理

序号	项目	1	2	3	注释/计算公式
销售额和销项税					
A	在境内提供试点应税服务（不含6%增值税）	150	150	150	
B	出口零税率服务	50	50	50	
C	销项税（仅适用于在境内提供试点应税服务）	9	9	9	[A * 6%]
境内采购额和进项税					
D	货物采购额（如固定资产等，不含增值税额）	40	60	30	
E	采购货物的进项税	6.8	10.2	5.1	[D * 17%]
F	试点服务采购额	40	40	40	
G	采购试点服务的进项税	2.4	2.4	2.4	[F * 6%]
H	全部进项税	9.2	12.6	7.5	[E + G]
增值税计算					
I	当期期末留抵税额	-0.2	-3.6	0	[C - H]
J	当期免抵退税额	3	3	3	[B * 6%]
K	应交增值税	0	0	1.5	
L	当期应退税额	0.2①	3②	0③	
M	当期免抵税额	2.8	0	3	[J - L]

注：

①由于I≤0且I≤J（按绝对值比较），L等于I的绝对值；

②由于I≤0且I>J（按绝对值比较），L等于J的绝对值；

③由于I>0，M等于J，L等于0。

（五）特殊规定

1. 实行退（免）税办法的服务和无形资产，如果主管税务机关认定出口价格偏高的，有权按照核定的出口价格计算退（免）税，核定的出口价格低于外贸企业购进价格的，低于部分对应的进项税额不予退税，转入成本。

2. 企业取得的出口退税款不需要缴纳企业所得税

《财政部　国家税务总局关于财政性资金　行政事业性收费　政府性基金有关企业所得税政策问题的通知》（财税〔2008〕151 号）规定，企业取得的各类财政性资金，除属于国家投资和资金使用后要求归还本金的以外，均应计入企业当年收入总额。

所称财政性资金，是指企业取得的来源于政府及其有关部门的财政补助、补贴、贷款贴息，以及其他各类财政专项资金，包括直接减免的增值税和即征即退、先征后退、先征后返的各种税收，但不包括企业按规定取得的出口退税款；所称国家投资，是指国家以投资者身份投入企业、并按有关规定相应增加企业实收资本（股本）的直接投资。

上述文件明确规定“但不包括企业按规定取得的出口退税款”，企业取得的出口退税款不属于会计损益，不属于收入总额，也不属于不征税收入，因此，不需要缴纳企业所得税。